Uni-Taschenbücher 1650

Eine Arbeitsgemeinschaft der Verlage

Wilhelm Fink Verlag München
Gustav Fischer Verlag Jena und Stuttgart
Francke Verlag Tübingen
Paul Haupt Verlag Bern und Stuttgart
Hüthig Verlagsgemeinschaft
Decker & Müller GmbH Heidelberg
Leske Verlag + Budrich GmbH Opladen
J. C. B. Mohr (Paul Siebeck) Tübingen
Quelle & Meyer Heidelberg · Wiesbaden
Ernst Reinhardt Verlag München und Basel
F. K. Schattauer Verlag Stuttgart · New York
Ferdinand Schöningh Verlag Paderborn · München · Wien · Zürich
Eugen Ulmer Verlag Stuttgart
Vandenhoeck & Ruprecht in Göttingen und Zürich

Ulrich Hampicke

Naturschutz-Ökonomie

25 Abbildungen
32 Übersichten

Verlag Eugen Ulmer Stuttgart

ULRICH HAMPICKE, geb. 1944. Studium der Agrarwissenschaften in Berlin, Promotion über Umweltprobleme der Landwirtschaft. Seit 1980 Hochschullehrer für Ressourcen- und Umweltökonomie an der Gesamthochschule Kassel. Forschungsschwerpunkt: Ökonomische Probleme des Naturschutzes. Arbeiten zum Konflikt Landwirtschaft – Naturschutz, auf theoretischem Gebiet auch zu intergenerationeller Ethik und zur Diskontierung der Zukunft.

Die Deutsche Bibliothek – CIP-Einheitsaufnahme

Hampicke, Ulrich:
Naturschutz-Ökonomie / Ulrich Hampicke. –
1. Aufl. – Stuttgart : Ulmer, 1991.
(UTB für Wissenschaft : Uni-Taschenbücher; 1650)
 ISBN 3-8001-2643-5
NE: UTB für Wissenschaft / Uni-Taschenbücher

Das Werk einschließlich aller seiner Teile ist urheberrechtlich geschützt. Jede Verwertung außerhalb der engen Grenzen des Urheberrechtsgesetzes ist ohne Zustimmung des Verlages unzulässig und strafbar. Das gilt insbesondere für Vervielfältigungen, Übersetzungen, Mikroverfilmungen und die Einspeicherung und Verarbeitung in elektronischen Systemen.

© 1991 Eugen Ulmer GmbH & Co.
Wollgrasweg 41, 7000 Stuttgart 70 (Hohenheim)
Printed in Germany
Einbandgestaltung: Alfred Krugmann, Stuttgart
Lektorat: Nadja Kneissler
Herstellung: Otmar Schwerdt/Stefanie Baumgartner
Satz: Steffen Hahn, Kornwestheim
Druck Grammlich, Pliezhausen

Vorwort

Das vorliegende Buch unternimmt das Wagnis, breiteren interessierten Kreisen – u.a. in Agrar- und Forstwissenschaften, Landschaftsplanung, Ressourcenökonomie, vor allem aber den unermüdlichen und so oft enttäuschten Naturschützern – ein Gebiet nahezubringen, welches noch gar nicht als einschlägige Lehrbuchdisziplin gelten kann. Ökonomie und Naturschutz scheinen nicht viel miteinander zu tun zu haben – oft reden Vertreter beider Fächer aneinander vorbei. Dennoch bestreitet niemand, daß die Naturzerstörung weithin ökonomische Ursachen hat und daß eine Umorientierung zum Erhalt ökologischer Substanz eine ökonomische Umorientierung wäre.

Das Wagnis wird aus einem einzigen Grund unternommen: Weil sich Probleme angehäuft haben und in Mitteleuropa und weltweit die bedrängte Natur nach ökonomischen Maßnahmen ruft, die sich nicht länger aufschieben lassen. Es ist bereits zu spät, um die »Ökonomie des Naturschutzes« in Ruhe ausreifen zu lassen, weil bis dahin noch mehr Arten und Biotope reduziert, verdrängt oder gar völlig vom Planeten Erde verschwunden sein werden. Kein Mangel dieses Buches sei damit entschuldigt, aber vielleicht erzielt mancher von ihnen beim »ersten Versuch« ein etwas milderes Urteil.

Obwohl es im Fortgang der Untersuchung zu Anwendungen kommen und punktuell ins Detail gehen soll, werden zunächst theoretische Schwerpunkte gesetzt – es soll auch eine Grundsatzdiskussion auf ökonomischem und ethischem Boden geführt werden. Das Buch erreicht sein Ziel, wenn es Orientierungshilfen gibt und in der oftmals recht chaotischen Naturschutzszene die Qualität der ausgetauschten Argumente stärkt. Alle Leser aus den ökonomiefernern Fachrichtungen sind herzlich eingeladen, sich durch die Theorie hindurchzukämpfen; sie ist gar nicht so schlimm, wie sie aussieht. Soll Interdisziplinarität nicht nur beschworen, sondern praktiziert werden, so erfordert sie nun einmal gewisse Anstrengungen. Ökologen und andere Naturwissenschaftler erwarten heute von der Öffentlichkeit ebenfalls mit Recht, daß ein Teil ihrer Fachausdrücke und Denkansätze allgemein verstanden wird.

Ich benutze die Gelegenheit, Ergebnisse praktischer Studien, an deren Durchführung ich beteiligt war und welche den Lesern nicht immer leicht zugänglich sein werden, zusammenfassend vorzustellen. Dies erklärt die stellenweise gehäuften Eigenzitierungen.

Mein Dank geht an alle, die durch inhaltliche Diskussionen und praktische Hilfen zum Gelingen beigetragen haben; stellvertretend auch für manche anderen möchte ich besonders W. Kunick und H. G. Nutzinger nennen. A. Lerch half mir aus der Verlegenheit meiner technischen Rückständigkeit, gab fast das gesamte Manuskript in den Computer ein und fertigte das Register an. Dank gebührt Herrn Ulmer für mehrfach strapazierte Geduld und das Interesse am ungewöhnlichen Thema; für die äußerst angenehme Zusammenarbeit habe ich mich darüber hinaus beim ganzen Verlagsteam zu bedanken. Den größten Anteil am Zustandekommen des Buches haben diejenigen, welche mein Interesse für die Natur weckten und förderten und denen ich das Privileg verdanke, meine ökonomischen Gedanken auf diesem Gebiet anstatt im trockenen »Wirtschaftsleben« anwenden zu können. Dies sind, nach dem wissenschaftlichen Berater auch dieses Buches, Lehrer und Förderer, Herrn Prof. Sukopp, meine Essener Exkursionsfreunde. Ihnen sei das Buch gewidmet.

Kassel, August 1991   Ulrich Hampicke

Inhaltsverzeichnis

Vorwort 5

1 Einleitung 11

Umrisse des Problems 19

2 Bedeutung und Nutzen wilder Arten 20
2.1 Sicherung der Ernährung 21
2.2 Kulturpflanzenverwandte und Züchtung 24
2.3 Pharmaka und Medizin 24
2.4 Sonstige Rohstoffe 27
2.5 Wissenschaftlicher Nutzen und Vorbildwirkungen 28
2.6 Indikator- und andere Monitorfunktionen 30
2.7 Stabilität von Ökosystemen 32
2.8 Ästhetische und emotionelle Bedeutung 33
2.9 Zusammenfassung 34

3 Bedrängtheit der Natur und Notwendigkeit der Abhilfe 36
3.1 Weltweite Situation 36
3.2 Naturgefährdung in der Bundesrepublik Deutschland. 39
3.2.1 Situation 39
3.2.2 Ursachen und Verursacher 44
3.2.3 Abhilfemaßnahmen 46

Ökonomische Analyse 49

4 Ökonomische Grundkonzepte 50
4.1 Produktionsmöglichkeiten und Effizienz 50
4.2 Präferenzen und Nachfrage 56
4.3 Optimale Allokation 61
4.4 Kosten, Preise und Wert 63
4.5 Eigentumsrechte und Verteilungseffekte 65
4.6 Kollektivgüter 69
4.7 Markt und Plan 74

5	**Arten und Biotope als ökonomische Ressourcen**	78
5.1	Bisherige Berücksichtigung in der Forschung	78
5.2	Analytische Aspekte	81
5.2.1	Öffentlichkeitsgrad	82
5.2.2.	Ungewißheit des Nutzens	84
5.2.3	Irreversibilität der Ausrottung	87
5.2.4	Schwierige Substituierbarkeit	89
5.2.5	Intergenerationelle Existenz	90
5.2.6	Zusammenschau	92
5.3	Exkurs: Nicht-anthropozentrische Artenschutzgründe und -pflichten......................................	94
5.4	Allgemeine ökonomisch-ethische Formulierung des Naturschutzproblems	100
6	**Die Wertschätzung des Naturerhalts – die »Nachfrageseite«**	107
6.1	Manifeste Nachfrage: Das Engagement in Verbänden	108
6.1.1	Privater Naturschutz als Surrogatmarkt?	108
6.1.2	Exkurs: Verteilungsungerechtigkeiten gegenüber Naturliebhabern	111
6.2	Latente Nachfrage I: Indirekte Schlüsse auf die Zahlungsbereitschaft	114
6.3	Latente Nachfrage II: Direkte Ermittlung der Zahlungsbereitschaft	117
6.3.1	Zur Methode	117
6.3.2	Ergebnisse bisheriger Studien	125
6.4	Zusammenfassung	134
7	**Kostenaspekte und Finanzierung – die »Angebotsseite«**	136
7.1	Höhe und Struktur der Naturschutzkosten	136
7.1.1	Preise und Knappheiten	136
7.1.2	Kosten, öffentliche Ausgaben und Transfers	139
7.1.3	Bestands- und Stromgrößen	140
7.1.4	Kostenzurechnungsprobleme	143
7.1.5	Prioritäten und Effizienz	144
7.1.6	Praktische Kostenarten	149
7.1.7	Gesamtschau und Ergebnisse bisheriger Studien	153
7.2	Kostenverteilung	164
7.2.1	Das »Verursacherprinzip« und das COASE-Theorem...	164
7.2.2	Gerechtigkeitsaspekte	167
7.2.3	Pragmatische Aspekte	168
7.3	Finanzierungsweisen	171
7.3.1	Abbau von Fehlallokationen	171

7.3.2	Umwidmung vorhandener öffentlicher Mittel	172
7.3.3	Spenden und Beiträge	173
7.3.4	Eintrittsgelder und analoge Gebühren	173
7.3.5	Abgaben auf naturbelastende Tätigkeiten	175
7.3.6	Abgaben auf naturbelastende Güter	177
7.3.7	Abgaben auf naturbelastende Produktionsfaktoren	179
7.3.8	Allgemeine Steuerfinanzierung	180
7.4	Zusammenfassung	180

Anwendungen und Fallbeispiele   183

8	**Kurzdarstellung einiger Konfliktfelder**	184
8.1	Forstwirtschaft	184
8.1.1	Problemskizze	184
8.1.2	Ökonomische Interpretation	190
8.2	Freizeit und Sport	193
8.2.1	Problemskizze	193
8.2.2	Ökonomische Interpretation	195
8.3	Infrastrukturprojekte	199
8.3.1	Ökologisches Konfliktpotential und Forderungen	199
8.3.2	Ökonomische Aspekte	201
8.4	Naturschutzprobleme außerhalb Mitteleuropas	207
8.4.1	Tropische Wälder	207
8.4.2	Große Landsäugetiere	214
9	**Der Konflikt zwischen Landwirtschaft und Naturschutz in Mitteleuropa**	220
9.1	Ökonomische Charakteristik der Landwirtschaft	220
9.1.1	Faktoreinsatz und Betriebsstruktur	220
9.1.2	Produktionsergebnis und Wirtschaftserfolg	226
9.1.3	Exkurs: Betriebswirtschaftliche Begriffe	232
9.1.4	Staatlicher Einfluß auf die Landwirtschaft	238
9.1.5	Ökonomische Erklärung des Agrarproblems	241
9.1.6	Agrarpolitische Leitbilder und Zukunftsperspektiven	246
9.2	Das ökologische Problem	249
9.2.1	Historische Entwicklung	249
9.2.2	Ursachen der Artenverdrängung	254
9.3	Entwicklung einer Naturschutz-Konzeption	259
9.3.1	Rückblick: Der ökonomische Ursachenkomplex der Naturzerstörung	259
9.3.2	Ökonomischer Entscheidungsspielraum	261
9.3.3	Rahmenbedingungen	262
9.3.4	Ökologische Zielsetzungen und Prioritäten	265

9.3.5 Ökologische Leitbilder I:
Wildnis oder Kulturlandschaft? 267
9.3.6 Ökologische Leitbilder II:
Integration oder Segregation? 269
9.3.7 Zusammenfassung und Folgerungen 276
9.4 Betriebswirtschaftliche Aspekte 278
9.4.1 Entgelt für den Naturschutz – ja oder nein? 278
9.4.2 Ausgleichszahlungen und Kostenorientierung 281
9.4.3 Betriebsgröße und Naturschutz 284
9.5 Maßnahmen 285
9.5.1 Bisher durchgeführte Maßnahmen 285
9.5.2 Vorgeschlagene Maßnahmen und Kosten 288
9.5.3 Ergänzende Betrachtungen zur Flurbereinigung 297
9.5.4 Finanzierungsaspekte 302
9.6 Naturschutz und Landwirtschaft – Zusammenfassung. 305

10 Nachwort 309

Literaturverzeichnis 311

Sachregister 336

1 Einleitung

In seinem Roman »Frau Jenny Treibel« belauscht FONTANE (1931 : 325) eine Runde wunderlicher älterer Herren beim Abendessen. Es gibt Flußkrebse, und man bedauert schon um 1880, daß sie nicht mehr so reichlich und preiswert sind wie früher. Vor 100 Jahren (also heute, 1991, vor über 200 Jahren) hätte man sie im Oderbruch nach jeder Überschwemmung von den Bäumen schütteln können, kosteten sie einen Pfennig das Schock und war es verboten, sie den Dienstboten mehr als dreimal wöchentlich zur Speise vorzusetzen. Ein gleiches Verbot bestand im kolonialen Neu-England bezüglich einer heute geschätzten Fischdelikatesse (LOVEJOY 1986 : 21).

Wir brauchen nicht Jahrhunderte zurückzugehen: Im Jahre 1930 wurde im Rhein-Main-Gebiet eine Heuschreckenplage bekämpft; es handelte sich um die Italienische Schönschrecke (*Calliptamus italicus*), welche heute in der Roten Liste die Ziffer 1 (vom Aussterben bedroht) führt (BELLMANN 1985 : 138). Noch nach dem 2. Weltkrieg wurden auf den niederländischen Watteninseln Schulkinder in den Ferien auf die Weiden geschickt, um überhand nehmende Orchideen auszustechen. Heute um den Naturschutz hochverdiente Autoren gaben in Lehrbüchern der 50er Jahre Ratschläge, wie Davallseggenrieder oder Borstgrasrasen durch Düngung und ggf. Entwässerung intensiviert werden könnten (ELLENBERG 1952).

Alle Beispiele belegen dasselbe Problem: Was früher reichlich vorhanden war, ja zur Plage werden konnte, ist heute *knapp* geworden. Viele andere Dinge waren früher knapp und sind heute bis zur Plage überreichlich, mit der Artenfülle verhält es sich jedoch umgekehrt. Der Wert eines Gutes, einer Ressource, einer Leistung oder welches Phänomens auch sonst wird uns erst bewußt, wenn es knapp geworden ist oder gar in Gefahr steht, gar nicht mehr vorhanden zu sein.

Die Ökonomie ist die Lehre vom rationalen, vernünftigen Umgang mit wertvollen knappen Ressourcen. Alles, was knapp ist oder es werden kann, ist ökonomischem Denken zugänglich, nicht nur die bekannten Dinge aus dem »Wirtschaftsleben«, wie Löhne, Zinsen, Wechselkurse, Aktien und Steuern. Ökonomisch zu denken, heißt, nach Wegen zu suchen, wie verknappte Werte auf möglichst elegante Weise und unter Antizipierung von Nebenwirkungen wieder »entknappt« werden können (BONUS 1981: 95). Dies ist bei wilden Tier-

und Pflanzenarten, ihren Lebensräumen, bei schönen und artenreichen Landschaften ohne Zweifel erforderlich. In Mitteleuropa haben jahrzehntelange Fehlentwicklungen in Land-, Forst- und Wasserwirtschaft, in Siedlung, Verkehr und zunehmend bei Freizeittätigkeiten die Natur so in Bedrängnis gebracht, daß die Roten Listen gefährdeter oder gar schon verschwundener Tier- und Pflanzenarten immer länger werden. Warum ist diese dramatische Knappheit entstanden? Wie das zweifellos echte Bedauern in weiten Bevölkerungskreisen zeigt, haben viele, wenn nicht die meisten Menschen (in der Fachsprache: Wirtschaftssubjekte) diese Entwicklung nicht gewollt, nicht wenige hätten etwas gegen sie unternommen, wenn es möglich gewesen wäre. Warum ist sie dennoch eingetreten? Wie stets, sind auch hier Sündenböcke schnell bei der Hand, aber daß hierauf aufgebaute »Theorien« wenig überzeugen, versteht sich von selbst.

Als vor 20 bis 30 Jahren die Symptome allgemeiner Luft- und Wasserverschmutzung und drohender Ressourcen-(insbesondere Energie-)verknappung die öffentliche Meinung zu beherrschen begannen, bestand eine ähnliche Situation: Die Umwelt- und Wachstumskrise wurde zuerst als allein politisches Versagen empfunden, man forderte die Bestrafung von Tätern und rief nach schärferen Gesetzen. Der sich unter dem Problemdruck schnell entwickelnden Umweltökonomie (zum heutigen Stand vgl. unter zahlreichen Werken ENDRES 1985, PEARCE & TURNER 1990, WICKE 1991) wurde zunächst weniger Aufmerksamkeit geschenkt, auch ist nicht davon zu sprechen, daß sie stets unfehlbare Antworten auf ein Problem wüßte. Aber ihre Konzepte fanden doch schrittweise Anerkennung, wurden teils, wie im Falle des »Verursacherprinzips« sogar zu Schlagwörtern, und allgemein hat sich das Bewußtsein durchgesetzt, daß bei der Überwindung von Luft- und Wasserverschmutzung und ähnlicher Probleme die Ökonomie in fruchtbarer Weise zumindest mitsprechen sollte. Es ist an der Zeit, dies für den Bereich des Naturschutzes ebenfalls zu erkennen.

Wie schon im Vorwort ausgedrückt, besteht das Ziel des vorliegenden Buches darin, Naturschutzprobleme in ihrer Komplexität als auch *ökonomische* Probleme darzustellen. Es geht zunächst einmal darum, das Konfliktfeld auszuleuchten. Das Buch verleugnet nicht sein Engagement für die Natur; an geeigneter Stelle wird gezeigt werden (Kapitel 5.2 und 5.3), daß sich für den Naturerhalt verbindliche Begründungen finden lassen, er also nicht die Marotte einiger Liebhaber, sozusagen ein privates Hobby ist. Allen in diesem Problemfeld agierenden Personen und Institutionen – Naturschützern, Landschaftsplanern, Agrar- und Forstexperten usw. – soll geholfen werden, ihre Probleme in rationalerer, verständnisvollerer Weise auszutragen. Das Buch möchte nicht polarisieren, aber es möchte doch auch den Naturschützern, welche auf Grund ihrer geringen Vertrautheit mit ökonomischen Begriffen in der Auseinandersetzung mit naturvereinnahmenden Interessen oft den Kürzeren ziehen, gezielt Argumentationshilfen vermitteln. Sie sollen sich nicht länger von jedem, der da behauptet, Rücksicht auf gefährdete Pflanzen und Tiere sei »unwirtschaftlich«, abkanzeln lassen müssen.

Ein Ziel besteht also in der Analyse: Wie konnte es zu der gegenwärtigen Situation kommen? Natürlich schließt sich die zweite Frage an: Wie soll man es besser machen? In Deutschland ist der Naturschutz traditionell noch mehr als in anderen Ländern eine Domäne des Staates, er gilt als hoheitliche Aufgabe. Ein Behördenstab ist damit beauftragt, ein Minimum an Naturschutz sicherzustellen, in erster Linie durch Ausweisung von Schutzgebieten sowie durch Einforderung von Ausgleichsleistungen bei Eingriffen. Die Alltagsarbeit besteht in der Zurückdrängung der mit dem Naturerhalt unverträglichen Ansprüche anderer Wirtschaftssubjekte sowie anderer Fachbehörden, wie Wasser- und Straßenbau, Agrar- und Forstverwaltungen usw. Oft wirken die konkurrierenden Privatinteressen mit ihren Fachbehörden im Verbund und fallen gemeinsam über den Naturschutz her – jeder Praktiker weiß ein Lied davon zu singen. Über den anzustrebenden Umfang des Naturschutzes wird im politischen Raum entschieden, wobei für den Erfolg weniger die Programmatik als die personelle und finanzielle Ausstattung der Naturschutzbehörden den Ausschlag gibt. Klagen über ihre bei weitem unzureichende Finanzierung sind allgegenwärtig – unumstritten ist, daß sie ohne Unterstützung durch privaten und ehrenamtlichen Naturschutz sowie den ständigen Rückgriff auf improvisierte Notlösungen (ABM-Kräfte usw.) nicht einmal ihre pflichtgemäßen Routineaufgaben hinreichend erfüllen könnten. Das Wenige, was erreicht wurde (was das beständige Anwachsen der Roten Listen nicht verhindern konnte), gründet sich entweder auf das zweite Standbein des Naturschutzes, die Privatinitiative oder – sofern es »amtlich« realisiert wurde – auf Druck von unten.

Versuchte die Gesellschaft auch in anderen Gebieten, ihre Lebensprobleme auf gleichermaßen stiefmütterliche Weise zu lösen, so würde ein allgemeines Chaos herrschen. Wenn der Erhalt ökologischer Substanz eine gesellschaftliche Pflicht ist, so muß schon die Art des Herangehens eine ganz andere als bisher sein. Dazu gehört, die ökonomischen Dimensionen zu erkennen und offensiv zu gestalten. Es ist nicht bekannt, daß es in der Naturschutzadministration und -forschung der Bundesrepublik auch nur eine einzige ökonomische Planstelle gäbe; das einzige diskutierte ökonomische Thema ist das beständige (und berechtigte) Klagelied über die Mittelknappheit. Die fundamentalen ökonomischen Probleme liegen jedoch woanders:

Wieviel ist den Menschen, insbesondere denen, die über den Artenrückgang klagen, eine ökologisch reichere Natur wert? Wie hoch sind die Kosten durchgreifender Naturschutzprogramme? Wie lassen sie sich überhaupt methodisch überzeugend ermitteln? Und vor allem: Wie können diejenigen Kräfte, welche bislang zur ökologischen Verarmung beigetragen haben, motiviert oder angereizt werden, sich anders zu verhalten? Die Erfahrung zeigt überreichlich, daß allein mit Verboten nichts erreicht wird; noch nie hat sich eine Zielsetzung gegen alle ökonomischen Anreize durchsetzen können. Der administrative Naturschutz ist wie David, der Goliath im plumpen Ringkampf besiegen will – die anderen sind immer stärker und rücksichtsloser. Er sollte sich auf Listen besinnen, auf seinen Kopf. Sobald es für die entscheidenden Konfliktparteien, insbesondere die Land- und Forstwirtschaft, profitabel wäre, auf Natur Rücksicht zu nehmen, würde es auch Naturschutz geben und die Roten Listen würden – soweit sich die Natur von der bisherigen Mißhandlung erholen kann – wieder kleiner. Man brauchte niemanden zu zwingen, und die frustrierenden Grabenkämpfe zwischen Naturschützern und zornigen Bauern um einzelne Vogelnester würden glücklicherweise einer vorzivilisierten Vergangenheit angehören.

In gewisser Weise geht es also durchaus darum, den Naturschutz zu »kommerzialisieren« – ein Reizwort, das seinerseits Vorbehalte insbesondere bei Naturschützern weckt. Soll Natur zur Ware werden, soll auch hier nur noch das Geld regieren? Die folgenden Kapitel werden hoffentlich zeigen, daß derartige Befürchtungen unbegründet sind, wenn das Problem richtig beleuchtet wird. Zunächst sind vier Abgrenzungen erforderlich:
- Soweit mit empirischen Zahlen gearbeitet wird, beziehen sich diese durchweg auf die Bundesrepublik Deutschland vor dem 3.10.1990. Die seitherigen Veränderungen dürften wenig Anlaß geben, von den wichtigsten Schlußfolgerungen abzurücken, im wesentlichen sind nur neue Zahlen einzusetzen.
- Das Buch bezieht sich auf die spezifischen Probleme des *Arten- und Biotopschutzes*, umreißt dabei z.B. Maßnahmen und Kosten zur Entwicklung von Biotopen. Allgemeine Umweltprobleme, wie Luft- und Wasserverschmutzung und Klimaänderungen können nicht eingehend thematisiert werden, dies erfolgt in anderen Bereichen der Umweltökonomie. Allerdings wirken diese Probleme auf die Zielsetzungen des Naturschutzes durchaus ein. So wird mit guten Gründen befürchtet (ELLENBERG Jun. 1989), daß die flächendeckende Stickstoffdüngung ganz Mitteleuropas aus der Luftverschmutzung die Existenz von oligotrophen (ungedüngten) Standorten, auf welche zahlreiche Pflanzenarten zwingend angewiesen sind, auf die Dauer unmöglich mache. Weltweit fragen Biologen

besorgt: »Where have all the froggies gone?« (BARINAGA 1990). Kann es sein, daß der globale Rückgang von Amphibien, auch in augenscheinlich unbelasteten Biotopen, etwas mit globalen schleichenden Veränderungen der Biosphäre zu tun hat? Vielleicht. Lassen sich derartige diffuse Einflüsse nicht abstellen, so sind langfristig insoweit auch spezifische Biotopsicherungsmaßnahmen sinnlos. Alle Ergebnisse dieses Buches, auch die Kostenschätzungen, gelten unter dem Vorbehalt, daß die diffusen Einflüsse soweit beherrscht werden können, daß gezielte Naturschutzanstrengungen nicht unterlaufen werden.
- Es geht hier nicht um ökologische Paradiese. Sollten diese wirklich einmal in praktische Reichweite gelangen, so mag dieses Buch mit Freude als »veraltet« beiseitegelegt werden. Heute und in näherer Zukunft muß die Ökonomie dazu eingesetzt werden, die schlimmsten Mißstände zu beseitigen und graduelle Verbesserungen zu erzielen. Insbesondere in den praktischen Vorschlägen und Kostenberechnungen geht es darum, Mindeststandards anzustreben, die sinnvollerweise so definiert werden können, daß dem »Artensterben« zunächst einmal Einhalt geboten wird. Dies ist das wenigste, was wir späteren Menschen, vielleicht auch der Natur in direkter Weise (hierzu Kapitel 5.3) schuldig sind.
- Bezüglich der ökonomischen (stellenweise ethisch-philosophischen) Methodik wird hoffentlich deutlich werden, daß jede interessennahe Oberflächlichkeit (die MARX treffend »Vulgärökonomie« nannte) zu vermeiden getrachtet wird. Es soll eine ökonomische Grundsatzdiskussion geführt werden, wir wollen nicht von einer »praxisnahen« ad hoc-Frage zur nächsten springen. Die Untersuchung orientiert sich methodisch im wesentlichen an der in den angelsächsischen Ländern und in Skandinavien (in Deutschland nur mit Abstrichen) gepflegten neoklassischen *Kosten-Nutzen-Analyse*. Es wird m.a.W. konventionelles Handwerkszeug benutzt, darunter jedoch nach Möglichkeit die solideste Ausführung. Wie jeder andere Ansatz, ist auch dieser nicht ohne ideologische Prägung und in längeren historischen Zeiträumen wandelbar. Zur Bearbeitung praktischer Probleme muß an ihm solange festgehalten werden, wie keine bessere Alternative verfügbar ist. Leider ergeht sich speziell die deutsche ökologisch-ökonomische Oppositionsszene immer noch weitgehend in Forderungen, daß man »alles anders« machen müsse, anstatt die Ärmel hochzukrempeln und es zu tun. Wer aber ökonomisch-philosophisch mit Gewinn weiter ausholen möchte, als es in diesem Buch möglich ist, dem sei u.a. IMMLER (1989) empfohlen.

Das Buch gliedert sich in drei Hauptabschnitte mit zusammen neun Kapiteln. Die folgenden beiden Kapitel 2 und 3 dienen der

Information insbesondere derjenigen Leser, welche mit Naturschutzfragen noch weniger vertraut sind, über physische Grundtatbestände. Es wird ein kurzer Überblick über die oft unterschätzte Nützlichkeit wilder Arten und Biotope gegeben und der Grad der Naturgefährdung weltweit und speziell in Mitteleuropa einschließlich der auf der Hand liegenden Ursachen und Abhilfemaßnahmen skizziert. Die beiden Kapitel können bei ihrer notgedrungenen Knappheit auch als kommentierter Führer zur einschlägigen Literatur interpretiert werden, zumal am Schluß jedes Kapitels Hinweise auf weiterführende Literatur gegeben werden.

Die Kapitel 4, 5, 6 und 7 widmen sich der ökonomischen Durchdringung des Problems und schreiten dabei von allgemeinen zu konkreteren Fragestellungen fort. Das Kapitel 4 gibt einen Überblick über ökonomische Grundbegriffe und Denkmodelle, welche für die vorliegende Themenstellung relevant sind. Im Kapitel 5 werden diese auf Arten und Biotope als »knappe Güter« angewandt – selbstverständlich unterscheiden sich diese Güter von normalen Waren und ist die ökonomische Begriffswelt ihrerseits zu erweitern, um für die neuen Fragestellungen fruchtbar werden zu können. Dabei müssen auch die früher intensiven, im heutigen Routinebetrieb jedoch vielfach verschütteten Kontakte zwischen *Ökonomie* und *Ethik* reaktiviert werden; wir werden über Begründungen dafür zu diskutieren haben, warum Arten auf der Erde überhaupt erhalten bleiben sollen.

Nach der Abklärung des methodischen Rahmens nähern sich die beiden Kapitel 6 und 7 den praktischeren, empirischen Problemen. Wir folgen hier der traditionellen Sichtweise der Ökonomie, bei einem Problem die *Nachfrage*- (Kapitel 6) und die *Angebots*seite (Kapitel 7) separat zu betrachten, um sie danach zu verbinden. Das Kapitel 6 fragt danach, was methodisch und bezüglich der Datenlage über die *Wertschätzung* des Naturschutzziels in der Bevölkerung ausgesagt werden kann. Soweit diese Wertschätzung nicht in bloßen Parolen und Forderungen besteht (und damit keine echte ist), sondern mit einer Opfer- oder Verzicht- oder Zahlungswilligkeit verbunden ist, stellt sie nichts anderes als eine ökonomische Nachfrage dar, welche allerdings bisher auf Grund fehlender Kaufmöglichkeiten (Märkte) nur zu einem sehr geringen Teil manifest werden konnte. Die Ergebnisse bisheriger Studien über die Zahlungsbereitschaft zugunsten des Naturschutzes werden abschließend referiert.

Im Kapitel 7 zur »Angebotsseite« nimmt die Diskussion über die Höhe der Naturschutzkosten die Hauptrolle ein, dies dürfte auf das Interesse der meisten praktischen Naturschützer stoßen. Die Abschnitte werden zeigen, wie viele methodische Voraussetzungen jedoch erfüllt sein müssen, um eine korrekte und nicht irreführende Kostendiskussion zu führen. Ein Überblick über bisherige Studien zu den Kosten größerer Naturschutzprogramme schließt sich an. In diesem Kapitel ist es jedoch nicht möglich, einen Katalog der Kosten einzelner Naturschutzmaßnahmen wiederzugeben (etwa: Mähen eines Hektars Wiese, geneigt oder eben, maschinell oder von Hand, mit oder ohne Abtransport...). Hierzu liegen vorzügliche Datensammlungen vor, auf sie wird am Schluß des Kapitels hingewiesen.

Im Anwendungsteil werden im Kapitel 8 zunächst vier Konfliktfelder in »Kurzportraits« vorgestellt: Die Forstwirtschaft, der Erholungs- und Tourismusbetrieb und ausgewählte Bereiche der Infrastruktur (jeweils in der Bundesrepublik Deutschland) sowie die wichtigsten und medienbekannten weltweiten Arten- und Biotopschutzprobleme. In jedem Bereich bestehen andere Problemstrukturen – es geht bei den »Kurzportraits« ausschließlich darum, diese Strukturen qualitativ darzustellen, um eine Orientierung zu erleichtern. Außer im Bereich der Forstwirtschaft, wo ein sehr prägnantes und provokatives Resümee gezogen werden wird, liegen für quantitative Berechnungen entweder ungenügende Daten vor (beim Tourismus) oder es müssen, wie bei Infrastrukturproblemen, einzelfallbezogene und sehr aufwendige Kosten-Nutzen-Analysen angestellt werden. Bei weniger knappem Raum wäre gern detaillierter auf Naturschutzprobleme außerhalb Mitteleuropas eingegangen worden – die Zerstörung tropischer Wälder, die Dezimierung großer Landsäugetiere in Afrika und Asien und anderes mehr. Zu den Fakten existiert allerdings eine umfangreiche, am Schluß des Kapitels kommentierte Literatur, und den Lesern dürfte es vielleicht nach Durcharbeitung der gesamten im folgenden dargelegten ökonomischen Grundlagen leichter sein, diese beklagenswerten weltweiten Entwicklungen besser zu verstehen und vielleicht sogar aktiv bei der Gestaltung von Abhilfemaßnahmen mitzuwirken.

Den Abschluß (Kapitel 9) bildet die ausführliche Darstellung des zweifellos wichtigsten Konfliktfeldes der Naturschutzszene: der *Landwirtschaft*. Schon viel ist über Ausmaß und Ursachen der Artenverdrängung in der Agrarlandschaft und über geeignete Abhilfemaßnahmen debattiert worden; in diesem Buch soll eine gedrängte, systematische Darstellung gegeben werden. Bisher nicht mit der Ökonomie in Berührung gekommene Leser werden hier die Feststellung machen, daß sich ökonomisches Denken nicht ausschließlich in Geldangelegenheiten bewegt. Vielmehr wird deutlich, daß in der Ökonomie der Versuch rationaler Entscheidung und Konfliktaustragung, das systematische Abwägen von Alternativen, das Antizipieren von Konsequenzen und die Nachfrage nach Gründen im Vordergrund stehen. Dieser kühle Denkstil könnte in der einschlägigen Debatte einen nützlichen Kontrast bilden und den Weg zu einer Synthese von Artenerhalt und Nahrungserzeugung erleichtern.

Umrisse des Problems

2 Bedeutung und Nutzen wilder Arten

Die hier exemplarisch aufgezeigten Nutzenstiftungen von Arten und Biotopen sind nicht der unmittelbare und schon gar nicht der einzige Grund dafür, jene auf der Erde zu erhalten. Stünde von einer Art fest, daß sie niemals einen Nutzen für den Menschen stiften werde, so wäre auch dies kein Grund, sie auszurotten. Auch geht es im folgenden nicht darum, an Hand manifester oder potentieller Nutzenstiftungen den »Wert« einer Art festzustellen. Liefert eine Pflanze eine chemische Substanz im Wert von X Mio. DM, so ist dies eine interessante Information, nicht aber eine vollständige ökonomische Charakterisierung dieser Art.

Wir werden uns im Kapitel 5 subtileren anthropozentrischen und nicht-anthropozentrischen Naturschutzbegründungen zuwenden – der Blick auf konkrete Nutzenstiftungen ist jedoch zunächst ein guter Einstieg in die Problematik und mag mit EHRLICH & EHRLICH (1983 : 81) »... auch den eingefleischtesten menschlichen Chauvinisten ... überzeugen, daß der Erhalt des Gorillas und des Mondrautenfarns auch in seinem eigenen Interesse liegt.«

Die Nützlichkeit der Natur wird weithin aus Unkenntnis unterschätzt, vielen Menschen würde sie erst ins Bewußtsein treten, wenn sie plötzlich auf sie zu verzichten hätten. PRESCOTT-ALLEN & PRESCOTT-ALLEN (1986) ermittelten, daß etwa 4 % des Bruttosozialprodukts der USA und Kanadas auf Beiträge wilder und halbwilder Pflanzen und Tiere entfällt. Nach DUKE (1976) sind 1 766 Pflanzenarten der Roten Liste der USA (allein kontinentaler Verbreitung) nach einem einschlägigen Handbuch (USHER 1974) als »nützlich« einzustufen.

Der besonders detaillierten Untersuchung von SCHLOSSER (1982) zufolge sind auf dem Gebiet der ehemaligen DDR 642 Arten und damit etwa ein Drittel der Gefäßpflanzenflora als aktuelle oder potentielle wirtschaftliche Ressource in einem durchaus handfesten materiellen Sinne einzustufen – subtilere materielle und immaterielle Wertkomponenten sind hier noch nicht erfaßt. Blicken wir kurz auf einige Beispiele, die das Problem illustrieren, nicht etwa erschöpfend analysieren sollen:

2.1 Sicherung der Ernährung

Von den weltweit etwa 250 000 beschriebenen Gefäßpflanzenarten besitzt vermutlich ein knappes Drittel für den Menschen eßbare Bestandteile; Schätzungen liegen bei 80 000 Arten. Zwischen 3 000 und 7 000 Arten wurden oder werden irgendwo auf der Erde gegessen, meist im lokalen Maßstab. Überregional oder weltweit kultiviert für die Ernährung werden etwa 150, jedoch decken allein fünf Getreidearten (Weizen, Mais, Reis, Gerste und Hirsen) 50 % der pflanzlichen Ernährung des Menschen ab, 20 Arten liefern 90 % des Bedarfs (MYERS 1979, 1989).

Die extreme Ernährungsspezialisierung des Menschen ist entwicklungsgeschichtlich eine neue – und möglicherweise vorübergehende – Erscheinung. Die Ernährung der heute noch existierenden altsteinzeitlichen Völker auf der Erde (»Jäger, Sammler, Fischer«, wie etwa die Buschmänner) ist, physiologisch zweifellos zu ihrem Vorteil, bedeutend vielseitiger (BODENHEIMER 1951). Nach der Nahrungsspezialisierung durch den Übergang zur Seßhaftigkeit wechselten bei vielen Völkern Perioden der Verbreiterung mit solchen der Verengung der Ernährungsbasis ab. Der neuzeitliche Kontakt der Europäer mit anderen Erdteilen eröffnete einerseits den Zugang zu vorher unbekannten Nahrungs- und Genußmitteln, andererseits brachten Industrialisierung und Rationalisierung der jüngeren Zeit manche Verengung mit sich. Die Übersicht 1 enthält einige früher in Mitteleuropa, heute jedoch kaum noch genossene Pflanzenarten. Ökonomisch bedeutende Beispiele für relativ junge Entwicklungen neuer Kulturpflanzen sind die Zuckerrübe (*Beta vulgaris*) im 19. und die Sojabohne (*Glycine max*) im 20. Jahrhundert.

Übersicht 1. Früher in Mitteleuropa, heute selten oder gar nicht mehr genutzte Kulturpflanzen (einschließlich Färberpflanzen), Auswahl

---

Stärke u. ä. liefernde Pflanzen, meist in Samen oder Knollen

Einkorn	(*Triticum monococcum*)
Emmer	(*T. dicoccon*)
Rispenhirse	(*Panicum miliaceum*)
Buchweizen	(*Fagopyrum esculentum*)
Knollige Platterbse	(*Lathyrus tuberosus*)
Weiße Seerose	(*Nymphaea alba*)
Gelbe Seerose	(*Nuphar lutea*)
Rohrkolben	(*Typha* sp.)
Schweineohr	(*Calla palustris*)

Zichorie (*Cichorium intybus*)
Flutender Schwaden (*Glyceria fluitans*)
Ahornarten (lieferten Zucker) (*Acer* sp.)

Gemüse- und Salatpflanzen i. w. Sinne (vgl. auch Gewürzpflanzen)

Grüner Fuchsschwanz (*Amaranthus lividus*)
Zuckerwurz (*Sium sisarum*)
Weißwurzel (*Tragopogon porrifolius*)
Spargelerbse (*Tetragonolobus purpureus*)
Smyrnerkraut (*Smyrnium olusatrum*)
Erdbeerspinat (*Chenopodium foliosum u. C. capitatum*)
Rapunzel-Glockenblume (*Campanula rapunculus*)
Pastinak (*Pastinaca sativa*)
Nachtkerze (*Oenothera biennis*)
Knollen-Kälberkopf (*Chaerophyllum bulbosum*)
Meerkohl (*Crambe maritima*)
Brunnenkresse (*Nasturtium officinale*)
Bittere Kresse (*Cardamine amara*)
Barbarakraut (*Barbarea vulgaris*)
Echtes Löffelkraut (*Cochlearia officinalis*)
Kapuzinerkresse (*Tropaeolum majus*)
Löwenzahn (*Taraxacum officinale*)
Garten-Melde (*Atriplex hortensis*)
Mangold (*Beta vulgaris* ssp. *vulgaris*)
Sauerampfer u. a. Ampferarten (*Rumex acetosa, R.* sp.)
Wassernuß (*Trapa natans*)
Brennessel (*Urtica dioica*)
Wilde Malve (*Malva sylvestris*)
Giersch (*Aegopodium podagraria*)
Vogelmiere (*Stellaria media*)
Claytonie (*Claytonia perfoliata*)
Knollenkümmel (*Bunium bulbocastanum*)
Zackenschötchen (*Bunias orientalis*)
Guter Heinrich (*Chenopodium bonus-henricus*)

Gewürzpflanzen (vgl. auch Salatpflanzen)

Kalmus (*Acorus calamus*)
Engelwurz (*Angelica archangelica*)
Weinraute (*Ruta graveolens*)
Portulak (*Portulaca oleracea*)
Boretsch (*Borago officinalis*)

Ysop	*(Hyssopus officinalis)*
Schwarzkümmel	*(Nigella arvensis)*
Bärlauch	*(Allium ursinum)*
Tripmadam	*(Sedum reflexum)*
Sauerklee	*(Oxalis acetosella)*
Benediktenkraut	*(Cnicus benedictus)*
Gelber Steinklee	*(Melilotus officinalis)*
Bibernelle	*(Sanguisorba minor)*
Meisterwurz	*(Peucedanum ostruthium)*
Echter Alant	*(Inula helenium)*
Kleine Pimpinelle	*(Pimpinella saxifraga)*
Garten-Kerbel	*(Anthriscus cerefolium)*
Bärwurz	*(Meum athamanticum)*

Obstgehölze

Sanddorn	*(Hippophae rhamnoides)*
Schwarzer Holunder	*(Sambucus nigra)*
Traubenholunder	*(Sambucus racemosa)*
Schlehe	*(Prunus spinosa)*
Kornelkirsche	*(Cornus mas)*
Eberesche	*(Sorbus aucuparia)*
Speierling	*(Sorbus domestica)*
Mehlbeere	*(Sorbus aria)*
Elsbeere	*(Sorbus torminalis)*
Mispel	*(Mespilus germanica)*
Weißdorn	*(Crataegus* sp.)

Öl-, Faser- und Färberpflanzen (F)

Lein	*(Linum usitatissimum)*
Leindotter	*(Camelina sativa)*
Mohn	*(Papaver somniferum)*
Hanf	*(Cannabis sativa)*
Rotbuche	*(Fagus sylvatica)*
Haselnuß	*(Corylus avellana)*
Waid	*(Isatis tinctoria* F)
Wau	*(Reseda luteola* F)
Färberröte	*(Rubia tinctorum* F)
Safran	*(Carthamus tinctorius* F)
Stockrose	*(Althaea rosea* F)

Quellen: FRANKE 1976, KÖRBER-GROHNE 1988, SCHLOSSER 1982

2.2 Kulturpflanzenverwandte und Züchtung

Die vom Menschen ausgewählten und züchterisch bearbeiteten Nutztiere und -pflanzen stehen in komplexen genetischen Beziehungen zu ihren jeweiligen Verwandten; nur wenige besitzen keine bekannten Wildformen (z.B. Hund und Mais). Die Verwandten stellen ein Genreservoir dar, welches der Mensch tunlichst respektieren sollte, da er regelmäßig darauf zurückgreifen muß. Die bekannteste Episode auf diesem Gebiet stellt die jahrelange schwere Hungersnot in Irland um 1845 dar, hervorgerufen durch den Zusammenbruch des Kartoffelanbaus infolge der Kraut- und Knollenfäule (*Phytophthora infestans*), dem erst durch Einkreuzung von Resistenzgenen aus südamerikanischen Verwandten der Kartoffel Einhalt geboten werden konnte. Die genetische Bedeutung der Verwandten ist durch neuere Entwicklungen noch erheblich im Steigen begriffen – überall auf der Erde schrumpft durch die Bevorzugung weniger Hochleistungssorten die genetische Variabilität der Nutzpflanzen und -tiere in besorgniserregendem Maße zusammen. In der EG nehmen nur sieben Winterweizen- und acht Kartoffelsorten jeweils 70 bis 80 % der Anbauflächen ein (PLARRE 1985). Während die Erhaltung alter Landrassen von Nutztieren in Mitteleuropa auf zunehmendes Interesse stößt (SAMBRAUS 1989), schreitet die genetische Erosion von Weltnahrungspflanzen insbesondere in deren Mannigfaltigkeitszentren ungebremst voran; allein im vorderen Orient stehen hunderttausende lokaler Landsorten von Getreidearten, welche in den vergangenen 10 000 Jahren in einem »unwiederholbaren Pflanzenzuchtexperiment« (BENNETT 1978) entstanden, vor der Vernichtung. Um so wichtiger ist es, die näheren Verwandten der Kulturpflanzen von Artrang zu erhalten; der Weizen besitzt um 30 aus den Gattungen *Aegilops* und *Triticum*, der Reis 25, die Kartoffel mehrere Dutzend. Dies gelingt nur durch die Erhaltung ihrer Lebensräume in den Diversitätszentren, welche allerdings aus bekannten Ursachen (Bevölkerungsexplosion, Inkulturnahme ungeeigneter Flächen, wie z.B. in den Andenländern) vielfach bedroht sind. Die in Kapitel 8.4.1 näher beleuchtete Vernichtung tropischer Feuchtwälder gefährdet u.a. die genetische Basis so wichtiger Weltwirtschaftspflanzen wie Kakao und Kautschuk (*Hevea brasiliensis*) (SMITH & SCHULTES 1990).

2.3 Pharmaka und Medizin

Daß Heilkräuter der Vergangenheit angehörten oder allenfalls von bestimmten Minderheiten geschätzt würden und daß sich die moderne Medizin mit ihren Möglichkeiten der technischen Synthese von der Basis natürlicher Wirkstoffe völlig emanzipiert habe, widerspricht den Tatsachen. In den OECD-Ländern sind etwa 25 % aller Arzneimittel pflanzlichen Ursprungs, weltweit unter Einschluß der nicht industriell entwickelten Länder sind es 75 %. Nach einer Studie der OECD (1987) wurden in ihren Mitgliedsländern im Jahre 1985 verschreibungspflichtige und nicht verschreibungspflichtige Medikamente auf pflanzlicher Basis im Wert von über 100 Mrd. DM verkauft.

Die Bedeutung der Natur als »pharmazeutisches Labor« ist mit diesen Zahlen nur unvollkommen ausgedrückt. Schon immer haben spezifisch wirksame Inhaltsstoffe, besonders Gifte, das Interesse der Menschen geweckt; in der Frühzeit der wissenschaftlichen Botanik spielte dieses Interesse eine dominierende Rolle. Nach RUTHSATZ (1983) sind 520 von 2 533 Gefäßpflanzenarten in der Bundesrepublik Deutschland (bis 3.10.1990) und damit etwa 20 % der Flora als Heilpflanzen anzusprechen. DAPPER (1987) nennt aus der Flora Mitteleuropas einschließlich seiner südlichen Randgebiete 1 581 Heilpflanzen, darunter 24 Bakterien, 17 Algen, 36 Pilze, 19 Flechten, 14 Moose und 1 471 Gefäßpflanzen. Der Anteil pharmakologisch interessanter Pflanzen an der Gesamtflora ist in dieser Stichprobe eher noch höher als bei RUTHSATZ. Der wirksame Erhalt eines so hohen Anteils ist in kleinen Schutzgebieten nach bisherigem Zuschnitt ausgeschlossen, zumal zahlreiche Arten zur Ruderal- und Segetalflora gehören, d.h. an extensive menschliche Einflußnahme angepaßt sind (RUTHSATZ a.a.O.). Vielmehr ist ein umfassendes, großflächiges Schutzkonzept gefordert. FARNSWORTH & SOEJARTO (1985) erwarten beim Aussterben von 10 % der US-amerikanischen Flora statistisch einen Verlust von 16 wertvollen Arzneipflanzen, den sie ökonomisch mit 3,25 Mrd. $ beziffern. Beachtet sei schließlich, daß Arzneien nicht nur aus Pflanzen gewonnen werden; einen Überblick über das Potential bei Meeresorganismen gibt RUGGIERI (1976).

Zweifellos ist nicht jedes Kraut alter Volksheilkunde nach strengen Kriterien wirkungsvoll oder gar unentbehrlich. Um so wichtiger ist die Erforschung der bisher unbearbeiteten Floren der Erde in chemisch-pharmakologischer Sicht, vor allem in den Tropen. Dies ist eine gigantische Aufgabe; selbst die u.a. vom National Cancer Institute (NCI) durchgeführten »Screening«-Programme erfaßten mit einigen Zehntausenden von Pflanzenarten nur einen Bruchteil der gesamten Flora, und auch bei den erfaßten Arten konnte nur jeweils einer bestimmten wirksamen Substanz nachgespürt und keineswegs eine pharmakologische »Vollcharakteristik« erzielt werden. Das bisherige Wissen über die Diversität der Natur auf biochemischer Ebene erstreckt sich allein auf die Spitze eines Eisberges. Die Übersicht 2 zeigt einige Beispiele aus einer Liste von 119 weltweit genutzten Reinsubstanzen aus Pflanzenextrakten. Über diese Stoffe hinaus existieren nicht wenige, welche zwar heute synthetisch hergestellt werden, bei denen jedoch die »Idee« für die Wirksubstanz aus der Natur kam. Dies betrifft so bekannte Stoffe wie Salicylsäure (»Aspirin«, ursprünglich aus Weiden), Chinin aus südamerikanischen *Cinchona*-Arten und orale Kontrazeptiva (die »Pille«) und andere Hormonpräparate, welche ursprünglich aus mexikanischen Yamsarten (Gattung *Dioscorea*) gewonnen wurden.

Übersicht 2. Beispiele für weltweit genutzte pharmakologisch wirksame Substanzen aus Pflanzen

Substanz	Pflanzenart	Zweck
Adonisid	*Adonis vernalis** (Frühlings-Adonisröschen)	Herzmittel
Convallatoxin	*Convallaria majalis** (Herbstzeitlose)	Herzmittel
Acetyldigitoxin Deslanosid Digoxin Lanatoside A, B, C	*Digitalis lanata** (Wolliger Fingerhut)	Herzmittel
Digitalin Digitoxin Gitalin	*Digitalis purpurea** (Roter Fingerhut)	Herzmittel
Scillaren A	*Urginea maritima** (Meerzwiebel)	Herzmittel
Ajmalicin Rescinnamin Reserpin	*Rauvolfia serpentina*	Kreislaufmittel
Silymarin	*Silybum marianum** (Mariendistel)	Leberheilkunde
Colchicin Demecolcin	*Colchicum autumnale** (Herbstzeitlose)	Krebsmittel
Vinblastin Vincristin	*Cataranthus roseus* (Madagaskar-Immergrün)	Krebsmittel (insbesondere Leukämie, Hodgkinssche Krankheit)

Quelle: FARNSWORTH 1988, Tabelle 9.1. Vgl. auch OLDFIELD 1984, pp. 95 ff.
* in Mittel- und Südeuropa vorkommend

2.4 Sonstige Rohstoffe

Kein Holz einer Baumart auf der Erde besitzt identische Eigenschaften wie das einer anderen, kein natürliches Öl, kein Farb-, Geruchs- oder sonstiger Wirkstoff ist einem anderen gleich. Die Übersicht 3 gibt einige Beispiele, welche beliebig vermehrt werden könnten. Qualitätsbezeichnungen, wie »reine Wolle«, »echte Daunen« usw. weisen auf die begrenzten technischen Substitutionsmöglichkeiten in zahlreichen alltäglichen Gebieten hin. Gewiß stammen ebenso wie

---

Übersicht 3. Wertvolle, z. T. weniger bekannte Inhaltsstoffe in Pflanzen und Tieren

---

Art	Anwendung
Guajakholz (*Guajacum* sp.)	Extrem hartes und dauerhaftes Holz, für Schiffsteile, Flugzeugpropeller, auch termitenresistent
Mahagoni *(Swietenia mahagoni)*	Wertvolles tropisches Möbelholz, fast ausgerottet
Balsa *(Ochroma pyramidale)*	Extrem leichtes Holz, Flugzeugbau, Modelle, Isolierungen
Rattanpalme (*Calamus* sp.)	Möbel und Gebrauchsgegenstände, einige Arten gefährdet
Pyrethrum (*Chrysanthemum* sp., auch *Derris elliptica, Quassia amara* u. a.)	Natürliche, für den Menschen weitgehend unschädliche Insektizide
Jojoba *(Simmondsia chinensis)*	Sehr wertvolles, flüssiges pflanzliches Wachs für unterschiedliche Anwendungen. Ersetzt Pottwalöl und ermöglicht Einstellung des Walfangs
Guayule *(Parthenium argentatum)* und zahlreiche andere Arten	Kautschuk
Euphorbia dentata und *E. lathyris*	> 9 % Öl, potentielle Energiepflanzen in Trockengebieten
Laccifer sp. (Insekt)	Schellack

Quellen: FRANKE 1976, MYERS 1979, OLDFIELD 1984

auf dem Gebiet der Ernährung (vgl. Kapitel 2.1) Naturprodukte oft von domestizierten und nicht gefährdeten Organismen, ebenso wie dort ist jedoch das Potential des Unentdeckten so groß, daß seine willkürliche Vernichtung durch Ausrottung vieler Arten nur als unvernünftige Handlung erscheinen kann.

2.5 Wissenschaftlicher Nutzen und Vorbildwirkungen

Die Übersicht 4 stellt einige »exotisch« wirkende, gelegentlich fast unglaubwürdig erscheinende Nutzenstiftungen und Vorbildwirkungen wilder Tierarten aus unterschiedlichen Gebieten zusammen. Die Beispiele belegen, daß nicht allein die Art des Nutzens höchst ungewöhnlich sein kann, sondern daß sich auch Arten, von denen man es am wenigsten erwarten würde, als nützlich erweisen können. Es gibt offenbar kaum sinnvolle Kriterien, Arten von vornherein aus dem Kreis der potentiell nützlichen auszuschließen. Dies ist eine wichtige Voraussetzung für Erhaltungsstrategien; hieran ist in Kapitel 5 anzuknüpfen.

Zweifellos kann sich der Mensch nicht physisch und psychisch selbst erforschen, ohne auf andere, näher oder weiter verwandte Arten zurückzugreifen. Dies führt sogar zu ethischen Problemen, wie etwa im Umgang mit Versuchstieren. Wichtige, psychotherapeutisch entscheidende Erkenntnisse etwa auf dem Gebiet des Sexualverhaltens sind wegen der starken kulturellen Überformung überhaupt nur durch vergleichende Beobachtung bei den Primaten als nächsten Verwandten zu gewinnen. Ohne Gorilla, Schimpanse und Orang-Utan (alle drei können bald von der Erde verschwinden) ist der Mensch buchstäblich alleingelassen. Selbst die Verhaltensforschung bei Walen (WÜRSIG 1989) kann Rückschlüsse auf das menschliche Zusammenleben liefern.

Übersicht 4. Beispiele für ungewöhnliche Nutzenstiftungen von Tierarten

Art	Zweck	Autoren
Grundlagenforschung		
Reptilien, insbes. diverse Schlangen	Resistenz gegen Radioaktivität, Röntgenstrahlen und UV-Strahlen	NEILL 1974

Technische Anwendungen

Froscharten	Versuchstiere in der Weltraumfahrt	NEILL 1974
Zahlreiche Tierarten	Erdbebenvorhersage	MYERS 1983 p. 187
Spechte	extreme Gehirnbelastung beim Klopfen gibt Anregungen für die Konstruktion von Sturzhelmen	MYERS p. 188
Wespenarten	Aerodynamik, Konstruktion von Hubschrauberrotoren	MYERS p. 189
Glühwürmchen und Tiefseefische	funken- und feuerfreies Leuchten	MYERS, p. 190
Buckelwal	Fernkommunikation unter Wasser	LEITZELL 1986 vgl. auch WÜRSIG 1989

Medizinische Forschung

Elefanten	Herzkrankheiten, auch beim Menschen	EHRLICH & EHRLICH 1983
Tintenfische	Nervenfunktionen	EHRLICH & EHRLICH
Gürteltier *(Dasypus novemcinctus)*	Lepraforschung (wird als einziges Tier außer Menschen befallen)	OLDFIELD 1984 p. 115 ff.
Hufeisenkrabbe *(Limulus polyphemus)*	Testorganismus für Endotoxin	OLDFIELD
Eichhörnchen *(Sciurus niger)*	Studien zur erythropoetischen Porphyrie (menschliche Erbkrankheit)	OLDFIELD
Albatrosse und Sturmvögel *(Diomeda* sp. und *Hydrobates pelaginus)*	Studien zu extremer Muskelleistung und zu Muskelkrankheiten	OLDFIELD
Zahlreiche, teils gefährdete Affenarten	Studien zu unterschiedlichen Humankrankheiten	OLDFIELD

2.6 Indikator- und andere Monitorfunktionen

Dieser und die folgenden Punkte heben die Funktionen hervor, welche Arten weniger individuell als vielmehr im Zusammenwirken innerhalb ihrer Lebensgemeinschaften erfüllen können. Zu den bekanntesten wissenschaftlichen Funktionen gehört die Bioindikation u.a. für den Nachweis der Verbreitung von Schadstoffen in Luft, Wasser und Sedimenten. Arten können entweder durch Speicherung der jeweiligen Stoffe in ihren Körpern, durch bestimmte Lebensäußerungen oder schon durch ihre bloße An- oder Abwesenheit Aufschlüsse über Belastungen geben, welche auf dem Wege der technisch-apparativen Messung oft nur mit bedeutend höherem Aufwand zu gewinnen wären. Die Übersicht 5 gibt einige Beispiele wieder. Zu den beeindruckendsten Ergebnissen gehört die Rekonstruktion jahrhundertelanger Zeitreihen der Schwermetallbelastung mit Hilfe der in der Bundesrepublik Deutschland stark gefährdeten Flußperlmuschel (*Margaritifera margaritifera*, CARELL et al. 1987). Ein weiterer Vorteil gegenüber der apparativen Messung ist ihre Fähigkeit zur zeitlichen Integration von Meßwerten. Wenn in einem Bach langlebige und empfindliche Libellenlarven vorkommen, so ist zu schließen, daß er nicht nur momentan sauber ist, sondern daß es jahrelang keinen Schadstoffeintrag gegeben haben kann. Auch die Bioindikation beruht oft auf unscheinbaren Arten, denen eine Nützlichkeit nur schwer zugetraut wird.

Arten als »Frühwarnsysteme« melden nicht nur die An- oder Abwesenheit von Stoffen, sondern auch Umweltveränderungen anderer Art. Im Zeichen befürchteter und vom Menschen bewirkter

Übersicht 5. Beispiele für Bioindikation

Art	Zweck	Autoren
Pflanzen als Indikatoren für Bodenschätze		
Beifußarten (*Artemisia* sp.)	Uran	RAINES et al. 1978 zit. in Myers 1983 p. 187
Zahlreiche Gefäßpflanzenarten	Gold	WARD & BROOKS 1978
Planchonella oxyedra Trichospermum kjellbergii	Nickel	WITHER & BROOKS 1977

Pflanzen als Indikatoren für luftbürtige Schadstoffe

Zahlreiche Flechtenarten	Molybdän, Kobalt, Zinn, Nickel, Chrom, Kupfer, Vanadium, Zink, Blei u. a.	zusammengestellt in ARNDT et al. 1987, Tab. 14, p. 49 ff.
Zahlreiche Moosarten	Molybdän, Kobalt, Zinn, Nickel, Chrom, Kupfer, Vanadium, Zink, Blei u. a.	ARNDT et al., Tab. 19, p. 59
Etwa 50 überwiegend heimische Gefäßpflanzen als Reaktionsindikatoren	SO_2, NO_2, O_3, PAN, HF u. a.	ARNDT et al., Tab. 48, p. 154 ff.
Etwa 30 Akkumulationsindikatoren	SO_2, NO_2, O_3, PAN, HF u. a.	ARNDT et al., Tab. 49, p. 158 ff.

Tiere als Bioindikatoren

Flußperlmuschel *(Margaritifera margaritifera)*	Schwermetalle	CARELL et al. 1987
Salamander *(Ambyotoma maculata)*	pH-Wert in Gewässern	POUGU & WILSON 1977, zit. in ARNDT et al. 1987: 224
Schlangen *(Pituophis catenifer, Crotalus viridis)*	Blei, Pestizide, chlorierte Kohlenwasserstoffe	BAUERLE et al. 1975
57, teilweise sehr seltene heimische Vogelarten, u. a. Habicht, Uhu, Rohrweihe, Kornweihe, Wanderfalke	Staub, Fluor, Cadmium, Blei, Quecksilber, chlorierte Kohlenwasserstoffe	ARNDT et al. 1987, Tab. 71, p. 244 ff.

globaler Klimaveränderungen können Arealverschiebungen und Wanderungen äußerst wichtige Beobachtungen im Rahmen eines globalen Biosphären-Monitoring sein. Wie beim Beispiel der Flußperlmuschel setzt jede Orientierung in der Gegenwart voraus, die Vergangenheit zu rekonstruieren. Die heutige weltweite Verbreitung der obskursten Frosch- und Krötenarten (und natürlich zahlloser anderer Arten) entscheidet mit über Akzeptanz oder Zurückweisung fundamentaler Theorien über die Erdgeschichte, wie etwa im Zusammenhang mit der Kontinentaldrift (NEILL 1974). Die jüngere, nacheiszeitliche Klimageschichte – früher eine Domäne »weltferner« Gelehrter – ist wegen der drohenden Einflußnahme des Menschen zu hoher Aktualität gelangt, und mit ihr Methoden, wie die Analyse von Pollenspektren in Sedimenten und vor allem in Mooren. Letztere könnten als Archive der holozänen Klimageschichte noch wertvollere Dienste leisten, wenn sie nicht auf weiten Strecken vernichtet worden wären.

2.7 Stabilität von Ökosystemen

Die Ökologie kennt eine langjährige Diskussion um den Zusammenhang von »Diversität« und »Stabilität« in Ökosystemen. Nach bestimmten und vor allem in der populären Diskussion einflußreichen Thesen beruhen Stabilität und Selbstregelungsvermögen auf einer reichen Artenausstattung, während Artenarmut eine Tendenz zur Labilität oder gar systemaren Selbstzerstörung auslöse, die letztlich dem Menschen gefährlich werden könne. Der Mensch solle auch aus kybernetischen Gründen die Artenfülle der Erde erhalten.

Derartige, vor allem mit dem Namen E.P. ODUM (1971) verbundene Thesen sind in der wissenschaftlichen Ökologie keineswegs unwidersprochen geblieben, mit Recht werden in ihnen starke ideologische Elemente erkannt (GOODMAN 1975, TREPL 1987). Die Frage ist allerdings, ob damit das Gegenteil zutrifft, wonach Artenfülle und ökologische Stabilität nichts miteinander zu tun hätten. Sie ist in allgemeiner Form nicht zu beantworten, zweierlei ist jedoch zu beachten: Zum einen gibt es zahlreiche Einzelbeispiele für die stabilisierende, »protektive« Wirkung einer reicheren Artenausstattung, etwa auf dem Gebiet des biologischen und integrierten Pflanzenschutzes. Zum zweiten fragt sich, wie praktisch zu handeln ist, wenn ODUMs These theoretisch nicht belegt werden kann. Kann sie nur empirisch entschieden werden – kann man m.a.W. grundsätzlich erst ex post »klug werden« –, so ist ihr Test in der Form irreversibler Auslöschung der Artenvielfalt ein gefährliches Abenteuer. Vermutlich übertreibt ODUM den Zusammenhang zwischen Diversität und Stabilität, und die Ausrottung zahlreicher Tier- und Pflanzenarten würde (abgesehen vom Unwert dieser Handlung als solcher) zu keinem Zusammenbruch wichtiger biogeochemischer Selbstregulierungen auf der Erde führen. Sollte er aber doch Recht haben, so wären die Folgen katastrophal und nicht wieder zu beheben. Aus Vorsichtsgründen und um auf der »sicheren Seite« zu bleiben, empfiehlt sich also eine

Bewahrung biosphärischer Vielfalt auch wegen ihrer möglichen Auswirkungen auf die Integrität lebenswichtiger Funktionen.

*To me the meanest flower that blows can give
Thoughts that do often lie too deep for tears.*
WILLIAM WORDSWORTH*

2.8 Ästhetische und emotionelle Bedeutung

Zu diesem Thema müssen wenige Bemerkungen genügen, es bestehen enge Beziehungen zu den in Kapitel 5.3 behandelten ethischen Problemen des Naturschutzes. Auf die unzweifelhafte Bedeutung von Tieren und Pflanzen in den ernsten und weniger ernsten Künsten, in Architektur, Design, Mode und auf anderen Gebieten braucht kaum hingewiesen zu werden. Es ist provokativ zu fragen, ob der Mensch jemals ein ästhetisches Empfinden auf dem Gebiet der Töne entwickelt hätte, ob jemals eine Flöte gebaut worden wäre, wenn nicht die Vögel sängen. Eine auf ästhetischen Genuß beschränkte und die Natur wie bei den oben diskutierten Nutzenstiftungen instrumentalisierende Betrachtungsweise greift jedoch zu kurz, das hier betretene psychologische Feld ist bedeutend reicher. Ästhetik ist mehr als »Nutzenstiftung«; Jesus berichtet in der Passage von den Lilien auf dem Felde** (MATTHÄUS 6,28–30, vgl. auch ATTFIELD 1983), daß offenbar selbst Gott Gefallen an Schönheit zeige. Das entscheidende ist, daß Tiere und Pflanzen ebenso wie Kunstwerke berühren. Worauf beruht die Attraktivität des Zoos auf Kinder? Warum wünschen sie sich Goldhamster und Hunde? Warum fungieren Adler und Löwen in fast allen Kulturen und Staaten als Machtsymbole? Warum sind Personen, die sich im Alltag überaus »unökologisch« verhalten, bereit, nach einer Fernsehsendung für Robben, Wale usw. zu spenden? Düsenflugzeuge, Panzer und anderes Kriegsgerät schmücken sich mit Raubtierbildern; Horrorfilme, in denen Riesenspinnen u.ä. eine Stadt terrorisieren, gehören zu den Klassikern des Kinos. Noch heute werden – zum Entsetzen der Naturschützer – Schlangen, Spinnen und Fledermäuse aus Abscheu getötet. Man verurteilt die

---

* Aus »Ode: Intimations of Immortality from Recollections of Early Childhood«. M. van DOREN (Ed.): William Wordsworth, Selected Poetry. New York (Modern Library) 1950, p. 547. Hier zitiert aus WESTMAN 1977.
** Gemeint sind die auch heute noch Getreidefelder in den Mittelmeerländern schmückenden Gladiolen *Gladiolus segetum* und *G. illyricus*.

Täter weniger hart, wenn man einen Brief des 15jährigen GOETHE an seine Schwester Cornelia kennt, in dem er sich brüstet, ein »zwey Ellen lang(es)« ... »häßliches Ungeziefer« in einem Garten in Wiesbaden mit Steinen erlegt zu haben (EISSLER 1987 : 75–76).

2.9 Zusammenfassung

Der Mensch hat sich in jahrmillionenlanger Koevolution mit anderen Tier- und Pflanzenarten – lebensnotwendigen und bedrohlichen – entwickelt, und es wäre in der Tat erstaunlich, wenn dies keine tiefen Spuren in seiner Psyche hinterlassen hätte. Daß er sich ohne größere Probleme auch an eine »Plastikwelt« ohne Artenfülle anpassen kann (KRIEGER 1973), ist schwer zu glauben. Manches spricht dafür, daß die bei diesem Gedanken aufkommende Verlustangst das Motiv für zahlreiche Menschen ist, den Zielen des Naturschutzes und Artenerhalts positiv gegenüberzustehen, daß dies mehr zählt als objektive, aber prosaische Nutzenstiftungen. Aber auch wenn dies zutreffen sollte, ist das Gewicht der bis hierher diskutierten Artenschutzargumente nicht zu leugnen. Sie orientieren sich an einem Kontinuum menschlicher Bedürfnisse – von den prosaischsten bis zu den »erhabensten« – und sprechen in der Summe dafür, die Artenfülle der Erde nicht ohne zwingende Gründe zu reduzieren. Zu den individuellen Nutzen einzelner Arten und zu ihrer Funktion in ökologischen Systemen tritt auf dritter Betrachtungsebene der Eigenwert der Vielfalt, das Staunen vor der unbegreiflichen Fülle hinzu, wie es einer der bedeutendsten Genetiker formuliert: »Variation – the Essence of Life« (FRANKEL 1970). Auch aus ökonomischer Sicht kann als erste (in Kapitel 5 zu verfeinernde) Näherungslösung des Problems nur EHRENFELDS (1976) *»Noah-Prinzip«* anerkannt werden, wonach grundsätzlich alle Arten Schutz vor der Ausrottung genießen müssen, ohne daß ein Beweis für ihre Nützlichkeit im Einzelfall zu liefern wäre.

Empfohlene Literatur
Die am Schluß dieses und der folgenden Kapitel genannte Literatur umfaßt Titel, welche teils schon im Text in speziellen Zusammenhängen auftauchten, jedoch kommen auch noch nicht zitierte Arbeiten hinzu. Sie sollen Anregungen für weiteres Studium, teilweise auch zum besseren Verständnis der in diesem Buch vorgetragenen Gedanken geben. Es werden nach Möglichkeit Bücher, seltener Zeitschriftenartikel genannt.
Das inzwischen »klassische« Werk und die Initialzündung für weitere Diskussionen über den Nutzen der Natur ist MYERS 1979 (»The Sinking Ark«); das Material ist ergänzt in MYERS 1983. Eine vorzügliche Zusammenstellung

ist OLDFIELD (1984), gute allgemeine Übersichten vermitteln auch EHRLICH & EHRLICH (1981, deutsch 1983), PRESCOTT-ALLEN & PRESCOTT-ALLEN (1986) sowie für mitteleuropäische Verhältnisse SCHLOSSER (1982).
Besonders empfehlenswerte Titel für spezielle Fragestellungen sind: FRANKE (1976)(Nutzpflanzenkunde), ALTSCHUL (1973)(seltene Nahrungs- und Arzneipflanzen), KÖRBER-GROHNE (1988)(alte Nahrungspflanzen in Deutschland), BALANDRIN et al. (1985), LEWIS & ELVIN-LEWIS (1977), SWAIN (1972) und OECD (1987)(medizinische Verwendungen) sowie ARNDT et al. (1987) für das Gebiet der Bioindikation.

3 Bedrängtheit der Natur und Notwendigkeit der Abhilfe

3.1 Weltweite Situation

Nach WILSON (1988a) sind gegenwärtig 1 392 485 Organismenarten auf der Erde wissenschaftlich beschrieben. Sie teilen sich auf in 73 883 Algen und Pilze, 248 428 Moose, Farne und Blütenpflanzen, 989 761 Nicht-Wirbeltiere und 42 580 Wirbeltiere, der Rest entfällt auf kleinere Gruppen. Unter den Nicht-Wirbeltieren nehmen die Insekten mit 751 000 einen herausragenden Platz ein, während sich die Wirbeltiere aus 19 056 Fisch-, 4 184 Amphibien-, 6 300 Reptilien-, 9 040 Vogel- und 4 000 Säugetierarten zusammensetzen. Mit Sicherheit ist dies nur ein kleiner Teil der tatsächlich vorhandenen Arten, da die vollständige Inventarisierung der unauffälligen, schwer zu unterscheidenden und nur lokal vorkommenden unter ihnen, besonders bei den Insekten und vermutlich auch Pilzen, unmöglich ist; dies gilt vor allem für weniger erforschte Gebiete, wie die Tropen. WILSON selbst schätzt die wahre Artenzahl zwischen fünf und zehn Millionen. Vermutlich lebt etwa die Hälfte aller Arten in tropischen Feuchtwäldern, welche sich heute in besonderer Bedrängnis befinden; hierauf gehen wir im Kapitel 8.4.1 näher ein.

Nach heutiger Kenntnis ist der Mensch früher, als man annehmen könnte, für andere Arten zum existenzbedrohenden Faktor geworden; die vielbeschworene Harmonie zwischen Indianern und anderen Naturvölkern und ihrer belebten Umwelt kann eine Wunschvorstellung heutiger Kulturkritiker sein. Das Aussterben von über 70 Gattungen großer Säugetiere in Amerika vor etwa 15 000 Jahren, möglicherweise in Koinzidenz mit dem Auftreten des Menschen, läßt den Verdacht seiner Mitbeteiligung schwer abweisen (MARTIN 1984, 1986). Für das massenweise Verschwinden großer und für mutige Jäger attraktiver Säugetiere (Mammut, Riesenhirsch, Wollnashorn u.a.) gegen Ende der letzten Vereisung in der Alten Welt gilt gleiches, ebenso wie für das Verschwinden von Riesen-Beuteltieren in Australien, des Moa auf Neuseeland sowie analoges auf Madagaskar und Hawaii (TISDELL 1989, umfangreiches Material in MARTIN & KLEIN 1984, vgl. auch ELLIOTT 1986).

In historischen Epochen bis zum Beginn der Neuzeit sind dagegen eher nur Arealschrumpfungen bei den Tieren belegt, welche die pleistozäne Faunenverarmung überstanden haben; so gab es vor einigen tausend Jahren noch Löwen in Griechenland. In der Pflanzenwelt traten vermutlich erst recht keine Verluste auf, auf die im

Gegenteil in Mitteleuropa zu beobachtenden Bereicherungstendenzen wird im Zusammenhang mit der Geschichte der Landwirtschaft einzugehen sein (Kapitel 9.2.1).

Seit Beginn der Neuzeit schnellt die Kurve der weltweit ausgerotteten Tiere und (weniger gut dokumentiert) Pflanzen dagegen steil nach oben, einen symbolischen Anfang markiert der letzte Abschuß eines Auerochsen (*Bos primigenus*) im Jahre 1627 in Polen. ZISWILER (1965) nennt 156 bis zum Jahre 1965 ausgestorbene Vögel und Säugetiere, nach DIAMOND (1984) sind seit 1600 mindestens 115 Säugetier- und 171 Vogelarten ausgestorben. So bedauerlich diese Zahlen und so wenig sie zu bagatellisieren sind, charakterisieren sie doch die heutige, unvergleichlich dramatischere Situation in keiner Weise. Etwa 75 % der Faunenverluste der zurückliegenden Jahrhunderte erfolgten auf *Inseln* einschließlich Australien. Die meist klar zu erkennenden Ursachen des Verschwindens sind nicht auf kontinental verbreitete Arten zu verallgemeinern. Inselarten haben sich infolge ihrer hochgradigen Spezialisierung, des Verlustes von Flucht- oder Verteidigungsimpulsen und aus anderen Gründen als außerordentlich empfindlich gegen das Eindringen anderer Arten – der menschlichen Entdeckungsreisenden und ihrer tierischen Begleiter – erwiesen und gehören auch heute, soweit sie noch vorhanden sind, zu den bedrohtesten Arten. Unter den restlichen 25 % fielen manche unglaublichen Abschlachtaktionen zum Opfer, bei denen Millionen (wie beim glücklicherweise nicht ausgerotteten Bison) oder Milliarden Individuen getötet wurden, wie im Falle der 1914 ausgestorbenen nordamerikanischen Wandertaube (*Ectopistes migratorius*), vgl. PLACHTER (1991 : 268).

Die weltweite Bedrohung kontinental verbreiteter Arten ist, von Ausnahmen abgesehen, etwas Neues und hängt mit der im 20. Jahrhundert offenbar vollständig entfesselten demographischen und ökonomischen Expansion des Menschen auf der gesamten Erde zusammen. Es liegt in der Natur des Problems, daß die direkte Beobachtung der Populationsschrumpfung oder gar des Aussterbens nur bei wenigen auffälligen Arten möglich ist. Zu den erschreckendsten Zahlen gehören die über den Rückgang der afrikanischen Nashörner – von 65 000 im Jahre 1970 auf 4 000 nur 17 Jahre später (Kapitel 8.4.2, Übersicht 19). Für die allermeisten Arten liegen jedoch wegen ihrer Unauffälligkeit keine direkten Beobachtungen vor – unter den täglich ausgerotteten Arten sind viele nicht einmal bekannt. Die in der Öffentlichkeit weithin bekannten Zerstörungen tropischer Biotope, insbesondere Wälder, aber auch Savannen, Feuchtgebiete, Korallenriffe u.a. lassen nur das Schlimmste befürchten. Unter Heranziehung theoretischer Konzepte über den Zusammenhang zwischen Fläche und Artendiversität führt eine vorsichtige, eher als Denkanstoß zu interpretierende Modellrechnung zu einem heutigen Verlust von 17 500 Arten pro Jahr allein durch die Tropenwaldvernichtung (WILSON 1988a). Die heute vom Menschen verursachten Artenverluste liegen um den Faktor 1 000 bis 10 000 über der »normalen« erdgeschichtlichen Aussterbensrate. Das vielfach zu hörende Argument, es habe schon immer ein Kommen und Gehen von Arten gegeben, ist daher der heutigen Situation vollständig unangemessen.

Für die Zukunft erwartet MYERS (1989) Artenverluste in Höhe von einem Viertel bis zur Hälfte des heutigen Gesamtbestandes (bis Mitte des 21. Jahrhunderts), sofern der gegenwärtige Trend nicht gestoppt werden kann. Nach Modellrechnungen von SIMBERLOFF (1986) kommt es bei dessen Fortdauer schon bis zum Jahre 2000 zu Verlusten von 15 000 Pflanzen- und 100 Vogelarten (15 % bzw. 12 % des Bestandes) allein in Amazonien. Werden alle tropischen Wälder der Neuen Welt auf einen Umfang reduziert, der den heute ausgewiesenen (offensichtlich viel zu geringen) Naturschutzparken entspricht, so kommt es nach der Gleichgewichtseinstellung der Populationen (vermutlich Ende des 21. Jahrhunderts) zu Verlusten von 66 % aller Pflanzenarten (14 % der Familien) und 69 % aller amazonischen Vögel (26 % aller Familien, Ebenda, p.177).

Ohne wirksame Gegenmaßnahmen werden sich die letztgenannten Werte wahrscheinlich realisieren. Mit ihnen ist eine Dimension erreicht, die nur mit erdgeschichtlichen »Mass Extinctions« vergleichbar ist, wie sie u.a. jeweils gegen Ende des Präkambriums, des Perm oder – am bekanntesten – gegen Ende der Kreidezeit vor etwa 65 Mio. Jahren auftraten, als die Dinosaurier verschwanden. Hat selbst dies jedoch Jahrmillionen beansprucht, so erfolgt die anthropogen verursachte Evolutionskatastrophe in wenigen Jahrzehnten. Daß sich der Mensch in dieser Weise zum erdgeschichtlichen Faktor aufschwingt, ohne die Folgen auch nur in Umrissen erkennen zu können, erfüllt keineswegs nur ökologische Aktivisten, sondern sonst nüchternste Wissenschaftler mit Sorge und motiviert sie zu drastischen Aussagen: »Das Schlimmste, was passieren kann – passieren wird (in den 80er Jahren) – ist nicht Energieerschöpfung, ökonomischer Zusammenbruch, begrenzter Nuklearkrieg oder Unterwerfung unter totalitäre Herrschaft. So furchtbar diese Katastrophen auch für uns wären, könnten sie doch in wenigen Generationen repariert werden. Der einzige Prozeß der 80er Jahre, welcher nur in Millionen Jahren wiedergutgemacht werden kann, ist der Verlust genetischer Vielfalt durch die Zerstörung natürlicher Lebensräume. Diese Torheit werden uns unsere Nachkommen wahrscheinlich am wenigsten vergeben« (WILSON 1980)*. Heute, 1991, ist dies bereits eine Aussage über die Vergangenheit!

Hinzukommt, daß insbesondere bei größeren Tieren bereits die Reduktion auf kleine Populationen ein Problem darstellt. Orang-Utans, Nashörner, Blauwale usw. brauchen gar nicht bis auf das letzte Exemplar vernichtet zu werden, um ihre Zukunft ungewiß zu machen. Es ist nicht sicher, ob sie sich von den genetischen Folgen des »Bottlenecks« (Überleben zu weniger Individuen) erholen und an künftiger Evolution teilnehmen werden: »Am schwersten ist wohl die geologische und historische Einmaligkeit der nächsten wenigen Dekaden zu begreifen. Es gibt einfach kein Vorbild dafür, was dem biologischen Gefüge dieses Planeten gegenwärtig zustößt, und es gibt keine Worte, die den Schrecken derjenigen, die die Natur lieben, ausdrücken könnten. Der Verlust von Lebensräumen und Arten ist noch nicht das ganze Unglück. Die Folgerung ist unausweichlich, daß dieser Planet während unserer Lebenszeit eine Unterbrechung, wenn nicht ein Ende vieler ökologischer und evolutionärer Prozesse erfährt, welche seit Beginn paläontologischer Zeit ununterbrochen abliefen.« (SOULÉ & WILCOX 1980 a : 7-8).**

3.2 Naturgefährdung in der Bundesrepublik Deutschland

3.2.1 Situation

Alle bekannten Artenverluste in Mitteleuropa bis weit in die erste Hälfte des 20. Jahrhunderts hinein beruhen, soweit nicht im Einzelfall natürliche Ursachen maßgeblich waren, auf direkter Nachstellung durch den Menschen. Sie betrafen große Säugetiere und Vögel, z.B. Greife. Die übrige Flora und Fauna wurde zwar regional aus Siedlungsgebieten verdrängt und durch »Kulturfolger« ersetzt, außerhalb derselben gab es jedoch selbst für die meisten Standortspezialisten noch genügend Lebensraum. Auch die großflächige Vernichtung natürlicher und halbnatürlicher Biotope durch Moorkultivierungen, Nadelholzaufforstungen, Sumpftrockenlegungen sowie die großen Flußkorrekturen des 19. Jahrhunderts ließen naturnahe Biotope in einem Umfang übrig, der im Vergleich zum heutigen Zustand paradiesisch anmutet. Die Areale zahlreicher Arten wurden erheblich beschnitten, zur existentiellen Bedrohung kam es jedoch nur in

---

* Übersetzt vom Verfasser nach der Wiedergabe in EHRLICH & EHRLICH (1981 : 3).
** Übersetzt vom Verfasser.

Übersicht 6. Gefährdung heimischer Pflanzen- und Tierarten in der Bundesrepublik Deutschland (bis 3. 10. 1990)

	Artenbestand	Gefährdungsgrade* (Zahlen in Klammern = %)					
		0	1	2	3	Summe 0-3	4
Farn- und Blütenpflanzen (Einheimische und Archäophyten)	2728	63 (2,3)	102 (3,7)	257 (9,4)	305 (11,2)	727 (26,6)	146 (5,4)
Moose	ca. 1000	15 (1,5)	12 (1,2)	28 (2,8)	44 (4,4)	99 (9,9)	40 (4,0)
Flechten	ca. 1850	26 (1,4)	106 (5,7)	140 (7,6)	108 (5,8)	380 (20,5)	36 (1,9)
Ausgewählte Pilze**	2337	23 (1,0)	103 (4,4)	242 (10,4)	345 (14,8)	713 (30,6)	147 (6,3)
Armleuchteralgen	34	2 (5,9)	2 (5,9)	10 (29,4)	14 (41,2)	28 (82,4)	–
Säugetiere	94	7 (7,5)	10 (10,6)	16 (17,0)	11 (11,7)	44 (46,8)	6 (6,4)
Vögel	305	20 (6,6)	30 (9,9)	25 (8,2)	23 (7,5)	98 (32,2)	35 (11,5)
Reptilien	12	–	5 (41,7)	2 (16,7)	2 (16,7)	9 (75,0)	–
Amphibien	19	–	1 (5,3)	4 (21,1)	6 (31,6)	11 (58,0)	–

Übersicht 6. Gefährdung heimischer Pflanzen- und Tierarten in der Bundesrepublik Deutschland (bis 3. 10. 1990)

	Artenbestand	Gefährdungsgrade* (Zahlen in Klammern = %)				Summe	
		0	1	2	3	0–3	4
Fische und Rundmäuler	70	4 (5,7)	16 (22,9)	16 (22,9)	13 (18,6)	49 (70,0)	1 (1,4)
Ausgewählte wirbellose Tiere:							
Schnecken	270	2 (0,7)	22 (8,1)	15 (5,6)	19 (7,0)	58 (21,4)	70 (25,9)
Großschmetterlinge	1300	27 (2,1)	60 (4,6)	172 (13,2)	235 (18,1)	494 (38,0)	40 (3,1)
Libellen	80	4 (5,0)	10 (12,5)	17 (21,3)	12 (15,0)	43 (53,8)	–

Quellen: Farn- und Blütenpflanzen KORNECK & SUKOPP 1988, alle übrigen Arten BLAB et al. 1984. Vgl. auch KAULE 1986: 14, 254 ff., STAT. JAHRBUCH ELF 1990: 376 ff. Zu Aktualisierungen und weiteren Aspekten vgl. BLAB & NOWAK 1989.
* Gefährdungsgrade: 0 = ausgestorben oder verschollen, 1 = vom Aussterben bedroht, 2 = stark gefährdet, 3 = gefährdet, 4 = potentiell gefährdet wegen Seltenheit in der BRD oder als Randvorkommen.
** Röhren-, Blätter-, Sprödblätter- und Bauchpilze.

Ausnahmefällen. Die nach heutigen Maßstäben extensive Landwirtschaft des 19. Jahrhunderts trug sogar wesentlich zur Bereicherung von Arten und Biotopen bei, so daß das von einigen Beobachtern durchaus frühzeitig wahrgenommene Problem der Naturgefährdung (z.B. Gründung des Deutschen Bundes für Vogelschutz im Jahre 1889) mehr in einer Summe von Einzelproblemen bestand. Die Artenverdrängung als flächendeckendes, nicht einmal Naturschutzgebiete auslassendes Phänomen ist ein historisches Novum, sein Anfang ist in die 50er Jahre zu verlegen (näheres in Kapitel 9.2.1).

Die Übersicht 6 gibt Gefährdungsgrade wichtiger Artengruppen entsprechend den gültigen *Roten Listen* für die Bundesrepublik Deutschland (bis 3.10.1990) wieder. Über Aussagekraft und Grenzen der Roten Listen wird seit langem diskutiert. Die in ihnen enthaltene Information ist zweifellos wertvoll, nachfolgend seien jedoch einige Aspekte des Artenrückgangs genannt, welche nur unvollkommen wiedergegeben werden können. Diese zusätzlichen Aspekte sind sämtlich dahingehend zu interpretieren, daß die Gesamtsituation der Natur noch prekärer angesehen werden muß, als es in den Roten Listen zum Ausdruck kommt.

– Rückgänge unterhalb der definierten Gefährdungsschwellen werden nicht erfaßt, obwohl sie aus ökologischen, genetischen, landschaftsästhetischen und anderen Gründen bedeutungsvoll sein können. Auch »Nicht-Rote-Liste-Arten« gehen zurück.
– Der Rückgang oder das Verschwinden charakteristischer Artenzusammensetzungen, wie etwa Pflanzengesellschaften, werden nicht dokumentiert, wenn die sie aufbauenden Arten selbst nicht gefährdet erscheinen.
– Das räumliche Auflösungsvermögen ist insbesondere bei überregionalen (z.B. bundesweiten) Roten Listen ungenügend. Zahlreiche Arten gehen in einer Region stärker zurück als in einer anderen.
– Die für viele Belange besonders wichtige zeitliche Entwicklung läßt sich nie an Hand einer Roten Liste feststellen, allenfalls durch Vergleiche früherer und späterer Listen. Über die frühere Häufigkeit insbesondere der unscheinbaren Arten ist oft wenig bekannt.
– Die jeweiligen Ursachen des Rückgangs finden keinen Eingang in die Roten Listen, sondern erfordern zusätzliche Informationen (vgl. folgendes Kapitel).
– Das Bild jeder Roten Liste wird stark durch die verwendete Taxonomie geprägt. Aus praktischen Gründen können Sippen unterhalb des systematischen Ranges von Arten nur unvollkommen erfaßt werden, obwohl hier, nicht zuletzt aus evolutionsgenetischen Gründen, besondere Genauigkeit geboten wäre.
– Rückgänge verschiedener Arten können unterschiedlich zu interpretieren sein. Erlischt ein Randvorkommen einer Art in der

Bundesrepublik Deutschland, die außerhalb derselben häufig bleibt, so ist dies weniger besorgniserregend, als wenn es sich um eine Art mit Verbreitungsschwerpunkt in diesem Land oder gar um eine endemische Sippe handelt. Auch sind Rückgänge in unterschiedlichem Maße reversibel.
- Bekannt ist die Zähigkeit vieler Arten, in gestörten Biotopen noch lange auszuhalten, bis sie endgültig verschwinden. Der Verdrängungsprozeß besitzt eine eingebaute Zeitverzögerung; heutige Artenausstattungen reflektieren die vor 10 bis 20 Jahren eingetretenen Veränderungen in den Biotopen, und heutige Einflüsse werden erst in Zukunft voll sichtbar werden (KAULE 1986 : 272).
- Die »unsichtbare« genetische Seite des Rückgangs und insbesondere die möglichen Folgen für die weitere Evolution müssen im dunkeln bleiben. Werden zwei Arten jeweils auf ein Tausendstel ihres früheren Individuenumfangs reduziert, so kann dies sehr unterschiedliche Konsequenzen für ihre zukünftige Vitalität, Anpassungs- und Wiederausbreitungsfähigkeit haben. Wie schon erwähnt, ist nach populationsgenetischen Theorien (z.B. FRANKEL & SOULÉ 1981) bei bestimmten Arten das Durchlaufen eines »Bottlenecks« wegen des damit verbundenen Genverlustes äußerst problematisch, auch wenn ein vollständiges Aussterben zunächst vermieden werden kann.
- Ökologische Felderhebungen vermitteln im allgemeinen noch negativere Eindrücke als die bloßen Zahlen der Roten Listen. In den Niederlanden gab es noch vor 100 Jahren Hunderttausende bis Millionen Exemplare des gewöhnlichen Fettkrautes (*Pinguicula vulgaris*) auf feuchten und nährstoffarmen Wiesen und Weiden des östlichen Landesteiles (WESTHOFF 1976). Heute wird ein Rest von einigen hundert Exemplaren zu erhalten versucht; gemessen am Kriterium der Individuenzahl liegt der Rückgang im Bereich von drei bis vier Zehnerpotenzen.
Laubfrösche (*Hyla arborea*) sind im Kreis Schleswig-Flensburg von 200 000 in den frühen 60er Jahren auf 200 rufende Männchen im Jahre 1983 zurückgegangen (BLAB et al. 1989). Für Kreuzottern (*Vipera berus*) beträgt die Verlustrate 90–99 %, von Aspisvipern (*Vipera aspis*) und Würfelnattern (*Natrix tesselabe*) gibt es in der Bundesrepublik keine 100 Stück mehr (Ebenda). Biotopkartierungen ermitteln regelmäßig Reste wertvoller Vorkommen im Umfang von wenigen Prozent des Früheren (KAULE 1986). Angaben, wonach z.B. 97 % aller Feuchtgebiete Oberfrankens vernichtet sind (REICHEL 1989), lassen sich analog für andere Biotope in großer Anzahl wiederholen (vgl. sehr anschaulich RINGLER 1987). Je intensiver man sich mit der Materie befaßt, um so erschreckender wird das Bild.

3.2.2 Ursachen und Verursacher

Die Übersicht 7 komprimiert die Ergebnisse umfangreicher Recherchen der genannten Autoren über die wahrscheinlichen Ursachen des Rückgangs von Gefäßpflanzen in der Bundesrepublik. Auch hier sind Relativierungen erforderlich, wie etwa die folgenden:
– Der Einbezug anderer, insbesondere Tierarten kann die Gewichte teilweise verschieben.

Übersicht 7. Ursachen und Verursacher des Rückgangs von Pflanzenarten der Roten Liste in der Bundesrepublik Deutschland

Ursachen (Ökofaktoren)	Zahl der betroffenen Pflanzenarten*
Änderung der Nutzung	305
Aufgabe der Nutzung	284
Beseitigung von Sonderstandorten	255
Auffüllung, Bebauung	247
Entwässerung	201
Bodeneutrophierung	176
Abbau und Abgrabung	163
Mechanische Einwirkungen	123
Entkrautung, Rodung, Brand u. a.	115
Sammeln	103
Gewässerausbau und -unterhaltung	68
Aufhören von Bodenverwundungen	59
Einführung von Exoten	43
Luft- und Bodenverunreinigung	38
Gewässereutrophierung	36
Gewässerverunreinigung	35
Schaffung künstlicher Gewässer	27
Herbizidanwendung, Saatgutreinigung	26
Verstädterung von Dörfern	22
Aufgabe bestimmter Feldfrüchte	8

Verursacher (Landnutzer und Wirtschaftszweige)	Zahl der betroffenen Pflanzenarten*
Landwirtschaft	513
Forstwirtschaft und Jagd	338
Tourismus und Erholung	161
Rohstoffgewinnung und Kleintagebau	158
Gewerbe, Siedlung, Industrie	155
Wasserwirtschaft	112
Teichwirtschaft	79
Verkehr, Transport	71
Abfall- und Abwasserbeseitigung	71
Militär	53
Wissenschaft, Bildung, Kultus	40
Lebensmittel- und pharmazeutische Industrie	8

Quelle: KORNECK & SUKOPP 1988, S. 168
* Die Zahl der jeweils betroffenen Pflanzenarten beinhaltet Mehrfachnennungen; insgesamt wurden 711 Arten untersucht

- Die Artenverdrängung aus mehreren Ursachen gleichzeitig dürfte eher die Regel als die Ausnahme sein.
- Hinter einer Rubrik, die »Forstwirtschaft« sei Verursacher eines Rückgangs, können sich sehr unterschiedliche Sachverhalte verbergen, wie die Durchführung artenverdrängender Praktiken im Detail (z.B. Befestigung von Wegen, ungenügende Waldrandpflege), eine problematische Baumartenwahl auf großer Fläche, die Aufforstung von Biotopen, welche als Offenland einen höheren Artenschutzwert besäßen (z.B. Magerrasen) u.a.m.
- Die Auflistung ist vergangenheitsbezogen; insbesondere für die Konzipierung von Maßnahmen ist nicht immer davon auszugehen, daß die Ansprache der in der Tabelle genannten Verursacher auch etwas für die Zukunft bewirkt. So haben z.B. die Sand- und Kiesgrabungen in der Vergangenheit bedeutende Biotope zerstört – da es in den betreffenden Gebieten (z.B. am nördlichen Oberrhein) mit Ausnahme einiger Schutzgebiete jedoch kaum noch etwas zu zerstören gibt und sich die Aktivitäten stärker auf ökologisch weniger interessantes Gelände verlagern, sind für die Zukunft nur geringere Beiträge zu befürchten.

- In zahlreichen Fällen gibt die Aufstellung überhaupt nur an, »wer zuerst kam« und dokumentiert damit eher historische Zufälligkeiten. Mit Sicherheit ist z.b. davon auszugehen, daß die soeben genannten Magerrasen zwischen Karlsruhe und Mainz, wenn sie vom Abbaubetrieb verschont gewesen wären, außer bei Unterschutzstellung dann eben durch Siedlung, Verkehrslinien und intensive Landwirtschaft vernichtet worden wären.

Trotz dieser Einwände bietet sich bei vorsichtiger Interpretation für die ökonomische Auswertung ein aussagekräftiges Bild. Etwa in der Reihenfolge der Bedeutung können folgende *Komplexursachen* des Arten- und Biotopschwundes genannt werden:
- Die ihrem Charakter gemäß flächenbeanspruchenden und heute besonders intensiv betriebenen Nutzungsarten *Land- und Forstwirtschaft*, welche zusammen fast 80 % der Landoberfläche vereinnahmen,
- mit zunehmendem Gewicht die Beanspruchung der noch freien Landschaft durch *Erholungs- und Freizeittätigkeiten* aller Art und
- räumlich begrenzt, dort aber besonders intensiv, die aus der bloßen Anwesenheit des Menschen in heutiger Zahl und der Zivilisation herrührenden Umstände, wie insbesondere der Flächenverbrauch für *Siedlung, Gewerbe, Verkehr* usw.

Zu diesen wichtigsten Komplexursachen gesellen sich zahlreiche, schwer zu klassifizierende Einzeleinflüsse.

3.2.3 Abhilfemaßnahmen

Dieser Punkt ist in größerem Detail erst im Zusammenhang mit den ökonomischen Ausführungen zu besprechen, in groben Umrissen läßt jedoch schon die soeben gestellte Diagnose auf Ausmaß und Charakter der Abhilfemaßnahmen schließen. Die schlichte Forderung nach Unterlassung der naturverdrängenden Aktivitäten ist, so oft und so laut sie auch erhoben wird, wenig hilfreich. Schon ohne den Ansatz einer näheren Analyse läßt sich sagen, daß die »Abschaffung« der intensiven Landwirtschaft in ihrer Gesamtheit, die Sperrung der freien Natur für jedwede Freizeittätigkeit und ähnliches auf absehbare Zeit nicht die geringsten Realisierungschancen besäßen. Der Spielraum für Abhilfemaßnahmen ist eng, aber er ist größer als Null. Gerade seine Begrenztheit ist Anlaß, über die ökonomischen Aspekte in weit stärkerem Maße als bisher nachzudenken, besteht doch das Problem, aus diesem begrenzten Spielraum, aus dem knappen Bereich der Möglichkeiten ein maximales Ergebnis zu schöpfen. Folgende ökologisch begründeten Forderungen sind weithin unstrittig, über Prioritäten, Kompromisse und Kosten wird zu diskutieren sein:

- Wegen der sehr schwierigen, oftmals gänzlich unmöglichen Wiederherstellbarkeit einmal zerstörter wertvoller Biotope muß der gesamte Restbestand natürlicher und extensiv-kulturbetonter Biotope und Landschaften strenger als bisher geschützt werden.
- Das bisherige Netz formell ausgewiesener Schutzgebiete ist erheblich zu erweitern, zu kleine Gebiete sind zu arrondieren.
- Auf relativ großen Flächen sind im Offenland extensive historische Nutzungsformen und im Wald naturnahe Wirtschaftsweisen einzurichten.
- Agrarlandschaften sind überall, auch in Gebieten relativ intensiver Produktion, mit einem Netz von Strukturelementen zu versehen.
- Die von der intensiven Landwirtschaft ausgehenden diffusen Streßfaktoren, wie die Emission von Düngern und Pestiziden sind zu reduzieren, vor allem ist ihre Wirksamkeit außerhalb der intendierten Zielorte infolge Abdrift zu unterbinden.
- Emissionen aus anderen Quellen mit dem Ergebnis der Luft- und Wasserbelastung sind ebenfalls zu reduzieren.
- Soweit flächenbezogene, ökologisch belastende Aktivitäten nicht gänzlich unterlassen werden können, ist eine räumliche Strukturierung, d.h. eine Planung erforderlich. Es darf nicht an jeder beliebigen Stelle abgegraben, trassiert, bebaut, gesurft, Ski gelaufen, geangelt und dergleichen mehr werden.

Zu den genannten essentiellen Maßnahmen gesellt sich wiederum eine Vielzahl von einzelfallgebundenen Details. Zu beachten ist, daß unter den aufgelisteten Forderungen nur die erste (Erhalt des Restbestandes) als kompromißlose Maximalforderung gelten kann, da die eingetretene extreme Knappheit wertvoller Biotope keine andere Wahl läßt. Bei allen anderen Forderungen steht die Frage nach dem »Wieviel« im Mittelpunkt.

Empfohlene Literatur

Einschlägige Gesamtdarstellungen der weltweiten Problematik sind neben den bekannten Werken MYERS (1979) und EHRLICH & EHRLICH (1981, deutsch 1983) die Sammelbände SOULÉ & WILCOX (1980), SOULÉ (1986) sowie – am aktuellsten und überaus empfehlenswert – WILSON (1988). Unter populationsgenetischen Aspekten sind FRANKEL & SOULÉ (1981) und SCHONEWALD-COX et al. (1983) zu empfehlen.

Das Verständnis für die mitteleuropäische Situation wird durch ein Studium vegetationskundlicher Lehrbücher erleichtert, wie ELLENBERG (1986) und WILMANNS (1989). Unverzichtbare Naturschutz-Grundlagenwerke sind KAULE (1986) und PLACHTER (1991), sehr beeindruckend u.a. auf Grund des Bildmaterials ist RINGLER (1987). Bestandsentwicklungen einzelner Arten sind am besten bei Vögeln erforscht, vgl. hier BAUER & THIELCKE (1982) und HÖLZINGER (1987). Hinsichtlich erforderlicher Maßnahmen ist ferner BLAB (1986) zu konsultieren; zu Roten Listen und daran anschließende Probleme vgl. BLAB et al. (1984), BLAB & NOWAK (1989) und KORNECK & SUKOPP (1988).

Ökonomische Analyse

4 Ökonomische Grundkonzepte

Nach Darlegung der wichtigsten inhaltlichen Fakten wenden wir uns nun der formalen Behandlung zu. Einige fundamentale Konzepte aus der Ökonomischen Theorie sind für die Fragestellungen dieses Buches von zentraler Bedeutung und werden uns bis zum Schluß begleiten. Der noch nicht mit der Ökonomie vertraute Leser wird feststellen, daß Dinge aus dem wirtschaftlichen Alltagsleben betreffend Geld, Konjunktur, Wechselkurse, Beschäftigungsgrade, Sozialprodukt usw. nicht angesprochen werden. Die vielmehr dargestellte *»Mikroökonomie«* oder *»Allokationstheorie«* oder *»Wohlfahrtsökonomie«* oder *»Kosten-Nutzen-Analyse«* (die Begriffe sind nicht deckungsgleich, aber überlappen sich) ist weitaus abstrakter und, wie schon in der Einleitung angesprochen, als allgemeine Theorie *rationaler Entscheidung* unter der Bedingung von Knappheit anzusehen. Sicherlich kann die folgende Darstellung kein Lehrbuch ersetzen; dennoch sollte es allen Lesern möglich sein, auch durch die Kurzdarstellung das Entscheidende zu erfassen. Die Darstellung erfolgt möglichst anschaulich an Hand von Beispielen; soweit hier nicht schon Naturschutzfragen direkt herangezogen werden können, werden Situationen aus dem Bereich der Agrarökonomie dargestellt, mit der vielleicht einige Leser vertraut sind.

4.1 Produktionsmöglichkeiten und Effizienz

Jede Volkswirtschaft erzeugt *Güter* mit Hilfe von produktiven *Faktoren*, meist in einem stufenweisen Prozeß. Zu den Faktoren zählen Arbeitskraft, bereits vorher produzierte Produktionsmittel (»Kapitalgüter«), wie Maschinen, Gebäude, Handwerkszeug, Betriebsstoffe usw. und natürliche Ressourcen, vom schieren Platz (z.B. als Standort einer Fabrik) über Bodenschätze, Energieträger bis zu komplexen selbstregelnden Systemen, wie dem Boden und der Atmosphäre. In der Landwirtschaft werden z.B. durch eine sinnvolle Zusammenstellung natürlicher Produktivkräfte, menschlicher Arbeitskraft und technischer Hilfsmittel Nahrungsmittel erzeugt.

Sowohl auf der Ebene eines einzelnen Betriebes als auch auf der einer gesamten Volkswirtschaft ist es sinnvoll, zwischen nicht mehr vermehrbaren, *fixen* Kapazitäten auf der einen Seite und *variablen*

Faktoren auf der anderen Seite zu unterscheiden, deren Einsatzmenge frei gewählt werden kann. Für den einzelnen Landwirt ist häufig seine Ausstattung mit Fläche und Stallkapazitäten (Gebäude) für praktische Belange fix, wenn auch theoretisch Erweiterungen durch Zupacht oder Neubau stets möglich sind. Analoge Überlegungen gelten für eine gesamte Volkswirtschaft; entscheidend ist, daß irgendwo Grenzen bestehen. Für verschiedene Zwecke ist es nützlich, die Einsatzmenge eines variablen Faktors mit dem erzeugbaren Produktquantum in einer graphischen Darstellung zu verbinden. Abbildung 1 zeigt schematisch die erzeugbare Weizenmenge in Abhängigkeit vom Stickstoffdüngereinsatz unter der Bedingung, daß die Wirkung aller anderen relevanten Faktoren (auch der natürlichen, wie Boden und Wetter) konstant gedacht wird. Die Kurve ist eine graphische Darstellung der *Produktionsfunktion* $q = f(r_1, \ldots r_n)$ mit q als dem Produkt und r_i (1...i...n) als den einzelnen Faktoren; r_1 variabel und $r_2 \ldots r_n$ fix.

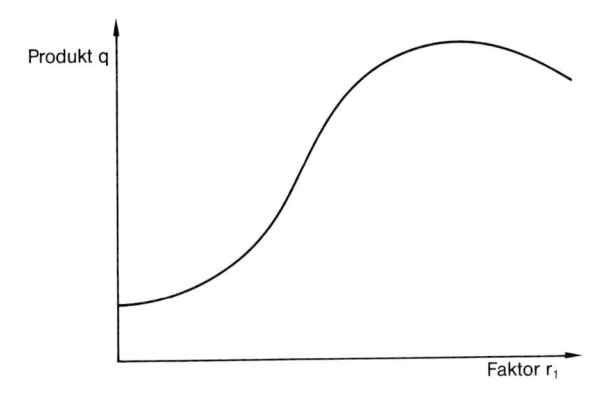

Abb. 1. Produktionsfunktion.

Das Konzept der Produktionsfunktion dient unter anderem dazu, den wichtigen ökonomischen Grundbegriff der *Effizienz* zu definieren. In einem Betrieb oder einer gesamten Volkswirtschaft wird effizient produziert, wenn die knappen Faktoren sinnvoll eingesetzt, das heißt nicht verschwendet werden. Was heißt das?

In aller Regel lassen sich Faktoren in gewissen Grenzen gegenseitig *substituieren* oder ersetzen. Eine gleiche Menge an Getreide läßt sich auf einer Fläche entweder durch den Einsatz von viel Handarbeit und wenig Maschinen oder von viel Maschinen und wenig Handarbeit

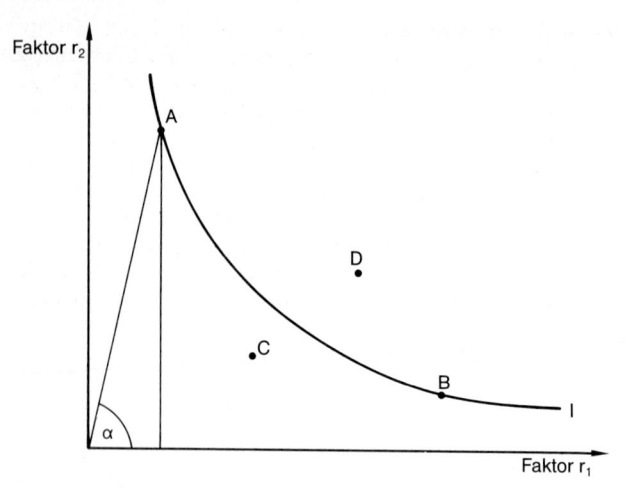

Abb. 2. Isoquante und Intensität.

erzeugen. Abbildung 2 zeigt die übliche Darstellung dieses Zusammenhangs mit Hilfe der *Isoquante*. Die Achsen messen den Mengeneinsatz zweier substituierbarer Produktionsmittel r_1 und r_2, die Kurve I verbindet alle Punkte gleicher Produktmenge (z.b. 60 dt/ha Gerste). Im Punkt A werden 60 dt/ha geerntet unter Einsatz von viel r_2 und wenig r_1, bei B wird die gleiche Menge mit viel r_1 und wenig r_2 erzielt. Alle Punkte südwestlich von I (z.b. C) symbolisieren normalerweise einen geringeren, alle Punkte nordöstlich (z.b. D) einen höheren Ertrag als 60 dt/ha. Der Tangens des Winkels α mißt die *Intensität* der Produktion, d.h. das Faktoreinsatzverhältnis. Er ist groß bei einem hohen Einsatz von r_2 im Vergleich zu r_1, die Produktion ist dann »r_2-intensiv«. Analoges gilt bei kleinem tan α.

Stellen wir uns einen sehr einfachen Betrieb vor, der mit Hilfe von zwei teilbaren und beliebig kombinierbaren Faktoren zwei Produkte erzeugt. Die Faktoren r_1 und r_2 mögen Stickstoffdünger und Bewässerungswasser sein (das letztere sei klimatisch und/oder bodenbedingt erforderlich); sie substituieren sich in gewissem Maße, selbstverständlich nicht vollkommen. Der Einsatz aller anderen notwendigen Faktoren liege fest. Bei den Produkten handele es sich um Weizen (W) und Kartoffeln (K); die verfügbaren, nicht zu überschreitenden Gesamtmengen des Stickstoffdüngers und des Bewässerungswassers liegen fest und betragen R_1 und R_2. Die Frage ist, wie dieser begrenzte Faktorbestand optimal auf die beiden Ackerfrüchte verteilt wird.

Die graphische Lösung des Problems geht auf den Ende des 19. Jahrhunderts wirkenden Ökonomen EDGEWORTH zurück und ist in der nach ihm benannten »Box-Darstellung« (Abbildung 3) zu erkennen. Die beiden Seiten des Kastens messen die insgesamt verfügbaren Mengen der beiden Faktoren, haben also die Länge R_1 und R_2. Punkt W ist der Koordinatenursprung der Isoquantenkarte für den Weizen. Anders als in Abbildung 2 sind hier mehrere Isoquanten eingetragen, z.B. I_{W1} und I_{W2}, wobei die zweite einen höheren Weizenertrag symbolisiert. EDGEWORTHS genialer Einfall bestand darin, die Isoquantenkarte der Kartoffeln ebenfalls im Diagramm unterzubringen, und zwar mit dem Koordinatenursprung K, wobei die Isoquan-

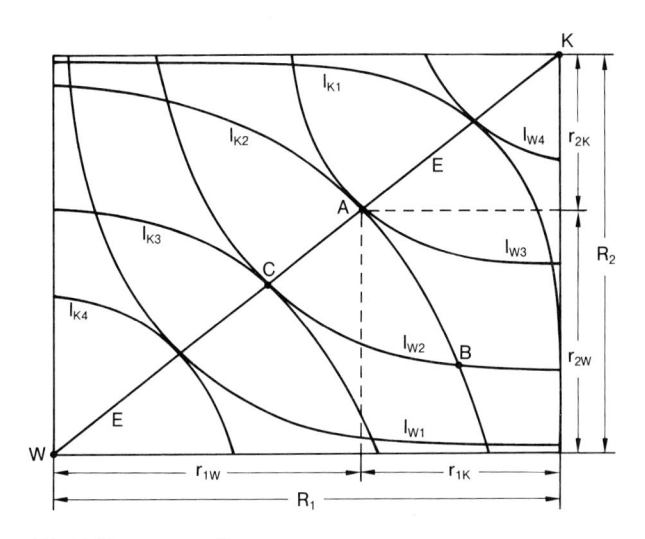

Abb. 3. EDGEWORTH-BOX.

ten I_{K1} und I_{K2} usw. »auf den Kopf« gestellt sind.* Jeder Punkt im Diagramm, wie z.B. A, gibt an, wieviel vom insgesamt verfügbaren Stickstoffdünger R_1 der Weizen- und wieviel der Kartoffelerzeugung zugeführt wird, nämlich (bei A) r_{1W} bzw. r_{1K}. Gleiches gilt für den Beregnungswasservorrat R_2.

Das Diagramm läßt offen, wieviel jeweils von W und K erzeugt wird; diese Entscheidung muß gesondert gefällt werden, in der Regel

---

* EDGEWORTH selbst benutzte das Instrument nur für Indifferenzkurven (vgl. Abbildung 5). Der Fall der Isoquante ist jedoch vollständig analog.

auf Grund der jeweiligen Preise. »Links unten« werden viele Kartoffeln erzeugt und wenig Weizen, »rechts oben« ist es umgekehrt, der größere Teil des Faktorvorrats wird der Weizenerzeugung zugeführt. In den beiden Eckpunkten W und K werden jeweils nur Kartoffeln (im Punkt W beträgt die Weizenerzeugung Null) oder nur Weizen produziert. Die entscheidende Erkenntnis aus dem Diagramm ist die folgende: Welche Produktkombination Weizen/Kartoffeln auch immer gewählt wird, stets müssen die Faktoren so verteilt werden, daß man sich auf der *Effizienzkurve* E befindet. Diese verbindet alle Punkte, in denen sich die Isoquanten für W und K tangieren. A ist ein Locus effizienter Produktion, denn wollte man etwas mehr Weizen erzeugen, so müßte die Kartoffelproduktion etwas reduziert werden; es entstehen Verzichte oder Kosten (hierzu mehr unten). Bei B wird dagegen *ineffizient* produziert; aus den Faktoren wird nicht herausgeholt, was möglich ist. Denn würde man von B nach A übergehen, so würde bei gleich hoher Kartoffelerzeugung (Verbleib auf der Isoquante I_{K2}) mehr Weizen erzeugt werden können (Übergang von I_{W2} auf I_{W3}). Analog gestattet der Übergang von B nach C, die Kartoffelerzeugung zu erhöhen, ohne die Weizenerzeugung zu reduzieren. Betrachtungen zur Effizienz erfordern zwei Randbemerkungen:
– Der Begriff ist ebenso wie die Produktionsfunktion technisch oder naturalwirtschaftlich definiert, wir haben auf spezifisch ökonomische Größen, wie Preise, keinen Bezug genommen.
– Effizienz ist zwar ein wichtiger Grundsatz in der Ökonomie, aber sie ist nicht das absolute Maß aller Dinge. Solange Knappheit herrscht, man also möglichst viel Weizen und Kartoffeln erzeugen will, kann in Ineffizienz als solcher kaum ein Sinn gesehen werden, und sie ist möglichst zu vermeiden. In einer komplexen Volkswirtschaft sind jedoch weitere Aspekte zu berücksichtigen, die mit dem Streben nach Effizienz in Konflikt treten können. Einer unter ihnen ist die Verteilungsgerechtigkeit. Ein ineffizienter, aber gerechter Zustand kann zumindest vorübergehend (solange man nicht beides haben kann) einem effizienten, aber ungerechten vorzuziehen sein.

Die Information der Abbildung 3 findet sich in modifizierter Form in der Abbildung 4. Hier messen die Achsen die mit Hilfe des knappen Faktorbestandes erzeugbaren Umfängen von W und K. Werden alle Faktoren für die Weizenerzeugung reserviert (entsprechend Punkt K in Abbildung 3), so ist W_{max} erzielbar, im umgekehrten Extremfall K_{max}. Die konkave *Transformationskurve* oder Kapazitätsgrenze T gibt alle höchstens erzeugbaren Kombinationen von W und K wieder und umschließt die streng konvexe Menge aller produzierbaren Kombinationen. Jedem Punkt auf T (z.B. A) entspricht in Abbildung 3 ein Punkt auf der Effizienzkurve, hier wird

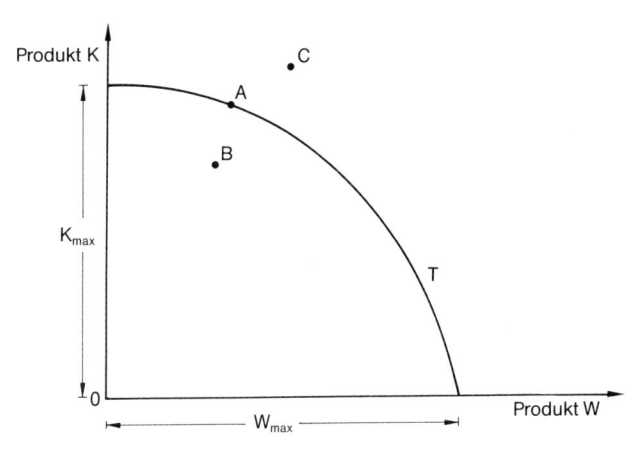

Abb. 4. Transformationskurve.

effizient produziert. Alle Punkte unterhalb von T sind realisierbar (z.B. B), allerdings wird entweder ineffizient produziert (abweichend von E in Abbildung 3) oder der Faktorbestand wird nicht ausgeschöpft. Punkte wie C sind nicht erreichbar, weil der Faktorbestand zu gering ist.

Die Transformationskurve in Abbildung 4 ist ein fundamentales Instrument der Allokationstheorie. Der Grundgedanke kann direkt auf mehr als zwei Güter erweitert werden, übersteigt die Zahl der Güter drei, so ist allerdings keine geometrische Veranschaulichung mehr möglich. Sind die Transformationskurven in allen Dimensionen konkav, so stellt der »*Production Possibility Set*« eine streng konvexe Punktmenge im n-dimensionalen Raum dar.

Auch wenn es der Intuition zunächst widersprechen mag, sind doch zahlreiche Naturschutztätigkeiten ökonomisch als Produktionsalternativen im Lichte der Abbildung 4 zu interpretieren. Naturschutz bindet Ressourcen oder Faktoren, die anderweitig Einsatz finden könnten und erzeugt dadurch Kosten – das ist das Entscheidende. Wenn im einfachsten Fall der Naturschutz darin besteht, bestimmte Flächen oder ganze Landschaften sich selbst zu überlassen, so werden eben diese Flächen einer Alternativnutzung entzogen – nicht anders als wenn die Kartoffelerzeugung bestimmte Flächen in Beschlag nimmt. In Abbildung 4 kann also ohne weiteres eine der beiden landwirtschaftlichen Produktionszweige durch die Aktivität »Naturschutz« ersetzt werden. Nicht zuletzt kann der Naturschutz im hier definierten Sinn effizient oder ineffizient betrieben werden.

4.2 Präferenzen und Nachfrage

Produktion ist nicht Selbstzweck, sondern soll Bedürfnisse befriedigen. Ist ein gewisser Grundbedarf der absolut lebensnotwendigen Güter gedeckt, so erhalten die meisten Güter die Eigenschaft der *Substitutionalität*, sie können sich innerhalb gewisser Grenzen gegenseitig ersetzen. Trivialbeispiele für Substitutionalität sind die Wahl zwischen Tee und Kaffee, Margarine und Butter, aber auch sehr verschiedene Konsumgüter sind im Hinblick auf die totale Bedürfnisbefriedigung in gewisser Weise austauschbar. Ist auch eine Urlaubsreise schwer mit einem schönen Möbelstück zu vergleichen, so läßt sich doch leicht die Situation denken, daß ein Konsument, dem nicht Geld, aber Zeit fehlt und der von einer Reise träumt, sich mit dem Kauf eines Möbels »tröstet«. Dies ist genau das Wesen der Substitution.

In der radikal formalisierenden Denkweise der Ökonomie müssen wir uns ferner daran gewöhnen, artenreiche Natur als ein »Konsumgut« (wenn auch eines mit sehr speziellen Eigenschaften, vgl. Kapitel 5) und Naturgenuß als einen »Konsumakt« zu betrachten, ohne daß wir damit etwas Erhabenes zu profan ausdrücken würden. Jede Wissenschaft verlangt eine klare, konzeptualisierende Sprache und zwingt dazu, Konnotationen, welche manchen Begriffen im Alltag anhaften, zu vergessen. Viele, wenn nicht alle Menschen genießen (konsumieren) die Schönheit der Natur, aber niemand lebt nur von ihr. Alle müssen abwägen und ihr gesamtes Konsumgüterbündel, in dem Naturgenuß ein Element ist, optimal zusammenstellen; hierbei sind die Substitutionsbeziehungen zwischen den Elementen (einschließlich dem Naturgenuß) zu beachten.

In Abbildung 5 ist durch die konvexe *Indifferenzkurve* die Menge aller Güterkombinationen verbunden, welche einem Subjekt einen identisch hohen Nutzen stiften, zwischen denen es also indifferent ist. Es ist hiernach nicht mehr und nicht minder erstrebenswert, viel von q_1 und wenig von q_2 zu besitzen (Punkt A), als umgekehrt viel von q_2 und wenig von q_1 (Punkt B). Die formale Analyse der Indifferenzkurven ist weitgehend analog derjenigen der Isoquanten; Punkte südwestlich von I (z.B. C) stiften einen geringeren, solche nordöstlich (z.B. D) einen höheren Nutzen als alle Punkte auf I. Selbstverständlich gibt es wie bei den Isoquanten unendlich viele, quasi parallele, sich jedoch nie schneidende Indifferenzkurven.

Zu den wichtigsten Theoremen der ökonomischen Analyse gehört, daß Indifferenzkurven nicht nur die Präferenzen eines einzelnen Subjektes, sondern auch die einer Gruppe beliebig vieler von ihnen wiedergeben können. Die Kurve I in Abbildung 5 kann also auch so gelesen werden, daß der Punkt A mit (q_1^*, q_2^*) allen Mitgliedern einer

Volkswirtschaft denselben Nutzen stiftet wie der Punkt B mit ($\bar{q}_1$, $\bar{q}_2$). Wohlgemerkt ist nicht die Summe aller Nutzen bei A gleich hoch wie bei B (sofern sich individuelle Nutzen überhaupt summieren lassen), sondern jedes einzelne Subjekt ist mit A ebensogut wie mit B bedient. Eine gute Darstellung des Beweises für die Validität der *Community Indifference Curve* findet sich in MISHAN (1981 : 324 ff.).

Die wenigen Bausteine bis hierher liefern schon den Schlüssel zum Verständnis wichtiger ökonomischer Optimierungsprobleme. Bevor wir uns ihnen widmen, muß jedoch noch einiges zum Begriff der »Präferenzen« geklärt werden. Die liberale oder »marktwirtschaftliche« Wirtschaftstheorie geht davon aus, daß die einzelnen Subjekte oder Konsumenten innerhalb bestimmter Grenzen souverän sind, d.h. ihren Präferenzen selbständig nachgehen können sollen. Ihnen soll nicht vorgeschrieben werden, was sie zu kaufen und zu konsumieren haben. Die Wirtschaft funktioniert m.a.W. nicht auf dem Wege autoritärer Zuteilung, vielmehr erzeugt die von den Konsumenten artikulierte Nachfrage einen Sog, welcher ein entsprechendes Angebot hervorruft. Die Nachfrage wird befriedigt, weil dies für den Anbieter profitabel ist – hierdurch sei die Überlegenheit der Marktwirtschaft über alle schwerfälligen Versionen der Planwirtschaft begründet. Über dieses Thema ist viel gestritten worden (vgl. auch Kapitel 4.7); eine berechtigte Frage besteht allerdings darin, ob das Prinzip der *Konsumentensouveränität*, mag es seine Meriten besitzen,

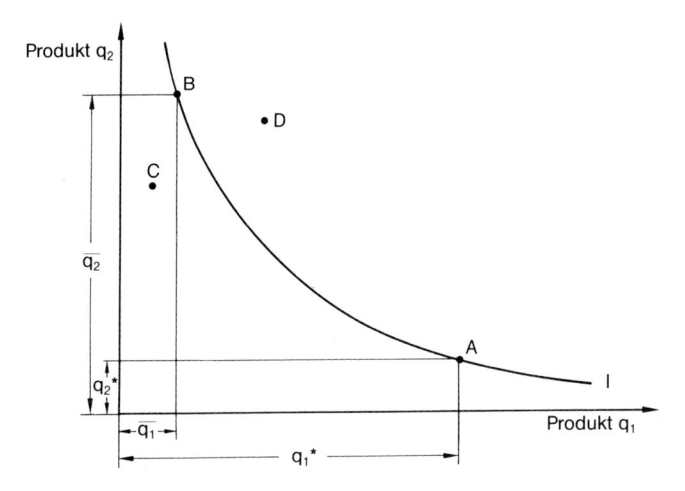

Abb. 5. Indifferenzkurve.

Grundlage auch der Bewirtschaftung der Natur sein kann. Soll die Natur den Präferenzen der Konsumenten überantwortet werden? Diese Perspektive dürfte bei ökonomisch weniger versierten Naturschützern zunächst auf Reserven stoßen. Kritik an der Konsumentensouveränität wird in diesem Buch ernst genommen, allerdings genügt es nicht, sie, wie allgemein zu beobachten, redensartlich zu kultivieren, sie ist vielmehr zu systematisieren. Betrachten wir einige Kritikpunkte mit unterschiedlichem Status:

- Die Art der Präferenzbildung stellt ein noch immer ungenügend erforschtes psychologisch-ökonomisches Problem dar. Wie kommen die Subjekte zu ihren Wünschen? Wenn sie, wie vielfach behauptet, durch Werbung und andere Einflüsse manipulativ erzeugt werden und Ersatz für tieferliegende, »eigentliche« Bedürfnisse sind, so können sie kaum beanspruchen, das Wirtschaftsgeschehen uneingeschränkt zu lenken.
- Manche Subjekte schädigen sich mit ihren Präferenzen selbst, etwa Nachfrager nach Rauschgift. Gegen andere nachgefragte und angebotene Leistungen bestehen moralische Einwände, wie z.B. bei der Leihmutterschaft. In keiner Wirtschaft wird allerdings Nachfrage und Angebot eine schrankenlose Wirksamkeit erlaubt, stets werden durch gesellschaftliche Übereinkunft Grenzen gesetzt.
- Alle Konsumenten sind gar nicht so souverän, wie es scheint. Die meisten von ihnen, insbesondere Kinder und wirtschaftlich abhängige Frauen, werden autoritär beplant. Für die Ökonomie ist nicht der Mensch, sondern der Haushalt die Entscheidungszelle, und hier setzen sich die »Haushaltsvorstände« oftmals durch. Dieser Einwand ist sehr substantiell und von der Ökonomie noch nicht hinreichend bearbeitet worden.
- Am Markt entscheiden nicht die tatsächlichen Präferenzen, vielmehr entscheidet die zahlungskräftige Nachfrage; das Votum armer Nachfrager zählt weniger als das der reichen. Auch die kollektiven Indifferenzkurven in Abbildung 5 sind stets für eine gegebene Einkommens- und Vermögensverteilung definiert, welche als ungerecht abgelehnt werden kann.
- Individualismus erzeuge Egoismus, am Markt manifestierten sich keine uneigennützigen Motive und Triebkräfte. Zwar ist in der Realität ein hohes Maß an Ellenbogengesinnung zu beklagen, ihre Ursachen dürften jedoch komplex sein und können nicht schlüssig auf das Prinzip der Konsumentensouveränität zurückgeführt werden. Von den Nachfragern geäußerte Präferenzen können durchaus altruistische und pflichtgeleitete Motive widerspiegeln. Dies ist der Fall, wenn ein Subjekt Güter kauft, die es verschenken will, oder wenn es (z.B. für den Naturschutz) freiwillige Spenden leistet.

- Der triftigste Einwand gegen das Prinzip der Konsumentensouveränität auf dem Gebiet des Naturschutzes beruht auf folgender Überlegung, der wir uns später noch zu widmen haben werden: Ein Subjekt soll souverän entscheiden über Dinge, die tatsächlich nur ihn oder sie etwas angehen. Es kann kein Wert darin gesehen werden, daß hier einer einem anderen oder der Staat allen Vorschriften macht. Ob ich Tee oder Kaffee trinke, ist meine Sache, sofern ich bereit bin, jeweils für die vollen Kosten aufzukommen. Es kann aber keine volle Souveränität geben in Entscheidungen, die auch *andere* betreffen. Dies auch dann nicht, wenn die anderen nicht gefragt werden können, weil sie z.B. noch gar nicht existieren. Dieser Fall liegt bei der Naturbewirtschaftung vor; ob die heutige Generation Arten erhält oder ausrottet, berührt spätere Menschen. Deshalb kann diese Entscheidung nicht so gefällt werden wie die über die Nachfrage nach Tee oder Kaffee, auf einige ethische Aspekte wird im Kapitel 5.2 eingegangen werden.

Die hier keineswegs erschöpfend diskutierten Vorbehalte bedeuten, daß in der Bewirtschaftung der Natur individuelle Präferenzen, Nachfrage und Konsumentensouveränität nicht zum uneingeschränkten Maß aller Dinge zu erheben sind. Sie bedeuten jedoch auch nicht, daß diesen Prinzipien eine reale Bedeutung von Null zuzukommen habe. Dies schon deshalb nicht, weil die Frage nach den Alternativen unabweisbar ist. Der bisherige, nicht an Präferenzen, sondern an bürokratischem Willen orientierte Naturschutz hat in der Bundesrepublik Deutschland zu Ergebnissen geführt, die kaum noch zu unterbieten sind: Es kann eigentlich nur besser werden. Wir werden im Kapitel 6 die These zu prüfen haben, ob die bisher unzureichende Mobilisierung einer latenten zahlungsbereiten Nachfrage nach Naturschutz ein Grund für dessen zu geringes Ausmaß ist. Im übrigen ist unbestreitbar, daß jede größere Anstrengung zugunsten des Naturschutzes chancenlos wäre, wenn es in der Bevölkerung überhaupt kein mit Zahlungsbereitschaft verbundenes Interesse (ökonomisch: keine Nachfrage) gäbe und er allein das Werk einer gegen die Bevölkerung arbeitenden, autoritären naturbewußten Elite (unterstellt, es gäbe eine solche) wäre.

Vor dem Übergang zum folgenden Punkt ist noch eine alternative, vielbenutzte Darstellung der Präferenzstruktur in Form der *Nachfragekurve* vorzustellen. Die Kurve N in Abbildung 6 gibt an, welche Quantität eines Gutes q ein nachfragendes Subjekt (oder eine Gruppe von ihnen) jeweils zu einem bestimmten Preis verlangt. Es wird von der üblichen Beobachtung ausgegangen, daß um so mehr gekauft wird, je billiger ein Gut ist. Mehr als p_{max} wird auch für eine geringe Menge von q nicht bezahlt. Beim Umfang q_{max} tritt Sättigung ein, das Subjekt oder die Subjekte sind selbst dann nicht bereit, mehr q

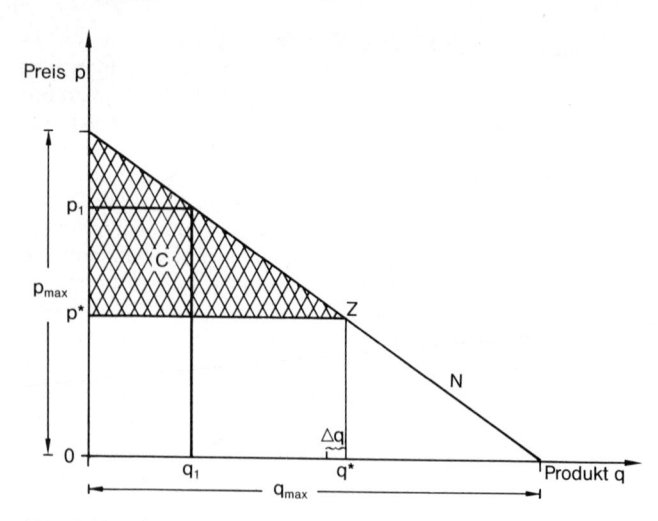

Abb. 6. Nachfragekurve und Konsumentenrente.

anzunehmen, wenn sie es umsonst (p(q) = 0) erhalten. Zwischen 0 und q_{max} gehört zu einer jeweils zusätzlichen (marginalen) Einheit Δq der durch N angezeigte Betrag, für q^* beispielsweise p^*. Die Kurve N gibt die maximale Zahlungsbereitschaft wieder; ein Subjekt würde für jede marginale Einheit Δq höchstens den angezeigten Preis bezahlen, nach Möglichkeit jedoch weniger. Gibt es am Markt für alle umgesetzten Stücke nur einen einheitlichen Preis p^*, so beträgt beim Kauf von q^* die von den Käufern bezahlte Summe $0q^*zp^*$. Auch für ein Stück bei q_1 braucht nur p^* gezahlt zu werden. Das Subjekt würde aber, wenn es die Menge q_1 besitzt und noch ein Stück mehr kaufen will, für dieses auch den höheren Preis p_1 bezahlen. Verallgemeinert lautet dieser Gedanke: Braucht beim Konsum q^* und einheitlichem Preis p^* zwar nur das Rechteck $0q^*zp^*$ gezahlt zu werden, so würde doch maximal (»wenn man müßte«) $0q^*zp_{max}$ gezahlt werden. Das Dreieck C würde notfalls dazubezahlt, was jedoch auf Grund der Marktverhältnisse nicht erforderlich ist; die Konsumenten haben diesen Betrag »gespart«. Das Dreieck C stellt die in theoretischen Betrachtungen äußerst wichtige *Konsumentenrente* dar.

4.3 Optimale Allokation

Mit *Allokation* bezeichnen wir die Zuordnung produktiver Faktoren oder Ressourcen zu bestimmten Zielen, der Landwirt entscheidet z.B. darüber, wieviel Dünger und Arbeitskraft jeweils dem Weizen und den Kartoffeln zu widmen sind und darüber, wieviel von den beiden Produkten erzeugt wird. Im Abschnitt 4.1 haben wir effiziente von ineffizienten Allokationen unterschieden und dabei gesehen, daß selbst einfache Problemstellungen unendlich viele effiziente Allokationen zulassen – in Abbildung 3 alle, welche auf der Effizienzkurve und in Abbildung 4 alle, welche auf der Transformationskurve liegen. Eine optimale Allokation ist dadurch gekennzeichnet, daß erstens effizient produziert wird (andernfalls würden knappe Faktoren verschwendet) und daß zweitens den Präferenzen der Beteiligten (gegebenenfalls unter Einschluß politischer Korrektive) bestmöglich entsprochen wird. Es muß m.a.W. simultan die »richtige« Faktorkombination bei der Erzeugung der Produkte und die »richtige« Produktkombination gefunden werden. Dies gelingt gedanklich durch die Synthese der Abbildungen 4 und 5.

In Abbildung 7 schließt die Transformationskurve T die Menge aller produzierbaren Kombinationen der beiden Güter q_1 und q_2 ein, I_1, I_2 und I_3 stellen kollektive Indifferenzkurven (»Community Indifference Curves«) dar. Allen Mitgliedern der Gesellschaft geht es bei der

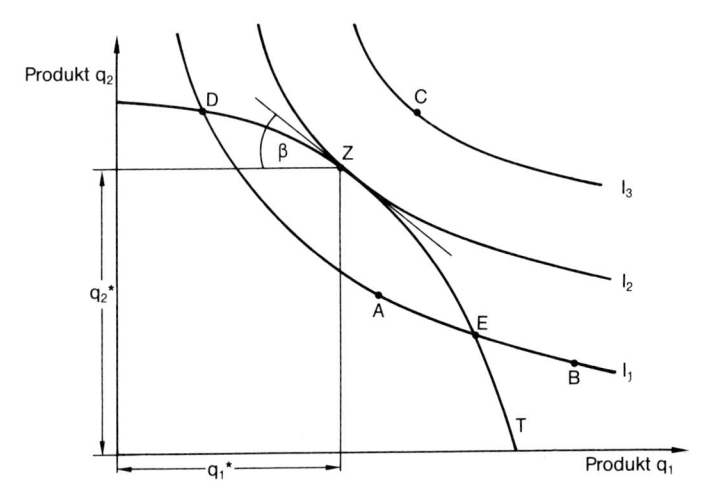

Abb. 7. Optimale Allokation.

Kombination A gleich gut wie bei B, wobei A produzierbar ist, B hingegen nicht. Allen geht es bei Z besser als bei A oder B und bei C noch besser als bei Z. Offensichtlich ist das Nutzenniveau I_1 durch unendlich viele Kombinationen q_1/q_2 zu gewährleisten, nämlich durch alle zwischen D und E, das Nutzenniveau I_2 ist nur im Punkt Z zu erreichen, das Niveau I_3 ist überhaupt nicht erreichbar, weil die Produktionskapazität zu gering ist. Die optimale Allokation und damit die Lösung des Problems liegt bei Z, weil dort der von der Transformationskurve umschlossene Raum der Produktionsmöglichkeiten (»Production Possibility Set«) die am weitesten vom Koordinatenursprung entfernt liegende Indifferenzkurve berührt. Mit der entsprechenden Produktion des Güterpaares q_1*/q_2* wird aus den vorhandenen Produktivkräften der höchstmögliche gesellschaftliche Nutzen gestiftet. Dieser Optimalzustand wird seinem Entdecker zu Ehren »PARETO-Optimum« genannt. Formal ist er dadurch ausgezeichnet, daß T und I_2 dieselbe Steigung, nämlich -tan ß besitzen, die »Grenzrate der Transformation« ist identisch der »Grenzrate der Substitution«. Diese sogenannte Marginalbedingung oder Tangentenlösung setzt allerdings »normale« Kurvenkrümmungen voraus (hinreichend ist: T konkav, I konvex), wovon nicht immer ausgegangen werden kann.

Der ökonomisch weniger erfahrene Leser muß gebeten werden, sich durch den hohen Abstraktionsgrad der Darstellung nicht abschrecken zu lassen. Auch in den Naturwissenschaften sind vergleichbare Abstraktionen üblich und akzeptiert. Das Fallgesetz gilt in der Realität auch nur mit starken Modifikationen (z.B. der Berücksichtigung des Luftwiderstandes), trotzdem zweifelt niemand an seinem Sinn. In der Abbildung 7 bleibt undiskutiert, ob die Transformationskurve T überhaupt scharf zu zeichnen ist, da die Kenntnisse über die Wirksamkeit der Faktoren (vor allem bei Beispielen aus dem biologisch-landwirtschaftlichen Bereich) nur lückenhaft sind. Oft müßten die Probleme stochastisch anstatt deterministisch formuliert werden. Der Zeitbedarf in der Produktion bleibt unberücksichtigt, die die Indifferenzkurven bildenden Präferenzen und Einkommensverteilungen können fragwürdig sein u.a.m. Alle diese Vorbehalte erschüttern jedoch nicht den zentralen ökonomischen Gedanken der Abbildung 7 als Orientierungshilfe. Kommt ein Punkt Z auf Grund fehlerhafter Annahmen, manipulierter Präferenzen usw. zustande, dann ist er eben unakzeptabel, aber mit Sicherheit gibt es irgendwo einen anderen, um diese Einflüsse korrigierten Punkt Z', und eine systematische, wenn auch mühsame Analyse wird helfen, sich ihm zu nähern. Wenn das abstrakte ökonomische Handwerkszeug allein dazu dient, Gedanken zu ordnen und spontane, die Alltagswelt weithin beherrschende Fehlschlüsse zu korrigieren, so hat es schon einen großen Teil seiner Aufgaben erfüllt.

4.4 Kosten, Preise und Wert

Die bisher vorgeführte ökonomische Theorie ging allein von technischen und psychologischen Annahmen aus; erstere erzeugten die Transformationskurve, letztere die Indifferenzkurven. Das Ganze hatte insbesondere nichts mit Geld zu tun. Vielleicht überraschenderweise, wenden wir uns erst jetzt dem Komplex der gegenseitigen Bewertung zu. Worin besteht der Sinn von Preisen? Wir nähern uns dem Problem am besten, wenn wir zuerst nach dem Begriff Kosten fragen. Angenommen, wir möchten aus irgendeinem vernünftigen Grund in Abbildung 8 die Allokation A durch die Allokation B ersetzen. Bei B erhalten wir das Quantum Δq_2 mehr, müssen dies jedoch durch die Minderproduktion Δq_1 »bezahlen«. Damit ist das Wesen der Kosten schon erfaßt: Weil A eine effiziente Allokation ist, ist es unmöglich, von einem Gut mehr zu erhalten, ohne daß ein Verzicht geleistet wird. Von einem anderen Gut muß etwas geopfert werden. Der Preis für die Mehrproduktion von Δq_2 ist Δq_1. In einem kostenorientierten ökonomischen System ist demnach der Quotient $\Delta q_2 / \Delta q_1$ (oder in mathematisch genauerer Formulierung und mit Vorzeichenkorrektur die erste Ableitung der Transformationskurve $-T' = -dq_2/dq_1$) das Preisverhältnis, zu dem sich die beiden Güter in der Umgebung der Punkte A und B tauschen, dieses Verhältnis bestimmt ihren relativen Wert zueinander. Wegen der größeren

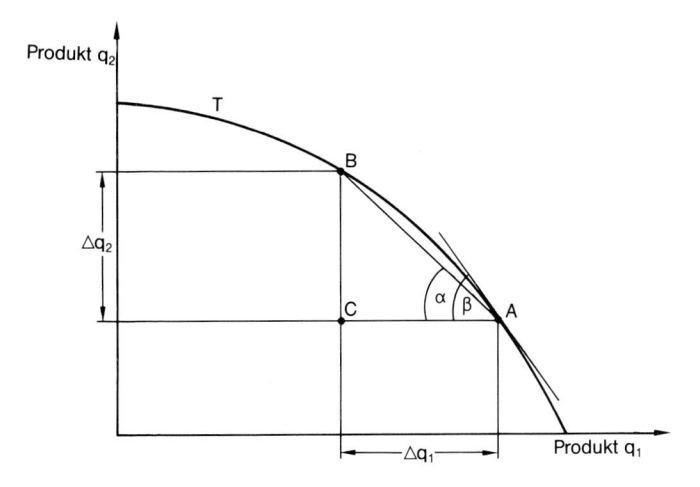

Abb. 8. Kosten und Preise. $-\tan \alpha = \Delta q_2/\Delta q_1$; $-\tan \beta = -T'(q_1)$

Steilheit der Transformationskurve »rechts unten« ist das Tauschverhältnis $\Delta q_2/\Delta q_1$ dort ein anderes; q_2 ist wegen seiner größeren Knappheit teurer im Verhältnis zu q_1.

Verfolgen wir nun die Umallokation von C nach B. C ist eine ineffiziente Allokation, entweder liegen Faktoren brach oder sie sind unklug eingesetzt. Um Δq_2 mehr zu erhalten, braucht in diesem Fall nicht auf Δq_1 verzichtet zu werden. Der Preis von q_1 relativ zu q_2 beträgt Null; niemand wäre bereit, für den Erhalt von Δq_2 ein Quantum Δq_1 zu opfern, wenn man Δq_2 durch kostenlose Inanspruchnahme der bisher brachliegenden Faktoren oder durch deren klügeren Einsatz auch umsonst erhalten kann. Ebenso verhielte es sich beim Übergang von C nach A, hier wäre es nicht erforderlich, Δq_2 zu opfern.

Kosten in der hier vorgeführten rigiden Definition werden zur Abgrenzung gegenüber vielfältigen, an der Oberfläche des ökonomischen Tagesgeschehens zu beobachtenden Scheinkosten auch als *Opportunitätskosten* bezeichnet. Wenn in diesem Buch von Kosten die Rede ist, sind stets solche gemeint, sie treten nur bei effizienter Allokation, d.h. im Zustand der Knappheit auf. Um »echte« Knappheitspreise $\Delta q_2/\Delta q_1$ von alltäglichen und in vieler Weise verzerrten Preisen zu unterscheiden, werden diese auch als *Effizienzpreise* oder, in der Sprache des Operations Research, als *Schattenpreise* bezeichnet. Die Gründe für das Auseinanderklaffen von empirischen Preisen und Effizienzpreisen werden in Kapitel 7.1.1 zusammengestellt.

Oft besteht das Problem, den Wert von Faktoren bei der Produktion von Gütern zu bestimmen. Wieviel ist ein Hektar Ackerland wert, welche Kosten sind z.B. der Weizenerzeugung anzulasten, wenn sie einen Hektar beansprucht? Wieder wird vom Grundgedanken des Verzichts ausgegangen; es wird ermittelt, welchen Wert der Hektar bei der profitabelsten aller anderen möglichen Nutzungen (etwa beim Kartoffelanbau) erzielt hätte. Dieser Betrag muß der Weizenerzeugung als Nutzungskosten in Rechnung gestellt werden. Auf diese Weise bilden sich u.a. Pachtpreise; der Begriff der Nutzungskosten ist auch zentral in der hochentwickelten und praxisnahen Linearen Programmierung.

Die entwickelten Begriffe sind trotz ihrer Abstraktheit in keiner Weise lebensfern, sie werden vielmehr ständig auch in der Alltagserfahrung implizit benutzt. Man spricht davon, daß einen eine unangenehme Tätigkeit einen schönen Nachmittag »koste« – hier treten die Gedanken des Verzichtes und der möglichen Alternativnutzung klar hervor. Im Beispiel kommt ferner zum Ausdruck, daß Kosten durchaus nicht zwingend in *monetärer* Weise, d.h. in Geldeinheiten angegeben werden müssen. Geld ist in der vorliegenden Betrachtungsweise überhaupt nur eine Verrechnungseinheit ohne »Eigenleben«, eine Annahme, die in der Realität mit ihren wichtigen Institutionen (Kredit, Banken, Inflation) aufgegeben werden muß, ohne daß dies die Grundsätze der Naturschutz-Ökonomie allerdings stark berühren würde. Opportunitätskosten können oft sinnvoll in naturalen Einheiten, wie Zeitaufwendungen oder Flächenumfängen, angegeben werden, gewisse Kosten, wie etwa Menschenleben, können oder dürfen überhaupt nicht monetarisiert werden. Auch die Abgrenzung einer »ökonomischen« von einer »außerökonomischen« Lebenssphäre ist künstlich und widerspricht dem Wesen des ökonomischen Denkens als universell anwendbarer (dabei jedoch nicht alle Probleme zu lösen beanspruchender) Entscheidungstheorie. Auf der Ebene einer gesamten Volkswirtschaft werden die Konzepte der Transformationskurve und der Opportunitätskosten intuitiv verstanden, wie etwa der Wahlspruch früherer Zeiten »Kanonen statt Butter« zeigt. Hinter dem Diktum steht, daß eine ausgelastete Volkswirtschaft nicht beides im beliebigen Umfang erzeugen kann. In zeitgemäßer Abwandlung wäre heute vielleicht zu sagen: »Naturschutz statt Luxuskonsum, Kläranlagen statt Video«.

Abschließend ist darauf hinzuweisen, daß die hier vorgestellte, an Bedürfnissen orientierte und Alternativen vergleichende, d.h. relative Werttheorie wie alle anderen in historischen und ideologischen Zusammenhängen gesehen werden muß. Auf Grund ihrer Entstehung im Zeitraum etwa zwischen 1870 und 1890 trägt sie auch die dogmenhistorische Bezeichnung *»neoklassische Werttheorie«*. Die Klassiker der Ökonomie, wie SMITH, RICARDO und MARX, dachten anders über die Wertentstehung, sie vertraten eine absolute, an Arbeitsquanten orientierte Werttheorie. Unsere Bevorzugung der relativen Werttheorie für den vorliegenden Zweck beinhaltet nicht die geringste intellektuelle Minderschätzung der früheren Werttheorien, jenen ist vielmehr, entgegen manchem heutigen Trend, Respekt und Interesse zu widmen. Für die akuten praktischen Probleme der Bewirtschaftung der Natur erscheint jedoch der neoklassische Ansatz am geeignetsten.

4.5 Eigentumsrechte und Verteilungseffekte

Der Wirtschaftstheorie wird nicht ohne Grund seit langem zum Vorwurf gemacht, sich einseitig auf die Probleme von Allokation und Effizienz zu konzentrieren und die Fragen der Verteilung allenfalls beiläufig zu behandeln. Dies ist aus verschiedenen Gründen problematisch:
- Bei der Verteilung sind Fragen der Gerechtigkeit angesprochen, für welche die Zuständigkeit nicht, wie bei Vertretern sogenannter

»wertfreier« Wissenschaft vielfach üblich, geleugnet und weitergereicht werden kann.
- Gerade im Naturschutz sind es nicht die (oft relativ unerheblichen) Opportunitätskosten für die gesamte Gesellschaft, welche die Lösung zahlreicher Probleme verhindern oder zumindest verzögern, als vielmehr Konflikte über ihre Verteilung. Sollen z.B. Landwirte für eine naturverträgliche Wirtschaftsweise in Geld entschädigt werden oder soll ihnen zur Pflicht auferlegt werden, dies unentgeltlich zu tun?
- Unklare Vorstellungen im Bereich der Verteilungsprobleme verstellen oft den Blick auf die zugrundeliegenden Allokationsprobleme und erzeugen z.b. bei der Abschätzung von Opportunitätskosten viel Verwirrung. Hierzu wird gleich ein Beispiel diskutiert.
- Unklare oder gänzlich fehlende Eigentumsabgrenzungen erzeugen auch fundamentale Allokationsprobleme auf dem Gebiet der *Kollektivgüter*. Diesem Punkt wird wegen seiner Bedeutung ein eigenes Kapitel (4.6, nachfolgend) gewidmet.

Ein Landwirt besitze eine ökologisch wertvolle Feuchtwiese mit zahlreichen seltenen Pflanzen- und Tierarten. Bei intensiver Bewirtschaftung (Entwässerung und Düngung) geht der Artenreichtum verloren, bei extensiver, aber weit weniger ertragreicher Nutzung bleibt er erhalten. Die soeben schon aufgeworfene Frage lautet, ob der Landwirt dafür entschädigt werden soll, daß er extensiv wirtschaftet und die Arten erhält, wobei selbst das Wort »Entschädigung«, wie wir sehen werden, mehrdeutig ist. In der Realität bestehen zum Problem komplizierte, wandelbare und oft umstrittene Vorschriften (vgl. HÖTZEL 1986, KÖHNE 1987); versuchen wir einmal, uns von diesen historischen, politischen und juristischen Kontingenzen zu lösen und die Frage abstrakt-logisch zu klären. Ist die Entschädigung ein überzeugendes Leistungseinkommen oder nur ein weiterer künstlicher Einkommenstransfer in die Landwirtschaft (hierzu SCHEELE & ISERMEYER 1989)?

Jede Antwort verlangt die wichtige Vorbemerkung, daß hier nicht die Alternative besteht, Naturschutz kostenverursachend oder »umsonst«, teuer oder billig zu betreiben. Wenn das Produkt der Intensivnutzung der Wiese, etwa Futter zur Milch- und Rindfleischerzeugung, knapp ist und damit einen volkswirtschaftlichen Effizienzpreis von über Null besitzt, so ist auf dieser Wiese ein kostenloser Naturschutz prinzipiell nicht möglich, denn es muß auf etwas Wertvolles, auf das Futter, verzichtet werden. Es geht allein um die Frage, wer die Kosten zu tragen hat, es besteht ein Verteilungsproblem. Mit Entschädigung zahlt sie die Gesellschaft, ohne eine solche werden sie dem Landwirt aufgebürdet.

Die seit einigen Jahrzehnten entwickelte ökonomische Theorie der *Property Rights* hat den Blick dafür geschärft, daß Fragen der hier gestellten Art letztlich Fragen nach der (meist impliziten) Zuweisung von Eigentumsrechten sind (MISHAN 1969, SCHÜLLER 1983, sehr prägnante Kurzdarstellung von EGER in NAGEL 1989: 18–35). Wird von der Konstruktion ausgegangen, daß dem Landwirt die Wiese mit allem Inventar gehört, daß also auch die dort vorkommenden Populationen der seltenen Arten sein Eigentum sind, so besitzt er das Recht, diese Populationen zu vernichten, wenn sie seinen ökonomischen Zielen im Wege stehen. Möchte die Gesellschaft die Populationen erhalten, so muß sie sie ihm abkaufen; der Preis besteht in der Erstattungszahlung oder Entschädigung für extensives Wirtschaften. Wird dagegen von der Fiktion ausgegangen, daß dem Landwirt die Populationen der seltenen Arten gar nicht gehören und nie gehört haben, daß m.a.W. das Nutzungsrecht an der Wiese stets nur mit der Einschränkung verliehen war, die Populationen zu erhalten, so wird dem Landwirt, wenn von ihm eine extensive Wirtschaftsweise verlangt wird, nichts genommen, und es gibt folglich auch nichts zu entschädigen oder zu erstatten.

Es ist treffend gesagt worden, daß jedes Eigentum ein Bündel (einen Vektor) von Nutzungsrechten einschließt, welches von Fall zu Fall anders definiert sein kann (vgl. z. B. WEGEHENKEL 1981a). Das Eigentum an einem Grundstück kann das Recht einschließen, andere am Betreten zu hindern, selten nur jedoch verleiht es das Recht, daß auch kein Flugzeug darüber fliegen darf. Gerade auf dem Gebiet der Flächennutzung sind Beschränkungen allgegenwärtig. Auf einem städtischen Grundstück in einem Wohngebiet darf keine Fabrik errichtet werden, unser betrachteter Landwirt akzeptiert, daß er die Wiese nicht nach seinem Gutdünken bebauen, bepflastern, aufforsten usw. darf, schon der Umbruch zu Ackerland ist kein selbstverständliches Recht, sondern wird zunehmend eingeschränkt. So ist es in keiner Weise ungewöhnlich, wenn die seltenen Arten und in Verbindung mit ihnen die Befugnis zu intensivem Wirtschaften ebenfalls Gegenstand einer gesellschaftlichen Eigentumsdefinition sind, wobei für unsere Zwecke weniger die juristische Ausformulierung interessiert (vgl. hier BGB §§ 94 und 960) als vielmehr die ökonomischen Folgen.

Alle Eigentumsrechte sind ständiger Neudefinition unterworfen, ein großer Teil aller politischen Tätigkeit verfolgt nichts anderes als diesen Zweck. Bis zu einem gewissen Grade sind alle Definitionen willkürlich, sie sind eine Frage der historisch gewachsenen Situation, der Gerechtigkeit, der politischen Machtverhältnisse und damit Durchsetzbarkeit und der politischen Klugheit. Naturgemäß festgelegt – zugunsten des Landwirts oder zu seinen Ungunsten – ist hier nichts. Wir werden in verschiedenen praktischen Fällen auf das Problem zurückkommen, vorgreifend ist festzustellen, daß infolge der außerordentlichen Dringlichkeit vieler Naturschutzmaßnahmen und der Unvertretbarkeit, weitere Zeit verstreichen zu lassen, die zumindest vorübergehende Zustimmung zu Eigentumsfiktionen angezeigt sein kann, gegen die auch Vorbehalte erhoben werden könnten. Dies dann, wenn es die einzige Möglichkeit ist, zu schnellen Ergebnissen zu gelangen und weitere irreversible Verluste zu vermeiden. Wenn der Erhalt einer Feuchtwiese mit Entschädigung sofort gelingt, eine (gesamtwirtschaftlich vielleicht überzeugendere) Lösung ohne Entschädigung aber zehnjährige Verhandlungen erfordert, während derer die seltenen Arten verschwinden, so ist der Naturschützer geneigt, den »Zweck die Mittel heiligen« zu lassen und die erste Alternative zu wählen. Das Beispiel weist auf das innerhalb der Theorie der Property Rights wichtige Thema der Transaktionskosten (hier in Form des Zeitbedarfs) hin.

Zwei Umstände können ferner bedeutungsvoll sein: Verlangt der Naturschutz den Verzicht auf die Erzeugung von Gütern, die im Sinne volkswirtschaftlicher Effizienz gar nicht knapp sind, sondern im bestehenden Umfang nur auf Grund politischer Fehlsteuerungen produziert werden, so liegt ein anderer Fall vor. Wenn der Landwirt bei intensiver, mit dem Naturschutz unverträglicher Wirtschaftsweise Produkte erzeugt, welche in der Volkswirtschaft überschüssig vorhanden sind oder zumindest billiger importiert werden könnten, wie es bei zahlreichen EG-Interventionsgütern der Fall ist, so wäre es schon abgesehen von den Naturschutzzielen besser, auf der Wiese nicht intensiv zu wirtschaften. Aus gesamtwirtschaftlicher Sicht führte die extensive Bewirtschaftung der Wiese zu keinen Opportunitätskosten auf Grund des Produktverzichts, im Gegenteil könnten sogar Lager- und andere Überschußverwaltungskosten eingespart werden. Solange aber der Landwirt eine Abnahmegarantie für seine Produkte und das Recht besitzt, intensiv zu wirtschaften, kann er nur durch *Ausgleichszahlungen* dazu veranlaßt werden, von der Artenvernichtung durch Intensivierung abzusehen. Dieser Fall ist in keiner Weise konstruiert, sondern spielt in der EG eine große Rolle (näheres in Kapitel 9.4). Wird hier allein nach Maßgabe der Belastung öffentlicher Haushalte geurteilt, so werden Naturschutzkosten vorgetäuscht, welche im Sinne des oben erläuterten Effizienz- und Opportunitätskostenkalküls gar nicht bestehen.

Der zweite Punkt ist zur Zeit noch weniger praxisnah, jedoch von theoretischem Gewicht: Der Eigentümer der Feuchtwiese kann alternative, jedoch einander ausschließende Leistungen anbieten. Eine ist die herkömmliche Futter- oder Nahrungsproduktion, ökologischer Reichtum ist jedoch auch ein wertvolles Gut. Das Problem besteht darin, daß für letztere keine spontane zahlungskräftige Nachfrage organisiert ist und damit kein Markt existiert. Daß der Staat mit seinen Ausgleichszahlungen eingreift, ist eine Verlegenheitslösung; die viel bessere Lösung wäre, einen echten wirtschaftlichen Anreiz zur Bewahrung und Wiederherstellung ökologischer Vielfalt zu schaffen. Sollte dies gelingen und sollte die zahlungskräftige Nachfrage nach ökologischen Werten so hoch sein, daß es für den Landwirt profitabler wäre, die Orchideen wachsen zu lassen, anstatt sie dem Intensivgrünland oder Maisfeld zu opfern, so könnte man im allgemeinen (wenn auch nicht in jedem Einzelfall) darauf vertrauen, daß der Landwirt im Eigeninteresse die Orchideen erhält.

4.6 Kollektivgüter

Auf einem funktionierenden Markt werden knappe, nutzenstiftende Güter zum gegenseitigen Vorteil getauscht. Tauschen setzt voraus, daß die Güter von den Wirtschaftssubjekten jeweils exklusiv besessen werden. Im Grenzfall eines reinen *Privaten Gutes* erstrecken sich alle (positiven und negativen) Wirkungen des Gutes oder der Leistung ausschließlich auf das besitzende Subjekt, die anderen Subjekte werden überhaupt nicht berührt. Dieser Fall ist recht selten, fast immer strahlen Güter, welche im juristischen Sinne privat sind, mit gewissen Eigenschaften auf Dritte aus. Man freut sich an Blumen in fremden Gärten, ärgert sich über den Lärm eines rücksichtslosen Motorradfahrers, ist auf manchen Eigentümer einer schönen Sache neidisch, ist im anderen Falle froh, mit einer Sache nichts zu tun zu haben usw. In der Ökonomie ist für derartige Wirkungen auf Dritte seit langem der Terminus »*Externe Effekte*« in Gebrauch, er drückt nichts anderes aus, als daß Güter in der Regel einen mehr oder minder hohen Öffentlichkeitsgrad (BONUS 1980) besitzen.

Man hat sich ein Kontinuum vom reinen Privatgut bis zum ebenso extremen Fall des reinen Öffentlichen oder *Kollektivgutes* vorzustellen; die meisten realen Güter liegen irgendwo in der Mitte. Das reine Kollektivgut definiert sich mit SAMUELSON (1954) als eines, bei dem es keine Nutzungskonkurrenz gibt (»*nonrivalry*«). Darüber hinaus kann auch das Ausschlußprinzip nicht wirksam werden (»*nonexcludability*«). Wenn das Gut überhaupt existiert, ist es für alle da und wird gemeinsam genossen; niemand kann einem anderen Subjekt durch seinen eigenen Konsum etwas nehmen. Genieße ich einen schönen Ausblick, so wird dieser, anders als beim Genuß eines Apfels, nicht vernichtet, sondern steht anderen unverändert offen. Es ist in SAMUELSONs Grenzfall auch nicht möglich, jemand vom Konsum auszuschließen, da dies untragbare Kosten verursachte. Interessanterweise gilt dies am ehesten in Fällen, bei denen Güter negative Eigenschaften besitzen. Schlechte Luft in einer Stadt wird zwangsweise konsumiert, es handelt sich um ein Öffentliches Ungut *(Public Bad)*. Außer in diesem Falle ist Privaten und Öffentlichen Gütern im allgemeinen gemeinsam, daß sie knapp sind, daß ihr Genuß grundsätzlich Opportunitätskosten hervorruft. In der Alltagsdiskussion werden Öffentliche Güter gelegentlich wegen ihrer Eigenschaft, daß der Zugang zu ihnen nicht versperrt werden kann, als *Freie Güter* bezeichnet. Dies ist fehlerhaft; ein Freies Gut ist vielmehr eines, welches überschüssig und daher vollständig kostenlos vorhanden ist (z.B. Eis in der Antarktis). Der theoretische Grenzfall des reinen Kollektivgutes ist ebenso rar wie sein Gegenüber, das reine Privatgut. In dem komplexen Spannungsfeld zwischen beiden sind einige typische Fälle zu lokalisieren:

- Ist ein Ausschluß zu geringen oder vertretbaren Kosten möglich, so handelt es sich um ein *Club-Gut*. Der Name spricht für sich selbst, jedes Schwimmbad ist ein Beispiel, wobei der Eigentumsstatus (öffentliche oder private Anstalt) für die analytische Behandlung keine Rolle spielt.
- Von einer bestimmten Nutzungsintensität ab beginnt das Prinzip der Nichttrivalität im Konsum regelmäßig zu bröckeln; es kommt zu Stau- oder Verstopfungs- oder Übernutzungserscheinungen. Ein verbindlicher deutscher Name fehlt; in der Literatur sind Bezeichnungen wie *»Impure«* oder *»Congestible Public Good«* gebräuchlich. Auf einer leeren Autobahn hindert kein Autofahrer einen anderen am Genuß dieser Einrichtung, auf einer vollen ist dies allerdings der Fall. Staueffekte können mit und ohne freiem Zugang auftreten, allerdings können Zugangsbeschränkungen u.a. dazu dienen, ihnen entgegenzutreten.
- Hinsichtlich der Folgen von Übernutzungen ist ein wichtiger Unterschied zu machen zwischen reinen Staueffekten, welche den unmittelbaren Nutzen der Beteiligten schmälern, bei ihrer Behebung jedoch keine Folgen hinterlassen (wie beim Stau auf einer Autobahn), und Substanzzehrungen mit Folgeschäden. Ein vieldiskutiertes historisches Beispiel ist die *Allmende* oder *»Common Property«* – im paradigmatischen Fall treiben die Schäfer immer mehr Schafe auf die gemeinsame Weide, bis diese zu ihrem eigenen Schaden durch Überweidung und Erosion zerstört ist. Analoges ist bei Fischgründen mit freiem Zugang zu beobachten. In der Tat kann das Fehlen individueller Eigentumsrechte innerhalb der Common Property zur Übernutzung anreizen, wenn es sonst keine verhaltenslenkenden Regeln oder Sanktionen gibt.

Eine nähere Analyse der Allokationsregeln bei vollständig oder teilweise Öffentlichen Gütern ist für unsere Zwecke zu aufwendig und nicht erforderlich. Ein wichtiges, überall nachzulesendes Ergebnis für den SAMUELSONschen Extremfall des reinen Kollektivgutes lautet: Eine PARETO-optimale Allokation, in der es nicht mehr möglich ist, den Nutzen eines Subjektes zu steigern, ohne ein anderes Subjekt zu schädigen, setzt voraus, daß die Summe der Zahlungsbereitschaften aller beteiligten Subjekte den Grenzkosten der Erstellung des Gutes gleich ist. In Abbildung 9 sind N_A und N_B die Nachfragekurven zweier (nur der Einfachheit halber mit identischen Präferenzen angenommener) Subjekte nach dem Kollektivgut r. Die Gesamtnachfrage ergibt sich nicht wie beim Privatgut durch horizontale, sondern durch vertikale Addition der einzelnen Nachfragekurven zu N_{A+B}. Dies deshalb, weil ein Subjekt durch Kauf und Genuß dem anderen voraussetzungsgemäß nichts wegnimmt, sondern im Gegenteil auch ihm etwas bietet. Mit der grenzkostenorientierten Angebotskurve S ergibt sich im Schnittpunkt L eine optimale Versorgung mit dem Kollektivgut in Höhe von r*, beide Nachfrager zahlen je p* und erzielen jeder einzeln eine Konsumentenrente in Höhe von ABC.

Dieses seinem Entdecker zu Ehren genannte »LINDAHL-Gleichgewicht« besitzt die Ökonomen seit langem faszinierende Eigenschaft, streng genommen gar kein Gleichgewicht zu sein, da der Punkt L, wie es heißt, nicht »anreizkompatibel« ist. Kommt eines der beiden Subjekte auf die Idee, überhaupt nicht zu zahlen, so ergibt sich mit nur einer wirksamen Nachfragekurve (N_A oder N_B) das Gleichge-

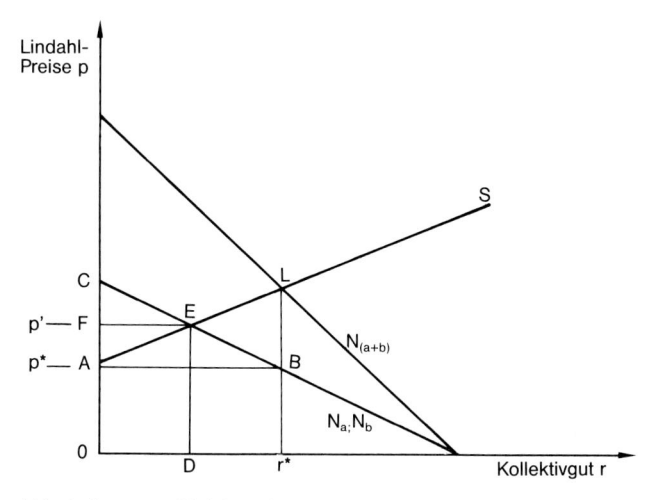

Abb. 9. LINDAHL-Gleichgewicht und »Free-Rider«.

wicht E. Der ehrliche Zahler zahlt den Preis p', seine Konsumentenrente reduziert sich zu FEC, während der Nichtzahler – im Fachjargon »*Free-Rider*« oder »Trittbrettfahrer« – infolge seiner Nichtausschließbarkeit von dem, was der ehrliche Zahler angeschafft hat, die größere Konsumentenrente ODEC genießt.

Der Free Rider ist eine der Lieblingsfiguren der theoretischen Ökonomie, die Literatur hierzu ist unübersehbar. Es mangelt nicht an – in der Regel unpraktikablen – Vorschlägen, ihn zu überlisten, sofern nicht der Ausweg nur darin gesehen wird, Kollektivgüter durch Zuteilung exklusiver Eigentumsrechte abzuschaffen, insbesondere die Allmende zu privatisieren. Daß Kollektivgüter einen Anreiz zum Parasitieren geben, daß speziell der rechtsfreie Raum innerhalb der Common Property Probleme aufwirft, welche sich vielfach nur durch ausdrückliche Definition von Verfügungsrechten lösen lassen (was auch in diesem Buch vorgeschlagen wird), ist schlechthin unbestreitbar. Eine Zuspitzung erfährt die Free Rider-Problematik in Situationen, in denen ein kooperatives Subjekt nicht nur auf den durch das Schwarzfahren möglichen Zusatznutzen verzichtet, sondern sogar für seine Kooperativität bestraft wird. Diese Situation ist im berühmten »*Prisoner's Dilemma*« (*Gefangenen-Dilemma*) eingehend analysiert worden. In Abbildung 10 werden zwei Strafgefangene nach angelsächischem Recht unabhängig voneinander verhört. Leugnen beide – sind also nach ihren Wertmaßstäben kooperativ – so werden sie freigelassen, gestehen beide, so erhalten sie eine milde Strafe. Bleibt einer beim Leugnen, während der andere gesteht, so wird ersterer scharf bestraft und der zweite belohnt. Wie unschwer zu erkennen, lautet die dominante (unabhängig von der Entscheidung des anderen stets bessere) Strategie »Gestehen«, womit das für die Betreffenden beste Ergebnis »Leugnen« verfehlt wird. Leugnet der andere, so gesteht man, um ihn zu »verpfeifen« und in den Genuß der Belohnung zu kommen, gesteht der andere, so muß man durch eigenes Gestehen vermeiden, in die Lage des »Verpfiffenen« zu geraten. In zahlreichen realen Situationen besteht wie im Prisoner's Dilemma ein mehr oder minder starker Zwang zur Unkooperativität; wer nicht mitmacht bei der allgemeinen Rücksichtslosigkeit, kommt unter die Räder. Ein Lösungsversuch des Dilemmas besteht darin, daß sich alle einer verbindlichen, sanktionsbewehrten Pflicht zur Kooperativität unterwerfen. Abgesehen von den Problemen der Kontrolle handelt es sich hier um eine kollektive »Einmal-Entscheidung«, sie ist ein gutes Beispiel dafür, daß der Markt als inkrementelles, dezentrales Entscheidungsprinzip nicht alle Probleme lösen kann (vgl. auch folgendes Kapitel).

Hebt ein großer Teil der ökonomischen Literatur die Bedeutung des Free Riders mit Recht hervor, so ist dort jedoch oft eine vor-

	Strategien von Subjekt B	
	Leugnen	Gestehen
Leugnen	0/0	−10/+5
Gestehen	+5/−10	−3/−3

(Zeilen: Strategien von Subjekt A)

Abb. 10. Prisoner's Dilemma.
Auszahlungswerte (links für A, rechts für B): 0 = Freilassung; −3 = milde Strafe; −10 = strenge Strafe; +5 = Belohnung.

schnelle Beurteilung zu bemängeln. Man meint vielfach, daß vollständige Unkooperativität im Umgang mit Öffentlichen Gütern das einzige sei, was von rationalen Subjekten erwartet werden könne. Dies ist schon theoretisch nicht der Fall. Das individuell rationale NASH-Gleichgewicht (vgl. CORNES & SANDLER 1986) liegt keineswegs immer im Punkt der totalen Kooperationsverweigerung. Es kann rational sein, etwas (wenn auch meist suboptimal) beizusteuern, man ist nicht Free Rider, sondern allenfalls »*Easy Rider*«. Wie sich schließlich die wirklichen Menschen *empirisch* gegenüber Kollektivgütern verhalten, kann nicht durch Modelltheorie, sondern allein durch empirisches Studium erforscht werden, welches lange Zeit stark vernachlässigt wurde. Dieses Thema wird uns im Kapitel 6 bei der Analyse der zahlungswilligen Nachfrage nach dem (teilweise) Öffentlichen Gut der Artenfülle beschäftigen.

Die knappen Ausführungen zeigen hoffentlich, ein wie vielgestaltiges und spannungsreiches Feld die Theorie und Praxis der Kollektivgüter für die Ökonomie darstellt; viele Fragen sind bis heute unbeantwortet. Die Bedeutung der Probleme für das Thema dieses Buches dürfte ebenfalls auf der Hand liegen. Auch hier müssen jedoch zu einfache Schlußfolgerungen vermieden werden. Es wäre z.B. viel zu simpel, ökologische Ressourcen grundsätzlich als Kollektivgüter (gar im reinen SAMUELSONschen Sinne) darzustellen, in Wirklichkeit sind sie oft Privatgüter oder Mischformen. Auf die konkreten Probleme des Naturerhalts, soweit sie mit der Kollektivgutproblematik zusammenhängen, kommen wir daher noch einmal in Kapitel 5.2.1 zurück.

4.7 Markt und Plan

Ein intuitiv naheliegender, gleichsam »natürlicher« Weg für eine Gesellschaft, eine optimale Allokation wie den Punkt Z in Abbildung 7 zu erreichen, bestünde darin, die Gesamtheit aller wirtschaftlichen Beziehungen auf dieses Ziel hin zu planen. Alle Konsumenten würden ihre Präferenzen und alle Produzenten ihre Produktionsmöglichkeiten offenlegen, woraufhin man sich durch gemeinsame Abstimmung dem Punkt Z so gut wie möglich nähern würde. Die Erfahrungen mit derartigen Planwirtschaften sind allerdings aus folgenden Gründen seit Jahrhunderten überwiegend negativ:
- In einer komplexen Volkswirtschaft erscheinen die Informationsbedürfnisse für eine Zentralinstanz, welche jede Kleinigkeit zu planen hat, schlechthin unerfüllbar. In Gegenwart von Millionen Präferenzen, Hunderttausender von Gütern, angesichts ständiger Veränderung aller relevanten Daten erscheint auch die bestwillige, kompetenteste und über optimale Informationsverarbeitungsanlagen verfügende Zentralinstanz überfordert.
- Jeder Produzent, Dienstleistende oder Organisator erhält seine Tätigkeit zugewiesen. Wie gut oder wie schlecht er sie ausführt, obliegt seinem Pflichtbewußtsein und einem gesellschaftlichen Sanktionsapparat. Auf die Wirksamkeit beider ist nicht unbedingt Verlaß, es fehlt m.a.W. ein System von Anreizen.
- Die Zentralinstanz verfügt über eine unbegrenzte Machtfülle, sie muß es sogar, um der in der Planwirtschaft voraussehbaren Tendenz zum Schlendrian entgegenzuwirken. Bisher sind die meisten Institutionen mit einer derartigen Machtfülle der Versuchung erlegen, selbst ökonomische Ziele zu setzen (welche die Macht weiter festigen sollen) und deren Erfüllung von den Ausführenden zu fordern, als uneigennützig den spontanen Präferenzen in der Gesellschaft zu dienen.
- Planwirtschaften neigen zu »großen Entscheidungen«, die sich im Nachhinein als irrig erweisen können. Demgegenüber ist der Markt ein Such- und Lernverfahren, in dem die Wahrscheinlichkeit geringer (wenn auch durchaus nicht gleich Null) ist, daß alle dieselben Fehler machen. Dieser gegenseitige Ausgleich verleiht dem System eine gewisse Stabilität.

Eine faire Diskussion des Problems Markt versus Plan sieht über die vier genannten Erfahrungen selbstverständlich nicht hinweg, sie analysiert jedoch die Defekte, über welche der Markt verfügt, ebenso streng und verliert das Prinzip der Planung zumindest als Denkmöglichkeit nicht aus den Augen. Nicht alle Mißerfolge bisheriger planwirtschaftlicher Systeme lassen sich mit den genannten vier, relativ abstrakten Punkten überzeugend erklären, historische Umstände taten ihr übriges, und diese können künftig auch in anderen Konstellationen wirksam werden.

Die Vorzüge des Marktes als Allokationsmechanismus sind erstmalig zusammenfassend und mit großem Widerhall von ADAM SMITH dargestellt worden. Er hob insbesondere das Anreizsystem hervor: »Nicht vom Wohlwollen des Metzgers, Brauers und Bäckers erwarten wir unsere Mahlzeit, sondern davon, daß sie ihre eigenen Interessen wahrnehmen. Wir wenden uns nicht an ihre Humanität, sondern an ihre Eigenliebe, und wir erwähnen nicht unsere eigenen Bedürfnisse, sondern sprechen von ihren Vorteilen.« (SMITH 1976: 26–27, Erstveröffentlichung 1776)*. Die von SMITH popularisierte Idee wurde seitdem Leitbild für Generationen von Ökonomen. Der Gedanke, daß sich ein komplexes ökonomisches System – durchaus mit Parallelen zu ökologischen Systemen (vgl. BOULDING 1976: 38–64) – selbst reguliert, keiner bewußten Steuerung bedarf, ja sogar automatisch gewissen Optimalzuständen, wie dem Punkt Z in Abbildung 7 zustrebt, übt in der Tat eine theoretische Faszination aus. Die praktischen Erfolge marktgeleiteter Wirtschaftsordnungen taten ein übriges, um die Meinung von der Überlegenheit des Marktes zu einem Dogma werden zu lassen und selbst in Fachkreisen die Analyse der Voraussetzungen, unter denen er nur wie gewünscht funktionieren kann, zu vernachlässigen. Dabei gehören diese, mathematisch z.T. überaus subtilen Analysen zu den theoretischen Glanzlichtern der ökonomischen Forschung, zu nennen sind aus dem 19. Jahrhundert WALRAS, aus jüngerer Zeit KOOPMANS sowie ARROW & DEBREU.

Die wirtschaftspolitische Tagesdiskussion pro und contra Markt zeichnet sich leider nicht durch analytische Schärfe aus, sondern demonstriert in erster Linie ideologische Vorurteile, und zwar keineswegs allein bei den Gegnern des Marktes. Wir sollten diesen Geist nicht in die Diskussion, der sich dieses Buch widmet, hineintragen. Nicht nur wird der Begriff des Marktes von Kräften kämpferisch im Munde geführt, deren Praxis der Außerkraftsetzung von Wettbewerb der Marktidee vollständig konträr ist, wie im Falle öffentlicher Stromversorgungsunternehmen (als nur ein Beispiel unter vielen), auch Forderungen sogenannter »wirtschaftsliberaler« Kreise nach

---

* Übersetzt vom Verfasser.

»mehr Markt« beziehen sich bei näherem Hinsehen auf andere als allokationstheoretische Inhalte, meist geht es um die politische Neuverteilung von Property Rights zugunsten der Starken auf Kosten der Schwachen. Diese Abgrenzung von der »Vulgärökonomie«, wie MARX sie nannte, erscheint erforderlich, um bei dem in diesem Buch verfolgten Bestreben, den Markt im wohlverstandenen Sinne für den Naturschutz zu instrumentalisieren, glaubwürdig zu sein. Markt ist nicht Laisser-faire, Ellenbogengesellschaft und Chaos, vielmehr ein Spiel, bei dem die Regeltreue aller Teilnehmer obenan steht. Analytisch zeichnet er sich durch folgendes aus:

- Primäre Lenkungsimpulse sind die Präferenzen der einzelnen Teilnehmer. Auf die Grenzen dieser Konsumentensouveränität insbesondere beim Umgang mit der Natur ist bereits in Kapitel 4.2 hingewiesen worden.
- Die Entbehrlichkeit zentraler Entscheidungsstrukturen unterminiert, wie auch alle Gegner anerkennen müssen, in einem weltgeschichtlich revolutionären Maße Macht, indem die Zahl der Alternativen, welche jedem Teilnehmer offensteht, vergrößert wird. Alle werden weniger abhängig von einzelnen anderen, man kann vielmehr ausweichen. Paßt mir eine Ware oder ein Anbieter nicht, so wähle ich etwas anderes.
- Soweit das System funktioniert, regelt es sich wie ein ökologisches System selbst und strebt Zustände wie das PARETO-Optimum automatisch an. Wie die oben erwähnten Autoren und andere zeigten, sind die Bedingungen für die Funktionsfähigkeit allerdings so eng, daß sie auch als ein Katalog von Gründen dafür gelesen werden können, daß ein perfektes Funktionieren nie zu erwarten ist (einfache Darstellung in KOOPMANS 1957). Der Markt führt u.a. zu Fehlallokationen, wenn die in den Abbildungen 4, 7 und 8 dargestellten Transformations- und Indifferenzkurven »falsche« Krümmungen besitzen (in der Fachsprache: Wenn es *Nichtkonvexitäten* gibt), wenn der Wettbewerb unvollkommen ist, so daß Preise und Grenzkosten voneinander abweichen, wenn Preisverhältnisse durch staatlichen Einfluß, etwa Steuern und Subventionen verzerrt werden und wenn es Öffentliche Güter gibt. Der letztere Punkt ist oben ausführlich behandelt worden.

Einen vollständig »marktwirtschaftlichen« Naturschutz wird es nie geben, vielmehr geht es darum, Marktelemente einzubauen, wenn sie sich bewähren sollten. Ohne den praktischeren Abschnitten vorzugreifen, muß schon hier bezweifelt werden, daß auf das Instrument der zentralen Planung strukturell verzichtet werden kann. Zwar sollte alles Denkbare zur Entbürokratisierung getan und zu dezentralen Aktivitäten auf allen Ebenen motiviert werden, die entscheidende räumliche Dimension aller wichtigen Fragen wird jedoch immer nach

Planung rufen. Der Charakter der Natur als Öffentliches Gut muß akzeptiert werden, auch dies bedingt den Fortbestand und die Verbesserung politisch-planerischer Instrumente. Marktnähe ist jedoch in entscheidendem Maße auf dem Gebiet der Bewertung erreichbar; die sich spontan nicht zeigenden Präferenzen der Bevölkerung für die Natur sind zu ermitteln, die latente Zahlungswilligkeit ist zu wecken. Vielleicht ist sie so hoch, daß man sich bei hinreichender Aktivierung über die Finanzierbarkeit auch anspruchsvoller Naturschutzprogramme keine Sorgen zu machen brauchte (vgl. Kapitel 6). Naturschutz muß leichter zu *kaufen* sein als gegenwärtig. Schließlich sollte nach Wegen gesucht werden, das Marktelement des Anreizes bei möglichen Anbietern zu mobilisieren.

Nochmals sei daran appelliert, sich auf dem hier diskutierten sensiblen Gebiet nicht schon abwertenden sprachlichen Konnotationen hinzugeben. Die Kritiker, welche gegen »Privatisierung«, »Käuflichmachung« und »Vermarktung« zu Felde ziehen, haben mit dieser Polemik noch keiner Art die Existenz gesichert.

Empfohlene Literatur
Einführende Lehrbücher der Mikroökonomie existieren in großer Zahl, sehr verbreitet und empfehlenswert ist heute VON BÖVENTER (1988), einen unkonventionellen Zugang eröffnet WEISE (1985). Ökonomische Grundlagen lassen sich auch gut durch das Studium von Lehrbüchern zu speziellen Gebieten erwerben, etwa der Agrar- (STEINHAUSER et al. 1982) oder Umweltökonomie (ENDRES 1985). Für etwas fortgeschrittene Leser eignen sich MISHAN (1981), SOHMEN (1976) sowie allgemeinere Behandlungen der Kosten-Nutzen-Analyse, wie MISHAN (1976), PEARCE & NASH (1981) und (mit philosophischem Grundlagenteil) DASGUPTA & PEARCE (1978). Eine anspruchsvolle Behandlung Öffentlicher Güter ist CORNES & SANDLER (1986).

5 Arten und Biotope als ökonomische Ressourcen

5.1 Bisherige Berücksichtigung in der Forschung

Beginnen wir die Diskussion mit der Erinnerung an einen der größten Ökonomen und Gesellschaftsphilosophen, nämlich J. St. MILL (1869/ I:62): »Eine Welt, aus welcher die Einsamkeit verbannt wäre, wäre ein sehr armes Ideal. Es liegt auch nicht viel befriedigendes darin, wenn man sich die Welt so denkt, daß für die freie Thätigkeit der Natur nichts übrig bliebe, daß jeder Streifen Landes, welcher fähig ist, Nahrungsmittel für menschliche Wesen hervorzubringen, auch in Kultur genommen sei, daß jedes blumige Feld und jeder natürliche Wiesengrund beackert werde, daß alle Thiere, welche sich nicht zum Nutzen des Menschen zähmen lassen, als seine Rivalen in Bezug auf Ernährung vertilgt, jede Baumhecke oder jeder überflüssige Baum ausgerottet würde und daß kaum ein Platz übrig sei, wo ein wilder Strauch oder eine Blume wachsen könnte, ohne sofort im Namen der vervollkommneten Landwirthschaft als Unkraut ausgerissen zu werden. Wenn die Erde jenen großen Bestandtheil ihrer Lieblichkeit verlieren müßte, den sie jetzt Dingen verdankt, welche die unbegrenzte Vermehrung des Vermögens und der Bevölkerung ihr entziehen würde, lediglich zu dem Zwecke, um eine zahlreichere, aber nicht eine bessere oder eine glücklichere Bevölkerung ernähren zu können, so hoffe ich von ganzem Herzen im Interesse der Nachwelt, daß man schon viel früher, als die Nothwendigkeit dazu treibt, mit einem stationären Zustande sich zufriedengeben wird.«

MILL, der nahezu jede Idee der modernen Umweltdiskussion bereits vorwegnahm (wie auch die des »Nullwachstums« am Ende des Zitats) und eine bedrückend hellsichtige Prognose des heutigen Zustands vieler Agrarlandschaften abgab, kam jedoch nicht dazu, seine Beobachtungen, Wertungen und Prognosen zu Naturproblemen systematisch in eine ökonomische Theorie einzubauen. Ansätze, in denen die im voranstehenden Kapitel skizzierten ökonomischen Grundgedanken gezielt für Probleme der Verknappung natürlicher Ressourcen nutzbar gemacht wurden, entstanden in geringem Umfang zu seinen Lebzeiten, meist jedoch erst später. Zu nennen sind hier:

Agrar- und Forstökonomie: Die sonst an eigenständigen Beiträgen nicht gerade reiche deutsche Wirtschaftswissenschaft des 19. Jahrhunderts war auf diesen Gebieten lange Zeit führend, wie bekannte Namen (THAER, V. THÜNEN, FAUSTMANN) belegen. Thematisiert wurde und wird allerdings nur die gewinnmaximierende Bewirtschaftung weniger Arten von Nutzpflanzen und -tieren, ohne auf spezifische Naturschutzprobleme einzugehen.

Ökonomische Theorie natürlicher Ressourcen: Die Verknappung von Rohstoffen, wie Kohle und Holz oder komplexer Ressourcen, wie fruchtbaren Bodens, war in der Ökonomie des 18. und 19. Jahrhunderts stets eine wichtige Fragestellung. Die bekanntesten Namen sind hier MALTHUS und RICARDO*. Wilde Arten waren allerdings kein Thema, weil sie nicht knapp oder gar aussterbensgefährdet waren.

Im 20. Jahrhundert teilte sich die Subdisziplin in zwei Äste, welche sich jeweils *nicht erneuerbaren* Ressourcen wie Erdöl, anderen Energieträgern und Mineralien, sowie *erneuerbaren*, d.h. biologisch nachwachsenden Ressourcen widmen, unter den letzteren vor allem Fischgründen und Walen, auch bestehen Querverbindungen zur Forstökonomie (Holz als nachwachsende Ressource). Für unsere Zwecke ist die zweite Richtung belangvoll, sie entwickelte sich auf Grund der Beobachtung z.T. katastrophaler Übernutzungserscheinungen, wie der Reduktion der Blauwalpopulation im südlichen Polarmeer (vgl. Kapitel 8.4.2). Die wissenschaftliche Walfangökonomie hat sicherlich einen kleinen Anteil daran, daß auf Grund wirksamer Maßnahmen das Schicksal dieser größten Tierart aller Zeiten heute etwas optimistischer beurteilt werden darf als noch vor 20 Jahren. Die z.T. mathematisch außerordentlich anspruchsvolle Theorie biologischer Ressourcen liefert Antworten auf unterschiedliche Fragestellungen dieses Buches, allerdings ist sie selbst stets nur auf die wenigen Arten angewandt worden, welchen vom Menschen direkt nachgestellt wurde. »Unwichtig« scheinende Arten und ganze Lebensgemeinschaften sind nicht ihr Thema.

Umweltökonomie: Auch diese seit über 20 Jahren florierende Subdisziplin widmet sich den Forschungsobjekten dieses Buches bisher in geringerem Maße, ihr geht es vielmehr um ökonomische Ursachen und Abhilfemaßnahmen bei allgemeinen bekannten Umweltverschmutzungsproblemen (Luft und Wasser) sowie bei der Anhäufung von Abfällen. In ihrem Herangehen an Probleme, welche noch vor wenigen Jahrzehnten in der Öffentlichkeit kaum als ökonomische Fragestellungen erkannt worden waren und der Entwicklung inzwischen allgemein anerkannter Konzepte (z.B. das »Verursacherprinzip«, vgl. jedoch hier Kapitel 7.2.1) ist sie jedoch durchaus von

---

* Bis zum Ende des 19. Jahrhunderts befaßten sich auch die neoklassischen Ökonomen mit Problemen der Ressourcenerschöpfung. Von JEVONS geht die (KEYNES zugeschriebene) Sage, er habe in der Befürchtung einer drohenden Kohle- und darauffolgend Holzerschöpfung in England Vorräte an Schreibpapier angelegt, von denen noch seine Erben lange zehrten.

methodologischer Bedeutung für den vorliegenden Zusammenhang und übt eine gewisse Vorbildwirkung aus.

Ökonomische Bewertung von Landschaften: Dieser Zweig der Kosten-Nutzen-Analyse entwickelte sich erst in den 70er Jahren im Zusammenhang mit schweren, öffentlich ausgetragenen Konflikten über alternative Entwicklungsperspektiven ökologisch wertvoller Landschaften. Im bekanntesten Fall ging es darum, ob die Schlucht des Snake River im Nordwesten der USA wild belassen bleiben oder durch ein Wasserkraftwerk zerstört werden sollte. Die ungemein kreativen Pionierarbeiten von KRUTILLA & FISHER (1975), deren Lektüre auch heute wärmstens zu empfehlen ist, zeigten erstmalig, wie der Wert einer unzerstörten Landschaft durchaus in ökonomischen Kategorien zu fassen und daß nüchtern-rechenhaft zu belegen ist, daß er im Einzelfall höher als der des (gemeinhin allein als »ökonomisch« angesehenen) technischen Großvorhabens sein kann, welches die Landschaft zerstört. KRUTILLA und andere Autoren zeigen, daß die notorische Rechtfertigung naturzerstörender Aktivitäten durch ökonomische Experten gerade nicht auf fachgerechter Analyse (auf »harten Fakten«, wie es heißt) beruht, womit Naturerhalt, wie es wohl die Meinung zahlreicher Naturschützer ist, allein durch Hinwegsetzung über ökonomische Rationalität angestrebt werden könnte. Ganz im Gegenteil beruhen viele Kosten-Nutzen-Analysen, welche technischen Großprojekten Wirtschaftlichkeit bescheinigen, auf unzureichenden Problemformulierungen, selektiver Wahrnehmung der Realität und versteckten Werturteilen. Konsequente ökonomische Analysen können hier zu gegenteiligen Ergebnissen kommen, allein »... by applying tools and concepts of conventional economic theory in somewhat unconventional situations« (KRUTILLA & FISHER 1975, p. vi). Diese Ansätze sind zweifellos für das Thema dieses Buches eine methodologische Fundgrube.

»Ecological Economics«: Einige Forscherpersönlichkeiten, wie u.a. CIRIACY-WANTRUP, KAPP, DALY und GEORGESCU-ROEGEN hatten sich abseits vom »Mainstream« und lange vor der Popularisierung der Umwelt- und Ressourcenökonomie mit verschiedenen Aspekten des Naturerhaltes beschäftigt, ohne dabei auf viel Resonanz zu stoßen. In jüngerer Zeit und vor dem Hintergrund globaler Bedrohungen, denen auch die überwiegend marktorientierten Konzepte der Umweltökonomie nicht zu genügen scheinen, haben die (in sich wiederum heterogenen) Minderheitsmeinungen jedoch erheblich an Einfluß gewonnen. Seit einigen Jahren erscheint eine angesehene Zeitschrift mit dem Titel »Ecological Economics« – so hätte sich früher nur ein reines Agitationsblatt nennen dürfen. Wichtige Elemente des neuen Denkens sind in das überaus empfehlenswerte aktuelle Lehrbuch von PEARCE & TURNER (1990) eingegangen. Auf eine Kurzformel gebracht, zeichnet sich die »Ecological Economics« durch Nähe zu philosophischen Ansätzen zum Naturerhalt, durch weit detailliertere Rezeption und Verarbeitung ökologischer Inhalte und damit Kooperationsbereitschaft mit Naturwissenschaften sowie durch Skepsis gegenüber dogmatisch-neoklassischen Positionen, wie etwa das universelle Vertrauen in den Markt als das bestmögliche Allokationsinstrument, aus. Als bis heute bedeutendste Programmschrift ist CIRIACY-WANTRUP (1952) zu nennen, worin das Prinzip des »*Safe Minimum Standard*« (SMS) entwickelt wird: Alle ökonomischen Aktivitäten sollen sich in solchen Grenzen bewegen, daß die ökologische Substanz der Biosphäre – ihr Artenreichtum, ihre Selbstregulierungsfähigkeit usw. – nicht angetastet, sondern unabhängig von den Umständen des Einzelfalls respektiert wird. Diese politische Grundsatzentscheidung, die den Markt in Schranken weist, ist für das Thema dieses Buches von fundamentalem Interesse – von der Ecological Economics sind womöglich die fruchtbarsten künftigen Impulse für die Ökonomie des Naturerhalts zu erwarten. Allerdings sollte diese Richtung nicht in unversöhnlichem Gegensatz zum neoklassischen »Mainstream« gesehen werden, vielmehr sind zahlreiche Ansatzpunkte zur Synthese zu erkennen, wie etwa die oben vorgestellte ökonomische Bewertung von Landschaften nach KRUTILLA et al.

Direkte ökonomische Thematisierung des Naturschutzes: Die Liste der ökonomischen Einzelveröffentlichungen, welche Naturschutzfragen zum Gegenstand haben, ist zwar für die vergangenen 20 Jahre durchaus überschaubar (die große Mehrzahl der Ökonomen interessiert sich nicht für dieses Thema), aber immerhin gibt es solche analytischen Ansätze; einige wichtige sind in den Literaturhinweisen zu diesem Abschnitt genannt. Zur Sprache kommen ganz unterschiedliche Aspekte, so daß es sinnvoller erscheint, auf die Veröffentlichungen jeweils im thematischen Zusammenhang zurückzukommen, anstatt sie hier einzeln zu besprechen. Für den näher interessierten Leser ist die Lektüre einiger dieser Originalarbeiten unbedingt angeraten.

5.2 Analytische Aspekte

Nun soll dargelegt werden, wie sich Arten und Biotope als ökonomische Ressourcen von normalen Waren unterscheiden. Wenn das nicht der Fall wäre, bestünde kein Bedarf nach einer spezifischen »Naturschutz-Ökonomie«. Im folgenden geht es jedoch weniger um die materiellen Eigenschaften des Untersuchungsgegenstandes, wie etwa Nützlichkeit auf diesem oder jenem Gebiet (dies wurde in Kapitel 2 angesprochen), als vielmehr um den theoretischen Durchblick. Ein

Aspekt ist schon in Kapitel 4.6 deutlich geworden: Die von der Natur ausgehenden Werte besitzen in hohem Maße *Kollektivgut*eigenschaften; schon dies läßt manches Problem verständlich werden. Daneben sind weitere vier Punkte anzusprechen, die vor allem im Zusammenwirken eine einmalige Konstellation erzeugen: Die *Ungewißheit* des Nutzens, die *Irreversibilität* der Ausrottung, die schwierige *Substituierbarkeit* und die *intergenerationelle Existenz* der Natur. Zu allen Problemen haben Ökonomen und Philosophen wesentliche Erkenntnisse beigesteuert, die wir nur möglichst knapp und systematisch zusammenzufassen haben.

5.2.1 Öffentlichkeitsgrad

Bei der Vorstellung der Theorie der Kollektivgüter (Kapitel 4.6) wurde auf die Vielschichtigkeit der Probleme hingewiesen; versuchen wir zu ordnen:
- Wird Artenvielfalt als ein Wert betrachtet, der durch seine bloße Existenz oder als Gegenstand der Beobachtung, Kontemplation oder anderer nicht-destruktiver Nutzung Befriedigung schafft, so liegt in dieser Beziehung fast der Idealfall eines Öffentlichen Gutes vor: Tausend Personen können ziehende Kraniche ebensogut beobachten wie eine einzige Person. In derart klaren Fällen ist zumal dann, wenn das betreffende Gut nicht knapp ist (oder war), nie danach gefragt worden, welche Kosten den Betrachtern das Erlebnis wert ist; es gibt eine Bewertungslücke, die sich im ökonomischen System, sobald Knappheit entsteht, mit verheerenden Folgen fortpflanzt. Im ökonomischen Leben ist der Wert der Kranichbeobachtung (Achtung: nicht der intrinsische Wert der Kraniche!) keine Größe, er ist unbekannt und spielt in keiner Transaktion eine Rolle. Deshalb sind auch Eigentumsrechte an ökologischen Gütern, soweit sie sich nicht auf kommerzielle Aspekte beziehen, gar nicht oder höchst vage formuliert – niemand hat ein Recht darauf, Kraniche ziehen zu sehen.
- In der Natur ist jedoch keineswegs alles öffentlich; entscheidende Bestandteile sind Privatgüter. Ein Landwirt ist Eigentümer seines Ackers und juristisch auch der dort u.U. wachsenden gefährdeten Wildkräuter. Sofern es ihm nicht im Einzelfall administrativ verboten ist, wie etwa in Naturschutzgebieten, kann er den Acker im Rahmen allgemeiner Vorschriften gewinnmaximierend nutzen, wobei sich der Erhalt der Wildkräuter und landwirtschaftliche Ertragsmaximierung gegenseitig ausschließen. Da er mit landwirtschaftlichen Produkten am Markt bezahlte *Privatgüter*, mit dem Erhalt der Wildkräuter jedoch ein bislang weitgehend unbewertetes und daher unbezahltes Kollektivgut erzeugt (vgl. jedoch

Kapitel 9.5.1), ist für ihn die Entscheidung klar. Auf die wilden Arten wird keine Rücksicht genommen; ein großer, wenn nicht der weit überwiegende Teil der Artenverdrängung in Mitteleuropa ist diesem geschilderten Umstand zu verdanken.
– Zwischen den privat angeeigneten Parzellen in der Natur bestehen Zwischenräume: Flächen, Wasserläufe, Lufträume, die niemandem gehören oder zu gehören scheinen, weil vorhandene Eigentumsrechte nicht oder nur unvollständig wahrgenommen werden. Diese sind ein klares Beispiel für die *Common Property* und die darin ablaufenden Prozesse. Was niemandem gehört, gehört allen, sofern nicht verbindliche Regeln bestehen. Alle Interessen machen sich in der Common Property breit, und der Stärkste und Rücksichtsloseste verdrängt die Schwächeren. Bevor Naturschützer seltene Blumen an einem Waldweg überhaupt gesehen haben, haben sie Spaziergänger schon abgepflückt – analoge Beispiele hierzu sind Legion.

Zusammengefaßt erscheinen damit die Bewertungslücke bei ökologischen Ressourcen, der Vorrang der Erzeugung privater Güter vor Kollektivgütern (wegen der fehlenden Bewertung und Bezahlung der letzteren) und das Chaos in der Common Property als die drei wesentlichsten Konkretisierungen der Kollektivgutproblematik im Zusammenhang mit dem Naturschutz. Verstärkt, ja dramatisiert wird alles durch eine Reihe zusätzlicher Umstände: Die Knappheit ökologischer Werte ist erst schleichend, in den letzten Jahrzehnten dann beschleunigt eingetreten; sie muß von den Akteuren überhaupt erst einmal registriert werden. Früher konnten ohne ökologische Bedenken fast alle Blumen gepflückt werden, heute nicht mehr überall. Ein Zeitraum zur Umorientierung muß zweifellos zugestanden werden. Ferner sind ökologische Werte in der konkreten Landschaft schwer faßbar. Man mag sich einig sein, daß eine bestimmte Art erhalten bleiben soll, aber gilt dies auch für jede einzelne Population? Wenn alle Akteure denken, daß jeweils ihre Population entbehrlich ist, wenn nur die der anderen bestehen bleiben, so werden alle vernichtet – auch das ist ein Aspekt Öffentlicher Güter. Schließlich trifft nicht zu, daß die Naturbeobachter und -schützer trotz der für sie so ungünstigen Konstellation völlig untätig gewesen wären. Wie ihre Aktivitäten zeigen, haben sie bewertet, haben Flächen gekauft, sind Opfer eingegangen und haben auch etwas bewirkt. Sie erfahren jedoch mit Frustration, wie wenig sie ausrichten können, wenn es den natureinnahmenden Interessen auf Grund der Kollektivgutproblematik möglich ist, an anderen Stellen zehnmal so viel zu zerstören, wie die Naturschützer mit hohen individuellen Opfern zu bewahren versuchen. Hierauf müssen wir in Kapitel 6.1.2 noch einmal unter Gerechtigkeitsaspekten zurückkommen.

5.2.2 Ungewißheit des Nutzens

In Kapitel 2 wurde deutlich, daß einige Arten manifest nützlich sind, daß aber weitaus mehr Arten nützlich werden können. Bei jenen ist die potentielle Nützlichkeit das eigentliche Schutzmotiv. In einem schönen Vergleich (OECD 1987) wird eine Parallele zur Bibliothek gezogen: Auch dort werden oft nur einige Bücher ständig benutzt, andere selten, viele fast nie. Trotzdem kommt niemand auf die Idee, die Bibliothek abzuschaffen beziehungsweise auf den Kernbestand der häufig gelesenen Bücher zu reduzieren, sofern die Kosten des Unterhalts tragbar sind. Ein bedeutender Buchbestand hat einen Eigenwert.

EHRLICH & EHRLICH (1983: 9) heben in einem suggestiven Beispiel die Ungewißheit über die exakte Lage von Gefährdungsschwellen hervor. Sie vergleichen die heutige Menschheit, welche eine Art nach der anderen ausrottet, mit einem Mechaniker der Fluggesellschaft »Air Größenwahn«, welcher eine Niete nach der anderen aus den Tragflächen des Flugzeugs entfernt, weil sich diese mit Gewinn verkaufen lassen. Auf Einwände antwortet er, daß das Flugzeug bisher auch mit weniger Nieten noch nicht abgestürzt sei, wobei für jeden vernünftigen Beobachter klar ist, daß es bei Fortführung der Aktion irgendwann abstürzen muß. Ebenso werde irgendwann bei Fortdauer der Artenausrottung Unheil über die Menschheit kommen, sei es in Form von Ressourcenmangel, zusammenbrechender Selbstregulationsfähigkeit der Biosphäre oder wegen unerträglicher ästhetischer Verarmung. Mit der schrittweisen Verarmung der Biosphäre und in Unkenntnis der Konsequenzen dieses Handelns befindet sich die Menschheit auf einer Schiefen Ebene.

Welche Konsequenzen sind aus diesem »*slippery slope*«-Argument (SOBER 1986 : 177 ff.) zu ziehen? In der ökonomischen Theorie haben die Phänomene des Risikos und der Ungewißheit seit langem das Interesse der führenden Forscher erregt, wegen der außerordentlichen Schwierigkeit der Materie sind jedoch viele Fragen bis heute offen geblieben. Die ökonomische Entscheidungstheorie differenziert zwischen Situationen des *Risikos*, bei denen wenigstens Informationen über die Wahrscheinlichkeit vorliegen, mit der ein Ereignis eintreten kann, und solchen der völligen *Ungewißheit*, bei denen sämtliche Informationen fehlen (einführend PEARCE & NASH 1981, Kapitel 5). Intuitiv leuchtet ein, daß Entscheidungen im Zustand des Risikos immer noch leichter fallen als bei Ungewißheit, wobei man völlig »im dunkeln tappt«. Eine in sich geschlossene und allgemein anerkannte Theorie der richtigen Entscheidung bei Ungewißheit gibt es nicht und kann es wohl nie geben, zur Verfügung stehen allein Regeln für bestimmte, näher definierte Situationen.

Beim vorliegenden Problem sind hier und da Wahrscheinlichkeitskalküle möglich; z.b. ist bekannt, daß bestimmte Pflanzenfamilien, etwa Lamiaceen und Liliaceen, mehr und interessantere chemische Inhaltsstoffe hervorgebracht haben als andere, wie etwa die Brassicaceen. Man wird bei den ersteren wahrscheinlich eher fündig. Im allgemeinen ist es jedoch weit überzeugender, von einer Ungewißheitssituation zu sprechen. Der Nutzen von Arten und Ökosystemen ergibt sich aus dem Zusammenwirken deren objektiver Eigenschaften (bzw. den menschlichen Kenntnissen über dieselben) und den menschlichen Bedürfnissen (ökonomisch: Präferenzen). Wie in Kapitel 2 berichtet, sind die Kenntnisse sehr unvollkommen, erweitern sich zwar laufend, jedoch liegt eine umfassende biochemische Inventarisierung der gesamten Erde in weiter Ferne. Niemand weiß, wie lang die Liste der krebshemmenden Substanzen aus Pflanzen und Tieren würde, wenn einmal alles untersucht wäre. Noch vager sind in mancher Hinsicht die künftigen menschlichen Bedürfnisse – weniger auf physischem Gebiet (der Nahrungsbedarf pro Person ändert sich nicht wesentlich) als vielmehr in nicht-materieller Hinsicht. Es ist nicht auszuschließen, daß unsere Nachfahren höhere Ansprüche an Landschaftsästhetik und ökologische Diversität stellen, als wir uns vorstellen können. Entsprechend größer wäre der Mangel, den wir ihnen bei irreversiblen Naturzerstörungen bereiten würden. Aus der Geschichte sind drastische Wandlungen im Kunstgeschmack bekannt. Jahrhundertelang wurden antike Bauwerke bedenkenlos für profane Zwecke geschleift.

Zu Zeiten des jungen GOETHE wurden gotische Kathedralen als »krausborstige Ungeheuer« empfunden und wären vielleicht abgerissen worden, wenn dies nicht zu teuer gewesen wäre – erst er selbst leitete am Beispiel des Straßburger Münsters eine neue ästhetische Bewertung ein. Wir sollten also vorsichtig sein.

Ein Ansatz, sich dem vorliegenden Problem zu nähern, erfolgte durch BISHOP (1978) in Form eines einfachen spieltheoretischen Modells (Abbildung 11). Aus den beiden möglichen Strategien, eine Art auszurotten oder zu erhalten, sowie den beiden Möglichkeiten, daß sie später Nutzen stiften wird oder nicht, ergeben sich in der Auszahlungsmatrix vier alternative Ergebnisse, die jeweils durch die höchstmöglichen Kosten oder Verluste gekennzeichnet sind. Stiftet die Art nie Nutzen und wird ausgerottet, so ergibt sich ein Verlust von Null, hätte sie Nutzen gestiftet, so ist dessen Wert Y der Strategie A anzulasten. Wird sie (kostenverursachend) erhalten und stiftet nie Nutzen, so sind die Schutzkosten (Der Wert der Alternativnutzung des Standorts) X als Verlust abzuschreiben, im Falle, daß sie Nutzen stiftet, hingegen die Differenz X–Y, welche positiv oder negativ sein kann.

86 Arten und Biotope als ökonomische Ressourcen

	Art stiftet nie Nutzen	Art könnte später Nutzen stiften	höchstmöglicher Verlust
A = Ausrottung durch Bau eines Staudamms	0	Y	Y
E = Erhalt durch Verzicht auf Staudamm	X	X–Y	X

Strategien

Y = ökonomischer Wert des späteren Nutzens der Art

X = ökonomischer Wert des Staudamms

Abb. 11. Höchstmögliche Verluste bei Ausrottung oder Erhalt einer Art (nach BISHOP 1978).

Ein bekannter Versuch unter anderen, sich in Situation der Ungewißheit rational zu entscheiden, ist die sogenannte »Maximin-Regel«, ihr Inhalt entspricht weitgehend dem bekannten Diktum, daß »der Spatz in der Hand besser als die Taube auf dem Dach« sei. Es sei die Strategie vorzuziehen, bei der der Schaden im schlechtestmöglichen Ergebnis minimiert wird. Ist die Regel auch infolge ihrer Übervorsichtigkeit weit davon entfernt, Grundlage von Alltagsentscheidungen sein zu können, so ist sie doch in Situationen zu erwägen, bei denen sehr viel auf dem Spiel steht und keine Eintrittswahrscheinlichkeiten bekannt sind. In Abbildung 11 entsteht der höchstmögliche Verlust bei der Strategie A (Ausrottung) im entgangenen Nutzen Y, bei E (Erhalt) in den »umsonst« aufgebrachten Schutzkosten X, wenn die Art, ohne jemals Nutzen zu stiften, »mitgeschleppt« wird. Über deren Höhe sind im allgemeinen eher Informationen zu erhalten als über den möglichen späteren Nutzen einer Art Y. Wie die späteren Kapitel dieses Buches darlegen werden, sind die Schutzkosten X häufig niedrig. Unter der berechtigten Erwartung, daß Y sehr hoch sein *kann* – etwa wenn eine Pflanze ein sehr wirksames Krebsmittel wie Vincristin (Übersicht 2) enthalten sollte – empfiehlt also die Maximin-Regel die Strategie E (Erhalt). Nicht vollständig überzeugend ist BISHOPs Modell dahingehend, ob die Maximin-Regel tatsächlich bei jeder Art anzuwenden ist (Erweiterungen in TISDELL 1990). Wird die Substanz der Abbildung 11 jedoch nicht auf eine einzelne Art bezogen, geht es vielmehr um eine Grundsatzentscheidung für oder gegen Naturschutz im großregionalen oder gar weltweiten Rahmen – etwa: sollen die noch verbliebenen Tropenwälder erhalten werden oder nicht? -, so überzeugen Modell und Schlußfolgerung weitgehend; alles spricht für die Strategie E (Erhalt).

Ein weiteres analytisches Instrument zum rationalen Umgang mit Risiken und Ungewißheit stellt der sogenannte *Optionswert* in seinen unterschiedlichen Varianten dar. Diese seien wegen ihrer Bedeutung bei irreversiblen Entscheidungen im folgenden Abschnitt erläutert.

5.2.3 Irreversibilität der Ausrottung

Die soeben angesprochenen Probleme wären weniger gravierend, wenn Entscheidungen, welche sich im nachhinein als falsch erweisen, rückgängig gemacht werden könnten. Das ist jedoch bei der Ausrottung einer Art nicht der Fall, im Gegenteil handelt es sich hier um ein besonders krasses Beispiel einer irreversiblen Entscheidung. Einmal vernichtet, kann eine Art nie wiederentstehen, sind alle genetischen Entwicklungsmöglichkeiten, die von ihr hätten ausgehen können, abgeschnitten und ist, von wenigen Ausnahmen abgesehen, nicht damit zu rechnen, daß die Lücke in menschlich-historischen Zeiträumen von einer neu entstehenden Art, welche sich ähnlich der ausgerotteten entwickelt, geschlossen wird.

Das Problem irreversibler Entscheidungen wird in der ökonomischen Theorie ähnlich dem der Ungewißheit seit langem intensiv bearbeitet, insbesondere im Zusammenhang mit ökologischen Fragen aller Art (HENRY 1974, FISHER & KRUTILLA 1974). Auch hier können keine unfehlbaren Regeln abgeleitet werden; es ist z.B. unmöglich, Entscheidungen mit belangvollen irreversiblen Auswirkungen vollständig zu meiden. Ganz ähnlich der vernünftigen Alltagserfahrung legen jedoch auch schwierige entscheidungstheoretische Kalküle nahe, Entscheidungen mit irreversiblem Ausgang besonders sorgfältig auf ihre möglichen Konsequenzen zu überprüfen und in Situationen, in denen entweder ein reversibles oder ein irreversibles Ergebnis möglich ist, das erstere zu wählen, solange man nicht »ganz sicher« ist. Genau diese Situation liegt vor: Während die Ausrottung irreversibel ist, kann der Erhalt einer Art als eine reversible Entscheidung betrachtet werden. Sollte einmal festgestellt werden können, daß die Welt ohne die Anwesenheit einer bestimmten Art besser fährt – etwa wegen deren manifester Schädlichkeit -, so kann immer noch zur Ausrottung geschritten werden. Im Zustand ungenügender Information hält die Alternative »Erhalt« alle Möglichkeiten offen, während eine einmal erfolgte Ausrottung nicht mehr zu ändern ist.

Die Empfehlung, gewisse Kosten (hier: Arten-Erhaltungskosten) allein mit dem Ziel aufzuwenden, Ungewißheit abzubauen und/oder Irreversibilitäten auszuweichen, ist auch der Grundgedanke der schon angesprochenen Optionswerte. In einer Kontroverse um Erhalt oder Vernichtung eines großen kalifornischen Küsten-Mammutbaumbestandes (*Sequoia sempervirens*) prägte WEISBROD (1964) diesen Begriff durchaus im intuitiven Sinne: Es kann sich lohnen, für ein Gut etwas zu zahlen, auch wenn man es im Moment überhaupt nicht braucht, sich jedoch die Option offenhält, im Bedarfsfall darauf zurückgreifen zu können.*

Eine umfangreiche, nicht selten kontroverse Literatur dokumentiert seither das Bemühen um eine Präzisierung und Operationalisierung des Begriffes (u.a. BISHOP 1982, SCHMALENSEE 1972, SMITH 1983). Dabei erwies sich eine Trennung in zwei Inhalte als notwendig: Dem Optionswert *sensu stricto*, welcher den Umgang eines Gewißheit schätzenden Subjektes mit Risikosituationen charakterisiert (CICCHETTI & FREEMAN 1971), steht das auch als «*Quasi-Optionswert*» bezeichnete Konzept gegenüber (ARROW & FISHER 1974, FREEMAN 1984), welches darauf hinausläuft, in Situationen völliger Ungewißheit irreversible Entscheidungen bis zur Gewinnung weiterer Informationen aufzuschieben und dabei gewisse Kosten nicht zu scheuen. Für das vorher geschilderte Problem ist die zweite Version relevant, sie wurde auch schon in ökonomischen Analysen des Artenerhalts verwendet (FISHER & HANEMANN 1985, 1986). In qualitativem Sinne ist der Grundgedanke des Quasi-Optionswertes völlig überzeugend, er entspricht dem schon oben formulierten Vorsichtsprinzip. Bedeutend schwieriger ist, seine Höhe quantitativ zu bestimmen: Wieviel soll es sich die Gesellschaft kosten lassen, Arten zu erhalten, die vielleicht einmal nützlich sein werden? Der Optionswert spielt auch eine Rolle auf dem Gebiet der «*Contingent Valuation*», der Ermittlung der Zahlungsbereitschaft der Wirtschaftssubjekte für Werte, welche

---

* WEISBRODS Artikel war u.a. eine Reaktion auf Äußerungen des für seine harte »Dollarmentalität« bekannten Ökonomen FRIEDMAN, welcher die Schließung von Nationalparken verlangt hatte, wenn sie sich nicht rentierten. Zu beachten ist, daß FRIEDMANS Position, soweit nur der momentane Profit zählt und intertemporale Aspekte ignoriert werden, auch immanent-ökonomisch falsch ist. In der Kontroverse um die Mammutbäume soll der damalige Gouverneur von Kalifornien und spätere Präsident REAGAN besonders verständnislos gegenüber dem Naturschutz aufgetreten sein, ihm wird die Äußerung zugeschrieben: »If you have seen one of them, you have seen them all.«

keinen Marktpreis besitzen, auf dem Wege der Befragung. Hierauf kommen wir in Kapitel 6.3 zurück.

5.2.4 Schwierige Substituierbarkeit

Besäße eine Art A bestimmte nützliche Inhaltsstoffe wie etwa Textilfasern, besäße eine andere Art B Fasern von fast identischer Qualität und wären darüber hinaus diese Fasern auf synthetischem Wege von ebenfalls fast identischer Qualität zu geringen Kosten herzustellen, so wäre der Verlust der Art A durch Ausrottung – sofern der genannte Inhaltsstoff der *einzige* Nutzen ist, den sie stiftet – zu verschmerzen, da er auf anderen Wegen zu kompensieren wäre. Träfe diese Überlegung für zahlreiche oder gar alle Arten zu, so stünden nutzenbezogene Schutzargumente auf schwachen Fundamenten. Es könnte begründet eingewandt werden, daß mit der Ausrottung kaum ein Schaden entstünde, weil alle Funktionen zu ersetzen wären.

Artenschutzargumente erhalten jedoch eine besondere Stärke daraus, daß die geschilderten hypothetischen Verhältnisse gerade nicht zutreffen; meist ist das Gegenteil der Fall. Arten sind aus mehreren, voneinander unabhängigen Gründen in hohem Maße nichtsubstituierbar:

– Ihre Nutzenstiftungen sind weniger auf der Produktions- als auf der *Konsumebene* angesiedelt (man lasse sich durch den profanen Ausdruck nicht verwirren). Erdöl – ebenfalls eine natürliche Ressource – besitzt als solches nur einen geringen Wert; es sind die von ihm als Energieträger erzeugten Leistungen, wie Wärme, Licht und Kraft, welche zählen. Diese Leistungen lassen sich im Prinzip auch aus anderen Quellen (z.B. Sonnenenergie) erbringen; es ist nur zu hoffen, daß jene rechtzeitig erschlossen werden. Gelingt dies, so trauert niemand dem Erdöl nach, da es stets nur Mittel zum Zweck war. Arten sind hingegen selten allein Mittel zum Zweck; selbst wenn sie im Prozeß der Reifung einer Konsumware stark verändert werden, lassen sie sich im Endprodukt selten verleugnen; Wodka (aus Kartoffeln) ist nicht Whisky (aus Getreide).

– Die hochgradige *Spezifität* der Eigenschaften ist schon genannt worden; die Naturfaser A ist nie identisch der Naturfaser B und erst recht nicht der Chemiefaser C. Noch weitaus stärker trifft dies für nichtmaterielle, emotionelle Nutzenstiftungen zu. Ein Tierliebhaber oder -forscher empfände es mit Recht als Zumutung, wenn er nach der Ausrottung des Orang-Utans mit dem Ratschlag vertröstet würde, statt dessen die noch vorhandenen Schimpansen zu beobachten.

– Am stärksten prallt das Substitutionsargument an der Tatsache ab, daß Arten nicht nur einzeln nützlich sind, sondern im Zusammenwirken – daß sie einander *komplementär* sind. Dies gilt nicht nur offenkundig in Ökosystemen, die mehr sind als die Summe ihrer Teile, es gilt in mannigfacher anderer Hinsicht. So schafft die vergleichende Beobachtung verschiedener Primaten, wie Orang-Utans, Gorillas und Schimpansen (und Menschen), höhere Erkenntnisse und Erlebnisse als die Addition ihrer Einzelbeobachtungen, dies gilt auf wissenschaftlich-analytischem ebenso wie auf emotionalem Gebiet.

5.2.5 Intergenerationelle Existenz

Schon Individuen von Tier- und Pflanzenarten können viele menschliche Generationen überdauern, wie z.B. 1 000jährige Ölbäume (*Olea europea*) im Mittelmeergebiet. Aber auch bei kurzlebigen Pflanzen und Tieren erstreckt sich die Existenz der Art über einen sehr langen, in menschlich-kulturellen Maßstäben unendlich langen Zeitraum. Heutige Entscheidungen haben Folgen für künftige Generationen von Menschen, insbesondere bedeutet die heutige Ausrottung einer Art, daß kein künftiger Mensch diese Art je erleben können wird. Die hier entstehenden Probleme übersteigen den Horizont instrumenteller Klugheitsregeln; es geht nicht mehr nur darum, ob Entscheidungen vorteilhaft, rational oder irrational sind, vielmehr sind hier Fragen der Gerechtigkeit und damit der *Ethik* angesprochen. Dürfen wir als heutige Menschen den künftigen das Erlebnis einer Art bzw. der von ihr ausgehenden Nutzenstiftungen verweigern?

Zwei Dinge stehen fest, erstens: Die heutige Menschheitsgeneration handelt so, als dürfte sie es, indem sie die Evolutionskatastrophe einer Massenextinktion auslöst. Zweitens: Viele Menschen beantworten die eben gestellte Frage spontan mit Nein! So gern man hier vorbehaltlos zustimmt, besteht die Gefahr, sich das Problem mit einer solchen rein intuitionistischen Antwort zu leicht zu machen. Warum eigentlich nicht? Welche Ansprüche haben die Späteren an uns?

Ungeachtet abweichender Stimmen – auch solcher, welche Pflichten gegenüber der Zukunft strikt leugnen – besteht in der Philosophie ein recht breiter Konsens darüber, daß intergenerationelle Gerechtigkeit von dem Axiom ausgehen muß, daß keine Generation von Menschen einer anderen fundamental vorzuziehen, daß sie sozusagen «mehr wert» sei. Die Begründung hierfür ist eine negative: weil sich auch bei intensiver Suche keine finden läßt (BARRY 1983: 20–21). Dies bedeutet nicht, daß Generationen in jeder Beziehung gleich ausgestattet sein sollen, der *Utilitarismus* fordert z.B. von früheren Generationen Opfer in Form von Sparen und Investitionen, damit es späteren besser geht und die Nutzensumme über alle Generationen maximiert wird (vgl. hierzu BIRNBACHER 1988). Aber es bedeutet, daß die zerstörbare Ressourcenausstattung der Erde nicht einer Generation exklusiv und gemeinsam mit dem Recht, sie, wenn es beliebt, zu vernichten, gehören kann. Wenn sich keine Generation grundlos privilegiert fühlen darf, muß sie an die Folgen ihres Tuns für die Nachwelt denken, sie muß sich in jene hineinversetzen, ebenso wie in der Zivilisation gefordert ist, sich in das Schicksal eines Fremden oder Nachbarn, speziell eines Schwächeren, hineinversetzen zu können. Eine gegenwärtige Generation darf den Vorteil gegenüber den späteren, zuerst gekommen zu sein und, wenn sie wollte, vollendete Tatsachen für jene zu ihrem eigenen Vorteil schaffen zu können, nicht ausnutzen. Sie würde ebenso handeln wie ein Starker, der einen schwachen Zeitgenossen nur wegen dessen Nichtwehrhaftigkeit schädigt. Die intergenerationelle Ethik reduziert sich hier auf einen Spezialfall allgemeiner, auch im intragenerationellen Kontext gültiger Zivilisationsregeln; KAVKA (1978) analogisiert das Handeln gegenüber Späteren treffend dem Handeln gegenüber zeitgenössischen Fremden. Der Spezialfall zeichnet sich dadurch aus, daß die Wehrhaftigkeit der Späteren gegenüber heutigen Ungerechtigkeiten infolge ihrer Abwesenheit auf Null gesunken ist, sie sind vollständig auf unser Wohlwollen angewiesen. Diese u.a. schon von KANT und HUME aufgeworfenen Probleme werden in neuerer Zeit im Anschluß an das bedeutende Werk von RAWLS (1971) intensiv diskutiert; gut verständliche Texte sind GREEN (1977), ATTFIELD (1983) und BIRNBACHER (1988), weitere Titel finden sich am Schluß des Kapitels.

Spätere Generationen sind nicht weniger, aber auch nicht mehr wert als wir. Auch für sie (wenn sie einmal leben) gelten Schranken der Gerechtigkeit. Sie müssen zum einen Rücksicht auf ihre Nachfahren nehmen, zum anderen müssen sie sich hypothetisch fragen, was sie von ihren Vorfahren gerechterweise erwarten können – hypothetisch, weil die Handlungen der Vorfahren schon in der Vergangenheit liegen. Die berechtigten Erwartungen der Späteren und deren Schranken sind jedoch die Handlungsmaxime für ihre Vorfahren – sprich für uns. Die Späteren können von ihren Vorfahren nicht alles verlangen. Angenommen, eine Tierart mit hohen Raumansprüchen in armen Ländern der Dritten Welt könnte heute nur überleben, wenn dafür Menschen litten oder stürben. Im dichtbesiedelten Ruanda in Afrika, einem der letzten Zufluchtsorte des Berggorillas, besteht eine Situation, die (ohne fremde Hilfe, vgl. unten) dieser nahekommt. Wenn Leben und Leidensfreiheit von Menschen höher zählt als die Möglichkeit, Gorillas zu erleben, so können in der konstruierten Situation die Späteren nicht den Erhalt des Gorillas aus Gründen intergenerationeller Gerechtigkeit oder Fairness einfordern. Es ist zu beachten, daß wir im Moment nicht die möglichen Rechte der Gorillas diskutieren.

Das Extrembeispiel zeigt, daß in Fragen von Gerechtigkeit oder Fairness stets abgewogen werden muß. Nach allem, was über den potentiellen Nutzen von Arten sowie über die Struktur des Problems, insbesondere die Irreversibilität der Ausrottung gesagt worden ist, dürfte klar sein, daß die heutige Generation berechtigte Ansprüche Späterer mißachtet und damit unmoralisch verfährt, wenn sie ökologische Vielfalt entweder aus purem Unvermögen, überlegt zu handeln, oder grundlos oder um geringfügiger Vorteile willen oder um (auch größerer) Vorteile willen, die ihr aus einem beliebigen Grunde nicht zukommen, vernichtet. Aber das Gebot, die Artenfülle der Erde zu bewahren, kann kein absolutes sein, denn es ist zumindest denkbar, daß dies unzumutbare Opfer für die Gegenwärtigen verlangt. Das ökonomisch-ethische Problem ist damit nur lösbar, wenn die der gegenwärtigen Generation im Interesse des Naturerhalts aufzuerlegenden Opfer, d.h. die *Opportunitätskosten* (vgl. Kapitel 4.4) unter Einschluß nichtmonetärer Komponenten bekannt sind. Im Konfliktfall zwischen den Interessen heutiger und späterer Generationen muß das kleinere Übel gewählt werden.

5.2.6 Zusammenschau

Wir haben in unserem bisherigen Streifzug durch die Probleme der Versuchung widerstanden, diese durch bloße ad hoc-Postulate «lösen» zu wollen, etwa nach dem Motto: «Selbstverständlich müssen alle Arten erhalten werden!» Auch bei breiter verbaler Zustimmung schaffen erfahrungsgemäß derartige Bekundungen kein Problem aus der Welt. Wir haben uns, dem ökonomischen Denken gemäß, kühlanalytisch in der Problemstruktur umgesehen und gefolgert, daß der Artenerhalt ein ökonomisch-ethisches Abwägungsproblem ist: Es hängt von den Umständen ab, welche Handlungsweise richtig ist. Diese Erkenntnis besagt jedoch nicht, daß wir uns mit der unbefriedigenden Folgerung verabschieden müßten, alles sei offen. Wir können auf Grund der bisherigen theoretischen Betrachtung und im Vorgriff auf empirische Tatsachen die Umstände, welche für den Arten- bzw. allgemeiner den Naturerhalt und welche dagegen sprechen, durchaus näher charakterisieren – mit dem Ergebnis, daß die ersteren bei weitem das Übergewicht besitzen: «... the drift of economic thought over the last two decades or so has been increasingly in favour of conserving species.» (TISDELL 1990: 88).

Wären die Erkenntnisse über die Nützlichkeit oder Entbehrlichkeit jeder einzelnen Art gewiß – könnte speziell bei bestimmten Arten mit Sicherheit gesagt werden, sie seien überflüssig -, so wäre, von anderen Aspekten abgesehen, eine Ausrottung vielleicht zu tolerieren. Wäre ein Artenverlust nicht in so dezidiertem Maße irreversibel, könnten falsche Entscheidungen wiedergutgemacht werden, so wäre dieselbe Folgerung zu ziehen. Ebenso dann, wenn Arten weniger komplementären und stärker substitutiven Charakter trügen. Schließlich wäre das ganze Problem weniger brisant, wenn es nur unsere Generation etwas anginge, wenn Arten nicht intergenerationell existieren würden. Es verhält sich aber nicht so. Alle vier dargelegten Punkte erzeugen im Zusammenwirken einen Sog in Richtung auf die Option «Artenerhalt» von solcher Kraft, daß ihm nur bei sehr triftigen Gegenargumenten standzuhalten wäre. Die vier Argumente verstärken sich gegenseitig, so ist z.B. daran zu erinnern, daß eine irreversible Artenvernichtung heute einer Generation Nutzen in Form der Entbehrlichkeit von Erhaltungskosten stiften mag. Dem steht ein möglicherweise hoher Schaden nicht für eine, sondern für alle späteren Generationen entgegen.

Die «sehr triftigen Gründe» können nur in extrem hohen Erhaltungskosten bestehen. Zweifellos sind extrem hohe Verzichte denkbar, wenn das Anspruchsniveau nur beliebig erhöht wird: Die Bundesrepublik Deutschland wieder so umzugestalten, daß Wölfe und Bären ein Auskommen hätten, müßte den gesamten heutigen Lebensstil in Frage stellen. Abgesehen davon, ob nicht sogar ein derartiges Opfer von den Späteren unter bestimmten Umständen legitimerweise verlangt werden könnte, besteht zwischen der Extremforderung, die technische Zivilisation in heutiger Form abzuschaffen, und der ebenso extremen heutigen Praxis, für den Artenerhalt weltweit fast überhaupt nichts Effektives zu tun, ein breites Kontinuum möglicher Orientierungen. Wie in den Kapiteln 7 bis 9 ausgeführt, wären Maßnahmen, welche wenigstens den heutigen Artenbestand erhalten ließen, wahrscheinlich nicht untragbar teuer. Es besteht kein Zweifel, daß der gegenwärtige Umgang des Menschen mit der übrigen Natur weltweit weder in Maßstäben der Ökonomie noch der intergenerationellen Ethik eine Rechtfertigung finden kann.

Auf zwei Aspekte ist noch hinzuweisen: Die Pflicht der heutigen Generation zum Artenerhalt könnte theoretisch dann abgemildert werden, wenn ihr nur unter Verzicht auf Errungenschaften, Entwicklungen und Fortschritte genügt werden könnte, die ebenfalls den späteren Generationen nützen würden. Die Späteren würden sich m.a.W. selbst schaden, wenn sie zwar ökologische Vielfalt zu hinterlassen verlangten, gekoppelt damit jedoch ein niedriges Entwicklungsniveau vererbt erhielten. Dieses Argument dürfte nur überzeugen, wenn ein solcher Zusammenhang konkret und im Einzelfall nachgewiesen werden könnte. Daß es Naturschutzgegner zum Mißbrauch einlädt, kann kaum ausgeschlossen werden.

Wichtiger ist der schon oben am Beispiel der Gorillas in Ruanda dargestellte Extremfall von Artenschutzkosten, welche regional begrenzt untragbare Höhen annehmen können wegen der in dieser Region herrschenden Armut. Nicht nur die armen Menschen dort und die Gorillas, sondern auch die späteren Generationen können (bevor sich letztere mit dem Verlust des Gorillas abfinden) erwarten, daß die Situation durch internationale Solidarität, d.h. durch das Wirken *intragenerationeller Gerechtigkeit*, soweit zu beherrschen versucht wird, daß *sowohl* die Menschen *als auch* die Gorillas leben können. Eine Lösung wäre, die Landwirtschaft in ökologisch verträglicher Weise zu intensivieren, um nicht weiteren Wald für zusätzliche (ohnehin ertragsarme) Felder roden zu müssen. Das Beispiel zeigt den unlösbaren Zusammenhang zwischen inter- und intragenerationeller Gerechtigkeit – jede Stimme ist unglaubwürdig, welche nur die erste von beiden im Munde führt, sich aber nicht um die zweite bemüht.

5.3 Exkurs: Nicht-anthropozentrische Artenschutzgründe und -pflichten

Im voranstehenden Kapitel ist auf der Basis ökonomischer Rationalität und einer einzigen, äußerst allgemeinen Gerechtigkeitsnorm (alle Generationen zählen gleich), der als solcher kaum jemand widerspricht, eine *anthropozentrische Naturschutzpflicht* von einigem Gewicht abgeleitet worden: «Avoid extinction unless the costs of doing so are unacceptable» (BISHOP 1980: 210). Wer sich dieser Pflicht entzieht, stellt sich letztlich außerhalb der Zivilisation. Er muß sich fragen lassen, welche Rechte anderer er überhaupt zu respektieren gewillt ist, wenn nicht fundamentale berechtigte Ansprüche späterer Generationen. Er setzt sich dem Verdacht aus, nur das «Recht» des Stärkeren (beim vorliegenden Problem: des zuerst Kommenden) anzuerkennen. Es gibt gute Gründe dafür, daß auch ein noch so liberaler Staat, solange er Rechtsstaat sein und Schwache (einschließlich Künftige) schützen will, berechtigt und verpflichtet ist, auf dem Boden des entwickelten anthropozentrischen Argumentes Gegner des Naturschutzes oder Indifferente zu gewissen Beiträgen zu zwingen, ebenso wie er Zeitgenossen dazu zwingt, gegenseitige Rechte zu achten, sich z.B. nicht zu bestehlen. Das anthropozentrische Naturschutzargument besitzt daher Verbindlichkeit und politisches Gewicht.

In der naturverbundenen Öffentlichkeit wird indessen mit viel Widerhall gefordert, Arten nicht wegen ihrer Nützlichkeit für den Menschen zu erhalten, sondern weil sie ein *Eigenrecht* auf Existenz besäßen oder aus dritten Gründen. So fordern Naturschutzverbände seit langem, in einem novellierten Bundes-Naturschutzgesetz das

Eigenrecht der Natur festzuschreiben (Deutscher Naturschutzring 1987).

Vor Einstieg in das Thema sind zwei Vorklärungen angebracht. Erstens: Anthropozentrismus ist nicht identisch mit Egoismus. Spielt letzterer zwar dann eine Rolle, wenn Arten kurzfristig nützlich sind, so geht es jedoch, wie ausgeführt, im wesentlichen um den Respekt vor den Ansprüchen künftiger Generationen. Diesen Respekt aufzubringen, ist eher eine altruistische Haltung. Zweitens: Anthropozentrismus ist nicht gleich Utilitarismus, schon gar nicht in dem pejorativen Sinne (als ethisch minderwertig), in dem dieser Begriff in der Naturschutzszene gemeinhin verwendet wird. Der philosophische Utilitarismus (vgl. BIRNBACHER 1988, MILL 1976, SMART 1973) strebt an, das – auch immaterielle – Wohlergehen aller bewußten Wesen zu maximieren, einschließlich fühlender Tiere, und insbesondere, deren Leiden zu minimieren. Viel zu wenig ist bekannt, daß die früheren Utilitaristen tonangebend bei der Entwicklung des Tierschutzgedankens waren, wie das berühmte Zitat BENTHAMS zeigt: «The question is not: Can they talk, Nor: Can they reason, But: Can they suffer?» (Zit. n. BIRNBACHER 1980 a : 118).

Wir erwähnen im folgenden kurz die theologischen und die biozentrischen Naturschutzbegründungen, soweit sie philosophisches Format besitzen, um anschließend auf die hierdurch weniger ausgezeichneten populären, aber politisch einflußreichen biozentrischen Argumente einzugehen.

Theologische Naturschutzbegründungen: Hier wird die Pflicht, Tier- und Pflanzenarten nicht aussterben zu lassen, als ein göttliches Gebot angesehen, wobei u.a. auf die berühmten Passagen im Anschluß an 1. MOSE 1,28 eingegangen wird. Ob die biblische Überlieferung ein solches Gebot überhaupt enthält, ist nicht eindeutig (vgl. BIRNBACHER 1980a); einen hervorragenden Überblick über dieses Thema in der Kirchengeschichte unter Verarbeitung von AUGUSTINUS, FRANZ V. ASSISI, THOMAS V. AQUIN u.a. vermittelt ATTFIELD (1983, Kapitel 2 und 3) Diesem Autor zufolge läßt sich die Schrift im Gesamtzusammenhang durchaus so interpretieren, daß die Erde dem Menschen gemeinsam mit der Pflicht übertragen wurde, ihre ökologische Substanz zu erhalten. Diese Position wird besonders engagiert in Kreisen der deutschsprachigen Evangelischen Kirche vertreten.

Selbst wenn hier voll gefolgt wird, ergibt sich ein unüberwindliches Problem: Die Bibel besitzt nur Verbindlichkeit für die Gläubigen. Ein Subjekt mit theologischer Begründung (unterstellt, sie sei stichhaltig) in die Pflicht zum Naturschutz zu nehmen, setzte voraus, daß dieses Subjekt zum Glauben verpflichtet ist. Da es eine solche Pflicht in einer säkularen Gesellschaft nicht geben kann, kann von theologischen Naturschutzbegründungen keine allgemeine Pflicht zum Naturschutz abgeleitet werden.

Philosophisch-biozentrische Naturschutzbegründungen: Zur Ehrfurcht vor dem Leben in radikaler Form und damit zu einem universellen *intrinsischen* Wert des Lebendigen bekannte sich, teils unter Berufung auf SCHOPENHAUER, ein Denker wie SCHWEITZER (1952 : 144 ff, 197 ff.), allerdings vermied er BIRNBACHER (1980 a) zufolge jede Verpflichtung anderer auf sein Konzept und faßte dieses vielmehr fast explizit als persönliches, subjektives Bekenntnis auf. Eine hochstehende Diskussion um das Thema wird u.a. in der Zeitschrift «Environmental Philosophy» ausgetragen, zu nennen sind Beiträge von NORTON (1982, 1984) und TAYLOR (1983), darüber hinaus sei besonders auf CALLICOTT (1986) hingewiesen. Im Anschluß an die engagierte Streitschrift von ROUTLEY & ROUTLEY (1980) gegen «human chauvinism» wird argumentiert, daß ein Anthropozentrismus derart, daß im gesamten Universum ausschließlich dem Menschen ein intrinsischer (nicht instrumenteller und damit abgeleiteter) Wert zugemessen werden könne, schlechthin unbegründbar sei. Gattungschauvinismus kann keine tragfähige philosophische Position sein. Auch wenn hier nur zugestimmt werden kann, ist doch der Weg von diesem Postulat bis zur praktischen Forderung, alle Arten auf der Erde zu erhalten, weit und verschlungen, nicht alle Autoren beschreiten ihn bis zum Ende.

Wer außermenschliche Lebewesen nicht nur als ausbeutbare Ressource behandelt und damit allein instrumentell bewertet, sondern ihnen einen Eigenwert zugesteht, besitzt zweifellos ein differenzierteres Wertsystem als der «Humanchauvinist» und ist auf Grund seiner Empathie für die anderen Arten sympathischer – ist er oder sie aber Biozentriker? Die Quelle der Bewertung, auch der subtileren, ist hier immer noch der Mensch (REGAN 1986), insofern könnte hier von einem vom Humanchauvinismus befreiten, geläuterten Anthropozentrismus, aber nichtsdestoweniger von Anthropozentrismus gesprochen werden. Nicht-anthropozentrisch ist diese Position nur dann zu nennen, wenn nicht im bewertenden Subjekt, sondern in den Interessen des Adressats der Bewertung das wesentliche gesehen wird; hier werden außermenschliche Interessen anerkannt. Die Probleme werden jedoch nur verlagert: Nun wird die Frage virulent, ob ein intrinsischer Wert eines Wesens voraussetzt, daß dieses Wesen Interessen haben kann. Wird dies verneint (wofür es gute Gründe gibt), so wird man auf die bewertende Instanz und damit den Menschen zurückverwiesen. Wie auch immer – die aufgezeigte Schwierigkeit legt mit zahlreichen weiteren nahe, daß ein überzeugender Biozentrismus eher als ein Programm für die Zukunft angesehen werden muß und daß er an seine Anhänger moralische und intellektuelle Anforderungen von einer Höhe stellt, deren Erfüllung in einer Breitendiskussion kaum erwartet werden kann. Eine politisch-rechtliche Umsetzung mit dem Ziel gar, für jedermann plausible Pflichten zum Naturschutz abzuleiten, was einen allgemeinen Bewußtseinswandel über Eliten hinaus voraussetzt, erscheint damit auf absehbare Zeit ausgeschlossen.

Populär-biozentrische Naturschutzbegründungen: Daß biozentristische Parolen Stoff für ungezählte Festreden liefern, zeigt an, in wie starkem Maße Menschen durch sie bewegt werden können und läßt auf einen hohen Grad an Zustimmung bei denen schließen, die ohnehin den Naturschutz für eine gesellschaftliche Pflicht halten. Das Problem besteht jedoch darin, die anderen zu überzeugen.

Ein gewisser Hochmut derjenigen, die sich für Biozentriker halten, wird schon durch die auf NAESS (1973) zurückgehende Gegenüberstellung von «Shallow Ecology» versus «Deep Ecology» deutlich, wobei die an menschlichen Interessen orientierten Umwelt- und Naturschutzbestrebungen der Flachheit geziehen werden. Dies entlockt dem in rationalistischer Tradition stehenden PASSMORE (1980: viii-ix) die Äußerung, sich unter diesen Umständen bewußt der «flachen» Seite anzuschließen. Die biozentrische «Deep Ecology» kann neben den rein atmosphärischen Punkten, die sie durch ihre Distanzierung von angeblich schnöden menschlichen Interessen sammelt, namhafte Autoren für sich in Beschlag nehmen, wie LEOPOLD (1968), EHRENFELD (1976), FRASER-DARLING (1980) und ROUTLEY & ROUTLEY (1980), von denen einige auch als «geläuterte» Anthropozentriker interpretiert werden könnten. Einen mächtigen Stimulus, aber auch heillose begriffliche Verstrickungen brachten dem Biozentrismus die schwungvollen und vielzitierten Äußerungen von EHRLICH & EHRLICH (1983 : 76): «Ein Argument für die Erhaltung der Arten bleibt noch zu betrachten, das nichts mit dem Gleichgewicht von volkswirtschaftlichen Kosten und Nutzen für die Menschheit zu tun hat. Es ist vielmehr eine Frage der Ethik, die vielen Menschen als erstes Argument für die Erhaltung der Arten in den Sinn kommt – nämlich daß unsere Mitreisenden im Raumschiff Erde ganz einfach das Recht zu leben haben.»

Hier ist nicht mehr von intrinsischen Werten die Rede, welche nichtmenschliche Wesen haben können, sondern von Rechten, womit eine quasi-juristische Auseinandersetzung initiiert wird. Zweifellos können nichtmenschliche Wesen Rechte haben; wer dies mit dem Argument leugnet, daß diese Wesen auch keine Pflichten haben können, empfängt den Konter, daß dies dann für bestimmte Menschen, wie Säuglinge und Unzurechnungsfähige auch gelten müßte. Kann hiernach ein Elefant oder Wal also Rechte haben, so ist aber das Problem für unbewußte Wesen, wie eine Pflanze oder gar für unbelebte Steine nicht gelöst. Es stellt wohl ein sinnloses Wortspiel dar, einem unbewußten und damit interessenlosen Wesen ein Recht zuzusprechen, wenn dieses Wesen nicht im geringsten in der Lage ist, zu unterscheiden, ob sein Recht durch die anderen geachtet oder mißachtet wird (wir unterstellen hier diese Unfähigkeit bei Pflanzen entgegen manchen Zweifeln). Die folgenschwerste Verwirrung entsteht dann beim Versuch, Arten Existenzrechte zuzuschreiben. Zum einen ist die «Art» keine natürliche Entität, sondern Ergebnis menschlicher Begriffsbildung und damit eine Abstraktion, von strittigen taxonomischen Abgrenzungen sei hier ganz abgesehen. Zum anderen besteht das auch aus der menschlichen Kultursphäre bekannte Problem, ob Kollektive, wie Staat, Kirche, Unternehmen usw. von den Interessen ihrer Mitglieder unabhängige Eigenrechte besitzen können. Vieles spricht für FEINBERGS These (1980 : 158): «Einzelne Elefanten können Interessen (und damit Rechte, U.H.) haben, dies ist aber unmöglich für die Gattung der Elefanten».

Die Verwirrung um die Rechtsträgerschaft von Individuen oder Arten hat in der öffentlichen Diskussion zu einer Amalgamierung von Artenschutz- und Tierschutzargumenten geführt, die begrifflich in keiner Weise zu akzeptieren ist; zahlreiche Aktivisten vertreten beide Ideen in Personalunion und mit identischen Argumenten. Das Recht leidensfähiger Tiere, außer im Falle zwingender Gründe von Quälerei verschont zu werden, sollte eine Selbstverständlichkeit sein; auf seine erstmalige Proklamation durch die Utilitaristen des 18. Jahrhunderts ist bereits hingewiesen worden. Vermutlich ist z.B. der Walfang allein aus individualethischen Gründen zurückzuweisen, da den hochentwickelten und sozial differenzierten Tieren Leid in einer Intensität zugefügt wird, die mit dem beim Töten von Menschen vergleichbar sein kann. Hieraus sind jedoch keine Artenschutzargumente ableitbar. Jedes leidensfähige Individuum besitzt das Recht darauf, von Leiden möglichst verschont zu werden, auch wenn es einer häufigen oder «schädlichen» oder domestizierten Art angehört. Ein gefährdeter Storch zählt nicht mehr als eine Legehenne, wenn beide etwa gleich stark leiden können. Zu differenzieren ist nach der vermutlichen Intensität des Leidens, woraus sich direkte Konflikte zwischen Individual- und Artenschutz ergeben. Die Rettung endemischer und leidensunfähiger Pflanzenarten auf Ozeaninseln vor dem Aussterben setzt die Entfernung (praktisch Tötung) der dort verwilderten Ziegen und anderer Tiere voraus, nicht ohne denselben Leid zuzufügen. Offensichtlich bewußt- und damit interessenlose Wesen, wie Pflanzen, sind nicht Gegenstand der Pflicht, Leiden zu minimieren, auch durch ein hypothetisches schmerzloses Aussterben einer Tierart, deren Fortpflanzung verunmöglicht würde, würde sie nicht verletzt.

Fazit: Mit CALLICOTT (1986) ist der populären Biozentrismus-Debatte gründlich zu mißtrauen, da hier analytische Argumente durch Intuition, Wohlklang und Polemik ersetzt werden. Vor allem fordert er überzeugend, sich bei der Fundierung des Biozentrismus auf intrinsische Werte ökologischer Wesen zu besinnen und das Stellvertretergefecht um die «Rechte» zu beenden. So achtbar ein allgemeiner, an SCHWEITZER orientierter Respekt vor dem Leben in allen seinen Formen als Gefühl ist – in Philosophie, Ökonomie und Politik müssen Argumente ausgetauscht werden. Das letztere vor allem in praktischer Hinsicht; es gilt, Artenschutzgründe zu entwickeln, welche auch die Gegner akzeptieren müssen, sofern sie zur Argumentation bereit sind. Kein Artenschutzgegner läßt sich aber von einem biozentrischen Agitator überzeugen – er kontert völlig zu Recht, daß er sich als nicht Gläubiger nicht zur Ehrfurcht vor der Schöpfung zwingen lasse, daß die Orchideen nicht spürten, ausgerottet zu werden usw. Vielleicht gibt es in ferner Zukunft einmal substanzvolle, verständliche und allgemein verbindliche biozentrische Zivilisationsregeln. Darauf kann jedoch nicht gewartet werden, gehandelt werden muß jetzt. Das einzige, was gegenwärtig einen an der Natur desinteressierten, aber vernünftige Gesellschaftsregeln achtenden Menschen überzeugt bzw. was einen Staat legitimiert, auf Regeln mißachtende Menschen Zwang auszuüben, ist die folgende Vereinfachung des KANTschen «Kategorischen Imperativs»: Niemand darf etwas tun, was er oder sie selbst nicht durch andere erfahren möchte. Also darf niemand grundlos Schmerz austeilen, Eigentum stehlen, Fremden und Zukünftigen ihrer Chancen berauben usw. Damit sind wir wieder bei den *anthropozentrischen* Naturschutzbegründungen. Sie sind einfach, einsichtig und leiten sich von fundamentalen Zivilisationsregeln ab, die entweder eingehalten werden oder deren Einhaltung (anders als Liebe zu Gorillas oder Furcht vor Gott) legitimerweise erzwungen werden kann.

Sind somit anthropozentrische Naturschutzbegründungen, welche in keiner Weise beanspruchen, die einzig möglichen zu sein, für alle praktischen Zwecke hinreichend, so ist dies jedoch nicht als Plädoyer für einen primitiven, chauvinistischen Anthropozentrismus mißzuverstehen. Wird dies schon durch die Berücksichtigung aller subtilen ästhetisch, psychologisch und altruistisch motivierten Bewertungen der Natur ausgeschlossen, so ist darüber hinaus mit NORTON (1986 a) und TISDELL (1990) eine eindeutige Beweislastumkehr zu fordern: Nach den in Kapitel 5.2.6 zusammengefaßten Ergebnissen ist eine Art nicht nur zu erhalten, wenn bewiesen ist, daß sie Nutzen stiftet, sondern schon, wenn der Beweis fehlt, daß sie für alle Zukunft überflüssig oder schädlich ist. Da dieser Beweis nicht erbracht werden kann, läuft das Konzept auf einen Totalschutz der ökologischen

Substanz hinaus, eingeschränkt allein durch die diskutierten hypothetischen Fälle, daß seine Kosten im Einzelfall unzumutbar hoch sind. Damit ist philosophisch auch EHRENFELDS (1976) Forderung nach Erhalt von Arten als «Non-Resources» erfüllt; ökonomisch kehren wir mit BISHOP (1978) zu CIRIACY-WANTRUPS *Safe Minimum Standard* (1952) zurück: In kollektivem Beschluß ist eine nicht überschreitbare Grenze festzulegen, bis zu der sich ökonomische Interessen nur vorwagen dürfen. Es darf keine Art von der Erde verschwinden; regionale Verarmungen sind im Diskurs mit ökologischen Argumenten zu minimieren. In den folgenden praktischen Kapiteln werden wir auf diese Grenze als das Mindest- oder *Pflichtniveau* des Naturschutzes zurückkommen.

> *Im Reiche der Zwecke hat alles entweder einen Preis, oder eine Würde. Was einen Preis hat, an dessen Stelle kann auch etwas anderes als Äquivalent gesetzt werden; was dagegen über allen Preis erhaben ist, mithin kein Äquivalent verstattet, das hat eine Würde.*
> IMMANUEL KANT[*]

5.4 Allgemeine ökonomisch-ethische Formulierung des Naturschutzproblems

Zum Abschluß der theoretischen Betrachtungen wollen wir den Kernbestand unserer Ergebnisse in einem einzigen Diagramm (Abbildung 12) kondensieren, um das Naturschutzproblem ökonomisch «im Griff» zu haben. Die Methodik hierzu ist im Kapitel 4, speziell in den Abbildungen 4 und 7 begründet worden, ggf. lohnt sich ein Rückblick.

Naturschutz ist eine ressourcenbeanspruchende Aktivität, in gewissem Sinne wie jede andere wirtschaftliche Aktivität auch. Die dort allozierte Fläche und Arbeitskraft stehen nicht mehr für andere Verwendungen zur Verfügung. Daher läßt sich eine Transformationskurve zeichnen, in welcher die Aktivität «Naturschutz» der Gesamtheit aller konkurrierenden Aktivitäten (in Abbildung 12: «Güterproduktion») gegenübergestellt wird. Auf der Transformationskurve erfordert jedes Mehr an Naturschutz ein Weniger an anderen Gütern und Diensten, führt also zu Kosten (vgl. Abbildung 8). Die gesellschaftlichen Präferenzen werden wie in Abbildung 5 durch die Indifferenzkurvenschar I_i bezeichnet. Wie im Abschnitt 4.2 erläutert, ist sehr zu beachten, daß in die Präferenzen nicht unbedingt nur egoistische Motive, sondern auch solche anderer Art eingehen kön-

---

[*] KANT 1961:87.

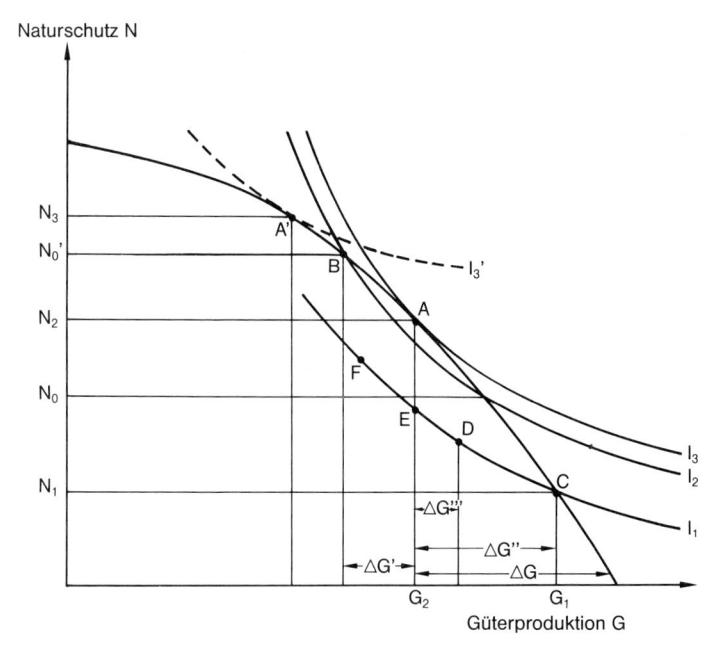

Abb. 12. Allgemeine ökonomisch-ethische Sicht des Naturschutzproblems.

nen. Wünscht die Gesellschaft ein bestimmtes Naturschutzniveau (z.B. Punkt A in Abbildung 12) und ist bereit, die Kosten dafür einzugehen, so kann dieser Wunsch über egoistische Motive hinaus auch durch das Bedürfnis entstanden sein, sich gegenüber künftigen Generationen fair zu verhalten, oder aus der Überzeugung von einem Eigenwert der Natur.

Wird nach Maßgabe des Willens der ökonomisch frei entscheidenden Menschen in Abbildung 12 die optimale Allokation im Punkt A realisiert, so wird Naturschutz im Umfang N_2 und die Güterproduktion im Umfang G_2 betrieben. Nun fügen wir die Forderung nach intergenerationeller Gerechtigkeit ein: Nach bestem ökologischen Wissen möge feststehen, daß das Naturschutzniveau N_0 hinreicht, um wahrscheinlich keine Art aussterben zu lassen, die Selbstregulierungsfähigkeit der Biosphäre zu erhalten usw. – N_0 sei also das, was wir der Nachwelt schulden. In diesem Falle ist das ökonomisch erreichte Optimum A auch ethisch völlig zu akzeptieren; es wird, aus welchen Motiven auch immer, mehr Naturschutz betrieben, als mindestens erforderlich wäre. Selbst wenn das Niveau N_2 nur aus rein egoistischen Antrieben heraus angestrebt würde – etwa weil die heutigen Menschen selbst Arten und Biotope beobachten wollen –, gäbe es kein ethisches Problem. Die heutigen Menschen brauchten sich nicht um Fairness zu bemühen, da sie selbst bei egoistischem Verhalten der Nachwelt keinen Schaden stiften würden.

In der geschilderten Situation gälte es allein, so etwas wie «Naturschutz-Märkte» zu institutionalisieren, damit die Allokation A auf dezentrale Weise zustandekommen kann. Gelingt dies nicht, so könnte sie administrativ herbeigeführt werden, wobei der Staat nur als Katalysator fungierte, um den Willen der Wirtschaftssubjekte zu realisieren. Intergenerationelle Gerechtigkeitsprobleme bestehen bei der Allokation A und dem Pflichtniveau N_0 nicht, allerdings sind aus der Abbildung 12 auch sämtliche *intra*generationellen Verteilungsfragen eliminiert. Ob die Kosten des Naturschutzes in Höhe von ΔG unter die heutigen Gesellschaftsmitglieder gerecht verteilt sind, ist nicht zu erkennen, hierauf wird in den Kapiteln 6 und 7 wiederholt zurückzukommen sein.*

Anders stellt sich die Situation dar, wenn ökologisch gezeigt wird, daß das ethisch geforderte Mindest-Naturschutzniveau nicht bei N_0, sondern bei $N_0{}'$, also über dem spontanen Marktergebnis liegt. Hier ist politisch zu entscheiden, was höherwertig ist: Die ökonomische Souveränität der heutigen Menschen oder die Ansprüche der Künftigen auf Naturerhalt. Wer hier entscheidet und wie, müssen wir zunächst offen lassen, es sei nur an das Problem demokratischer Gesellschaften erinnert, ob von den durch Mehrheitsbeschluß bestellten Entscheidungsträgern ein höheres Maß an Zukunftsverantwortung erwartet werden kann als von ihren Wählern. Die Erfahrung zwingt hier zur Skepsis, die Situation ist komplizierter als im vorher diskutierten Fall. Wie auch immer, es ist unter drei Lösungen zu wählen:

---

* Die Darstellung sieht darüber hinaus von allen dynamischen, intertemporalen Problemen ab. In Wirklichkeit gilt es, die (ggf. diskontierte) Summe aller künftigen Nutzen aus ökologischen und anderen Werten zu maximieren. Mit u_j als dem Nutzen des j-ten Individuums, F als der impliziten gesamtwirtschaftlichen Produktionsfunktion, w als der intergenerationellen Nutzendiskontierungsrate und e als der EULERschen Zahl gilt unter der Vereinfachung, daß N ein reines Kollektivgut und G ein reines Privatgut ist (vgl. Kapitel 4.6):

Maximiere: $\int_0^\infty \sum u_j(N(t), G_j(t)) e^{-wt} dt$

unter der Nebenbedingung: $F(N(t), \sum G_j(t)) = F^*$

Nach HAMPICKE (1991) sollte w aus ethischen Gründen Null betragen.

- Das beste ist, die heutigen Subjekte von der Bedeutung des Naturschutzes zu überzeugen, so daß sie ihre Präferenzen zu dessen Gunsten ändern und ihn von allein in auch ethisch hinreichendem Maße nachfragen. Dies zeigte sich in der Abbildung 12 in einer Verlagerung der kollektiven Indifferenzkurve von I_3 nach I_3' mit einer neuen, nun akzeptablen Allokation A'.
- Gelingt dies nicht, so werden die heutigen Subjekte zum Tragen von höheren Opportunitätskosten gezwungen, als sie freiwillig auf sich nähmen. Sie müssen zusätzlich auf das Güterbündel $\Delta G'$ verzichten und dabei auf die niedrigere Indifferenzkurve I_2 hinabsteigen. Die nun erreichte Allokation B ist zwar nicht die beste aus der Sicht der zu egoistischen heutigen Subjekte, aber sie ist die beste nach Maßgabe heutiger Präferenzen und der ethischen Mindestnorm.
- Ist der Verzicht auf $\Delta G'$ der heutigen Generation nicht zuzumuten, so bleibt es bei der Allokation A, und die Natur wird nicht im vollen Umfang erhalten. Daß ein solcher Fall als optimale Lösung zwar nicht völlig auszuschließen, jedoch auf das sorgfältigste zu begründen ist, ist in Kapitel 5.2 erläutert worden.

In Abbildung 12 sind mindestens vier weitere Situationen denkbar: Die Allokation C ist durch eine höhere Güterproduktion G_1 und ein niedrigeres Naturschutzniveau N_1 charakterisiert. Beträgt das ökologische Mindestniveau N_0, so wird der Pflicht zur intergenerationellen Fairness nicht genügt. Außerdem ist C aber auch aus der Sicht der heutigen Subjekte nicht optimal. Zwar werden alle Faktoren effizient eingesetzt, sonst läge der Punkt nicht auf der Transformationskurve (vgl. Kapitel 4.1), aber die heutigen Präferenzen werden schlecht befriedigt, die Subjekte wollen selbst mehr Naturschutz als nur N_1 und sind bereit, dafür mit $\Delta G''$ zu bezahlen. Die Umallokation von C nach A «schlägt zwei Fliegen mit einer Klappe», es wird das Mindestniveau überschritten und den heutigen Präferenzen besser entsprochen. Es gibt keinen Grund, diese Umallokation nicht vorzunehmen, wenngleich dies in der Realität an zahlreichen Hemmnissen scheitern kann. In noch schärferer Weise gilt das Gesagte, wenn die Allokation D vorliegt, die sich auch noch durch Ineffizienz auszeichnet. Beim Übergang von D nach A ergeben sich dieselben Vorteile wie soeben erläutert – Sicherung des Mindestniveaus N_0 und Nutzenmaximierung der heutigen Generation durch Übergang auf I_3 – jedoch ist dies infolge des erzielten Effizienzgewinns (Übergang auf die Transformationskurve) zu geringeren Kosten als beim Start von C, nämlich in Höhe von nur $\Delta G'''$, möglich. Ohne den angewandten Teilen dieses Buches vorgreifen zu wollen, kann hier schon die Hypothese geäußert werden, daß die Allokation D den heutigen Verhältnissen in der Bundesrepublik Deutschland vermutlich am ehesten entspricht. Von

E (senkrecht unter A) ist der Übergang zum Optimum A zum «Nulltarif» möglich, die erforderlichen Opportunitätskosten in Einheiten von G sind auf Null zusammengeschrumpft. Im Extremfall F schließlich ist die bestehende Allokation derartig ineffizient, daß ein Mehr sowohl an Naturschutz als auch an Gütern möglich ist (Bewegung in «nordöstlicher» Richtung).

Wir werden an mehreren Stellen im Fortgang dieses Buches konzeptionell auf die Abbildung 12 zurückkommen; sie liefert, wenn auch in sehr abstrakter Weise, den Schlüssel zum Verständnis vieler Probleme. Wird nach der Wertschätzung des Naturschutzes in der Bevölkerung gefragt, so ist dies eine Frage nach Lage und Form der Indifferenzkurven I_i. Wird nach Naturschutzkosten gefragt, so ist dies die Frage nach der Größe jeweiliger Verzichte ΔG. Werden Präferenzen und Kosten gegenübergestellt, so ist dies die Frage danach, ob das gewünschte Naturschutzniveau N_2 unter dem ethisch geforderten Mindestniveau liegt (wenn letzteres durch N_0' gegeben ist) oder darüber (wenn N_0 maßgeblich ist), ob also die Bevölkerung zum Naturschutz gezwungen werden muß oder nicht. Wenn wir schließlich fragen werden, ob Naturschutz zumindest in bestimmten Bereichen billig oder gar zum «Nulltarif» zu erhalten ist, so untersuchen wir in der Praxis Allokationen wie D und E.

Ein Wort ist an dieser Stelle zum Problem der *Monetarisierung*, der Bewertung in Geldeinheiten, angebracht. Diese stößt bei Nicht-Ökonomen, teilweise zu Recht, auf größte Skepsis, es gibt das geflügelte Wort, daß Ökonomen «von allem den Preis, jedoch von nichts den wahren Wert» wüßten. Zu diesem Unbehagen hat die Ökonomie selbst beigetragen, indem in gewissen Kosten-Nutzen-Analysen fragwürdige Monetarisierungen vorgenommen wurden, etwa von Menschenleben, Gesundheit, Kunstwerken und auch ökologischen Werten. Auf weiten Strecken entspringt es jedoch allein Mißverständnissen (MISHAN 1976, kurzer Überblick in HAMPICKE 1989).

Im vorliegenden Konzept wird der Wert der Natur «an sich» oder der Wert einzelner Arten nicht in Geldeinheiten ausgedrückt. Wird ein fast unantastbares Naturschutzniveau, wie N_0 in Abbildung 12, postuliert, so heißt dies ökonomisch, daß dieses den Artenerhalt sichernde Mindestniveau auch gegen zahlende Nachfrage nicht zu unterschreiten, also nicht käuflich ist – rein mathematisch ist sein Preis «unendlich» hoch. Es besitzt mit KANT eine Würde, keinen Preis (vgl. obiges Motto). Es kann nur zur Disposition stehen, wenn mit BISHOP (1980, vgl. oben Kapitel 5.3) die Naturschutzkosten unzumutbar hoch sind, was so zu interpretieren sein kann, daß auch sie jedes monetär ausdrückbare Maß übersteigen – etwa wenn Menschenleben geopfert werden müßten. Dann muß zwischen zwei nicht monetarisierbaren Alternativen gewählt werden, eine Entscheidung, um die im übrigen niemand zu beneiden ist.

Monetarisiert sind im Modell zwei Dinge: Zum einen die Zahlungswilligkeit der heutigen Subjekte für den Naturschutz, ausgedrückt in ihrer Präferenzstruktur. Es wird gefragt, wieviel *sie* an in der Regel problemlos monetarisierbaren sonstigen Gütern für den Naturschutz zu opfern bereit sind, aus welchen Gründen auch immer. Diese Nachfrage darf nur insoweit allokationswirksam sein, als sie das ethisch gebotene Mindest-Naturschutzniveau nicht verletzt. Insofern liegt auch hier keine Monetarisierung der Natur «an sich» vor. Es ist ganz einfach interessant zu wissen, wie hoch die monetäre Nachfrage der Bevölkerung nach Naturschutz ist, gleichgültig ob sie für einen wirksamen Artenerhalt hoch genug oder zu niedrig ist.

Die – nicht nur im vorliegenden Buch – weitaus umfangreichsten Monetarisierungen erfolgen auf dem Gebiet der Erhaltungskosten. Hier wird nicht gefragt, wieviel die Natur «an sich» kostet, sondern wieviel es kostet, *ihre Vernichtung abzuwenden*. Daß hier eine unzulässige Überschreitung der Grenzen monetärer Analysen vorliegt, ist nicht zu erkennen. Die in der Öffentlichkeit nicht selten vorgebrachte Kritik auch an dieser Art der Monetarisierung kann nur auf Mißverständnissen beruhen, welche durch sorgfältigeres Zuhören bei dem, was die meisten Ökonomen wirklich sagen, vermieden werden könnten.

Empfohlene Literatur
Einführende Lehrbücher zur Umweltökonomie sind WICKE (1991, empirisch orientiert), ENDRES (1985, theoretisch) und, als Ergänzung zum vorliegenden Buch vielleicht am ergiebigsten, PEARCE & TURNER (1990), PEARCE et al. (1989) und BARBIER (1989). RANDALL (1987), JOHANSSON & LÖFGREN (1985) und (leicht verständlich) STRÖBELE (1987) behandeln die ökonomische Theorie natürlicher Ressourcen mit unterschiedlichen Schwerpunktsetzungen, CLARK (1976, mathematisch anspruchsvoll) ist «die» Referenz für die Ökonomie erneuerbarer natürlicher Ressourcen, insbesondere auf dem Gebiet der Fischerei und des Walfangs. Pflichtlektüre jeder Naturschutz-Ökonomie sind die wiederholt zitierten Pionierarbeiten zur Bewertung von «Natural Environments», namentlich KRUTILLA (1967), KRUTILLA & FISHER (1975) und, kurz und verständlich, PORTER (1982). Einen Überblick geben auch PETERSON & RANDALL (1984). Ein Meilenstein auf dem Entwicklungsweg der «Ecological Economics» ist der Sammelband zum Gedenken an RICHARD LECOMBER (COLLARD et al. 1988), kurze programmatische Statements sind PEARCE (1987) und COSTANZA & DALY (1987). Eine radikale, höchst interessante Kritik an der herrschenden Lehre ist MARTINEZ-ALIER (1987).
Zur Ökonomie von Tier- und Pflanzenarten sowie der ökologischen Diversität existieren nach Kenntnis des Autors (abgesehen von einigen ausländischen Dissertationen, nicht mehr ganz aktuellen und schwer erreichbaren Papers) folgende Arbeiten: AMACHER et al. (1972), BACHMURA (1971), BECK (1990), BISHOP (1978), BISHOP (1980), BROWN & GOLDSTEIN (1984), BROWN &

Henry (1989), Decker & Goff (1987), Fisher & Hanemann (1985), Fisher & Hanemann (1986), Hampicke (1987), Hanemann (1988), Harrington & Fisher (1982), Hartje (1986), McNeely (1988), McNeely (1989), Miller & Menz (1979), Myers (1976), Norgaard (1987), Pister (1979), Randall (1986), Randall (1988), Randall (1991), Tisdell (1982), Tisdell (1983), Tisdell (1989), Tisdell (1990). Die einzige Monographie über eine Art (höchst interessant, wenn auch nicht über eine gefährdete, sondern «nur» über eingeführte Wildschweine in Australien) ist Tisdell (1982). Das zweite Buch ist McNeely (1988), alle anderen Arbeiten sind Artikel. Kritik an der herrschenden Methode wird in Norgaard (1987) geübt. Ohne andere Artikel herabsetzen zu wollen, sind für einen ersten Überblick Bishop (1978), Randall (1986 und 1988) sowie Tisdell (1989 und 1990) besonders zu empfehlen.

Die Literatur zur Umweltphilosophie und zu davon abgeleiteten Themen ist stark gewachsen. Mit der Verantwortung gegenüber künftigen Generationen setzen sich die Monographie von Birnbacher (1988) und die Sammelbände Partridge (1981) und Sikora & Barry (1978) auseinander. Eines der besten Bücher mit mehreren bedeutenden Artikeln ist Norton (1986); sehr empfehlenswert sind ferner die Monographien von Attfield (1983) und Passmore (1980), die Kurzdarstellung von Green (1977) sowie die Sammelbände von Birnbacher (1980), Elliot & Gare (1983) und Mannison et al. (1980).

6 Die Wertschätzung des Naturerhalts – die »Nachfrageseite«

Dieses und das folgende Kapitel vermitteln zwischen dem theoretischen Orientierungsrahmen aus den Kapiteln 4 und 5 und den Anwendungen und Fallbeispielen in den Kapiteln 8 und 9. Wir werden nun wesentlich »praktischer« und bedienen uns dabei des herkömmlichen Ansatzes der Ökonomie, bei einem Problem die Nachfrage- und die Angebotsseite zunächst jeweils für sich zu betrachten. In diesem Kapitel über die Nachfrage interessiert uns, welchen ökonomischen Stellenwert die Gesamtbevölkerung und einzelne Gruppen dem Naturschutz beimessen, in welchem Umfang sie ihn vermutlich realisiert wissen wollen. Hierüber Anhaltspunkte zu gewinnen, ist unerläßlich, da der Erhalt ökologischer Substanz als fundamentales Gesellschaftsziel den Einbezug der gesamten Bevölkerung voraussetzt – ein auf Forschungseliten, Liebhaberkreisen und einer relativ machtlosen Bürokratie beruhendes Naturschutzwesen besitzt, wie die Erfahrung zeigt, kaum eine Chance, eine Wende im Umgang mit der Natur herbeizuführen.

Nun ist Naturschutz seit einigen Jahren ein Top-Thema der Medien. Symbole schießen ins Kraut, Verpackungen aller Art, Streichholzschachteln und Bieruntersetzer schmücken sich mit Schmetterlingen und Orchideen. Die für die Naturbelastung verantwortlich gemachten Berufsgruppen stehen in Öffentlichkeit, Medien und Schule in schlechtem Ruf. Nicht nur traditionsreiche Vereinigungen, sondern sogar »modernere«, provozierend auftretende Gruppierungen (wie etwa »Greenpeace«) genießen hohes Ansehen. Politikern wird wenig Problemlösungskompetenz zugetraut.

Wie stets bei einer solchen Bewußtseinswelle fragt die Ökonomie: »Was steckt dahinter?« Handelte es sich um eine kurzlebige Modeerscheinung, so könnte zur Tagesordnung übergegangen werden. Ökonomisch zählen nicht Parolen, sondern allein zumindest potentiell *zahlungsbereite Präferenzen.* Die Aufdeckung der Präferenzen für nicht auf Märkten käufliche Kollektivgüter ist ein entscheidendes Element jeder an der Wohlfahrtsmaximierung orientierten ökonomischen Theorie und Praxis. Dieser besonders im deutschen Sprachbereich lange vernachlässigte Forschungszweig befindet sich inzwischen in dynamischer Entwicklung – das vorliegende Problem lädt geradezu ein, ihn auch hier nutzbar zu machen. Die praktische Konsequenz ist klar: Gelingt es, die ökonomische Wertschätzung des

Naturschutzes in Form der Zahlungsbereitschaft zumindest in Umrissen zu schätzen, so ist dies eine Aufforderung an jede den Prinzipien des Marktes und der Konsumentensouveränität verpflichtete Wirtschaftspolitik, die signalisierte Nachfrage nach Maßgabe der Kosten auch zu befriedigen. Was ADAM SMITHS »Unsichtbare Hand« auf Grund der Kollektivguteigenschaften der ökologischen Werte nicht von allein bewerkstelligen kann, dem muß mit staatlicher Unterstützung – wie es treffend heißt, mit der »*Government-assisted Invisible Hand*« – nachgeholfen werden. Mit besonderem Nachdruck ist zu betonen, daß staatliche Eingriffe in dieser Absicht nichts mit »Dirigismus« zu tun haben (vgl. auch Kapitel 4.7: Markt und Plan); im Gegenteil führen sie genau das Ergebnis herbei, welches sich bei einem funktionierenden Markt von selbst einstellen würde.

Bei der Analyse der Nachfrage nach Naturschutz sind drei Ebenen zu unterscheiden, die wir nacheinander besprechen: Viele Menschen rufen nicht nur nach mehr Aktivitäten des Staates, sondern tun selbst etwas, meist in Naturschutzverbänden (Kapitel 6.1). Zweitens sind aus ihrem sonstigen Verhalten Schlüsse auf ihre Wertschätzung des Naturschutzes möglich, etwa wenn sie Reisen zu interessanten Biotopen unternehmen, sich in Medien informieren usw. (Kapitel 6.2). Drittens schließlich können Menschen direkt nach ihrer Wertschätzung für den Naturschutz und ihrer eigenen Zahlungsbereitschaft befragt werden (Kapitel 6.3).

6.1 Manifeste Nachfrage: Das Engagement in Verbänden

6.1.1 Privater Naturschutz als Surrogatmarkt?

Wäre Naturschutz ein reines Kollektivgut nach der Definition aus Kapitel 4.6 und wären alle Menschen ausschließlich egoistische Nutzenmaximierer der elementaren ökonomischen Theorie, so gäbe es kein Engagement. Jeder Egoist schiebt das Zahlen auf andere, wer aber Selbstlosigkeit besäße, müßte sich sagen, daß beim reinen Kollektivgut jedes individuelle Opfer sinnlos wäre, da es durch die Unkooperativität der anderen zunichte gemacht würde. In Wirklichkeit sind die beiden genannten Voraussetzungen nicht in vollem Umfang gültig, wenn sie auch teilweise zutreffen. Tatsächlich wird Naturschutz »nachgefragt«, es wird für ihn bezahlt. Das Beitrags- und Spendenvolumen für Naturschutzvereinigungen (einschließlich nichtmonetärer Leistungen wie Arbeitseinsätze) ist jedoch nur mit erheblichen Abstrichen einer kalkulierten Zahlungsbereitschaft im ökonomisch-theoretischen Sinne gleichzusetzen. Folgende Einwände werden erhoben:

- Spenden, teils auch Beiträge, beruhen häufig auf Spontanentschlüssen und sind daher nicht Ausdruck einer reflektierten und zeitlich hinreichend stabilen Präferenzstruktur. Von diesem Einwand sind freilich sehr zahlreiche »normale« Kaufentscheidungen in identischer Weise betroffen.
- Seit langem ist bekannt, daß beitragspflichtige Mitgliedschaften in Vereinigungen oft auf Motiven beruhen, die über die Identifikation mit den spezifischen Vereinszielen hinausgehen. Im Extremfall kann es gleichgültig sein, im Naturschutz-, Sport- oder Gesangsverein zu sein, wenn das Gruppenerlebnis die Hauptsache ist.
- Es kann Schwierigkeiten bereiten, Vereinigungen mit eindeutigen Naturschutzzielsetzungen klar von anderen abzugrenzen, die dies zwar auch behaupten (z.B. auf dem Gebiet der Jagd und Sportfischerei), deren Anspruch jedoch zweifelhaft sein kann.
- Beitragssätze sind ökonomisch gesehen tariffähnliche Festbeträge und geben daher nur bedingt Aufschluß über die volle Zahlungsbereitschaft des Mitglieds. Man kann nur sagen, daß es mindestens eine Zahlungsbereitschaft in dieser Höhe besitzt; vielleicht hätte es statt z.B. 75 DM pro Jahr (Beitrag) auch 150 DM pro Jahr gezahlt. Zwar laden alle Verbände dazu ein, die den Beitrag übertreffende Konsumentenrente (vgl. Kapitel 4.2) ebenfalls zu spenden, dennoch dürften die Tarifsätze die wichtigsten Orientierungsmarken sein.
- Der Tarifsatz verdunkelt die gesamte darunter liegende Zahlungsbereitschaft. Wem 75 DM pro Jahr (mindestens gefordert) zu viel ist und wer daher nicht Mitglied ist, aber 50 DM pro Jahr zahlen würde, wird so erfaßt, als besäße er eine Zahlungsbereitschaft von Null.
- Ist jeder Beitrag auch im weiteren Sinne zweckgebunden, so besitzt jedes Mitglied jedoch nur begrenzten Einfluß auf seine konkrete Verwendung. Erfahrungsgemäß können Meinungsverschiedenheiten hierüber die Zahlungsbereitschaft dämpfen.
- Die Kollektivguteigenschaften der Natur lassen sich trotz der genannten Einschränkungen nicht verleugnen. Vereinsmitglieder leisten ihre Zahlungen im Bewußtsein, daß die Mehrheit der Bevölkerung aus Nichtmitgliedern besteht, häufig ein geringeres Bewußtsein für die Natur besitzt und ihr teilweise sogar zuwiderhandelt. Auch ist das Vertrauen in Willen und Durchsetzungsfähigkeit der mit dem Naturschutz beauftragten Behörden bei Vereinsmitgliedern oft gering. Keineswegs nur in Einzelfällen besteht die Meinung, daß ohnehin alles »zu spät« oder »umsonst« sei, in weniger extremen Fällen herrscht zumindest Skepsis, daß der eigene Beitrag viel bewirke. Die Zahler kommen sich vor wie eine Minderheit von Autofahrern, welche Verkehrsregeln beachtet,

während sich die Mehrheit nicht um sie schert, was die Zahlungsmoral kaum heben kann. Daß überhaupt Beiträge geleistet werden, hat eine ähnliche Ursache wie bei karitativen Spenden: Weiß man auch, daß durch eine Spende der Hunger nicht aus der Welt geschafft wird, so ist doch aber auch wahr, daß durch sie wenigstens ein Kind satt werden kann. Ebenso besteht im herkömmlichen privaten Naturschutz die Chance, wenigstens etwas Geringes zu erreichen.

– Trotz großer Beachtung in Öffentlichkeit und Medien ist bei der Mehrzahl der Bevölkerung die Zahlung für Naturschutzziele kein reibungsloses Unterfangen, es bestehen Transaktionskosten. Wer keine persönlichen Beziehungen besitzt, tritt schwerer in einen Naturschutzverein ein, Spontanzahlungen unterbleiben, weil im entscheidenden Moment auf der Bank keine Kontonummer verfügbar ist usw. Diese These wird durch das Verhalten der Vereine eindeutig bestätigt, deren eines der Hauptanliegen bei der Spendenwerbung darin besteht, Transaktionskosten zu reduzieren, indem z.b. Überweisungsformulare fast vollständig ausgefüllt verschickt werden.

Zusammenfassend haben wir also nur mit erheblichen Einschränkungen einen »Naturschutz-Markt« vor uns, auf dem sich die Zahlungsbereitschaft artikulieren könnte. Vieles spricht dafür, daß diejenigen Marktunvollkommenheiten, welche das Zahlungsvolumen unter die den tatsächlichen Einstellungen entsprechende Höhe drücken (namentlich starre Tarife, Kollektivguteigenschaften und Transaktionskosten), gegenüber denen, welche Anlaß zur Übertreibung sein könnten (deutlich nur das Motiv des Gruppenerlebnisses), das Übergewicht besitzen, so daß das aktuelle Beitrags- und Spendenvolumen als eine deutliche Unterschätzung der Zahlungsbereitschaft anzusehen ist.

Empirische Studien zum Verbandswesen auf dem Gebiet des Naturschutzes fehlen weitgehend. Jede Analyse wird durch die außerordentliche Heterogenität der Verbandslandschaft, durch Verschachtelungen von Orts-, Landes-, Bundes- und Dachverbänden, durch Mehrfachmitgliedschaften, ständige Neugründungen, wenig straffe Organisation und andere Umstände erschwert. In HAMPICKE et al. (1991: 474)* wurde bei einer Stichprobe, deren Repräsentativität jedoch fraglich ist, ein durchschnittlicher Mitgliedsbeitrag von 23,35 DM für das Jahr 1986 ermittelt, der den zu erwartenden hohen Anteil junger Mitglieder mit reduziertem Beitragssatz reflektiert. Die durchschnittlich geleistete Arbeitszeit betrug knapp fünf Stunden im Jahr.

---

* Die Vereins- und Bevölkerungsbefragung wurde von D. TIMP und M. WALTERS mit Unterstützung durch H. WECKWERTH durchgeführt.

Wird die Mitgliederzahl in Naturschutzverbänden im weitesten Sinne im Bereich von drei Mio. Personen geschätzt (Bundesrepublik Deutschland bis zum 3.10.1990), so resultiert ein Beitragsvolumen von deutlich unter 100 Mio. DM pro Jahr. Auch wenn nicht als Beiträge verbuchte und unregelmäßige Spenden diesen Betrag wesentlich erhöhen, ist mit einem aktuellen Zahlungsvolumen für den Naturschutz von wenigen 100 Mio. DM pro Jahr zu rechnen. Diese Zahlen bedürfen dringend weiterer Fundierung.

6.1.2 Exkurs: Verteilungsungerechtigkeiten gegenüber Naturliebhabern

Zwei Aspekte im vorliegenden Zusammenhang kommen in der öffentlichen Debatte meist zu kurz, auf sie sei ausdrücklich hingewiesen. Sie betreffen systematische Benachteiligungen der an der Natur interessierten Subjekte, die ökonomisch als Unterliegen im Verteilungskampf interpretiert werden müssen (weitere Gerechtigkeitsfragen in Kapitel 7.2.2).

Verluste an Erlebnismöglichkeiten: Heutige Naturliebhaber beneiden ihre Gleichgesinnten noch vor 30 bis 40 Jahren, erst recht die vor 100 Jahren. Der landesweite Verlust attraktiver Biotope reduziert Erlebnismöglichkeiten in einer Weise, die vielfach allein auf dem Wege der Gewöhnung und Resignation ertragen wird. Die Verluste sind um so schmerzlicher, je höhere Ansprüche auf Grund ökologischer Kenntnisse gestellt werden. Wer nicht irgendeine Libelle, sondern *Gomphus vulgatissimus* sehen will, die zu Zeiten LINNÉS, wie ihr Name anzeigt, »allergewöhnlichst« war, muß in Norddeutschland weite Wege gehen, hohe Fahrtkosten aufwenden und einem Informationssystem angeschlossen sein, um zu wissen, wo es überhaupt noch eine kleine Population gibt. Das ist noch nicht alles: Die eingetretene extreme Knappheit verbietet, die Restbestände für Erlebnisse zu nutzen, weil sie nicht mehr belastbar sind. In Naturschutzgebieten wird immer mehr verboten. Es mag zutreffen, daß die letzte Spinnenragwurz (*Ophrys sphegodes*) nicht einmal mehr photographiert werden darf, weil ihr dann die Bodenverdichtung im Umkreis den Garaus macht. Das Problem bestünde aber nicht, wenn nicht die meisten Vorkommen durch die flächenhaften Vernichtungen ökologischer Diversität erloschen wären. Der Photograph ist der harmloseste aller Ragwurzgefährder – nur weil er als letzter kommt, ist er in der Tat eine Bedrohung.

All das sind die Folgen einer langen Entwicklung, bei der auf die Interessen der großen Bevölkerungsgruppe, welche zu Naturerlebnissen fähig ist, keine Rücksicht genommen wurde. In der ökonomischen Theorie der *Property Rights* (Eigentumsrechte, vgl. Kapitel 4.5) gesprochen, wurde stets von der Rechtsfiktion ausgegangen, daß die Naturliebhaber keinerlei Anspruch auf ihr Erlebnisfeld besäßen, sie erhielten auch keine Entschädigung für ihre Verluste. Solange es irgendwo eine Mehlprimelwiese gab, konnten sie sich an ihr freuen, mußte diese etwa wegen landwirtschaftlicher Intensivierung weichen, so war das ihr Pech – sie hatten nichts zu beanspruchen. Die Benachteiligung ging soweit, daß die Naturliebhaber von Ausnahmen abgesehen nicht einmal in der Lage waren, das ihnen Genommene unter eigenen finanziellen Opfern zurückzukaufen, weil derartige Geschäfte im allgemeinen nicht vorgesehen waren.

Die Rücksichtslosigkeit gegenüber den Naturliebhabern hängt mit den in den Kapiteln 4.6 und 5.2.1 systematisierten Kollektivguteigenschaften der ökologischen Werte zusammen. Mit Gruppen, welche ihren Interessen im Kreise rechtlich geschützter privater Güter nachgehen, hätte man nicht so verfahren können. Man stelle sich die Proteststürme vor, wenn Sportler, Schützengilden oder Kaninchenzuchtvereine auch nur annähernd in der Weise eingeschränkt worden wären wie Naturliebhaber in den vergangenen 30 Jahren.

Hier aber bewegen wir uns in der *Common Property*, in der durch Über- und Fehlnutzung Werte zerstört werden können, in der jeder Ansprüche auf Kosten der anderen anmelden kann und sich wegen fehlender individueller Schutzrechte (wie sie bei Privatgütern bestehen) der Stärkste durchsetzt. Auch hier war jedoch nicht vorausbestimmt, daß die Naturliebhaber in so extremer Weise auf der Strecke blieben, vielmehr war es zum einen eine Frage der Machtkonstellationen. Andere Interessen haben sich an der Common Property in ausgiebiger Weise selbst bedient und tun so, als ob sie einen naturrechtlichen Anspruch auf die Ausübung ihrer Tätigkeiten besitzen. Ohne Verbot und energische Überwachung gibt es z.B. kaum ein Kleingewässer, welches nicht über kurz oder lang von Anglern für ihre Zwecke vereinnahmt wird, mit meist fatalen Konsequenzen für Amphibien und konkurrenzschwache Fischarten. Schließlich ist die Erfolglosigkeit des Naturschutzes auch durch einen strukturellen Nachteil bei der konkreten Wahrnehmung seiner Interessen in der Landschaft begründet. Es ist um vieles leichter, die Natur destruktiv zu vereinnahmen als sie zu erhalten, für das erste genügt oft schon eine einmalige, unbeobachtete Aktion. Dieses Phänomen der Durchsetzung des Schnelleren und Stärkeren ist in der Umweltökonomie auch auf anderen Gebieten wohlbekannt, BONUS (1981a: 54) illustriert es treffend am Beispiel eines einzigen Lastwagens, der durch nächtlichen Lärm Tausenden anderer Menschen das Recht auf Ruhe nimmt. Er »...ist einfach stärker, und was im Umweltbereich ohne eine Sekunde des Nachdenkens jahrtausendelang praktiziert wurde, war schlicht das Recht des Stärkeren.«

Die Ohnmacht vor Dreistigkeit, die Unsensibilität gegenüber Rechtsverletzungen Schwacher ist ein allgemeines gesellschaftliches Syndrom; es gibt noch schlimmere Beispiele als den Naturschutz. Der vielberufene relative Rückgang von Verkehrsopfern trotz steigenden Autoverkehrs ist z.b. auch dadurch begründet, daß die potentiellen Opfer den Wölfen das Terrain preisgegeben haben. Kindern wird eingeschärft, keinesfalls auf Straßen zu spielen, was individuell nur beherzigt werden kann. Ökonomisch heißt dies, daß auf 90 % des städtischen Freiraums die Grenzen neu abgesteckt wurden – die früheren »Eigentümer«, Fußgänger aller Art, haben kapituliert. BONUS erläutert in dem zitierten Artikel, daß privates Eigentum oder ein dessen analoges Recht ein Mittel sein kann, Schwache zu stärken. Wird in einem Grundsatzbeschluß festgestellt, daß den Kindern die Straße »gehört«, so müssen die Autofahrer weichen oder Schrittempo fahren. Bei Nicht-Ökonomen, insbesondere auch Naturliebhabern, stehen allerdings Begriffe wie »Privatisierung«, »Privateigentum« usw. in ebenso schlechtem Ruf wie etwa »Vermarktung«. Auch ihretwegen gehe es mit der Natur bergab. Analytisch trifft das Gegenteil zu. Die Übereignung der Straße an die Kinder schafft zwar kein Privateigentum als theoretischen Grenzfall, denn sie wird nicht einem einzigen Kind übereignet, aber das Kollektiv der Rechtsträger wird um ein Segment, nämlich die Autofahrer, reduziert. Mit dieser Transformation eines Gutes ohne jede Zugangsbeschränkung in ein Club-Gut (vgl. Kapitel 4.6) ist eine Verringerung des Öffentlichkeitsgrades (BONUS 1980) und damit eine Teilprivatisierung verbunden. Mit der Pauschalkritik an den Begriffen soll wohl meist ausgedrückt werden (dies sollte präziser getan werden), daß das fallweise Ergebnis einer Privatisierung nicht akzeptiert wird, weil auf Grund der Machtverhältnisse diejenigen beschert werden, die auch im Zustand der Common Property schon das Sagen hatten. Dies ist jedoch etwas anderes. Es ist darüber nachzudenken, wie der Zustand der Natur heute wäre, wenn die Gruppe der Naturliebhaber von Anfang an gewisse eigentumsanaloge Rechte auf ökologische Diversität und Schönheit (»Amenity Rights« nach MISHAN 1969) besessen hätte, die man ihnen nicht ohne ihre Zustimmung hätte nehmen, sondern wie jedes andere Privateigentum allenfalls hätte abkaufen können.

Ersatzleistungen der Naturliebhaber: Eine Verteilungsposition, nach der die Naturliebhaber sozusagen »alles umsonst« beanspruchen könnten, wäre ebenso extrem wie das bestehende Gegenteil und ebenso schwer zu begründen. In der Tat wenden diese Gruppen Zeit und Geld in erheblichem Umfang auf, teilweise für Biotopentwicklungen und Pflegemaßnahmen, die als legitime Aufgaben derjenigen aufgefaßt werden können, welche von den Biotopen wiederum ästhetisch und auf andere Weise profitieren. Bei anderen Verwendungen von Zeit und Geld entstehen jedoch Fragen. Der Begriff »Renaturierung« umschreibt in der Regel Maßnahmen, mit denen zuvor begangene ökologische Wertminderungen, soweit dies möglich ist, wiedergutgemacht werden, etwa bei der Aushagerung gedüngten Grünlands, der Entfernung von Gehölzaufwuchs, der Wiedervernässung von Biotopen oder der Wiedereinbürgerung von Tierarten (deren ökologische Beurteilung an dieser Stelle nicht interessiert). Die Naturliebhaber könnten fragen, warum eigentlich ihr Spendenaufkommen und Arbeitseinsatz hierfür verwendet werden. Nach dem vielbeschworenen »*Verursacherprinzip*« (vgl. hier aber die Vorbehalte in Kapitel 7.2.1) könnten hierfür auch diejenigen verantwortlich gemacht werden, welche die ökologisch abträglichen Veränderungen bewirkt haben.

Die praktizierte Kostenanlastung zum Nachteil der Naturliebhaber muß keineswegs akzeptiert werden, es finden sich jedoch noch fragwürdigere Beispiele: In ihrer Freizeit räumen diese Personen den Unrat aus Biotopen weg, welchen andere hinterlassen haben, von ihrem Geld werden Zäune, Schilder und andere Abwehrmaßnahmen gegen potentielle Naturschädiger finanziert. Hier drängt sich die Parallele auf, daß Diebe die ehrlichen Gesellschaftsmitglieder nicht nur durch gelegentliches Stehlen schädigen, sondern auch dadurch, daß sie jene zwingen, viel Geld für Schlösser und anderes Sicherheitsgerät auszugeben und eine Polizei zu finanzieren. Kaufen Naturliebhaber Biotope mit eigenen Mitteln, so müssen sie häufig Preise entrichten, welche durch das Agrarprotektionssystem in der EG und aus anderen Gründen künstlich überhöht sind. Ein großer Teil des Spendenvolumens kann also konstruktiven Verwendungen gar nicht zugeführt werden, sondern versickert in einem frustrierenden Abwehrkampf gegen übermächtige Mißstände. Es erstaunt, mit welcher Gelassenheit zahlreiche Naturliebhaber die ihnen angetanen Verteilungsungerechtigkeiten tragen – sie hätten allen Grund, diese ebenso lautstark zur Sprache zu bringen, wie es politische Professionelle aus anderen Richtungen bei geringfügigeren Anlässen tun.

6.2 Latente Nachfrage I: Indirekte Schlüsse auf die Zahlungsbereitschaft

Kehren wir zurück zum Hauptthema dieses Abschnitts, der Ermittlung der Nachfrage nach und der Zahlungsbereitschaft für den Naturschutz. Abgesehen von den direkten Spenden, Beiträgen usw. können auch aus dem Verhalten der Wirtschaftssubjekte Schlüsse auf ihre Wertschätzung gezogen werden. Diese sogenannten *Indirekten Methoden* beruhen sämtlich darauf, daß das nicht bepreiste Kollektiv-

gut »Natur« gemeinsam mit komplementären Privatgütern genossen wird, deren Preise oft bekannt oder ermittelbar sind. Stark vereinfacht: Wenn ein Vogelbeobachter 1 000 DM für ein Spektiv ausgibt, so ist ihm offensichtlich das Beobachten der Vögel mindestens 1 000 DM wert. Die indirekten Methoden werden auch in der übrigen Umweltökonomie verwandt, Beispiele sind die Reisekostenmethode und der »*Hedonic Price*«-Ansatz, bei dem z.B. aus dem Vergleich unterschiedlich lauter und unterschiedlich teurer Wohngrundstücke auf die Zahlungsbereitschaft nach dem Gut »Ruhe« geschlossen wird. Zwar sind für die vorliegende Problematik indirekte Methoden durchaus schon in gewissem Umfang eingesetzt worden; ihre Möglichkeiten erscheinen jedoch aus den nachfolgenden Gründen begrenzt:
- Es sind nur aktuelle Beobachtungen, jedoch keine hypothetischen Schlüsse möglich. Gibt es keine interessanten Vögel mehr, so kauft niemand ein Fernglas zu diesem Zweck.
- Die Methode mißt nur die Intensität des egoistischen Erlebniswillens (»Erlebniswert«, vgl. folgenden Abschnitt), nicht jedoch den Willen, Arten und Biotope auch unabhängig davon zu erhalten (»Existenzwert«).
- Die Komplementarität zwischen den meßbaren privaten Aufwendungen und dem Naturschutzziel ist häufig schwach ausgeprägt. Meist dient ein Fernglas auch anderen Zwecken als der Vogelbeobachtung.
- Naturerlebnisse sind oft unspezifisch, zahlreiche Personen fühlen sich auch in einer ökologisch wertlosen Fichtenaufforstung im »herrlichen Wald«. Die Zahlungsbereitschaft nach derartigen Spaziergängen ist nicht mit der nach Artenschutz gleichzusetzen.

Über diese Punkte hinaus bestehen bei näherem Hinsehen erhebliche methodische Probleme. Die »Brutto«-Zahlungsbereitschaft, etwa die erwähnten 1 000 DM für ein Spektiv, ist nicht identisch der subjektiven Bewertung des Naturerlebnisses im Sinne einer rigiden Kosten-Nutzen-Analyse. Letztere besteht in der *Konsumentenrente* (vgl. Kapitel 4.2), welche beim Beobachten erzielt wird: Hätte die betreffende Person bis zu 1 300 DM für das Spektiv ausgegeben, so besteht jene in den 300 DM, welche »gespart« wurden. Die sogenannten *Gesamtaufwandsmethoden*, welche den Wert der Utensilien zusammenstellen, erreichen selten eine einwandfreie Abtrennung der Konsumentenrente. Dies gelingt eher bei den *Reisekostenmethoden*, welche Schlüsse aus den Kosten für die Anfahrt zu interessanten Biotopen ziehen. Sie nutzen die Tatsache aus, daß die Subjekte unterschiedlich hohe Fahrtkosten je nach Entfernung eingehen müssen, woraus sich u.U. eine Nachfragekurve konstruieren läßt. Auch diese Methoden besitzen jedoch Schwächen, insbesondere ist die Komplementarität zwischen Reisekosten und Wertschätzung des

Ziels fragwürdig, wenn die Reise auch aus anderen Gründen unternommen wird.

Trotz der genannten Einwände kann in bestimmten Fällen insbesondere die Reisekostenmethode wertvolle Aufschlüsse über die Bereitschaft vermitteln, für Naturerlebnisse zu zahlen, etwa bei teuren und sehr spezifischen Reisezielen. Bisherige Anwendungen beziehen sich z.b. auf Großwildparke in Afrika (BROWN & HENRY 1989) und Tropenwaldreservate in Costa Rica (TOBIAS & MENDELSOHN 1991). In der letztgenannten Untersuchung konnte gezeigt werden, daß die Zahlungsbereitschaft einheimischer und ausländischer (vor allem US-amerikanischer) Besucher, umgelegt auf einen Hektar Waldfläche, den Kaufpreis für die Reservatfläche um ein bis zwei Zehnerpotenzen übersteigt, woraus ökonomisch nur gefolgert werden kann, daß die Fläche vergrößert werden sollte. Auf zwei Punkte ist ergänzend hinzuweisen:

– Im weiteren Sinne gehören auch Beobachtungen der politischen Szenerie zum hier diskutierten Methodenspektrum. Wählerverhalten, Meinungsprofile betreffend den geforderten Einsatz von Steuermitteln sowie (als Antworten auf die Präferenzen der Wähler) Reden, Versprechungen, Partei- und Regierungsprogramme können als Indizien für die Wertschätzung des Naturschutzes angesehen werden. Allerdings wirkt sich neben zahlreichen anderen Einflüssen die in der Politik notorische Tendenz, bei Forderungen und Versprechungen entgegen ökonomischer Prinzipien gerade nicht auf die Kosten zu blicken, negativ auf die Verwendbarkeit der Beobachtungen aus.

– Mißverständnisse ergeben sich leicht bei der Beobachtung des Verhaltens von Personen, welche Naturschutzzielen offensichtlich zuwiderhandeln. Betreiben sie Freizeittätigkeiten in naturunverträglicher Weise (Surfen, Ski, Moto-Cross, Drachenfliegen, vgl. Kapitel 8.2), fahren sie viel Auto anstatt Eisenbahn usw., so wird leicht unterstellt, daß es sinnlos sei, bei ihnen überhaupt eine Zahlungsbereitschaft zu erwarten. Wenn sie naturbewußt wären, könnten sie dies durch Änderung ihres Verhaltens demonstrieren; solange dies aber nicht der Fall ist, seien sie dem Naturschutz vollkommen abhold. Diese Folgerung beruht auf einem Trugschluß. Die genannten Personen können erstens das Kollektivgutargument geltend machen – was nützte es, wenn sie sich jeweils als Einzige besserten? Zweitens kann ihre Wertschätzung der Tätigkeiten außerordentlich hoch sein; ein Skifan kann Konsumentenrenten von mehreren Tausend DM pro Jahr erzielen. Von ihm die freiwillige Einstellung des Skilaufens zu erwarten, käme ökonomisch auf dasselbe hinaus, wie von einem Naturliebhaber gleichen Einkommens einen Vereinsbeitrag von mehreren Tausend DM zu fordern, was auch niemand tut. Zweifellos können Notwendigkeiten dazu berechtigen, den Skiläufer zu einer Einschränkung, Verlagerung oder gar Aufgabe seines Sports zu zwingen, aber das ist etwas anderes. Die Bereitschaft, Opportunitätskosten freiwillig zu tragen, ist stets eine Sache des *Grades*, des »Wieviel«. Der betrachtete Skiläufer mag durchaus willens sein, für 100 DM pro Jahr Naturschutz nachzufragen, und es gibt keinen Grund, diese 100 DM nicht zu mobilisieren.

> *Ich bin die Amsel.*
> *Kinder, ich bin am Ende.*
> *Und ich war es, die den ganzen Sommer lang*
> *Früh im Dämmergrau in Nachbars Garten sang.*
> *Bitte um eine kleine Spende*
>   *Amsel, komm nach vorn.*
>   *Amsel, hier ist dein Korn.*
>   *Und besten Dank für die Arbeit!*
>
> BERTOLT BRECHT: *Die Vögel warten im Winter vor dem Fenster.**

6.3 Latente Nachfrage II: Direkte Ermittlung der Zahlungsbereitschaft

Wenn Personen für bestimmte Ziele nicht zahlen können, weil diese nicht oder nur mit zu hohen Transaktionskosten auf einem Markt käuflich sind, so liegt nichts näher, als sie zu befragen, wieviel sie zahlen würden, *wenn* sie käuflich wären. Diese direkte Version der Zahlungsbereitschaftsanalyse – wegen der Hypothezität der Situation auch *Contingent Valuation Method* genannt – besitzt eine lange Tradition, ist ein zentraler Baustein der Kosten-Nutzen-Analyse und wird insbesondere in angelsächsischen Ländern und in Skandinavien auf weiten Gebieten – wenn auch bisher nur selten für Naturschutzfragen – eingesetzt. Die mit ihr verbundenen Probleme sowie einige Ergebnisse durchgeführter Analysen werden nun in Kürze dargelegt.

6.3.1 Zur Methode

Unter den Befragungsweisen sind in erster Linie mündliche Interviews mit oder ohne aktiver Beteiligung des Interviewers, Marktsimu-

---

* Suhrkamp Verlag in Zusammenarbeit mit E. HAUPTMANN (Hrsg.): Die Gedichte von BERTOLT BRECHT in einem Band. Frankfurt a.M. 1988, p. 971.

lationen als interaktive Spiele in Gruppen sowie schriftliche Erhebungen mittels Fragebögen zu nennen. Die Ansätze unterscheiden sich außer in ihrer Leistungsfähigkeit für jeweils unterschiedliche Ziele vor allem in den Kosten. Meist sind große oder gar für die Gesamtbevölkerung repräsentative Stichproben nur bei schriftlichen Befragungen finanzierbar, welche sich jedoch wiederum durch eigene Nachteile auszeichnen.

Anders als die indirekten, wie etwa die Reisekostenmethoden, können Befragungen hypothetischem Verhalten nachgehen (»Würden Sie dafür zahlen, wenn es wieder Biber gäbe ...?«) und unterschiedliche Wertkomponenten erfassen:

- Der *Erlebniswert* (»*User Value*«) entspricht dem eigenen, egoistischen Genuß ökologischer Vielfalt, etwa zum Beobachten, Photographieren, als Anregung für künstlerische Tätigkeiten usw. Wie schon erwähnt, ist nur er durch indirekte Methoden erfaßbar.
- Der *Existenzwert* (»*Existence Value*«, KRUTILLA 1967) wird Naturschöpfungen von Personen zugemessen, auch wenn diese nicht damit rechnen, jene persönlich zu erleben. Jemand ist m.a.W. zahlungswillig dafür, daß Wale überhaupt erhalten bleiben.
- Der *Vermächtniswert* (»*Bequest Value*«) wird geäußert, wenn der Wunsch besteht, ein Gut an Nachkommen zu vererben und dafür etwas zu bezahlen.
- Der schon in Kapitel 5.2.3 angesprochene *Optionswert* (»*Option Value*«) in verschiedenen Versionen ist der Preis, den jemand dafür zahlt, daß die Zugriffsmöglichkeit auf ein Gut erhalten bleibt, welches er gegenwärtig nicht nutzt.

Zwischen den Wertbegriffen bestehen logische Überschneidungen; ihre uneinheitliche Verwendung in der Literatur hängt u.a. mit den in Kapitel 5 diskutierten Naturschutzbegründungen zusammen. Werden Existenz- und Vermächtniswert unterschieden, so läßt dies auf das Anerkenntnis nicht-anthropozentrischer Erhaltungsgründe schließen, andernfalls würde der zweite ausreichen. Oft wird allein der erste Begriff in dem Sinne benutzt, daß er den zweiten einschließt. Gefahren der Doppelzählung bestehen insbesondere hinsichtlich der Optionswerte. Eine additive Verknüpfung aller vier Komponenten ist logisch unzulässig, auch führt sie leicht zur Überforderung der Probanden. Für viele Zwecke dürfte es am sinnvollsten sein, mit PEARCE & MARKANDYA (OECD 1989) allein eine Erlebnis- von einer Nicht-Erlebnis-Komponente abzusondern: »Total Economic Value = Total User Benefit + Total Intrinsic Benefits« (p. 24). In ähnlicher, jedoch nicht identischer Weise unterscheidet PEARSALL (1984) zwischen » in situ benefits« und »in absentia benefits«. Betrachten wir kurz wichtige methodische Probleme der *Contingent Valuation,* welche Anlaß zu Einwänden geben:

Strategisches Verhalten (»Strategic Bias«): Im Anschluß an die elementare ökonomische Analyse der Kollektivgüter (vgl. Kapitel 4.6) müßte von den Probanden einer Befragung ein Free-Rider-Verhalten erwartet werden. Es wird unterstellt, daß sie in einer Situation, in welcher sie nicht befürchten müssen, zu den von ihnen genannten hypothetischen Zahlungen jemals herangezogen zu werden, diese übertreiben, denn es kostet sie nichts, eine möglichst hohe Wertschätzung für das in Aussicht gestellte Gut zu simulieren. Erwarten sie hingegen, irgendwann zahlen zu müssen, so werden sie nach der Theorie in der (wohl trügerischen) Hoffnung, daß die anderen ehrlich seien, eine zu geringe Zahlungsbereitschaft angeben, um auf Kosten der anderen in den Genuß des betreffenden Gutes zu kommen. Die Hypothese des strategischen Verhaltens ist in zahlreichen eigens zu diesem Zweck konzipierten empirischen Studien geprüft worden mit dem Ergebnis, daß zwar vollständige Ehrlichkeit selten erwartet werden sollte, daß jedoch die strategische Verfälschung nie das Ausmaß erreicht, welches ihr die Theorie voraussagt. Dies zeigt, mit welcher Vorsicht die in Kapitel 4 dieses Buches skizzierte ökonomische Theorie bei allen ihren Meriten als gedanklicher Rahmen in konkreten Fragestellungen angewandt werden sollte. Wegen des Strategieproblems ist zwar mit einer Ungenauigkeit von Ergebnissen zu rechnen, jedoch – entgegen landläufiger Kritik – nicht mit deren Entwertung.

Das Repräsentanzproblem (»Hypothetical Bias«): Daß hypothetische Zahlungen keine echten Zahlungen sind, ist schlechthin nicht zu bestreiten, »Ask a hypothetical question and you get a hypothetical answer« (A. SCOTT zugeschrieben, zit. in MITCHELL & CARSON 1989: 172). Die Frage ist, wie groß die Differenz zwischen den Befragungsergebnissen und den echten Zahlungen sind, sollte es zu letzteren kommen. Ist die Größe dieser Differenz vollständig unvorhersehbar, so hat die Befragung keinen Sinn. Für die Contingent Valuation besteht hier ein Dilemma, welches auch ihre Anhänger nicht verhehlen: Das Repräsentanzproblem ist um so leichter zu beherrschen, je näher der betrachtete Zusammenhang der alltäglichen Erfahrungswelt der Probanden ist und je mehr Übung sie auf dem jeweiligen Feld im Abwägen und Bewerten besitzen. Je mehr aber ein Problem zur ökonomischen Alltagswelt gehört, um so höher ist die Wahrscheinlichkeit, daß es sich um ein privatisierbares Gut handelt, welches Marktpreise besitzt und für welches daher die Contingent Valuation gar nicht nötig ist. Je stärker umgekehrt ein Problem dieser Methode bedarf, um so ernster ist das Repräsentanzproblem zu nehmen. Allgemein kann nur gesagt werden, daß ad hoc-Meinungen über den Wert der Methode, wie sie weit verbreitet sind, wenig hilfreich sind. Der Einfluß des Repräsentanzproblems muß vielmehr in konkreten Untersuchungen aus dem Spektrum der Antworten zu erschließen versucht werden. Ein hoher Grad von Antwortverweigerung, unglaubwürdige Antworten, ihre starke Beeinflußbarkeit durch Hinweise, Reihenfolge der Fragen, sonstige Aspekte des Designs und vor allem durch Ereignisse während der Befragung (Katastrophenmeldungen in Medien usw.) deuten darauf hin, daß sich die Probanden auf schwankendem Boden befinden.

Sonstige Probleme:
- Bei jeder Untersuchung stellt sich die Frage, in wie starkem Maße den Probanden Hilfestellungen für die Beantwortung gegeben werden sollen. Dem erhofften Vorteil, insbesondere das erwähnte Repräsentanzproblem besser zu beherrschen, steht die Gefahr der Beeinflussung gegenüber *(»Information Bias«)*. Während bei mündlichen Interviews und spielähnlichen Marktsimulationen Interaktionen zwischen den Beteiligten schlechthin unvermeidlich sind, kann es sich bei Fragebögen empfehlen, von jeder Art Hilfestellung Abstand zu nehmen.
- Bei Fragen nach der Zahlungsbereitschaft sind offene und geschlossene Versionen zu unterscheiden; die letztere gibt Intervalle vor (z.B. 0 bis 10 DM, 10 bis 25 DM, ...). Hierdurch sollen Orientierungen gewiesen und soll »Phantasieantworten« entgegengewirkt werden. Wie zumindest einige Autoren befürchten, besteht der Preis wiederum in einer Beeinflussung (hier *»Starting Point Bias«);* die Probanden könnten z.B. versucht sein, zu den mittleren der vorgegebenen Werte zu tendieren. Darüber hinaus bestehen bei dieser Frage auswertungstechnische Probleme, skalierte Ergebnisse sind nicht ohne weiteres für alle statistischen Testverfahren aufbereitbar.
- Von großem Einfluß auf die Ergebnisse ist die Art der vorgesehenen Zahlungsweise *(»Vehicle Bias«),* handele es sich um Steuern, Abgaben, Gebühren oder freiwillige Spenden, bei letzteren ist auch der Adressat von Bedeutung. Hier spielen Auffassungen über die Eignung einer Finanzierungsform, Vertrauen zu den vorgesehenen Empfängern, der unterschiedliche Zwangscharakter von Zahlungsweisen (Steuern oder Spenden) und Gerechtigkeitsvorstellungen eine Rolle, da die Zahlungsweisen unterschiedliche Verteilungswirkungen erzeugen können. Es ist kaum angemessen, das Problem als einen »Bias«, d.h. eine systematische Verfälschungsquelle von Ergebnissen, zu bezeichnen. Vielmehr handelt es sich um ein wichtiges inhaltliches Problem, auf welches alle Befragungen offen eingehen sollten.
- Bei schriftlichen Befragungen ist selbst bei einer guten Stichprobe mit Hochrechnungsproblemen auf Grund der sogenannten Stichprobenmortalität zu rechnen; es kann nicht ausgeschlossen wer-

den, daß die Antwortenden ein höheres Interesse am Befragungsgegenstand besitzen als diejenigen, welche den Bogen nicht zurücksenden (»*Participation Bias*«).
- Hochrechnungsprobleme entstehen ferner durch nicht auszuräumende Unklarheiten darüber, für wen die Befragten jeweils sprechen. Ein Durchschnittswert (z.B. 20 DM pro Monat) kann pro Person oder pro Haushalt hochgerechnet werden, zur Vermeidung von Überschätzungen empfiehlt sich das zweite.
- Korrekterweise müßte in einer einzigen Befragung simultan ermittelt werden, wieviel die Probanden für alle nicht am Markt erhältlichen Kollektivgüter jeweils zahlen würden, zumindest für alle Umwelt- und Naturgüter: für saubere Luft, reines Wasser, Ruhe, Artenvielfalt usw. Dies ist zweifellos sehr schwierig, fragt man jedoch nur nach einem Bereich (etwa: nur Artenvielfalt), so besteht die Gefahr, daß die Probanden dabei ihre Wertschätzung für die anderen Bereiche »vergessen« und zuviel angeben. Fragt man sie nacheinander für die verschiedenen Bereiche, so dürfen die Ergebnisse *nicht addiert* werden (HAMPICKE 1987). In einer neueren Studie (HOLM-MÜLLER et al. 1991) ist diesem Problem nachgegangen worden.

Mikroökonomische Fundierung: Ausgangspunkt der Contingent Valuation sind die in Abbildung 13 dargestellten Ergebnisse des britischen Ökonomen und Nobelpreisträgers HICKS aus den 40er Jahren. Wird einem Probanden der Zugang zu einem Gut q erleichtert (ökonomisch: wird q billiger), so besteht dessen maximale Zahlungsbereitschaft für eine solche Erleichterung in der Geldsumme oder dem Teil des gesamten Einkommens, auf den verzichtet werden kann, ohne das durch die Indifferenzkurve I_1 markierte Nutzenniveau zu verlassen. In der oberen Abbildung ist B die *Budgetgerade*; sie zeigt an, welche Kombinationen aus zwei Gütern q und r mit einem gegebenen Einkommen höchstens gekauft werden können, sie ist ein linearer Spezialfall der Transformationskurven aus Abbildung 4. Ihre Neigung $-\tan \alpha$ gibt das Preisverhältnis zwischen q und r an. Wird q billiger (die Neigung von B flacher, nun gilt B'), so verschiebt sich die optimale Kombination von W nach X. Wird der Preis von r mit eins normiert, so kann das Subjekt auf Einheiten von r und damit Einkommen im Umfang von CV (*Compensating Variation*) verzichten, ohne daß sein Nutzenniveau unter I_1 sinkt. Wie HICKS zeigen konnte, ist diese Compensating Variation gleich der Änderung der Konsumentenrente unter der hypothetischen HICKSschen Nachfragekurve H, d.h. der Fläche ABEF.

Das war die Frage nach der maximalen Zahlungsbereitschaft. Wird nun einem Subjekt der Zugang zu einem Gut erschwert (ökonomisch: wird q teurer), so entsteht die Frage nach der minimalen *Kompensa-*

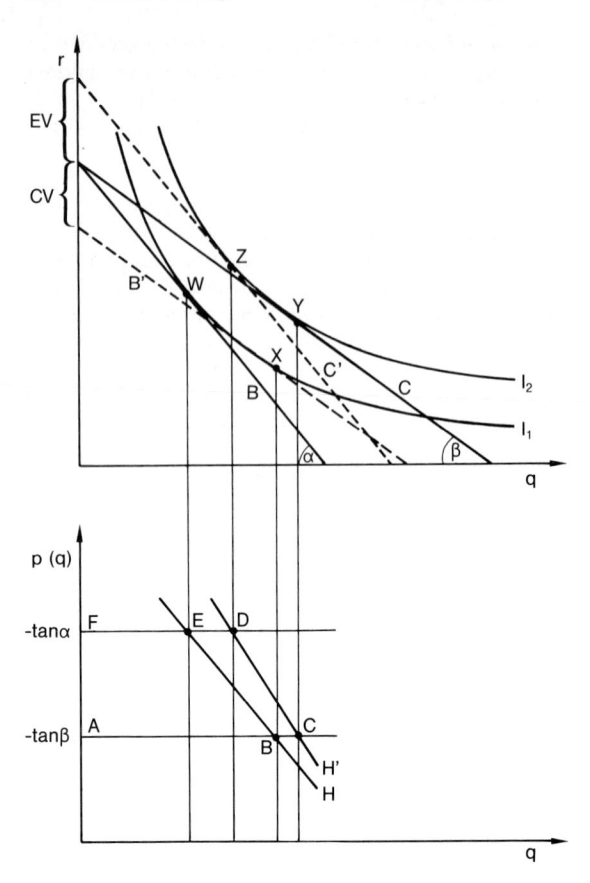

Abb. 13. Maximale Zahlungsbereitschaft und minimale Kompensationsforderung bei Preisänderungen.

tionsforderung, welche das Subjekt stellen muß, um sein Nutzenniveau nicht zu senken. Man könnte z.B. die Autofahrer fragen, welchen Ausgleich in Geld sie fordern würden, wenn das Benzin um 200 % teurer würde, es ihnen aber dadurch insgesamt nicht schlechter gehen soll. Die Antwort ist wohlgemerkt nicht die Differenz zwischen den alten und den neuen Ausgaben für Benzin! Ist das Einkommen des Subjektes so hoch wie im vorangehenden Beispiel, ist q jedoch billiger (Preisverhältnis $-\tan \beta$), so gilt die Budgetgerade C und das Nutzenniveau I_2. Verteuerung auf $-\tan \alpha$ erfordert ohne

Nutzeneinbuße die Wanderung des Optimums von Y nach Z. Das Subjekt fordert als Ausgleich die *Equivalent Variation* EV, im unteren Teil als Änderung der Konsumentenrente unter der I$_2$, C und C' entsprechenden HICKSschen Nachfragekurve H', der Fläche ACDF, wiederzuerkennen.

Da, von Spezialfällen abgesehen, ACDF größer ist als ABEF, ist sorgfältig zwischen der maximalen Zahlungsbereitschaft für den Erhalt eines Gutes, der Compensating Variation oder *Willingness-to-Pay (WTP)* und der minimalen Kompensationsforderung für den Verlust desselben Gutes, der Equivalent Variation oder *Willingness-to-Sell (WTS)* zu unterscheiden. Man fordert m.a.W. für den Verkauf eine höhere Summe als die, welche man für den Kauf genau desselben Gutes maximal aufzubringen bereit wäre, der Unterschied ergibt sich aus dem *Einkommenseffekt*: Besitzt man das Gut, so ist man insgesamt reicher und verlangt entsprechend mehr für einen Verzicht.

Bei aller prinzipiellen Bedeutung der Differenz zwischen CV und EV sagt die mikroökonomische Theorie allerdings auch voraus, daß diese Differenz in zahlreichen Fällen nicht übermäßig groß sein und sogar für praktische Zwecke vernachlässigt werden kann (WILLIG 1976), etwa dann, wenn die Ausgaben für das Gut q nur einen geringen Teil der Gesamtausgaben bilden. Zur Überraschung der ökonomischen Fachwelt erbrachten jedoch psychologische Experimente und Befragungen sehr hohe Unterschiede zwischen der WTP und der WTS, die sich mit dem Einkommenseffekt nicht erklären ließen (Zusammenstellung in OECD 1989 : 39). Die zweite war oft vier- bis zehnmal so hoch wie die erste, gelegentlich noch höher, oft werden Fragen nach der *Willingness-to-Sell* gar nicht ernst genommen oder mit phantastischen Angaben beantwortet. Bei Wiederholungen der Experimente brachen diese hohen Angaben teilweise zusammen und näherten sich den Werten für die *Willingness-to-Pay*. Vielleicht haben die Probanden erst versucht, »hoch zu pokern« oder sie haben bei der ersten Konfrontation mit dem Problem so etwas wie Verlustangst empfunden, welche überwunden wurde und einer rationaleren Einschätzung der Situation Platz machte. Wäre dies die Regel, so könnte davon ausgegangen werden, daß Fragen nach der WTP die besser durchdachten Antworten erbringen, daß von WTS-Fragen einfach nur abgeraten werden sollte (was in der Tat geschieht) und daß die Probanden insgesamt doch eine einigermaßen konsistente und mit den Annahmen der Mikroökonomie verträgliche Präferenzstruktur besitzen.

Andere Ergebnisse berichten indessen davon, daß die unerklärlichen Differenzen zwischen WTP und WTS auch bei Wiederholungen fortbestehen. Dies könnte für unser Problem als weniger relevant angesehen werden, da hier ohnehin Fragen nach der Zahlungsbereitschaft (nicht nach der Kompensationsforderung) im Vordergrund stehen. Das Problem wurde dennoch in einiger Ausführlichkeit erläutert, um auf eine Divergenz zwischen mikroökonomischer Theorie und Empirie aufmerksam zu machen, welche, wie groß oder klein auch ihre praktische Bedeutung sein mag, davor warnen sollte, das Aussagensystem der erstgenannten als endgültige Wahrheit mißzuverstehen. Die Mikroökonomie erklärt mit einigem Erfolg praktische Probleme und kann dies sicher auch im Bereich des Naturschutzes tun, in diesem Buch wird jedoch dazu aufgefordert, auch ihr gegenüber kritisch zu sein. Wir sind auf ein Problem gestoßen, welches sie nicht erklären kann.

Wie komplex die Frage nach der WTP in korrekter Betrachtung ist und wie unpräzise man sie in jeder praktischen Befragung zu stellen gezwungen ist, verdeutlicht abschließend die Abbildung 14. Sie knüpft unmittelbar an die Abbildung 12 an. B sei eine effiziente, jedoch hinsichtlich der Präferenzen suboptimale Allokation. Auf die Frage »Wieviel sind sie für den Naturschutz bereit zu zahlen?« müßte jeder rationale Konsument antworten: Das kommt darauf an, wieviel ich dafür erhalte! Als Compensating Variation aufgefaßt, würde er zu

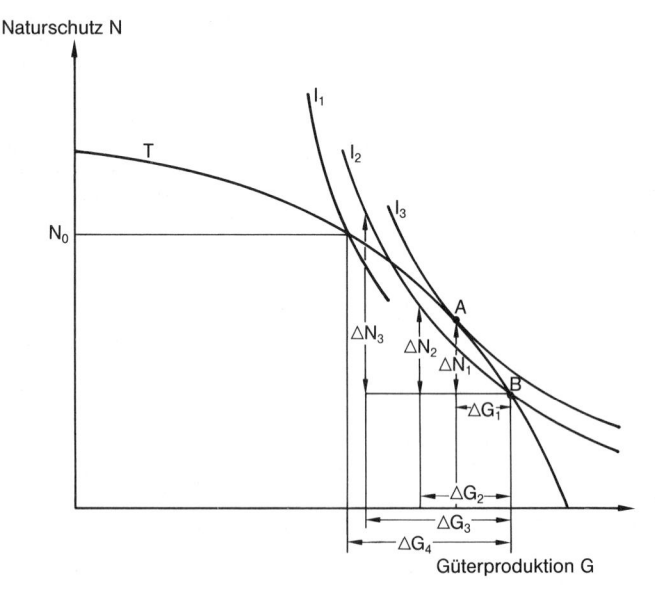

Abb. 14. Zahlungsbereitschaft für den Naturschutz, alternative Interpretationen.

jedem angebotenen Mehr an Naturschutz ΔN ein Quantum ΔG nennen, so daß er auf der Indifferenzkurve I_2 verbliebe, z.B. ΔG_2 für ΔN_2 oder ΔG_3 für ΔN_3, wobei der erstere Tausch entsprechend den Produktionskapazitäten der Wirtschaft möglich wäre, der zweite hingegen nicht. Nach Lage der Dinge wäre der beste Tausch ΔG_1 gegen ΔN_1, womit das Subjekt oder die Subjekte eine Verbesserung des Wohlfahrtsniveaus von der Indifferenzkurve I_2 auf I_3 erzielten. Die Subjekte können aber die Frage auch als Appell an ihren *Altruismus* verstehen und – notwendigerweise oder nicht – mehr als die *Compensating Variation* spenden, so daß sie ihr Nutzenniveau senken. Halten sie z.B. N_0 für erstrebenswert (vgl. die Begründungen in Abbildung 12), so geben sie in Kenntnis der Transformationskurve T den Betrag ΔG_4 an. Ungeachtet dieser in mikroökonomischer Sicht bedenklichen Mehrdeutigkeit der Frage »Wieviel sind sie bereit, für den Naturschutz zu zahlen?« kann es sich empfehlen, sie in einem praktischen Versuch zum Erhalt ganz spontaner Antworten dennoch zu stellen.

6.3.2 Ergebnisse bisheriger Studien

Die Ergebnisse einiger, methodisch unterschiedlich angelegter Studien zur Zahlungsbereitschaft bei allgemeinen Umweltproblemen finden sich in der Übersicht 8. Allen skeptischen Stimmen zum Trotz haben diese Studien zumindest gezeigt, daß es sich bei der Contingent Valuation um eine Methode mit systematisch erklärbaren, reproduzierbaren und damit – dies wäre der größte Vorwurf – keinesfalls zufälligen Ergebnissen handelt. Die Mehrzahl der Teilnehmer fühlt sich ernsthaft angesprochen, ist um konstruktive Mitarbeit bemüht und zeigt sich entgegen mancher Vorurteile auch im deutschsprachigen Raum dem nüchternen ökonomischen Abwägen in Umweltfragen keineswegs abhold.

Die Übersicht 9 stellt Ergebnisse einiger Studien zusammen, welche sich in spezieller Weise Arten- und Biotopschutzfragen widmen. Zu beachten ist, daß ebenso wie in der voranstehenden Übersicht nur ein äußerst geringer Anteil von Inhalt und Ergebnissen der Untersuchungen wiedergegeben werden kann, so daß jedem interessierten Leser das Studium einiger Originalarbeiten nahegelegt werden muß. Die Studien widmen sich teilweise einzelnen Arten (1 bis 6), teils mehr oder weniger klar definierten Biotopen (7 und 8) oder sprechen Naturschutzmaßnahmen in allgemeiner Weise an (9 bis 11). Es werden sowohl spezielle Zielgruppen befragt, wie Jäger, Tierbeobachter oder Wissenschaftler, als auch in einigen Studien möglichst repräsentative Stichproben. Insbesondere den auf einzelne Arten und Zielgruppen konzentrierten »Mikrostudien« in der oberen Hälfte der

Übersicht 8. Studien zur Zahlungsbereitschaft für den Umweltschutz

Zielsetzung	Methode	Ergebnisse (Mittelwerte oder Hochrechnungen)	Autoren
Verbesserung der Luftqualität in Berlin (West)	Schriftliche Repräsentativbefragung	DM pro Person und Monat	SCHULZ 1985
– Verhinderung weiterer Verschlechterung		38	
– Entbehrlichkeit von Smog-Alarm		22	
– Verbesserung auf Kleinstadtluft		41	
– Verbesserung auf Ferienluft		58	
– Verbesserung auf Ferienluft		Hochrechnung auf die BRD 1985: 138 Mrd. DM pro Jahr	
Lärmbekämpfung	Schriftliche Repräsentativbefragung	Hochrechnung auf die BRD 1989:	WEINBERGER et al. 1991
– Zustand »wenig Lärm«		10,65 Mrd. DM/Jahr	
– Zustand »nahezu kein Lärm«		22,04 Mrd. DM/Jahr	
Verbesserung von	Mündliche Befragung*	DM pro Haushalt und Monat	HOLM-MÜLLER et al. 1991
– Luftqualität		9,38	
– Gewässerqualität		8,02	
– Lärmsituation		4,59	

– Naherholungs- möglichkeiten		2,57	
– Trinkwasser- qualität		4,25	
um jeweils eine definierte Stufe			
Verbesserung von	Marktsimula- tionsspiel, 205 Teilneh- mer	DM pro Haus- halt und Monat	Holm-Müller et al. 1991
– Luftqualität		99	
– Gewässerqualität		44	
– Lärmsituation		0,60	
Verringerung der allgemeinen Umweltbelastung	Mündliche Repräsentativ- befragung	DM pro Haus- halt und Monat	KLOCKOW & MATTHES 1991
– unterster für wirksam gehaltener Beitrag		23,70	
– für das eigene Haushalts- budget angemessen		32,68	
– akzeptables Maximum		41,63	

* Mündliche Befragung nach simultaner Zahlungsbereitschaft für unterschiedliche Bereiche

Übersicht gelingt es durchaus, unterschiedliche Wertkomponenten, wie Erlebnis- und Nicht-Erlebniswerte voneinander zu trennen. Die Befragungen nach der Wertschätzung für eine Tierart setzen sich besonders stark Einwänden im Zusammenhang mit dem oben erwähnten Aggregationsproblem aus – es fragt sich, ob die Studenten in der Untersuchung (6) auch noch 57 US $ pro Jahr für den Buckelwal übrig hätten, wenn sie gleichzeitig mit der Information konfrontiert worden wären, daß tausende anderer Arten ebenfalls gefährdet und unterstützungsbedürftig sind.

Unbeschadet dieses und anderer Einwände zeigen die Ergebnisse eine beeindruckende Stabilität hinsichtlich der jeweiligen Größen- ordnung. Wird mit unterschiedlichster Methodik nach vergleichbaren Inhalten gefragt, so werden auch ähnliche Antworten gewonnen – dies kann als entscheidendes Kriterium für die Relevanz der Studien angesehen werden.

Übersicht 9. Studien zur Zahlungsbereitschaft für den Arten- und Biotopschutz

Art, Biotop oder sonstige Zielsetzungen	Methode	Ergebnisse (Mittelwerte oder Hochrechnungen)*		Autoren
1. Grizzlybär (*Ursus arctos horribilis*)	Schriftliche Befragung von Zielgruppen	Optionspreis, Jäger, für 90 % Wahrscheinlichkeit einer Begegnung in 5 Jahren:	US-$ pro Person u. Jahr: 21,50 21,80 24,00	BROOKSHIRE et al. 1983
		Optionspreis, Beobachter: Existenzwert, Nichtbeobachter:		
2. Bighorn Sheep (*Ovis canadensis*)		Optionspreis, Jäger: Optionspreis, Beobachter: Existenzwert, Nichtbeobachter:	22,90 23,00 7,40	
3. Elch (*Cervus canadensis*)	Schriftliche Befragung von Zielgruppen	Optionspreis, Jäger, für 5 Begegnungen mit Beutetier:	US-$ pro Begegnung: 54,00	SCHULZE et al. 1981
4. Seeadler (*Haliaeetus leucocephalus*)	Schriftliche Befragung von Studenten	Erlebnis- und Existenzwert, Beobachter: Existenzwert, Nichtbeobachter:	US-$ pro Person u. Jahr: 27,65 bis 40,58 12,47 bis 25,27	BOYLE & BISHOP 1985

5. Elritze (*Notropis chrysocephalus*, kleiner Fisch)		Existenzwert:	US-$ pro Person u. Jahr: 4,70 bis 13,24	
6. Buckelwal (*Megaptera novaeangliae*)	Schriftliche Befragung von Studenten	Existenzwert, spontan:	US-$ pro Person u. Jahr: 42,48	SAMPLES et al. 1986
		dto. nach Betrachtung eines Filmes über Wale:	57,06	
7. Ökologisch wertvoller Biotop in Nordengland, 646 ha	Schriftliche Befragung von 127 ökologischen Experten	Options- und Existenzwert:	(£ pro Person u. Jahr): 25	WILLIS & BENSON 1988
		zusätzlich Erlebniswert, ermittelt durch indirekte Methoden:	bis zu 251	
8. Ausweisung von etwa 4 Mio. ha Naturschutzgebieten in Colorado (etwa 15 % des Staatsgebietes)	Schriftliche Befragung, etwa 300 Haushalte	Options-, Existenz- und Vermächtniswert (»non-use« oder »preservation value«)	US-$ pro Jahr u. Haushalt: 32	WALSH et al. 1984
		Hochrechnung auf Colorado:	Mio. US-$ pro Jahr: 35	
		zusätzlich Erlebniswert, Hochrechnung:	58,2	

Übersicht 9. Studien zur Zahlungsbereitschaft für den Arten- und Biotopschutz

Art, Biotop oder sonstige Zielsetzungen	Methode	Ergebnisse (Mittelwerte oder Hochrechnungen)*	Autoren
9. Arten- und Biotopschutz in Berlin (W), vor Vereinigung	Hochrechnung aus Befragung von Studenten	DM pro Person u. Jahr: 126,82 189 Mio. DM pro Jahr Hochrechnung auf Berlin (W):	SCHWEPPE-KRAFT et al. 1989
10. Verhinderung des Aussterbens von Arten in der Bundesrepublik Deutschland	Schriftliche Repräsentativbefragung	DM pro Haushalt und Monat: 5,16 Hochrechnung auf BRD 1989: 16,12 Mrd. DM pro Jahr:	HOLM-MÜLLER et al. 1991
11. Wie 10.	Wie 10.	Einzelheiten vgl. Übersicht 10. Hochrechnung auf BRD 1989: Mrd. DM pro Jahr: 3 bis 7,5	HAMPICKE et al. 1991

* Bei älteren Studien sind Geldentwertungen und Wechselkursänderungen zu berücksichtigen

Eine möglichst repräsentative Erhebung der Zahlungsbereitschaft für den Arten- und Biotopschutz im allgemeinen und für die Gesamtbevölkerung erfolgte durch TIMP & WALTERS in HAMPICKE et al. (1991); hier können nur die wichtigsten Ergebnisse dieser Studie wiedergegeben werden. Auf postalischem Wege wurden etwa 2 500 Haushalte befragt, der Rücklauf betrug mit etwa 800 verwertbaren Antworten über 30 %, was bei der Ungewöhnlichkeit der Fragestellung und ihrem geringen Bezug zum Alltagsleben der meisten Probanden durchaus befriedigt und eine uneingeschränkte statistische Auswertung erlaubt. Gestellt wurden u.a. Fragen nach der allgemeinen Einstellung zu Natur- und Umweltschutz, nach bisherigen eigenen Beiträgen, nach Forderungen an die Politik sowie nach der Zahlungsbereitschaft für den Naturschutz unter verschiedenen Bedingungen. Hinzu traten persönliche Fragen nach Bildungsstand, Einkommen, politischen Parteipräferenzen usw. Die Ergebnisse in Kürze:

- Das Spektrum der Antworten erwies sich ebenso wie das bei den umfangreichen, mit Studenten der Universitäten Hannover, Essen und Kassel durchgeführten Pretests als völlig »normal«; Repräsentanz-, Strategieproblem und andere Schwierigkeiten besaßen etwa das Gewicht wie in anderen Befragungen. Verständnisschwierigkeiten, Antwortverweigerungen usw. kamen in normaler Frequenz vor – das Thema ist m.a.W. weder ungeeignet noch zu schwierig für eine Analyse der Zahlungsbereitschaft.
- Soweit *Meinungen* erfragt werden, nimmt der Naturschutz in der Werthierarchie der Gesamtbevölkerung einen hohen Rang ein. Dies zeigt sich u.a. bei Aufforderungen, wichtige gesellschaftliche Fragen in eine Reihenfolge der Dringlichkeit zu ordnen.
- Anders als noch wenige Jahre zuvor sind verhältnismäßig geringe Unterschiede im Umwelt- und Naturbewußtsein zwischen verschiedenen Bildungs- und Einkommensgruppen zu erkennen. Was früher noch ein »Ober-« oder »Mittelklasseninteresse« war, hat sich weitgehend nivelliert; die entsprechenden Fragen nach Beruf, Einkommen, Bildung usw. klären wenig Varianz.
- Trotz einer verhalten-positiven Selbsteinschätzung der Probanden hinsichtlich ihres ökologischen Informationsstandes sind die Kenntnisse über notwendige Maßnahmen zur Sicherung der Artenvielfalt in Mitteleuropa (und damit indirekt über die Verursachung der bisherigen Artenreduktion, vgl. Kapitel 3.2.2) lückenhaft. Zutreffend erkennt nur eine große Mehrheit die Bedeutung naturgemäßer Landwirtschaft.
- Die Meinung, Wirtschaftssubjekte seien allein auf ihren unmittelbaren und kurzfristigen Vorteil bedacht, so daß man sie auch nur

Übersicht 10. Zahlungsbereitschaft für den Arten- und Biotopschutz in der Bundesrepublik Deutschland 1989. Die Werte sind Mittelwerte (DM pro Befragter und Monat)

Wieviel DM würden Sie spontan für den Schutz von Tier- und Pflanzenarten monatlich bezahlen?	21,30 DM
Ich möchte mich aktiv für den Schutz von Tier- und Pflanzenarten einsetzen; dafür würde ich pro Monat an Zeit investieren:	4,9 Std.*
Wieviel sind Sie bereit, monatlich für den Schutz von Tier- und Pflanzenarten zu bezahlen, wenn Sie wissen, daß **alle Bundesbürger** etwas zahlen müssen?	21,30 DM
Wie hoch wäre dieser Betrag, wenn Sie ihn an eine »Bundesbehörde für Artenschutz« im Umweltministerium zahlen müßten?	12,10 DM**
Wie hoch wäre dieser Betrag, wenn Sie ihn an eine von Naturschutzorganisationen kontrollierte Stiftung zahlen müßten?	19,00 DM**

Auswahl zwischen drei Programmen:

– Erhalt in nicht betretbaren Naturschutzgebieten	11,00 DM
– Erhalt in der freien Landschaft mit Erlebnismöglichkeiten	21,70 DM
– Programm zur Landschaftsverschönerung ohne besonderen Schutzwert für gefährdete Arten (nur Erlebniswert für ökologische Laien)	9,20 DM

Auswahl zwischen drei Programmen mit Kostenangaben: ***

A 1 Mrd. DM pro Jahr für Erhalt zahlreicher Arten in begrenzten Gebieten, Belastung etwa 1,50 DM pro Person und Monat****

B 3 Mrd. DM pro Jahr für besseren Artenerhalt in weiten Gebieten. Belastung etwa 4,50 DM pro Person und Monat****

C 9 Mrd. DM pro Jahr für erheblich besseren Zustand der Natur, einschließlich sauberem Wasser zum Schwimmen u. a., Belastung etwa 13,50 DM pro Person und Monat****

Für welches Programm würden Sie bezahlen?	Keines	9,9 %
	A	7,1 %
	B	25,6 %
	C	57,4 %

hiermit im Zusammenhang stehende Dinge fragen sollte*[1], erscheint fragwürdig. Soweit die Zahlungsbereitschaft für den Naturschutz egoistisch motiviert ist (Erlebniswert), sind langfristige Vorsorgemotive zu erkennen. Auf hohe Zustimmung treffen z. B. Feststellungen, wie: »Das Aussterben von Tieren und Pflanzen zeigt mir, daß meine eigene Gesundheit bedroht ist«. Darüber hinaus finden sich eindeutig altruistische Wertkomponenten (s.u.).
- Das personelle Profil der Zahlungsbereitschaft ist grob etwa derart zu kennzeichnen, daß etwa ein Fünftel der Befragten gar nichts zahlen will und der Rest sich in eine große Mehrheit mit geringer bis mäßiger Zahlungsbereitschaft und eine Minderheit von offensichtlich begeisterten Naturliebhabern mit sehr hohem Willen zu finanziellen Beiträgen aufteilt. Deshalb liegen Modus und Median auch weit unterhalb der Mittelwerte; Hochrechnungen hängen stark von den Angaben der »Viel-Spender« ab, deren Absicherung folglich in weiteren Studien vorrangig ist.
- Wie die Übersicht 10 erkennen läßt, hängt die Zahlungsbereitschaft in hohem Maße von den jeweils vorgeschlagenen Empfängern und den in Aussicht gestellten Maßnahmen ab (»*Vehicle Bias*«). Bei Konstanz anderer Bedingungen würde wesentlich weniger an staatliche Stellen als an eine unabhängige Stiftung gezahlt werden.
- Vorsichtige Schlußfolgerungen sind möglich bezüglich der Motive der Zahlungsbereitschaft. Für ein Programm ohne Erlebniswert (Erhalt der Arten in unzugänglichen »Ghettos«) und für ein solches mit offensichtlich unzureichender Berücksichtigung des Existenzwertes (Verschönerung der Landschaft, ohne daß gefährdeten Arten geholfen würde) wird jeweils etwa halb so viel geboten wie für ein Programm, welches beide Zielsetzungen integriert. Dies ist konsistent mit einigen Ergebnissen aus Übersicht 9. Egoistische

---

Quelle: HAMPICKE et al. (1991), Kapitel 6 (D. TIMP & M. WALTERS, unter Mitarbeit von U. HAMPICKE).

* Verblüffenderweise identisch mit in derselben Studie ermittelten Zeitaufwendungen, wie sie in Naturschutzorganisationen pro Person im Mittel geleistet **werden**, vgl. Kapitel 6.1.1.

** Betrag bezieht sich auf die Frage nach dem Vermächtniswert, hier nicht aufgenommen.

*** Die Kosten der fiktiven Programme sind höher, als es in der Realität der Fall wäre; für 1 Mrd. DM pro Jahr ließe sich mindestens Programm B realisieren, vgl. Kapitel 7.1.7 und 9.5.2.

**** Der Wert müßte z. B. in einem 4-Personen-Haushalt mit vier multipliziert werden.

---

*[1] So kann etwa KAHNEMANN in seinem Statement in CUMMINGS et al. (1986: 185ff.) verstanden werden, in dem er nur Fragen nach käuflichen, egoistisch nutzbaren, nicht aber »ideologischen« Werten zuläßt.

Probanden, denen nur das eigene Erleben wichtig ist, hätten für die »Ghetto-Lösung« nichts bieten dürfen.
- Die Zahlungsbereitschaft steigt deutlich mit der Vermittlung von Informationen über die Kosten von Maßnahmen sowie mit dem gleichzeitigen Angebot anderer, nicht naturschutzspezifischer Umweltverbesserungen. Werden Programme mit Kostenangaben zur Auswahl gestellt, so votiert eine Mehrheit für das teuerste Programm.
- Hochrechnungen sind mit großer Vorsicht vorzunehmen und zu interpretieren. Unter Beachtung der in Kapitel 6.3.1 diskutierten methodischen Probleme kann für eine erste Orientierung ein Intervall von etwa 3 bis 7,5 Mrd. DM (Bundesrepublik Deutschland bis 3.10.1990) umrissen werden.
- Durchschnittswerte und Hochrechnungen sind konsistent mit zwei anderen in der Bundesrepublik vorgenommenen Studien (HOLM-MÜLLER et al. 1991 und SCHWEPPE-KRAFT et al. 1989, vgl. Übersicht 9).

Zur Konsolidierung der Ergebnisse sind zweifellos weitere Studien erforderlich, der erste Eindruck dürfte allerdings kaum grundsätzlich verfehlt sein: Es gibt in der Bundesrepublik und vermutlich auch in anderen Ländern eine *zurückgestaute Zahlungsbereitschaft nach ökologischen Werten in Milliardenhöhe*. Nichts hätte die Befragten daran gehindert, entweder aus strategischen oder anderen Gründen eine viel höhere Zahlungsbereitschaft zu behaupten, als sie tatsächlich angegeben haben, oder im Fall völliger Gleichgültigkeit gegenüber der Natur eine Zahlungsbereitschaft von Null zu signalisieren. Die durchschnittlich pro Person oder pro Haushalt angegebenen Verzichte sind keineswegs auffällig hoch und damit um so glaubwürdiger. Die häufigsten Gebote im Bereich von etwa 100 bis 200 DM pro Haushalt und Jahr liegen bezeichnenderweise im Bereich typischer Beitrags- und Spendensätze für karitative oder andere, an Pflichtgefühle anknüpfende Zielsetzungen und sind wohl auch so gemeint.

6.4 Zusammenfassung

Die in der Bevölkerung verbreitete Wertschätzung ökologischer Vielfalt ist ökonomisch als zumindest teilweise zahlungswillige *Nachfrage* zu interpretieren. Diese Nachfrage bleibt zum weiten Teil unerfüllt und damit latent, weil infolge der ausgeprägten Kollektivguteigenschaften der ökologischen Werte nur rudimentäre Märkte bestehen. Aus diesem Grund und wegen der Abwesenheit eigentumsanaloger Rechte zum Genuß ökologischer Vielfalt sind die Wertschätzungen der Naturliebhaber in der Vergangenheit von der übrigen Gesellschaft nahezu vollständig ignoriert worden. Dieser krasse Fall einer Benachteiligung im Verteilungskampf verdient in ökonomischer und politischer Hinsicht größere Aufmerksamkeit.

Die rudimentären Naturschutz-Märkte bestehen im Verbands-, Beitrags- und Spendenwesen, wo vermutlich nur ein geringer Teil der latenten Zahlungsbereitschaft aktiv wird. Zur Schätzung der letzteren steht ein differenziertes Instrumentarium zur Verfügung, woraus bei gebührender Beachtung von Fehlerquellen die direkten Methoden (»*Contingent Valuation*«) am ergiebigsten erscheinen. Eine Repräsentativbefragung ermittelte eine Zahlungsbereitschaft in der Bundesrepublik Deutschland (bis 3.10.1990) im Bereich von 3 bis 7,5 Mrd. DM pro Jahr. Der Mehrzahl der Bevölkerung scheint der Artenerhalt ein gewisses Opfer wert zu sein, soweit dies nicht »weh tut«. Selbst diese individuell relativ geringen Summen könnten jedoch Erhebliches im Naturschutz bewirken, wenn ihre Akquirierung gelänge.

Empfohlene Literatur
Die wesentliche empirische Literatur zu diesem Kapitel findet sich in den Quellenangaben der Übersichten 8 und 9. Der heutige Stand der Methodik einschließlich Auswertung fast aller durchgeführten Untersuchungen ist in drei Werken konzentriert: CUMMINGS et al. (1986), MITCHELL & CARSON (1989) und POMMEREHNE (1987). Eine Kurzdarstellung des letzgenannten ist POMMEREHNE & RÖMER (1988). Neue Beiträge finden sich u.a. in den jährlich erscheinenden »Advances in Applied Micro-Economics«.

7 Kostenaspekte und Finanzierung – die »Angebotsseite«

7.1 Höhe und Struktur der Naturschutzkosten

7.1.1 Preise und Knappheiten

Wir schließen nun unmittelbar an die Ergebnisse von Kapitel 4.4 an. Dort wurden Kosten als durch Faktorknappheit hervorgerufene Verzichte auf bestimmte Zielerfüllungen zugunsten alternativer Ziele definiert – man kann, wie es richtig heißt, »nicht alles gleichzeitig haben«. Um von echten volkswirtschaftlichen Kosten sprechen zu können, müssen alle Faktoren effizient eingesetzt und voll ausgelastet sein, die Volkswirtschaft muß entlang der Transformationskurve produzieren (Abbildung 4). Nur dann können insbesondere die am Markt zu beobachtenden Preise unverändert als echte Kostengrößen akzeptiert werden. Dieser Fall ist selten gegeben. Die wichtigsten Abweichungen zwischen empirisch zu beobachtenden Preisen und volkswirtschaftlichen Effizienz-, Knappheits- und Schattenpreisen (vgl. Kapitel 4.4) gehen auf folgende Ursachen zurück:

- Direkte staatliche *Preisadministration*, wie sie auf den Agrarmärkten der EG der Fall ist. Wird der Zuckerpreis in der EG auf einen bestimmten Betrag festgelegt, so kann dieser nicht die tatsächliche Knappheit des Zuckers signalisieren, wenn jener gleichzeitig auf dem unregulierten Markt für viel weniger zu haben ist. Es ist zu beachten, daß mit dieser Sachverhaltsschilderung noch kein Werturteil über Sinn oder Widersinn der Preisadministration ausgesprochen ist. Unter bestimmten Umständen können insbesondere vorübergehende Preisbeeinflussungen durchaus Rechtfertigungen finden; es sei also nicht der Ideologie gefrönt, die automatisch sich herausbildende Marktpreise seien gleichsam naturgegeben »richtig«, während politisch beeinflußte Preise immer »falsch« seien. Entscheidend für unseren Zusammenhang ist, daß hochgradig administrierte und damit ihrer Funktion, Knappheiten zu signalisieren, teilweise beraubte Preise nicht unkorrigiert als Maße für Kosten und damit auch für Naturschutzkosten verwendet werden dürfen. Die Verkennung dieses Zusammenhangs führt zu folgenschweren Trugschlüssen in der Praxis.
- Analoges gilt für administrativ verzerrte *Faktorpreise*, u.a. durch unterschiedliche Besteuerung. Treibstoffe sind wegen der hohen Mineralölsteuer teurer, als es ihren Förder- und Transportkosten sowie anderen Kostenkomponenten entspräche. Auch hier gilt

jedoch, daß nicht jede Preisbeeinflussung in ökonomischer Sicht abzulehnen bzw. daß jeder spontan entstandene Preis allein wegen der Nichtbeeinflussung »richtig« wäre.
- Privat hervorgerufene Preisverzerrungen sind auf Märkten mit unvollkommenen, *monopolähnlichen* Wettbewerbsverhältnissen anzutreffen. Können Anbieter wegen ihrer starken Stellung Preise verlangen, welche über das kostenorientierte Maß weit hinausgehen, so wird ebenfalls keine reale Knappheit signalisiert, vielmehr wird eine zu große vorgetäuscht. Der Preis enthält eine Transferkomponente (Monopolrente).
- *Tariflich festgelegte Preise* sind auch im Falle, daß sie durchaus kostenorientiert sind, keine gültigen Knappheitsindikatoren, wenn sie keine Grenz- sondern Durchschnittskosten reflektieren und wenn die Fixkostenkomponente ein großes Gewicht besitzt. Kostet z.B. ein Kubikmeter Trinkwasser 2,00 DM, wovon 1,50 DM auf den Unterhalt des Leitungsnetzes und nur 0,50 DM auf Förderung, Aufbereitung und Transport entfallen, so bestehen die echten Kosten eines zusätzlichen Kubikmeters natürlich nicht in 2,00 DM, sondern in 0,50 DM. Dieses Problem besitzt eine große Bedeutung auf allen Gebieten der öffentlichen Ver- und Entsorgung sowie im Verkehrswesen (z.B. Eisenbahntarife).
- *Löhne* sind aus verschiedenen Gründen nur in sehr eingeschränktem Maße als Knappheitsindikatoren aussagefähig. Zum einen werden auch sie tarifär festgelegt; es ist selten davon auszugehen, daß die Beschäftigung einer einzelnen Arbeitskraft zu einem bestimmten Lohnsatz Opportunitätskosten genau in dessen Höhe hervorruft. Zum zweiten reflektieren die an Bedeutung stark gestiegenen sogenannten »Lohnnebenkosten«, insbesondere die Sozialabgaben, zwar durchaus Kostengrößen – Krankheit und Ruhestand müssen bezahlt werden -, jedoch ist ihre Zurechnung zu einer bestimmten Verwendung der Arbeitskraft fragwürdig. Sie entstehen unabhängig davon, ob eine bestimmte Arbeitsleistung, etwa im Naturschutz, erbracht wird oder nicht und könnten auch pauschal abgegolten werden. Oftmals ist der dritte Punkt von entscheidendem Gewicht: Ist das Arbeitskraftpotential nicht ausgelastet, gibt es m.a.W. Arbeitslosigkeit, so ruft die Einstellung eines vormals Beschäftigungslosen überhaupt keine volkswirtschaftlichen Kosten hervor, da das Kriterium für die Entstehung von Kosten, nämlich das Auftreten von Verzichten, nicht erfüllt ist. Die betreffende Arbeitskraft fehlt nirgendwo anders, wenn sie eingestellt wird. In der Realität sind die Verhältnisse infolge gespaltener Arbeitsmärkte, unterschiedlicher Qualifikationen und aus anderen Gründen komplizierter, dennoch ist der genannte Punkt von großer Bedeutung und wird vielfach verkannt.

- Preise sind nur von eingeschränkter Aussagekraft, wenn es gleichzeitig eine mehr oder weniger rigide staatliche *Mengenbewirtschaftung* des betreffenden Gutes gibt. Ein offenkundiges Beispiel ist die Kontingentierung auf dem Milchmarkt (Betriebe müssen eine Erlaubnis besitzen, um Milch zu den normalen Preisen abliefern zu können, vgl. Kapitel 9.1.4), ein weniger leicht durchschaubares, jedoch äußerst wichtiges ist der *Bodenmarkt*. Zwar scheinen sich Preise für Flächen unterschiedlicher Verwendungsfähigkeit jeweils relativ frei zu bilden, jedoch geschieht dies im Rahmen einer politischen Funktionszuweisung im Rahmen der Bauleitplanung: Bauland ist zwar in ländlichen Räumen billiger als in Ballungsgebieten, wäre jedoch noch billiger, wenn es nicht auch dort durch planerische Eingriffe begrenzt wäre und wenn jeder insbesondere im Außenbereich bauen könnte, wo er wollte.
- Preise reflektieren keine echten Knappheiten, wenn die betreffenden Güter einen bestimmten Öffentlichkeitsgrad (vgl. Kapitel 4.6) besitzen und *Externe Effekte* aussenden, d.h. unbezahlte Komponenten enthalten. So sind Güter. bei deren Herstellung und/oder Konsum unkompensierte Umweltschäden, etwa durch Emissionen, entstehen, volkswirtschaftlich gesehen, »zu billig«.
- Schließlich werden wichtige Kostenelemente nicht einmal durch verfälschte, sondern überhaupt nicht durch Preise signalisiert. Verzichte auf bestimmte Freizeittätigkeiten in verschiedenen Biotopen (vgl. Kapitel 8.2) stellen auch Kosten des Naturschutzes dar, sie sind jedoch bisher noch in kaum einer Studie zu monetarisieren gewesen.

Die Auflistung verdeutlicht, daß die Korrektur empirisch vorzufindender Preise um verzerrende Einflüsse in vollkommenem Umfang unmöglich und damit eine Utopie ist. Dennoch ist sich jede fundierte Kosten-Nutzen-Analyse (»*Cost-Benefit-Analysis*«, vgl. Literatur zu Kapitel 4) der genannten Probleme bewußt und strebt danach, das Mögliche zu tun, um reale Knappheiten zu quantifizieren. Soweit dies methodisch verwehrt ist, dienen die Anhaltspunkte zumindest dazu, voreilige und inkorrekte Schlußfolgerungen zurückzuweisen: Es ist immer noch besser festzustellen, bestimmte (auch Naturschutz-) Kosten seien schlechthin nicht berechenbar und damit in ihrer Höhe unbekannt, als mit offensichtlich unakzeptablen Zahlen Politik zu machen.

Darauf hinzuweisen ist ferner, daß die Transferkomponenten, welche empirische und Effizienzpreise auseinanderdividieren, aus diesem Grunde nicht etwa für die ökonomische Analyse unerheblich sind. Im Gegenteil handelt es sich um wichtige Größen, die nicht nur kein Ökonom aus der Welt schaffen kann, sondern die gerade wegen ihrer (in der Regel intendierten) Einkommenswirksamkeit das politische Leben in besonderem Maße beherrschen. Sie sind selbst Gegenstand ökonomischer Analyse, allerdings auch der Kritik, wenn sie, wie etwa im Falle der EG-Landwirtschaft, zu Ressourcenfehllenkungen und Belastungen öffentlicher Haushalte führen, die in keinem akzeptablen Verhältnis mehr zu ihren Zielsetzungen stehen.

7.1.2 Kosten, öffentliche Ausgaben und Transfers

Daß die Ökonomie des Naturschutzes zwar auf weiten Strecken, jedoch keineswegs ausschließlich eine Ökonomie des öffentlichen Sektors ist, bedarf keiner Betonung. Auch privaten Wirtschaftssubjekten können Kosten auferlegt werden – etwa wenn Landwirte Einschränkungen hinnehmen müssen, ohne dafür entschädigt zu werden – oder sie können freiwillig Kosten tragen, wie die Spenden- und Beitragszahler aus Kapitel 6.1. In der Öffentlichkeit ist jedoch häufig eine vage Sprechweise geläufig, die es zu vermeiden gilt. Wir haben oben gesehen, daß Staatsausgaben ein zumindest ungenaues Maß für volkswirtschaftliche Kosten sind, wenn die Preise für die jeweiligen Leistungen nicht realen Knappheiten entsprechen. Das Problem erweitert sich noch um Größenordnungen, wenn diejenigen Staatsausgaben betrachtet werden, denen überhaupt keine Güter und Leistungen entsprechen, sondern bei denen es sich ausschließlich um *Transferzahlungen* handelt. Betrachten wir zum Beispiel den hypothetischen Fall, daß der Staat die Stillegung eines Hektars guten Zuckerrübenbodens für Naturschutzzwecke so finanziert, daß dem betreffenden Landwirt kein Nachteil entsteht; er möge ebensoviel verdienen wie mit Zuckerrübenerzeugung.

Aus fiskalischer Sicht handelt es sich um eine recht »teure« Maßnahme; dem Landwirt sind mehrere tausend DM pro Hektar und Jahr zu zahlen, wobei wir auf den näheren ökonomischen Zusammenhang erst im Kapitel 9 einzugehen haben. Die Höhe ergibt sich einerseits daraus, daß die Zuckerrüben gemessen am Weltmarktpreis des Zuckers viel zu teuer sind, dieser Aspekt ist schon geklärt worden. Wegen des überhöhten Preisniveaus ist auch die Pacht für den Boden überhöht. Tatsächlich deckt jedoch selbst die hohe Pacht noch nicht den gesamten Einkommensausfall des Landwirts, vielmehr besteht die gesamte *Ausgleichszahlung*, wie es in Extensivierungsprogrammen schon vielfach der Fall ist (näheres in Kapitel 9.4 und 9.5.1), zusätzlich aus einer Komponente, die mit gewissem Recht als »Bezahlung für Nichtstun« interpretiert werden kann. Dieser Komponente entsprechen überhaupt keine Kosten, nicht einmal zu verfälschten Preisen, sie ist eine reine Einkommensstützung.

Transferzahlungen spielen außerhalb des Naturschutzes eine bedeutende Rolle in der öffentlichen Wirtschaft, zu ihnen gehören z.B. alle Sozialleistungen und Renten. Wenn gesagt wird, eine Rentenerhöhung sei zu »kostspielig«, so ist dies irreführend. Da durch sie keine knappen Faktoren verzehrt werden, entstehen auch keine volkswirtschaftlichen Kosten; gemeint ist mit derartigen Äußerungen vielmehr, daß die im Beruf stehende Bevölkerungsmehrheit nicht gewillt ist, den Rentnern einen größeren Teil des Sozialproduktes abzugeben. Auch im Naturschutz sind Transferzahlungen von Kostenelementen (korrekt oder inkorrekt bepreist) sachlich streng zu trennen. Läßt sich auch zur Vermeidung einer allzu umständlichen Ausdrucksweise das Wort »Kosten« nicht immer umgehen, so sollte doch aus dem Zusammenhang klar werden, was gemeint ist, es sollte z.B. von »fiskalischen Kosten« gesprochen werden. Wenn auch für tiefere ökonomische Zusammenhänge die in Effizienzpreisen gemessenen echten Kosten die relevante Größe darstellen, so versteht es sich von selbst, daß Transfers und fiskalische Belastungen das Alltagsleben beherrschen. Meist entscheiden sie in viel stärkerem Maße als die volkswirtschaftlichen Kosten über die politische Durchsetzbarkeit von Maßnahmen. Volkswirtschaftlich kostenlose Maßnahmen (z.B. Übergänge von E nach A in Abbildung 12) können nicht getroffen werden, wenn sie nicht finanzierbar sind.

Neben den Transfers oder Geschenken besteht eine zweite Ursache für fiskalische Belastungen ohne Begleitung durch volkswirtschaftliche Kosten in größeren *Vermögensübertragungen*. Der Fall tritt im Naturschutz insbesondere bei Bodenkäufen auf. Kauft der Staat Naturschutzflächen auf, so ist er streng genommen nicht ärmer geworden, da ihm nun ein Vermögenswert gehört, gleichwohl hat er Geld ausgegeben und damit ein Finanzierungsproblem geschaffen.

7.1.3 Bestands- und Stromgrößen

Ökonomische Wertgrößen und damit auch Kosten können entweder als – bei Zahlungen einmal anfallende – Vermögens- oder Bestandsgrößen angegeben werden oder als laufender Strom über eine endliche oder unendliche Periode. Wird ein Hektar Ackerland verkauft, so wird zwischen den Kontrahenten ein einmaliger Geldbetrag von z.B. 40 000 DM getauscht. Wird der Hektar verpachtet, so mag für einen beliebigen Zeitraum ein Pachtzins von z.B. 800 DM pro Jahr anfallen. Zwischen Bestands- und Stromgrößen bestehen die folgenden Beziehungen:

Eine Bestandsgröße (Vermögens-, Gegenwarts- oder Barwert bzw. »Present Value« PV) verwandelt sich in eine Stromgröße mit *endlicher Periode*, d.h. in eine jährlich konstante *Annuität* A mit der Laufzeit T nach:

$PV = A(1-e^{-iT})/i$ bzw. $A = PVi/(1-e^{-iT})$.

In eine Stromgröße mit *unbegrenzter Periode*, d.h. eine *unendliche Rente* R verwandelt sich derselbe Gegenwartswert nach:
PV = R/i bzw. R = PVi.
In beiden Fällen ist i der gültige Diskont-(Zins-)satz und e die EULERsche Zahl.*

Das Annuitätenkalkül findet vor allem Anwendung in der Investitionsrechnung; man fragt z.B., wieviel eine Maschine mit dem Anschaffungswert PV über einen Abschreibungszeitraum T jährlich in konstanten Beträgen kostet. Die Annuität enthält den Zinsanspruch des Kapitals und die Wiedergewinnung; wird sie angelegt, so kann die Maschine nach Ablauf von T erneut beschafft werden. Die unendliche Rente enthält durch die gedankliche Streckung des Betrachtungszeitraums über alle Grenzen keine Wiedergewinnung und gibt daher den von einem unzerstörbaren, beliebig lange lebenden Vermögen ausgehenden Wertestrom und mithin die reine Verzinsung an. Sie ist vor allem maßgeblich in der Ökonomie des Bodens; im obigen Zahlenbeispiel (PV = 40 000 DM) stellt die Pacht von R = 800 DM/Jahr die unendliche Rente dar, der zugehörige Zinssatz beträgt 2 % p.a.

Die Beziehungen zwischen Bestands- und Stromgrößen sind von unüberschätzbarer theoretischer und praktischer Bedeutung. Die theoretische Brisanz des Themas, welche zu jahrzehntelangen Debatten geführt hat (zum Überblick und mit umfangreicher Literatur vgl. LIND et al. 1982), rührt zunächst daraus, daß empirisch vorzufindende Zinssätze Preise (für die zeitweise Überlassung von Kapital) wie alle anderen auch sind, womit auch für sie die Überlegungen aus dem voranstehenden Kapitel gelten: Auch der Zins kann nach oben oder unten verzerrt sein und die tatsächliche Knappheit des Kapitals unzutreffend widerspiegeln. Wie einfache Rechenbeispiele zeigen, haben bei längeren Laufzeiten geringe Zinsunterschiede gewaltige Auswirkungen auf die Ergebnisse. Nach Meinung maßgeblicher Kosten-Nutzen-Theoretiker überwiegen in der Realität oft die den Zins hochtreibenden Einflüsse, so daß in Effizienzbetrachtungen niedrige Realzinssätze angelegt werden sollten. Obwohl im Vergleich mit zeitweisen Zinsniveaus niedrig anmutend, ist nach diesen, gut begründeten Auffassungen ein Wert von 4 % p.a. schon recht hoch.

Eine tieferschürfende theoretische Frage ist, ob in verantwortungsbewußten volkswirtschaftlichen Langzeitkalkülen überhaupt eine Diskontierung erlaubt sein soll. Die Diskontierung mit dem Zins führt dazu, daß in zeitlicher Ferne liegende Kosten und Erträge heute geringer geschätzt werden. Ein Vermögensbetrag von einer Mio. DM,

---

* Für die Annuität sind in der Praxis kompliziertere Formeln mit diskreter (jährlicher) Verzinsung in Gebrauch, die etwa zum selben Ergebnis führen.

in 100 Jahren fällig, ist bei 4 % p.a. Realzins heute nur 1 000 000 × $e^{-100 \times 0{,}04}$ = 18 316 DM wert, weil ein heute angelegter Betrag dieser Höhe bei dem unterstellten Zinssatz in 100 Jahren auf eine Mio. DM angewachsen sein wird. Wo kommen die übrigen 981 684 DM überhaupt her? Wer bezahlt sie?

Das Procedere der Diskontierung stößt bei ökonomischen Laien auf äußerstes Mißtrauen, zumal zahlreiche Ökonomen auf Fragen der soeben gestellten Art nur unzureichende oder zirkuläre Antworten geben. Das Mißtrauen entzündet sich nicht allein an den für Laien unverständlichen Rechnungen, vielmehr auch an konkreten und nachvollziehbaren ökologischen Besorgnissen: Verleitet die Diskontierung nicht dazu, mit künftig wertvollen Dingen heute fahrlässig umzugehen, weil sie so geringwertig erscheinen? Angenommen, eine natürliche Ressource, wie eine Parzelle tropischen Waldes, liefere unseren Nachfahren in 100 Jahren einen monetären Ertrag von einer Mio. DM (entsprechend heute 18 316 DM). Liefert ihre heutige Zerstörung jedoch einen heutigen Ertrag von 50 000 DM, so wird sie nach der Logik des Kalküls heute zerstört (vgl. hierzu kritisch MYERS 1977, EHRLICH & EHRLICH 1981 : 273 f., Anm.3).

Die Bedenken der Kritiker des Diskontierens sind nur zu verständlich, die Materie ist jedoch so schwierig, daß ihre Diskussion den vorliegenden Rahmen bei weitem sprengen würde. Der Autor hat an anderer Stelle versucht, Antworten zu geben, auf die hier nur hingewiesen werden kann (HAMPICKE 1991). In einer gründlichen Betrachtung kann die Befürchtung, die Diskontierung mit dem Zins sei ökologisch schädlich, theoretisch zerstreut werden, was freilich nicht heißt, daß das tatsächliche Wirtschaften in der heutigen Welt ökologisch akzeptabel wäre.

Die *praktischen* Probleme des Umgangs mit Bestands- und Stromgrößen auf dem Gebiet des Naturschutzes beginnen mit der Art der Darstellung. Man muß sich dafür entscheiden, entweder konsequent nur in Bestands- oder nur in Stromgrößen zu rechnen. Das zweite bietet gewisse Vorteile, vor allem ist jedoch eine Vermischung zu vermeiden. Einem Trugschluß der folgenden Art ist regelmäßig zu begegnen: Angaben über niedrige Naturschutzkosten (als Beispiel: 1 Mio. DM pro Jahr in einer Region) wird damit widersprochen, daß der Ankauf gewisser Flächen schon 5 Mio. DM und die Erweiterung einer Kläranlage ebenfalls 5 Mio. DM koste. In Stromgrößen umgerechnet kostet die Fläche beim Realzins von 4 % jährlich 200 000 DM und die Erweiterung der Kläranlage bei gleichem Zins und 20-jähriger Lebensdauer (Annuität!) jährlich etwa 363 000 DM; die angegebene Million ist also mit Kosten von 563 000 DM pro Jahr erst gut zur Hälfte ausgeschöpft; sie erscheint nur bei einer Verwechslung von Strom- und Bestandsgrößen zu niedrig.

7.1.4 Kostenzurechnungsprobleme

In bestimmten Fällen dienen Maßnahmen allein dem Ziel des Natur- oder, spezieller, des Artenschutzes. Häufiger wird jedoch gleichzeitig auch anderen Belangen, wie etwa der menschlichen Gesundheit, Erholungsbedürfnissen usw. gedient. Dies ist typischerweise der Fall bei Maßnahmen zur Luft- und Gewässerreinhaltung. In der Einleitung (Kapitel 1) sind hierzu schon einige Klärungen vorgenommen worden, die Probleme müssen jedoch nun noch einmal von nahem betrachtet werden, zumal sich auch bei unterschiedlichen Teilzielsetzungen innerhalb des Naturschutzes Kostenzurechnungsprobleme ergeben, welche durchaus in praktische Kontroversen führen können.

Im betriebswirtschaftlichen Rechnungswesen tauchen Kostenzurechnungsprobleme im Falle der *Kuppelproduktion* mehrerer Güter regelmäßig auf. Eine Kuh liefert Milch, Kälber und Rindfleisch – wie sind die Futterkosten auf diese drei gemeinsam erzeugten Güter aufzuteilen? In Industriebetrieben sind hier sogenannte »Vollkostenrechnungen« verbreitet, bei denen alle Kosten ähnlich den Gemeinkosten den Erzeugnissen nach bestimmten Schlüsseln anteilig zugeordnet werden. Solche Verfahren mögen praktisch nützlich sein, wissenschaftlich können sie jedoch nicht überzeugen. Dies tun eher die auch in der landwirtschaftlichen Betriebslehre verbreiteten »Teilkostenrechnungen« nach dem Marginalprinzip. Wird nach der gültigen Betriebsplanung ein Gut A ohnehin erzeugt und fällt B als Nebenerzeugnis an, so werden alle Kosten A angerechnet, B ist »umsonst«. Der logische Grund ist, daß die Kosten in identischer Höhe angefallen wären, wenn B neben A gar nicht zusätzlich erzeugt worden wäre. Baut z.B. ein Landwirt Zuckerrüben an, weil sie auch ohne das Zusatzprodukt »Rübenblatt« (als Futter) rentierlich wären, so ist das Rübenblatt abgesehen von seinen speziellen Bergungskosten kostenlos, ihm dürfen keine Kosten für Dünger, Pflanzenschutz, Flächenanspruch usw. angelastet werden. Wird A ohnehin erzeugt und fällt B als Nebenerzeugnis an, wird aber Wert darauf gelegt, B quantitativ oder qualitativ in höherem Maße als bei der üblichen Kuppelproduktion zu erzeugen, so müssen die dafür zusätzlich anfallenden Kosten B angelastet werden. Verwendet z.B. ein Landwirt einen Traktor über die normalen Bodenbearbeitungs- und Bestellungsarbeiten hinaus für bestimmte Transportarbeiten, die er gegen Lohn für andere ausübt und benötigt er hierfür einen größeren Traktor als den, der für ihn allein genügt hätte, so ist die Kostendifferenz zwischen dem kleinen und dem größeren Traktor seinem gewerblichen Nebenbetriebszweig anzulasten. Sind Produkte so eng miteinander verkoppelt, daß es keinen Sinn ergibt, ein Haupt- und ein Nebenerzeugnis zu identifizieren, so muß ganz darauf verzichtet werden, Kosten zuzurechnen, die Kombination muß vielmehr als »Paket« betrachtet werden. So fallen beim Beispiel der Kuh die Futterkosten für die Kombination Milch, Fleisch und Kälber an, jede proportionale oder wie auch immer gewichtete Aufteilung auf die Elemente der Kombination wäre willkürlich.

Analog ist auch beim Naturschutz zu verfahren: Wird entschieden, die Luft allein im Interesse der menschlichen Gesundheit bis zu einem bestimmten Niveau reinzuhalten, so wird der Naturschutz kostenfrei mitgefördert. Verlangt der Naturschutz regional noch sauberere Luft, als sie eine verantwortliche, an der menschlichen Gesundheit orientierte Politik erfordert, weil bestimmte Organismen noch empfindlicher sind als der Mensch, so müssen die Kosten für die weitergehende Reinigung dem Naturschutz zugerechnet werden. So auch im Gewässerschutz: Das von der Wasserwirtschaft angestrebte Ziel, in allen Fließgewässern generell die Güteklasse II zu gewährleisten, mag menschlichen Bedürfnissen Rechnung tragen. Zahlreiche Libellenlarven und andere Organismen können jedoch nur bei ununterbrochener Gewährleistung der höheren Güteklasse I existieren. Die hier über das generelle Ziel hinaus aufzuwendenden Kosten sind echte Naturschutzkosten. Sind Fälle weniger leicht zu entscheiden, so ist einem haarspalterischen Zurechnungsstreit selbstverständlich aus dem Wege zu gehen. Besteht z.B. das Interesse an der Wiederherstellung einer vielfältigen, gegliederten Kulturlandschaft aus ästhetischen und kulturhistorischen Gründen sowie für die Belange des Trinkwasser- und Erosionsschutzes und der Artenvielfalt, so ist diese untrennbare Kombination hinsichtlich der Kostenzurechnung ebenso zu behandeln wie die oben diskutierte Kombination Milch-Fleisch-Kalb.

Kostenzurechnungsprobleme können auch bezogen auf verschiedene Teilziele innerhalb des Naturschutzes auftreten. Gibt es in einem Biotop zehn gleich schützenswerte und etwa gleich anspruchsvolle Pflanzenarten, so ist es sinnlos, die Kosten der Biotoperhaltung auf die zehn Arten aufzuteilen, sie sind vielmehr als ein Komplex zu betrachten. Verlangt aber eine von ihnen teurere Erhaltungsmaßnahmen als die übrigen neun und besteht ein Bedürfnis danach, Kosten möglichst genau zuzurechnen, so sind die weitergehenden Kosten dieser einen Art anzulasten. Ist eine der zehn Arten in so hohem Maße schutzwürdig, daß die Erhaltungsmaßnahmen allein ihretwegen getroffen worden wären, so sind ihr auch alle Kosten zuzurechnen, der Schutz der übrigen neun Arten ist »umsonst«.

7.1.5 Prioritäten und Effizienz

Sollen keine Ressourcen verschwendet werden, so muß nach dem »*Ökonomischen Prinzip*« entweder ein gegebenes Zielbündel mit *minimalen* Kosten oder es muß bei gegebenem Kostenumfang ein *maximaler* Zielrealisierungsgrad erreicht werden. Analoges gilt auf dem Gebiet der öffentlichen Finanzierung und Belastung des Staatshaushalts (vgl. Kapitel 7.1.2). So einfach diese Regeln in abstrakter Formulierung klingen, so schwierig kann, wie wir sehen werden, ihre Umsetzung in der Praxis sein. Am leichtesten ist auch hier, Beispiele dafür zu nennen, bei denen sie eklatant verletzt sind, so daß weniger für den Naturschutz erreicht wurde, als möglich gewesen wäre:

- Zwischen 1971 und 1984 wurden in Berlin (West) von den zuständigen Behörden etwa 7,8 Mio. DM für den Naturschutz ausgegeben, davon 5,7 Mio. DM oder etwa 73 % für Röhrichtschutzmaßnahmen an der Havel (HAMPICKE 1985, Tab. 85, p.430). Die Maßnahmen blieben zum großen Teil erfolglos und hätten selbst bei besserem Erfolg gefährdete Pflanzen- und Tierarten wenig gefördert. Im gleichen Zeitraum unterblieben Schutzmaßnahmen in wertvollsten Moor- und anderen Biotopen, die zu geringfügigen Kosten hätten ausgeführt werden können, so daß Dutzende seltener Arten ihre letzten Fundplätze im Gebiet einbüßten.
- In Nordrhein-Westfalen wurden zwischen 1985 und 1989 über 150 Mio. DM für ein Feuchtwiesenschutzprogramm im Flachland bereitgestellt (WOIKE 1989); für 110 Mio. DM wurden überwiegend ertragreiche, d.h. teure Grünlandflächen im Münsterland und anderwärts erworben. Können auch ökologische Erfolge nachgewiesen werden (Ebenda), so stehen doch zwei Dinge fest: Erstens hätten mit Mitteln dieser Größenordnung in anderen Biotopen Nordrhein-Westfalens weitaus mehr gefährdete Arten unterstützt werden können und zweitens wäre der tatsächlich erreichte Erfolg billiger, nämlich ohne Flächenerwerb zu haben gewesen, wenn auch hier manche Schwierigkeiten zugestanden werden müssen.

Auch hier ist es leichter, im nachhinein zu kritisieren, als etwas besser zu machen. Es soll nichts verurteilt, sondern auf ein reales Problem hingewiesen werden, welches sich gerade wegen der Mittelknappheit im Naturschutz besonders dringlich stellt: Je knapper das Geld ist, um so gründlicher muß überlegt werden, wofür es verwendet werden soll. Häufig handeln die Verantwortlichen nach bestem Vermögen und in Kenntnis klarer Prioritäten, werden jedoch durch institutionelle Umstände an der Umsetzung gehindert. Oft sind die Mittel nicht fungibel genug, um über Ressort- und Ländergrenzen hinweg zum Ort der besten Wirkung zu gelangen. Zu den weniger akzeptablen Gründen für die Vernachlässigung des Effizienzprinzips gehört auf der Seite zahlreicher (ansonsten verdienstvoller) Naturliebhaber die bekannte Tendenz, selbstverständlich die eigenen Lieblingstiere oder -pflanzen für das wichtigste zu halten, und auf seiten der Behörden, Forderungen gern nach Maßgabe der Lautstärke, mit der sie erhoben werden, der Medienwirksamkeit, Wahltaktik, Schnelligkeit der erwarteten Erfolge und sonstiger außerökologischer Kriterien nachzugeben, sofern nicht überhaupt budgetäre Zufälle (es muß noch etwas ausgegeben werden...) die Hauptrolle spielen.

Voraussetzung jeder Effizienzüberlegung ist Klarheit über die anzustrebenden Ziele – nur wer weiß, was er will, kann überhaupt Prioritäten setzen. Komplementär hierzu ist die Bereitschaft erforderlich, die Nachrangigkeit gewisser anderer Ziele einzugestehen, welche zumindest vorläufig bei der Verfolgung der prioritären Ziele zurückgestellt werden müssen. Dem Beobachter der Naturschutzszene mutet an, daß diese Bereitschaft häufig fehlt – nicht anders läßt sich die generell zu beobachtende Tendenz zu vollständig utopischen Maximalforderungen deuten. Wie leicht ist es, die totale »Wende« zu fordern, und wie schwer ist es, kleine Fortschritte in der Realität zu erzielen!

Nach den im Kapitel 5 dieses Buches entwickelten Kriterien ist die Sicherung des »*Pflichtniveaus*«, die Vermeidung weiterer irreversibler Arten- und Biotopverluste im Interesse späterer Generationen von erster Priorität. Alles andere ist, drastisch gesprochen, zunächst einmal »Luxus«. Bei allen Schwierigkeiten, dieses Pflichtniveau konkret zu definieren, böte eine klare Orientierung an ihm zumindest die Chance, negativ zu selektieren, d.h. (nicht selten teure) Maßnahmen, welche ihm nur wenig dienen, zunächst zurückzustellen. Hierzu gehört die beliebte, auch für ökologische Laien deutlich sichtbare Pflanzung von Hecken und Gehölzen in verarmten Agrarlandschaften, wodurch auf längere Sicht nur Arten gefördert werden, die es weniger nötig haben. Zuweilen empörter Widerspruch gegen Statements wie dieses erklärt sich daraus, daß nicht auf die Kosten geblickt wird: Natürlich ist eine Hecke schön, wer wünschte sich nicht mehr Goldammern. Wenn aber ihre Anlage dazu führt, daß woanders eine Maßnahme zum Erhalt einer aussterbensgefährdeten Art unterbleiben muß, weil das Geld alle ist, so muß sie zurückgestellt werden, solange es genügend Goldammern und andere Heckenbewohner gibt.

Die Schwierigkeiten der konkreten Definition des Pflichtniveaus resultieren u.a. aus dem räumlichen Bezug aller ökologischen Fragestellungen. Die meisten Arten kommen auch außerhalb der Bundesrepublik Deutschland vor – ist es eine Pflichtverletzung, auf einige von ihnen zu verzichten, wenn sie woanders häufig sind? Auch sind die mindestens erforderlichen Anzahlen und Umfänge von Populationen nicht leicht festzulegen – sollen wir zwanzig oder dreißig Lobelienteiche (*Lobelia dortmanna*) in Norddeutschland anstreben? (Dem Autor sind nur zwei bekannt). Der gegenwärtige, mit dem Rücken zur Wand stehende Naturschutz befindet sich sogar in der mißlichen Lage, wegen seiner finanziellen und politischen Schwäche selbst *innerhalb* des Pflichtniveaus noch selektieren zu müssen. Ist es weniger schlimm, auf die Lobelien oder auf die Kornraden (*Agrostemma githago*) zu verzichten?

Die zweite Voraussetzung sinnvoller Prioritätensetzung besteht in Kenntnissen über die Eignung jeweiliger *Mittel* und *Maßnahmen* zur Zielerreichung. An der Spitze steht die Frage, welchen Arten in der Bundesrepublik überhaupt noch geholfen werden kann. Bei vielen Arten der Roten Listen muß bezweifelt werden, ob die kümmerlichen Restvorkommen selbst bei verstärktem Schutz noch eine Chance haben. Teure Schutzmaßnahmen, welche nichts mehr bewirken können, sind Fehlinvestitionen und daher zu vermeiden. Sind hier Prognosen auch vielfach nur äußerst schwierig oder gar nicht zu stellen, so darf diesem Problem ökonomisch dennoch nicht aus dem Wege gegangen werden. Es würde sich bedeutend weniger scharf stellen, wenn mit wirksamen Schutzmaßnahmen früher begonnen worden wäre.

Drittens schließlich sind Vorstellungen über die Kosten bzw. den Finanzaufwand jeweiliger Maßnahmen unabdinglich. Effizient zu wirtschaften heißt nicht, Kosten bedingungslos zu meiden, vielmehr geht es darum, bei allen Maßnahmen Kosten und Nutzen gegeneinander abzuwägen. Teure Maßnahmen rechtfertigen sich, wenn sie sehr wirksam sind, und selbstverständlich sollen auch weniger prioritäre Maßnahmen ergriffen werden, wenn sie billig sind und daher bei Mittelknappheit keine wichtigeren verdrängen. Oft ist ein gegebenes Ziel mit unterschiedlichen Maßnahmen zu erreichen, so daß die kostengünstigste von ihnen ausgewählt werden sollte, nicht ohne dieselben allerdings auf ihre Gleichwertigkeit hin zu prüfen. So können die oben angesprochenen Naturschützer in Nordrhein-Westfalen geltend machen, daß der Schutz der Feuchtwiesen auf der Basis preisgünstiger Pacht im Vergleich zum teuren Kauf nur eingeschränktere Gestaltungsmöglichkeiten eröffnet hätte.

Beim Kostenaspekt sind alle in den Kapiteln 7.1.1 und 7.1.2 dargestellten Probleme fiskalischer und real-volkswirtschaftlicher Knappheiten von Bedeutung. Die beiden eingangs dargestellten Beispiele aus Berlin und Nordrhein-Westfalen unterscheiden sich hier wesentlich: Bei den schnell wieder eingegangenen Röhrichtpflanzungen am Havelufer in Berlin wurden tatsächlich knappe Ressourcen, wie Arbeitskraft und Kapital, verschwendet, hier entstanden volkswirtschaftliche Kosten. Beim Kauf von Feuchtwiesen im Münsterland entstand in erster Linie eine hohe fiskalische Belastung durch den Eigentumswechsel der Flächen. Für Effizienzbelange ist es in erster Näherung gleichgültig, wem eine Fläche gehört.

Wie die Abbildung 15 zeigt, sind im betrachteten Zusammenhang vier Möglichkeiten denkbar, alle kommen vor: (1) Eine Maßnahme

		Fiskalische Belastungen, Probleme der Finanzierbarkeit	
		niedrig	hoch
Volkswirtschaftliche Kosten im Sinne echter Knappheit	niedrig	Beispiel 1: Bewirtschaftungsverzicht im Staatswald	Beispiel 2: Flächenkäufe
	hoch	Beispiel 3: Nutzungsverzichte des Staates bei eigenen Ressourcen	Beispiel 4: Besonders leistungsfähige Abwasserreinigung, wie P-Flockungsfiltration

Abb. 15. Volkswirtschaftliche Knappheit und fiskalische Belastung.

kann sowohl in fiskalischer als auch in volkswirtschaftlicher Hinsicht billig sein, wie etwa eine Altholzinsel oder Lichtung in einem defizitär wirtschaftenden Staatswald (Näheres in Kapitel 8.1), da hier weder öffentliche Kassen beansprucht werden noch auf einen volkswirtschaftlichen Nettoertrag verzichtet wird. (2) Hohe fiskalische Belastungen, aber niedrige oder gar keine volkswirtschaftlichen Kosten werden durch Flächenkäufe hervorgerufen. (3) Volkswirtschaftliche Kosten ohne (zumindest direkte) fiskalische Belastungen ergeben sich z.B., wenn der Staat eine Fläche in seinem Eigentum einer profitablen Nutzung zugunsten des Naturschutzes vorenthält; hier entgehen ihm zwar Einnahmen, jedoch hat er keine Ausgaben zu finanzieren. (4) Fiskalisch und volkswirtschaftlich kostspielig können sich schließlich Gewässerschutzmaßnahmen mit hohen Investitionen für leistungsfähige Kläranlagen erweisen, wenn eine Überwälzung auf die Abwassertarife nicht voll möglich ist.

Ein prioritätenbewußter Naturschutz muß sich bemühen, sich in diesem ökonomischen Labyrinth wenigstens grob zu orientieren. Bei allen erwähnten und darüber hinaus bestehenden Schwierigkeiten sind Fortschritte gegenüber dem Status quo, in welchem oft nur »drauflosgeschützt« wird, zweifellos möglich. Während an die Ökologie der Auftrag zur weiteren Präzisierung und Systematisierung von Naturschutzzielen, insbesondere unter dem Gesichtspunkt des »Pflichtniveaus«, ergeht, bemüht sich die vorliegende Studie im Fortgang unter anderem, Felder zu nennen, auf denen Naturschutz besonders kostengünstig und leicht finanzierbar ist, er also wegen eines günstigen Kosten-Nutzen-Verhältnisses erheblich forciert werden sollte.

7.1.6 Praktische Kostenarten

Kosten des Naturschutzes, d.h. *Verzichte* zu seinen Gunsten, können grundsätzlich auf zweierlei Weise errechnet werden: Entweder durch die Addition seiner (soweit möglich) monetär bewerteten *Faktoransprüche*, d.h. durch die Zusammenstellung aller Produktionskapazitäten, welche von ihm gebunden und damit anderen Nutzungen vorenthalten werden. Soweit Wahlmöglichkeiten bei der Zusammenstellung des Faktorbündels bestehen, ist, wie voranstehend ausgeführt, die billigste Alternative zu wählen. Der zweite Weg besteht darin, das *Produktbündel* zusammenzustellen und (soweit möglich) monetär zu bewerten, auf welches im Interesse der Naturschutzzielsetzungen verzichtet werden muß, etwa in Gestalt bestimmter Umfänge landwirtschaftlicher Produkte, Holz, Torf, darüber hinaus ggf. längerer Transportwege, von Verzichten auf bestimmte Freizeitnutzungen und andere, schwerer zu monetarisierende Dinge.

In der Theorie und in einem idealen Marktgleichgewicht müßten beide Wege zu einem identischen Ergebnis führen, so daß eine von beiden Berechnungsweisen gewählt werden könnte. Praktisch ist dies selten der Fall, und in fast allen Kosten-Nutzen-Analysen führt nur eine Kombination beider Wege zum Ziel. Eine korrekte Wertermittlung der eingesetzten Faktoren setzt z.B. die Kenntnis des Ertrages, welchen diese Faktoren in einer alternativen Nutzung erbracht hätten, voraus. Bei der Kombination ist allerdings sehr sorgfältig die Gefahr der Doppelzählung zu meiden.

Die in der Ökonomie gemeinhin getroffene Einteilung der Produktionsfaktoren in »Kapital«, d.h. Maschinen, Gebäude, Investitionen, Hilfsmittel, Vorräte usw.* sowie in Arbeitskraft und Fläche ist auch im

---

* Die Gleichsetzung von »Kapital« und sächlichen Produktionsmitteln ist nicht nur von MARX kritisiert worden, sondern auch sprachlich äußerst nachlässig, da der Begriff »Kapital« für die Verfügung über abstrakte Kaufkraft reserviert werden sollte, gleichgültig für welche Produktionsfaktoren (aus Arbeit und natürliche Ressourcen) diese eingesetzt wird. Er ist gleichwohl so eingebürgert, daß er im Alltagssprachgebrauch auch in diesem Buch verwendet wird, sofern keine Mißverständnisse möglich sind.

vorliegenden Fall zweckmäßig, betrachten wir einige spezielle Probleme:

Kapitalkosten: Bis auf das in Kapitel 7.1.3 erläuterte Diskontierungsproblem, d.h. die Bestimmung eines volkswirtschaftlich korrekten Zinssatzes, bestehen geringe Probleme der monetären Bewertung. Die benötigten Faktoren – von der Sense über den Einstreustall bis zu Maschinen und Gebäuden einer Kläranlage – besitzen Marktpreise, welche meist als hinreichende Knappheitsindikatoren anerkannt werden können. Größere Schwierigkeiten bestehen auf dem Gebiet der Zurechnung und Abgrenzung. Beispiele sind schon verschiedentlich genannt worden, wie etwa, bis zu welchem Grade die Klärkapazität allgemeinen Umweltschutz- und von welchem ab spezifischen Naturschutzzielen zuzurechnen ist. Ein interessantes Problem besteht im Wasserbau, wo Investitionen zu etwa gleichen Kosten sowohl in naturschutzwidriger als auch -dienlicher Weise ausgeführt werden können. Die Renaturierung eines laufenden Meters einer Bachstrecke mag z.B. 1 000 DM kosten, und diese Investition mag eine irgendwann fällige Erneuerung des bisherigen technischen Ausbaus entbehrlich machen, welche dieselben Kosten hervorgerufen hätte. Wird von sonstigen Kostenkomponenten (Unterhalt, unterschiedlicher Flächenbedarf) abgesehen, so ist ein naturnaher Ausbau à 1 000 DM/m billiger als ein ebenso teurer technischer, wenn der erstere nur einmalig zu erfolgen hat, der zweite jedoch alle 20 bis 30 Jahre wiederholt werden muß. Für den ersteren sind als jährliche Kosten die unendliche Rente, für den zweiten die Annuität (vgl. Kapitel 7.1.3) zu kalkulieren.

Arbeitskosten: Auch hier bestehen Zurechnungs- und Bewertungsprobleme. Welcher Anteil der Arbeitskraft in einem extensiven Landwirtschaftssystem ist spezifischen Naturschutzzielsetzungen zuzurechnen? Nach den Ausführungen von Kapitel 7.1.4 kann zwar das Produkt »Schöne, extensive Kulturlandschaft plus Artenerhalt« als eine Einheit angesehen werden. Dennoch kann das Bedürfnis entstehen, die Arbeitskosten der in einem solchen System (etwa im Vergleich mit weniger naturgemäßen Methoden) erzeugten Agrarprodukte zu berechnen, womit wiederum zugerechnet werden muß. Bei komplexen Problemen dieser Art ist ferner sorgfältig die Bezugsgröße, sozusagen der »Nullpunkt« der Berechnungen, zu beachten. Es kann entweder nach der gesamten Arbeitsleistung im »Wirtschaftszweig Naturschutz« gefragt werden oder nach der, welche im Vergleich zum Status quo zusätzlich erforderlich wäre.

Anders als bei Kapitalgütern wird im Falle der Arbeitskosten das Zurechnungsproblem klar vom Problem der monetären Bewertung dominiert, wie im Kapitel 7.1.1 unter dem Stichwort »Löhne« bereits ausgeführt. Daß die zu zahlenden Löhne den *Opportunitätskosten* des

Arbeitseinsatzes entsprechen – m.a.W. dem entgangenen Grenzprodukt, welches die Arbeitskraft alternativ erzeugt hätte – ist weit eher die Ausnahme als die Regel. In peripheren Regionen, welche für verschiedene Programme zum Artenerhalt besonders in Frage kommen, kann Arbeitskraft wegen geringer Beschäftigungsmöglichkeiten überschüssig anstatt knapp sein, womit dem Naturschutz dort keine *volkswirtschaftlichen* Kosten angelastet werden dürfen – selbstverständlich unbeschadet der Notwendigkeit, die anfallenden Löhne auf irgend eine Weise zu finanzieren.

Flächennutzungskosten: Das Faktoreinkommen des Bodens ist die den klassischen Ökonomen SMITH, RICARDO, MALTHUS und MARX damals sehr wichtige *Grundrente*, das Residuum vom Ertrag abzüglich aller Kapital- und Arbeitskosten; im theoretischen Gleichgewicht entspricht sie dem Pachtzins. Hier ist zunächst der Unterschied zwischen betriebs- und volkswirtschaftlichen Kosten klar zu erkennen; die ersteren fallen zum empirisch gegebenen, die zweiten zu einem hypothetischen Effizienzpreisniveau an. Im Agrarwesen der EG treiben Außenhandelsschutz und Preisstützung auch die Bodenpreise und Pachten hoch, der Naturschutz wird im Falle von Flächenkauf oder -pacht mit Agrarsubventionen belastet (vgl. BOWERS 1988, WILLIS et al. 1988). Unabhängig davon sind die Kaufpreise landwirtschaftlicher Flächen gemessen an der erzielbaren Rendite (Pacht) oft extrem hoch. Dies ist der Grund für die Empfehlung an den Naturschutz, sowenig Flächen wie möglich zu kaufen. Ein Beispiel: Beim Kaufpreis eines Hektars von 40 000 DM und einer Pacht von 600 DM pro Jahr (Rendite 1,5 % p.a.) wäre es für den Naturschutz viel günstiger, anstatt einen Hektar zu kaufen, die 40 000 DM irgendwo zu 6 % p.a. sicher anzulegen (2 400 DM pro Jahr) und vier Hektar à 600 DM zu pachten. Nur in einigen Regionen gilt diese Regel nicht, weil auch die Pachtzinsen von Großbetrieben, welche Deponieflächen für ihre Gülleüberschüsse suchen, hochgetrieben werden.

Noch interessantere und für die Flächenbewirtschaftung spezifische Probleme ergeben sich aus dem Zusammenwirken von ökonomischer Preisbildung und administrativer Raumplanung. Die Rentend.h. Einkommenserzielung setzt stets eine alternative Nutzbarkeit voraus – eine Parzelle, welche faktisch zu keiner anderen als einer bestimmten Nutzung geeignet ist, ist kostenlos. Die alternative Nutzbarkeit kann jedoch unterschiedlich definiert sein: Entscheiden nur physische Gegebenheiten, so muß z.B. ein Weizenacker am Stadtrand, welcher auch bebaut werden könnte, mit dem entgangenen Ertrag aus der Baulandnutzung belastet werden; bei 65 % Nettowohnbaufläche, 400 DM/m² Kaufpreis und einem Diskontsatz von 4 % p.a. wären dies z.B. ca. 100 000 DM pro ha und Jahr. Zwar müßten hiervon sehr erhebliche Beträge für die Erschließungskosten abgezogen werden (HAMPICKE 1985, 166 ff.), dennoch wäre der Weizenanbau relativ zur physisch möglichen Alternativnutzung unrentabel. Die Alternativnutzungen werden jedoch *rechtlich* eingegrenzt; ist der Acker kein Bauland, so ist die Erzielung des Einkommens aus der Alternativnutzung unmöglich, womit die Opportunitätskosten nur fiktiv, nicht aber aktuell sind.

Gleiches gilt im Naturschutz: Wird ein Hektar Ackerland der Weizen- und Zuckerrübenerzeugung vorenthalten, weil er für Strukturelemente, wie Hecken und Raine verwendet werden soll, so entstehen zwar der gesamten Volkswirtschaft unter der Fiktion völlig beliebiger Flächenverwendung Opportunitätskosten in Höhe der Grundrente aus der Weizenerzeugung zum Weltmarktpreisniveau. Hierauf kann sich jedoch der betreffende Eigentümer ebensowenig automatisch berufen wie der Landwirt am Stadtrand, dem jährlich 100 000 DM Grundrente entgehen, weil seine Parzelle nun einmal nicht als Bauland ausgewiesen ist. Wird rechtlich fixiert, daß eine Fläche dauerhaft Naturschutz-, nicht aber Produktionsfläche ist, so gibt es keinen Anspruch auf ein Faktoreinkommen der Fläche nach Maßgabe der Alternativnutzung, da diese ausgeschlossen ist. Die hiermit verbundenen praktisch-politischen Umsetzungsprobleme liegen auf der Hand – wir stehen erneut vor dem in Kapitel 4.5 ausgebreiteten Problem der Definition des Vektors von Verfügungsrechten (*Property Rights*). Das Problem wird noch mehrfach auftauchen; im vorliegenden ist nur zu resümieren, daß Flächennutzungskosten stets die Angabe des entsprechenden Bezugsrahmens erfordern. Sind physischer und rechtlicher Bezugsrahmen jeweils auf ihre Weise aussagekräftig, so sind Flächennutzungskosten ggf. für beide zu berechnen und einer folgenden Interpretation zuzuführen.

Flächennutzungskosten können stets nur relativ zu aktuell bestehenden oder konkret vorstellbaren Nutzungsalternativen berechnet werden. Ein Hektar Naturschutzfläche muß mit dem Ertrag aus landwirtschaftlicher Intensivnutzung, Aufforstung, Verwendung als Industrie- oder Wohnbaufläche o.a. belastet werden, wobei die jeweils profitabelste Alternative maßgeblich ist. Taucht eine neue Alternativnutzung auf, so können bisherige Berechnungen ungültig werden. Sollte z.B. entgegen überwiegender Erwartung die Erzeugung »nachwachsender Rohstoffe« auf landwirtschaftlichen Flächen wirtschaftlich werden (nicht durch Schaffung künstlicher Nachfrage und Subventionierung, sondern nach volkswirtschaftlichen Effizienzkalkülen!), so müßten u.U. Naturschutzkosten relativ zu dieser neuen Alternative neuberechnet werden.

Die Berechnung der Naturschutzkosten nach Maßgabe des entgangenen Produktbündels ist aussagekräftig und korrekt, wenn der

Faktoreinsatz bei einem Vergleich mit und ohne Naturschutz identisch ist. Das entgangene Produktbündel steht dann für den vom Naturschutz erzwungenen Effizienzverlust des Faktoreinsatzes im Hinblick auf die partielle (und damit zu enge) Zielsetzung der Produkterzeugung. Die genannte Voraussetzung ist verletzt, wenn z.b. in der Landwirtschaft verlangt wird, nicht allein die Erzeugungsmenge durch Extensivierung zu senken, sondern zusätzlich den Arbeitseinsatz, etwa für Pflegemaßnahmen in Biotopen, zu steigern. Versehen mit den nötigen Einschränkungen und Interpretationshilfen, kann die Angabe eines entgehenden Produktbündels (z.B.: »7,5 % weniger Holz aus Inlandserzeugung«) dennoch nützlich und insbesondere für ökonomische Laien sehr anschaulich sein; zumindest wird die Größenordnung der vom Naturschutz geforderten Verzichte deutlich.

7.1.7 Gesamtschau und Ergebnisse bisheriger Studien

Wieviel kostet es, die Natur nicht zu zerstören? Diese bereits im Kapitel 5.4 im Zusammenhang mit Fragen der Monetarisierbarkeit angesprochene Frage ist seit der Pionierarbeit von KRUTILLA & FISHER (1975) Gegenstand einer Reihe von Studien; einige Ergebnisse sind in der Übersicht 11 wiedergegeben.

Versuche, wie die von BISHOP (1980), Erhaltungskosten für einzelne Arten zu schätzen, sind nach wie vor rar; mehr Studien widmen sich den Opportunitätskosten des Flächenanspruchs des Naturschutzes, wovon nur zwei Beispiele in die Übersicht aufgenommen wurden. Als Startpunkt dieser Forschungen kann die Arbeit von GOLDSTEIN (1971) gelten, in welcher im mittleren Westen der USA die beiden Alternativen, Flächen landwirtschaftlich zu intensivieren oder sie naturnah als Erlebnisbereich für zahlungsbereite Federwildjäger zu belassen, verglichen wurden – mit dem damals noch unkonventionellen Ergebnis, daß die zweite Alternative auch ökonomisch durchaus vorzuziehen sein kann.

Nicht wenige Studien kommen wie TURNER et al. (1983) und KRUTILLA & FISHER (1975) zu dem Ergebnis, daß die Bewahrung eines naturnahen Zustands gar keine volkswirtschaftlichen Kosten hervorruft, weil geplante Großinvestitionen bei Licht betrachtet unrentabel sind; wir werden gleich ein weiteres berühmtes Beispiel kennenlernen. Die Untersuchung von WILLIS et al. (1988) verdeutlicht den Unterschied zwischen scheinbaren Flächennutzungskosten, wenn verzerrte Preise für die naturunverträgliche Alternativnutzung angesetzt werden (wie überhöhte EG-Agrarpreise), und den niedrigeren volkswirtschaftlichen Opportunitätskosten in korrekter Berechnung; auch hierauf werden wir zurückkommen.

Übersicht 11. Studien zu Kosten des Arten- und Biotopschutzes

Einzelne Arten	Kosten	Autoren
Kalifornischer Condor (*Gymnogyps californianus*)	≦ 3,2 Mio. US-$ pro Jahr	BISHOP 1980
Leoparden-Eidechse (*Crotaphytus silus*)	140 000 US-$ pro Jahr	BISHOP 1980
Snail darter (*Percina tanasi;* eine Fischart)	Null, vgl. Text	BISHOP 1980
Berggorilla in Ruanda (*Gorilla gorilla berengi*)	Unbekannt, sehr schwer zu bestimmen, vgl. Kapitel 5.2.5	BISHOP 1980

Ökologisch wertvolle Biotope in England	Verzicht auf landwirtschaftliche Intensivierung, A zu EG-Preisen, B zu Weltmarktpreisen: £ pro ha u. Jahr	Autoren
Skipwith Common, 240 ha	A 181 B 64	WILLIS et al. 1988
Derwent Ings	A 175 B 127	WILLIS et al. 1988
Upper Teesdale*	A 165 B 97	WILLIS et al. 1988
Norfolk Broads (Feuchtgebiet in England)	Verzicht auf Hochwasserschutzmaßnahmen und landwirtschaftliche Intensivierung: Null wegen Unwirtschaftlichkeit der Entwicklungsprojekte	TURNER et al. 1983

* Gleicher Biotop wie Übersicht 9, Punkt 7.

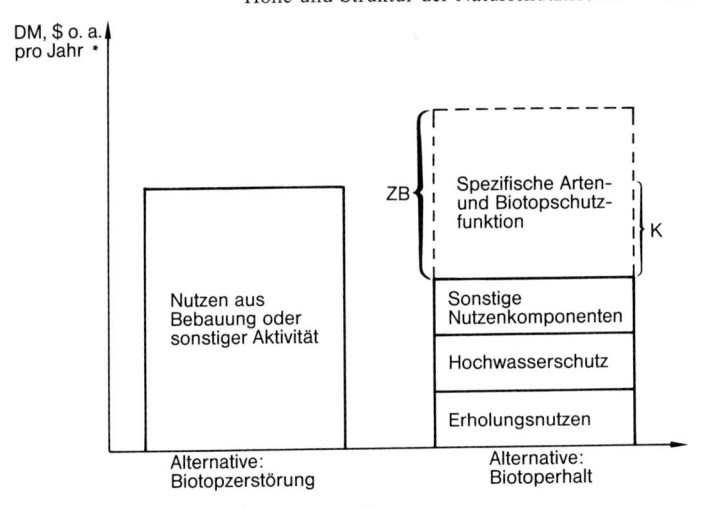

Abb. 16. Vollständige Evaluation von Biotopen.
K = Opportunitätskosten des Arten- und Biotopschutzes gegenüber der Alternative Biotopzerstörung, bei Werturteilsentscheidung gegebenenfalls entgegen den ökonomischen Präferenzen zu tragen.
ZB = eventuell bestehende Zahlungsbereitschaft für spezifische Arten- und Biotopschutzfunktionen.
* in korrekter (sehr schwieriger) Berechnung müssen alle künftigen, sich u. U. stark veränderten Nutzen antizipiert, eventuell durch Optionswerte korrigiert und in einen Gegenwartswert umgewandelt werden.

Wie die Abbildung 16 zeigt, müssen bei jeder Entscheidung über eine Flächennutzung alle Kosten- und Nutzenkomponenten berücksichtigt werden. Grundsätzlich ist zu prüfen, inwieweit für die konkurrierenden Nutzungsansprüche räumliche Alternativen bestehen. Kann die Bebauung als Beispiel für eine naturunverträgliche Nutzung in Abbildung 16 auch woanders erfolgen, so sinken die Opportunitätskosten der Alternative »Nicht-Bebauung« beträchtlich (BATIE & MABBS-ZENO 1985). Ferner ist der Nutzen aller an dem unbebauten Zustand gebundenen und mit Naturerhalt verträglichen Aktivitäten zu ermitteln. Bei den hier besonders untersuchten Feucht- und Küstengebieten (sehr zu empfehlende Gesamtdarstellungen durch TURNER 1988 und 1991) kann es sich um Erholungsnutzen (BERGSTROM et al. 1990), Hochwasserschutzfunktionen (THIBODEAU & OSTRO 1981), fischereiwirtschaftlichen Nutzen (LYNNE et al. 1981) und weitere Aspekte handeln (WESTMAN 1977, DIXON & SHERMAN 1991). Können diese Nutzen ökonomisch quantifiziert werden, so ergeben sich die spezifischen Opportunitätskosten des Arten- und Biotopschutzes als Residuum, als Differenz zwischen Bebauungs- und Nichtbebauungsnutzen (Größe K in Abbildung 16). Gelingt die Ermittlung bis hierher, so kann entweder politisch entschieden werden, ob – natürlich wiederum unter Einbezug räumlicher Alternativen – der Artenschutz auf der betreffenden Fläche den Eingang der Kosten K wert ist, oder es kann eine Zahlungsbereitschaftsanalyse für die spezifischen ökologischen Werte (nicht zu verwechseln mit dem Erholungsnutzen) unternommen werden. Kommt sie zu dem Ergebnis ZB in Abbildung 16, so ist die Summe aller Werte der Alternative »Nicht-Bebauung« die höhere, und es ist ökonomisch effizient, von der Bebauung abzusehen. Betrachten wir nun noch einen spektakulären Konflikt und zwei Untersuchungen etwas näher.

Tellico-Staudamm: Großes Aufsehen erregte in den 70er Jahren in den USA eine Diskussion im Zusammenhang mit der damals gültigen Fassung des Bundes-Artenschutzgesetzes (Endangered Species Act). Vereinfacht gesprochen, verbot diese kategorisch alle Handlungen, welche zum Aussterben einer Art führten. Der Bau des genannten Staudamms im Rahmen des Tennesse Valley-Gewässerregulationssystems stellte eine solche Handlung dar, da durch ihn eine unscheinbare und weithin unbekannte Fischart, der »Snail Darter« (*Percina tanasi*), welche allein aus dem betreffenden Gewässer bekannt war, ausgerottet würde. Nachdem der Staudamm unter hohem Kosteneinsatz bereits zu 90 % fertiggestellt worden war, wurde unter Berufung auf das Gesetz ein Verzicht auf den Weiterbau oder gar ein Abriß gefordert. Der Ausgang des Konflikts und weitere Einzelheiten sind bei RANDALL (1987 : 395–405) nachzulesen; im vorliegenden interessieren allein die ökonomischen Aspekte. Die Befürworter des Projekts waren nicht bereit zu akzeptieren, daß eine einzige, offenkundig nutzlose Art wichtige Infrastrukturprojekte blockieren sollte und verwiesen auf den enormen ökonomischen Nutzenentgang, falls den Naturschützern nachgegeben würde. In der Tat sind diese Nutzenentgänge als die Erhaltungskosten des Snail Darters anzusehen, soweit sie ihm vollständig zuzurechnen sind.

Der Hinweis auf ökonomische Verluste war insofern berechtigt, als schon sehr hohe Baukosten aufgewandt worden waren, welche hätten abgeschrieben werden müssen. Ob aber die Erhaltungskosten des Snail Darter in einer Vollkalkulation überhaupt positiv gewesen wären, ist zu bezweifeln. Der Bau des Staudammes erfolgte auf Grund einer im Jahre 1971 angestellten Analyse mit dem Ergebnis eines Nutzen-Kosten-Verhältnisses (Benefit-Cost-Ratio) von 1,7 : 1. Diese stellte sich später als zu optimistisch heraus, eine Nachberechnung im Jahre 1978 ermittelte ein Verhältnis von 0,5 : 1. Wird der späteren, sorgfältigeren Berechnung gefolgt, so war der Bau unökonomisch und schon ohne Berücksichtigung des Snail Darter verfehlt (RANDALL 1987, vgl. auch BISHOP 1980). Ohne ihn hätte der Fisch überlebt und wäre Geld gespart worden, die Erhaltungskosten betrugen in der Tat Null. Das Beispiel zeigt, wie wenig dem bloßen Anschein hoher Naturerhaltungskosten zu trauen ist und wie wichtig sorgfältige (von ökologischen Fundamentalisten leider oft abgelehnte) monetär-quantitative Analysen sein können.

Naturschutzkosten in Berlin (W) 1984: Eine komplexere, gebietsbezogene Berechnung stellte HAMPICKE (1985) an. Es wurden die volkswirtschaftlichen Kosten des im Jahre 1984 für das damalige West-Berlin konzipierten Artenschutzprogramms ermittelt (ARBEITSGRUPPE ARTENSCHUTZPROGRAMM 1984). Obwohl auf Grund der gewandelten politischen Verhältnisse und zahlreicher inzwischen durchgeführter Maßnahmen in der empirischen Substanz weitgehend überholt, mag die Studie immer noch gewisse methodische Anregungen bieten. Einige wichtige Ergebnisse finden sich in der Übersicht 12. Nach der Studie sind Naturschutzmaßnahmen selbst in Ballungsräumen erschwinglich; die Realisierung der wichtigsten und überwiegend dem Artenschutz (ohne Kuppelnutzen für andere Belange, vgl. Kapitel 7.1.4) dienenden Teile hätte mit 4 Mio. DM pro Jahr etwa 0,04 % des jährlichen Brutto-Inlandproduktes von Berlin (W) beansprucht. Selbst im unwahrscheinlichen Fall, daß die Zahlungsbereitschaft für den Artenschutz Null betragen hätte, so daß das Opfer entgegen den Präferenzen der Subjekte allein aus Pflicht hätte erzwungen werden müssen (vgl. Kapitel 5.4), wäre bei dieser Größenordnung jeder Einwand der Unzumutbarkeit gegenstandslos gewesen. Tatsächlich beträgt die Zahlungsbereitschaft für den Arten- und Biotopschutz in Berlin einer späteren Studie zufolge 189 Mio. DM pro Jahr (SCHWEPPE-KRAFT et al. 1989, vgl. auch Übersicht 9), ist also 47 mal so hoch wie die Kosten der notwendigsten Maßnahmen. Als weitaus teurer stellten sich die Maßnahmen heraus, welche neben dem Artenschutz weitere Umwelt- und Gesundheitsnutzen stiften (und deshalb auch schrittweise realisiert wurden und werden), vor allem auf dem damals im Berliner Raum noch sehr stark vernachlässigten Gebiet der Reinhaltung der Oberflächengewässer. Zur Geringfügigkeit der Kosten für den »Kern« des Artenschutzprogramms trugen u.a. folgende Umstände bei:

– Entgegen den Erwartungen bestanden selbst am Rande des Ballungsgebietes bei vielen wertvollen Biotopen geringe Konflikte mit alternativen Flächennutzungen, auch war (außer bei Gewässerufern) keineswegs überall eine Übernutzung durch Erholungssuchende festzustellen. Die für zahlreiche Arten gefährlichen Qualitätsverschlechterungen dieser Biotope waren vielmehr auf jahrzehntelange Versäumnisse der zuständigen Behörden zurückzuführen, wie etwa bei Pflegemaßnahmen, die teilweise sehr kostengünstig hätten erfolgen können.

Übersicht 12. Kosten des Artenschutzprogramms Berlin 1984

Maßnahmen	Mio. DM pro Jahr
Verzicht auf Flächenumwandlungen (Bebauung, Grünanlagen), relativ zum Entwurf des Flächennutzungsplans 1984	2,5
Extensivierung der Landwirtschaft*	1,5
Grünflächenextensivierung**	−2,0
Lokale Wiedervernässung der Moore	0,5
Rückbau von Kleingewässern und Regenwasservorreinigung	1,0
»Pauschaltopf«***	0,5
Summe: »Kern« des Artenschutzprogramms	4,0
Flächendeckende Grundwasseranhebung im Grunewald durch Versickerung, 30 Mio. m³ pro Jahr	ca. 9,0
Verbesserung der Gewässerqualität (BSB_5-Reduktion, Nitrifizierung, evtl. Denitrifizierung, Flockungsfiltration)	ca. 90,0
Summe mit weitergehenden Maßnahmen	ca. 100,0

Quelle: HAMPICKE 1987, p. 182, Tab. 2. Alle Berechnungen ausführlich in HAMPICKE 1985.
* Hauptsächlich Erstattungszahlungen für den Verzicht auf Pestizide und Kosten für Feldgehölzpflanzungen.
** Sehr zurückhaltend geschätzte Ersparnisse, bedeutend höhere Beträge möglich.
*** Summe vieler kleiner, schwer zu systematisierender Maßnahmen.

– Flächennutzungskosten wurden bei allen Biotopen erhoben, für welche im damals vor der Verabschiedung stehenden Flächennutzungsplan-Entwurf (1984) eine andere als die im Artenschutzprogramm geforderte Nutzung vorgesehen war, bei denen also Verzichte gefordert wurden. Da der genannte Entwurf – etwa hinsichtlich weiterer Bebauungsvorhaben – recht zurückhaltend war, war die Konfliktfläche mit etwa 1 000 ha relativ gering. Die Konflikte mit anderen, weniger »naturfreundlichen« Flächennutzungsplänen, wie dem seinerzeit noch geltenden von 1973, waren zwar

umfangreicher, auch sie hätten jedoch die Opportunitätskosten keinesfalls um Größenordnungen anwachsen lassen.
- Der zweite Grund für unerwartet niedrige Flächennutzungskosten bestand in dem nur bescheidenen Wohlfahrtsgewinn bei der Flächenumnutzung in naturabträglicher Richtung, etwa der Bebauung eines vormals extensiv bewirtschafteten Ackers, wenn nur alle volkswirtschaftlichen Kosten korrekt erfaßt wurden. Die von den Nutznießern der Bebauung nur teilweise getragenen Kosten und Folgekosten der städtebaulichen Erschließung stellten sich als so hoch heraus, daß sie den durch die Zahlungsbereitschaft signalisierten Wert des Baulandes (einschließlich von Teilen der Konsumentenrente) zum erheblichen Teil wieder aufzehrten.
- Als Ursache umfangreicher Artengefährdungen identifizierte das Artenschutzprogramm intensive und oftmals wenig plausibel zu begründende Pflegemaßnahmen in Grünanlagen und an Kleingewässern. Für die routinemäßige Entkrautung und Sohlenreinigung von Gräben – einschließlich nahezu totaler periodischer Vernichtung der Amphibienlaich-, Insektenlarven- und anderen Populationen – wurden damals jährlich 30 bis 50 DM pro laufenden Meter ausgegeben, zusammen 5 Mio. DM pro Jahr. Da nur noch ein geringer Teil der Gräben Funktionen für den Wasserabfluß erfüllte (wofür sich nach § 28 Wasserhaushaltsgesetz eine Pflegepflicht ableiten läßt), waren diese Kosten schon unabhängig von ökologischen Erwägungen und allein unter dem Aspekt der Haushaltsdisziplin kaum zu rechtfertigen. Die möglichen Ersparnisse auf diesem Gebiet und die noch höheren bei der Grünanlagenpflege wurden zwar in der Kostenberechnung vorsichtshalber kaum veranschlagt, jedoch konnten zumindest viele vom Artenschutzprogramm geforderten Umorientierungen mit guter Begründung als kostenlos angesehen werden.
- Offizielle und von Mittelanforderungen begleitete Planungen sahen Mitte der 80er Jahre die Umgestaltung von peripheren landwirtschaftlichen und innerstädtischen Brachflächen (auf Eisenbahngelände und dem bekannten früheren »Diplomatenviertel« am Tiergarten) in Grünanlagen zu exorbitanten Kosten vor. Nach dem Artenschutzprogramm sollten sowohl die landwirtschaftlichen als auch die durch ungestörte 40-jährige Sukzession gekennzeichneten Brachflächen erhalten bleiben; die hier auftretenden Kostenersparnisse wurden mit den sonstigen Artenschutzkosten saldiert. Sind auch diese Planungskonflikte durch die veränderte politische Lage in besonderem Maße überholt, so illustrieren sie doch nach wie vor die Gefahren einer (salopp gesprochen: über zuviel Geld verfügenden) Planungsmentalität sowohl für die Belange der Ökologie als auch der Haushaltsdisziplin.

- Schwerwiegende Arten- und Biotopgefährdungen waren und sind im Gebiet von Berlin (W) in Mooren und anderen Feuchtgebieten zu beobachten, welche im Einzugsgebiet von Trinkwasserbrunnen liegen und daher der Austrocknung unterliegen. Eine Lösung dieses Problems an der Wurzel – etwa durch Reduzierung des Trinkwasserverbrauchs – ist wegen ihrer derzeit geringen Realisierungschancen und weil sie mit dem Instrumentarium der Kosten-Nutzen-Analyse kaum überzeugend berechenbar ist, nicht erwogen worden. Vielmehr sind nur die Kosten einer Symptombekämpfung angesetzt worden, welche allerdings nach Auffassung der ökologischen Experten der Untätigkeit weit vorzuziehen ist und zumindest die Stabilisierung der Restbestände verspricht. Es handelt sich um die Einleitung entsprechend aufbereiteten Wassers in die Biotope mittels Rohrleitungen, um das Wasserdefizit zu kompensieren. Diese Maßnahmen sind kostengünstig.
- Als ebenfalls kostengünstig stellten sich die geforderten Maßnahmen auf dem Gebiet der Kleingewässersanierung, -renaturierung, der Regenwasserbehandlung und verwandter Bereiche heraus, wenn die Investitionen über einen längeren Zeitraum verteilt und in Annuitäten bzw. unendliche Renten verwandelt werden.

Verschiedene Probleme konnten in der Studie nicht oder nur ansatzweise gelöst werden. Auf einigen Konfliktfeldern waren die Artenschutzkosten prinzipiell nicht monetarisierbar, auf anderen wäre dies methodisch möglich, jedoch zu aufwendig gewesen. Qualitative Überlegungen zeigten in den Fällen, in denen den Artenschutzzielen Erholungs- und Freizeitaktivitäten entgegenstanden, oftmals Kompromiß- und Ausweichmöglichkeiten auf, so daß weniger zu befürchten war, daß die Gesamtbilanz durch eine Monetarisierung und Einbeziehung dieser Größen vollständig verändert worden wäre. Dies um so mehr, als nichtmonetarisierte Nutzen des Artenschutzes, wie etwa die Befragungen zufolge hochgeschätzte Erhaltung von stadtnahen, weniger intensiv bewirtschafteten Äckern (SCHWEPPE-KRAFT et al. 1989), ebenfalls unberücksichtigt blieben; ihr Einbezug hätte die Gesamtsumme der Artenschutzkosten weiter senken müssen. Unberücksichtigt bleiben mußten ferner die je nach Einzelfall mit Sicherheit oder wahrscheinlich kostenentlastenden Wirkungen von Artenschutzforderungen im Zusammenhang mit einigen Großprojekten der Infrastruktur. Der Fall des geplanten Güterbahnhofs auf dem »Schöneberger Südgelände« sollte indessen als warnendes Beispiel in die Geschichte eingehen und wird im Kapitel 8.3 noch einmal kurz geschildert.

Alles in allem hätte das Artenschutzprogramm auch bei vollständiger Realisierung das damalige West-Berlin nicht in ein ökologisches Paradies verwandelt; vor einer derartigen Deutung der niedrigen

Kosten kann nur gewarnt werden. Die Maßnahmen des »Kerns« (Übersicht 12) waren dazu bestimmt, bekannte wertvolle Biotope gezielt zu schützen. Vormals überaus reiche Biotope, wie das ausgedehnte Gewässersystem der Havel mit Ufern, deren effektiver Schutz insbesondere durch Zurückdrängung der Erholungs-Übernutzung sehr hohe Kosten verursacht hätte, tauchten in der Maßnahmeliste nicht auf, weil ihr ökologischer Wert durch Gewässerverschmutzung, Erholungsdruck, Zerstörung des Röhrichtgürtels u.a. zum Zeitpunkt der Bearbeitung soweit abgesunken war, daß bei einer Uferlänge von über 100 km nur noch eine einzige »Rote-Liste-Art«, nämlich *Urtica kioviensis*, gefunden werden konnte.

Wenn das Ziel aber darin bestehen soll, weitere Verluste abzuwenden, so waren und sind die im Artenschutzprogramm ausgewiesenen und in der ökonomischen Begleitstudie als überwiegend kostengünstig (darüber hinaus oftmals auch fiskalisch eher ent- als belastend) ausgewiesenen Maßnahmen sachgerecht. Erfreulicherweise sind in der Zwischenzeit zahlreiche von ihnen, vor allem auf den Gebieten der Moor- und Gewässerpflege und der Extensivierung von Landwirtschaft und Grünanlagen, mit schon erkennbaren Erfolgen durchgeführt worden. Wäre hiermit zwar auf Grund der positiven Wandlung des allgemeinen Naturschutzklimas und der inzwischen weit besseren finanziellen Ausstattung ohnehin zu rechnen gewesen, so mag doch der Nachweis niedriger Kosten ein wenig dazu beigetragen haben, die Maßnahmen zu beschleunigen.

Naturschutzkosten in der Bundesrepublik 1989: In einer neueren Studie (HAMPICKE et al. 1991) werden die Kosten eines Arten- und Biotopschutzkonzeptes für die Bundesrepublik Deutschland (bis 3.10.1990) überschlägig ermittelt; die wichtigsten Ergebnisse finden sich in der Übersicht 13. Da in dieser Studie Probleme der Forst- und vor allem der Landwirtschaft weit im Vordergrund stehen, denen wir uns noch näher widmen werden (Kapitel 8.1 und 9), mag an dieser Stelle ein knapper Überblick über die Ergebnisse genügen.

Die Berechnung erfolgte in zwei Stufen: Zunächst wurde unter möglichst vollständiger Verarbeitung der von zuständigen Behörden, Landesämtern, Forschungsinstituten und führenden ökologischen Fachleuten publizierten Erhebungen und Forderungen ein »Mengengerüst« erstellt. Hier wurde in physischen Maßen – Bedarf an Flächen, Arbeitskraft und sonstigen Faktoren – ein Programm erarbeitet, welches erwarten läßt, daß der Druck auf gefährdete Arten bedeutend reduziert und bei erfolgreicher Durchführung den meisten von ihnen eine dauerhafte Existenz in lebensfähigen Populationen gewährt wird. Wegen der großen Unsicherheiten über den notwendigen Faktor-, insbesondere Flächeneinsatz wurden zwei Szenarien erstellt, von denen das kleinere oft verlautete Minimalanforderungen

Übersicht 13. Kosten des Arten- und Biotopschutzes in der Bundesrepublik Deutschland

Kostenfaktoren	Szenario I	Szenario II
Flächenforderung (Mio. ha)	2,4	3,38
% der Fläche der Bundesrepublik Deutschland bis zum 3. 10. 1990 (überwiegend für extensive landwirtschaftliche Biotope wie Magerrasen, Feuchtwiesen, sonstiges Grünland und naturnahe Wälder)	9,6 %	13,6 %
Erforderliche Arbeitskräfte		
– ständig	8 500	15 300
– einmalig zur Erstinstandsetzung*	11 500	15 800
Mindererzeugung an Produkten		
– Rauhfutter	7,8 %	10,9 %
– Getreide (oder Äquivalent)	7,2 %	12,3 %
– Rohholz	4,4 %	7,5 %
– Torf	100,0 %	100,0 %
Ausgleichszahlungen (Mio. DM pro Jahr)	1 550	2 460
Einzelwirtschaftliche Kosten	976	1 525
– darunter für flächenhafte Biotope	741	1 204
– darunter für Gewässer	235	321
Volkswirtschaftliche Kosten	759	1 266
– darunter für flächenhafte Biotope	602	1 055
– darunter für Gewässer	157	211

Quelle: HAMPICKE et al. 1991, p. V. (zusammenfassende Tabelle), Tab. 5.8–1, p. 405 und Tab. 5.9–2, p. 415 auf ein Jahr umgerechnet.

enthält und das größere weitergehende, noch vielfach utopisch erscheinende Maßnahmen beinhaltet. Diese Szenarien können als Versuche gelten, das in den Kapiteln 5.3 und 5.4 entwickelte »Pflichtniveau« (»*Safe Minimum Standard*« nach CIRIACY-WANTRUP 1952) des Arten- und Biotopschutzes für einen Bezugsrahmen wie die Bundesrepublik Deutschland zu konkretisieren.

Im zweiten Schritt wurden die Konsequenzen ermittelt. Dies

geschah teils auch in physischen Maßen (»Mindererzeugung an Produkten« in Übersicht 13), im Vordergrund stand jedoch die Monetarisierung. Berechnet wurden die Ausgleichszahlungen, welche insbesondere Landwirten zu gewähren sind, wenn sie aus einer ökologischen Umorientierung ihrer Wirtschaftsweise im Vergleich zum Status quo keine Nachteile ziehen sollen. Dies kann, muß jedoch nicht das Ziel der Naturschutzpolitik sein, mehr hierzu im folgenden Kapitel 7.2. Ferner wurden die Kosten zu herrschenden, teils administrativ verzerrten Preisen kalkuliert, wie sie für einzelwirtschaftliche Entscheidungen relevant sind, sowie die entzerrten, Effizienzpreisen möglichst nahekommenden volkswirtschaftlichen Kosten. Der Unterschied zwischen einzel- und volkswirtschaftlichen Kosten entspricht weitgehend den jeweils mit A und B gekennzeichneten Werten in der britischen Untersuchung (WILLIS et al. 1988) aus Übersicht 11. Die volkswirtschaftlichen Kosten betragen nur etwa die Hälfte der Ausgleichszahlungen, die andere Hälfte muß als reines Transfereinkommen aufgefaßt werden. Die wenigen Daten der Übersicht 13 deuten darüber hinaus ein Effizienzproblem an: Obwohl Maßnahmen an Gewässern im Rahmen des Mengengerüstes auf das Minimum des absolut Erforderlichen beschränkt blieben, beanspruchen sie einen erheblichen Teil der Kostensummen; Gewässer können »teure« Biotope sein.

Betrachten wir die Kostenangaben in gerundeter Form, stellen wir uns Kompromisse zwischen beiden Szenarien vor und rechnen wir damit, daß einzelwirtschaftliche Preise auf absehbare Zeit nicht vollständig durch Effizienzpreise zu ersetzen sein werden, so konsolidiert sich ein grober Richtwert für die Kosten eines erfolgversprechenden Naturschutzprogramms in der Bundesrepublik Deutschland im Bereich von etwa einer Milliarde DM pro Jahr, wenn die richtigen Prioritäten gesetzt werden. Wird die in den vorderen Abschnitten dieses Buches entwickelte Bedeutung des Artenerhaltes aus ethischen, ästhetischen und utilitaristischen Motiven anerkannt, so muß der Preis in volkswirtschaftlichen Maßstäben als extrem gering bezeichnet werden, er beträgt ganz ähnlich wie in Berlin (vgl. oben) etwa 0,045 % des Bruttosozialprodukts. Im übrigen sind selbst die Angaben zu volkswirtschaftlichen Kosten übertrieben, weil kaum Saldierungen mit bestehenden Ineffizienzen vorgenommen werden konnten – im Vorgriff auf die Kapitel 8.1 und 9.5.2 kann durchaus behauptet werden, daß die erstellten Szenarien sowohl in der Forst- als auch in der Landwirtschaft vollständig zum Nulltarif zu haben sind. Selbst hiervon abgesehen liegen die Kosten erheblich unter der Zahlungsbereitschaft für den Arten- und Biotopschutz (vgl. Kapitel 6.3.2) in Höhe von 3 bis 7,5 Mrd. DM pro Jahr, womit nach marktwirtschaftlichen Maßstäben ein derartiges Programm sofort durchzuführen ist. Wenn es möglich wäre, würde das Programm von den souveränen Konsumenten in der »Abstimmung mit dem Geldschein« gekauft werden, die Gebote übersteigen die Kosten um das 3- bis 7,5fache. Es ist nach diesen Ergebnissen sehr unwahrscheinlich, daß die Gesamtbevölkerung in der Bundesrepublik zum Naturschutz »gezwungen« werden müßte, wie dies in Kapitel 5.4 als letzte Möglichkeit in Anbetracht intergenerationeller Pflichten vorgesehen wurde.

7.2 Kostenverteilung

So fundamental die übergeordnete volkswirtschaftliche Frage nach den gesamten Naturschutzkosten ist, sie darf nicht den Blick dafür verstellen, daß es letztlich die einzelnen Subjekte (Haushalte und Unternehmen) sind, welche diese Kosten zu tragen haben. Im Vordergrund des individuellen Interesses steht verständlicherweise nicht so sehr die Frage nach der Kostensumme als vielmehr die nach dem Anteil, welcher auf einen selbst entfällt. Wenn die oben reflektierten Ergebnisse, wonach selbst anspruchsvolle Naturschutzprogramme in volkswirtschaftlichen Maßstäben nur geringfügige Kosten verursachen würden, richtig sind, diese (und selbst weit weniger ambitionierte) Programme jedoch bisher allem Anschein nach nicht durchsetzbar waren, so bestand eine Ursache dafür wohl darin, daß die von den Kosten potentiell betroffenen individuellen Subjekte sich gegen dieses Opfer wehren konnten.

Der Wirtschaftstheorie wird nicht ohne Grund der Vorwurf gemacht, über ihre Lieblingsthemen von Allokation und Effizienz die Probleme der Verteilung stark vernachlässigt zu haben. Immerhin können wir an einige Ergebnisse aus dem Kapitel 4.5 anschließen, wenn es auch nachfolgend im wesentlichen darum geht, Fragestellungen zu präzisieren und vorschnelle Antworten zurückzuweisen. Es wird sich zeigen, daß nicht eine Art der Verteilung als einzig richtige identifiziert werden kann, vielmehr kommt es erneut auf die Umstände an.

7.2.1 Das »Verursacherprinzip« und das COASE-Theorem

Die Hoffnung, wonach dieses populäre Schlagwort von Willkür und Subjektivität freie, verbindliche Prinzipien der Kostenanlastung ableiten ließe, wird in näherer Betrachtung erheblich gedämpft. Wer ist der »Verursacher« eines Problems? In einer überaus wichtigen Arbeit stellte COASE (1960) klar, daß jeder Nutzungskonflikt eine Symmetrie enthält; immer sind beide Seiten die »Verursacher« der

Nutzeneinbußen des Gegenüber. Verdeutlichen wir uns dies am heute vieldiskutierten Problem des »Wasserpfennigs«: Hohe landwirtschaftliche Düngung kann zu einer Nitratbelastung des Grund- und damit Trinkwassers führen. Die letztere muß aus gesundheitlichen Gründen vermieden werden, gegebenenfalls kommt eine starke Senkung des Düngungsniveaus in Betracht. In intuitiver Sicht ist der Fall klar: »Verursacher« des Problems sind die Landwirte, also sollen sie die Kosten der notwendigen Umorientierung tragen; ihnen ist die übermäßige Düngung ohne Entschädigung zu untersagen. Die zuerst im Land Baden-Württemberg entwickelte und anschließend in das Recht des Bundes (WHG § 19(4)) übertragene Lösung sieht das Gegenteil vor; die Landwirte werden dafür, daß sie von der Nitratbelastung des Grundwassers ablassen und weniger düngen, entschädigt. Der Leser mag sich durch Lektüre einer in der Fachliteratur ausgetragenen und überaus interessanten Kontroverse selbst davon überzeugen, ob sich diese Regelung am »Verursacherprinzip« versündigt oder nicht (BONUS 1986, SCHEELE & SCHMITT 1986, sowie fünf weitere Streitschriften in späteren Ausgaben der Zeitschrift).

Ein Anhänger des erwähnten COASE-Theorems beurteilt den Fall analytisch wie folgt: Die Landwirte »verursachen«, daß die Wasserwerke Kosten für die Denitrifizierung des Grundwassers aufwenden müssen, soll eine Gesundheitsbelastung vermieden werden. Die Wasserwerke »verursachen« wiederum die Einkommenseinbußen der Landwirte auf Grund ihrer Forderung nach geringerer Düngung. Der Konflikt besteht darin, daß die Parteien die Ressource »Grundwasser« für einander unverträgliche Zwecke nutzen wollen: Die einen wollen es in trinkbarer Form weiterverkaufen, die anderen es als Aufnahmemedium für überschüssigen Dünger nutzen. Wer wen zu entschädigen hat, ist nach den Ausführungen von Kapitel 4.5 allein eine Frage der Definition und Primärverteilung der Verfügungs- bzw. Eigentumsrechte: Besitzen die Trinkwassernutzer (Wasserwerke und ihre Kunden) das »Eigentum« am Grundwasser, so können sie den Landwirten jede Belastung entschädigungslos untersagen, letztere haben überhaupt keine Ansprüche. Als Rechtsinhaber könnten sie den Landwirten theoretisch sogar die Belastung gegen Entgelt erlauben. Besitzen umgekehrt die Landwirte das »Eigentum« am Grundwasser, so können sie es nach Belieben benutzen und sind davon höchstens gegen Entgelt abzuhalten; mit dem »Wasserpfennig« wird ihnen ihr »Eigentum« sozusagen abgekauft. Noch einmal sei daran erinnert, daß die hier behandelten »Eigentums-« oder Verfügungsrechte juristisch vollständig fiktiv sein können; sie werden implizit durch die Richtung der Entschädigungsansprüche definiert (ausführlich hierzu FREY & BLÖCHINGER 1991).

Bei der »Wasserpfennig«-Regelung wird den Landwirten ein entschädigungspflichtiger Anspruch auf die Nutzung des Grundwassers für ihre Zwecke unterstellt. Dieser Anspruch kann bestritten werden, wie dies von seiten der Nicht-Landwirte auch geschieht, nur muß der Status dieses Einwandes klar sein: Keine Verteilung ökonomischer Verfügungsrechte ist auf Grund ökonomischer Logik schlüssig, jede ist vielmehr Resultat eines Werturteils. Wer die »Wasserpfennig«-Regelung ablehnt, findet dafür viele diskussionswürdige Gründe, aber er oder sie kann nicht behaupten, daß durch die Regelung die formallogische Struktur des Verursacherprinzips auf den Kopf gestellt werde. Es gibt nicht *das* Verursacherprinzip. Analog zum Wasserpfennig-Beispiel sind auch alle Naturschutzprobleme im engeren Sinne zu interpretieren. Wer Arten gefährdet, »verursacht« ein Problem für die Naturliebhaber, wer Arten erhalten wissen will, »verursacht« das Problem mit umgekehrtem Vorzeichen für den Rest der Welt.

Zusätzlich zu den gezeigten fundamentalen Schwierigkeiten des »Verursacherprinzips« ist darauf hinzuweisen, daß schon die Verursachung eines physischen Effektes bedeutend schwieriger zu ermitteln sein kann, als es den Anschein hat. Der Landwirt, welcher durch hohe Düngung seines Grünlandes einer großen Anzahl von Pflanzen- und Tierarten den Lebensraum nimmt, ist gewiß derjenige, welcher letzte Hand bei der Artenverdrängung anlegt. Aber er kann reklamieren, nur ein Glied in einer Verursacherkette zu sein, deren Wurzeln woanders zu suchen seien. Er sagt, daß es letztlich der hohe Wohlstand, beim Grünland speziell der hohe Butter-, Käse- und Rindfleischkonsum sei, welcher die Arten verdränge, »Verursacher« seien also die Konsumenten, deren durch die Nachfrage signalisierte ökonomische Ansprüche er nur befriedige. Zusätzlich kann er die Agrarpolitiker verantwortlich machen, soweit sie durch falsche Weichenstellungen die Erzeugung von Agrarprodukten auf Kosten der Artenvielfalt noch mehr fördern, als es allein der kaufkräftigen Nachfrage entspräche. Oder es kann auf das in Kapitel 6.1.2 angesprochene Problem der Vorschädigung durch frühere Aktivitäten verwiesen werden (dort war es der Orchideenphotograph, welcher den Vorwurf der »Alleinschuld« an der Artenbedrängung mit Recht zurückwies). Der Landwirt wendet ein, daß er nicht mehr und nicht weniger am Rückgang der Feuchtwiesenkräuter schuldig sei als andere, welche Tausende von Feuchtwiesen in früheren Zeiten gedüngt und drainiert und damit die Knappheit dieser Arten überhaupt erst erzeugt haben, ohne daß sie nun als »Verursacher« zur Verantwortung gezogen würden.

Auch der Landwirt wird sich das eine oder andere ökonomische Gegenargument anhören müssen, worauf wir nicht im einzelnen eingehen müssen. Alle Aspekte pro und contra sind bei der Werturteilsentscheidung über die Zuteilung der Verfügungsrechte und damit die Richtung der Entschädigungszahlungen und letztlich die Anlastung der Naturschutzkosten mitzuberücksichtigen, wobei auf jede allein rhetorische Verwendung des Begriffs »Verursacherprinzip« verzichtet werden sollte.

7.2.2 Gerechtigkeitsaspekte

Zu entscheiden, ob etwas gerecht oder ungerecht ist, gehört zu den schwierigsten Aufgaben der praktischen Philosophie; sie ist zu allen Zeiten Stoff hochrangiger und dabei nie unumstrittener Arbeiten, wie etwa in der Gegenwart das bedeutende Werk von RAWLS (1971). Kein Urteil über Gerechtigkeit ist gegen Einwände immun, hieraus jedoch den Schluß zu ziehen, das Problem am besten ganz zu umgehen (wie es viele Fachökonomen tun), kann auch nicht befriedigen. Im folgenden können wiederum in erster Linie nur Behauptungen über gerechte und ungerechte Kostenanlastungen problematisiert werden.

Als eine gerechte Anlastung kann zunächst diejenige angesehen werden, bei der auf alle Subjekte gleiche Opfer entfallen. Was heißt aber »gleich«? Werden absolut gleiche Beträge von zwei Haushalten verlangt, deren einer ein Jahreseinkommen von 100 000 DM und deren anderer ein solches von 10 000 DM hat, so kann durchaus bestritten werden, daß dies gerecht ist. Gerechter erscheint, daß jedes Subjekt einen bestimmten, gleichen Anteil seines Einkommens für den Naturschutz opfern soll. Auch hier werden jedoch Subjekte ungleich stark betroffen. Eine Person, welche im Naturschutz für sich keinen Wert erkennt, muß eine Nutzeneinbuße erdulden, ein Naturliebhaber jedoch nicht. Wer durch den verbesserten Zustand der Natur Beobachtungen seltener Vögel und Schmetterlinge machen kann, die ihn aufs höchste beglücken, hat gar kein Opfer gebracht, auch wenn er etwas bezahlt hat. Man ist geneigt, mit einem solchen Ergebnis dennoch zu sympathisieren, wenn man die Präferenz pro Naturschutz für wertvoller hält als die contra Naturschutz, indem man dem Naturgeneigten seinen Nutzenzuwachs und dem Naturabholden seinen Nutzenverlust jeweils sozusagen »gönnt«. Derartige Wertungen, wiewohl im Alltagsleben und bei politischen Entscheidungen unvermeidlich, bereiten auf wissenschaftlicher Ebene Probleme, da sie nicht auf Willkür oder Sympathie aufbauen können, sondern einer intersubjektiv überzeugenden Begründung bedürfen. Eine größere Sympathie für die Präferenz des Naturschutzgeneigten kann damit begründet werden, daß nur sie mit den ethischen Grundsätzen harmoniert, welche in einer Gesellschaft, die sich zur Fairness bekennt, intersubjektiv verbindlich sind (vgl. Kapitel 5.2 und 5.3). Wer für Naturschutz freiwillig zahlt, weil er schon als Egoist einen Nutzen daraus zieht, befördert auch das Wohl späterer Generationen. Diese

Art von Egoismus ist zweifellos sympathischer als die mit dem gegenteiligen Ergebnis, jedoch sollten wir bei moralischen Be- und erst recht Verurteilungen nicht KANT (1961: 34 ff.) vergessen, demzufolge im zwar pflichtgemäßen, aber nicht pflichtbewußten Handeln noch kein inhärenter Wert gesehen werden kann (auch wenn das Ergebnis befriedigt) – nach KANT ist erst der wirklich zu loben, welcher für den Naturschutz aus Pflicht zahlt, obwohl er selbst aus ihm keinen Nutzen zieht.

Gerechtigkeitsfragen spitzen sich zu, wenn – mit allen oben diskutierten Vorbehalten – Kosten verursachungsgerecht und damit in der Regel bewußt ungleich angelastet werden sollen. Wird ein Rechtsanspruch der Landwirte auf die Ausübung ihrer bisherigen artenverdrängenden Praxis geleugnet, so kann der Naturschutz eine unentgeltliche, nicht von Ausgleichszahlungen begleitete Umorientierung von ihnen verlangen. Sie müssen dann weniger spritzen, düngen usw. und selbst sehen, wie sie damit zurecht kommen. Daß sie wie alle anderen auch Opfer bringen sollen, vielleicht sogar mehr als andere, mag plausibel sein, aber sollen *nur* sie Opfer bringen? In den näheren Betrachtungen zur Landwirtschaft in Kapitel 9 wird deutlich werden, daß der Naturschutz in vielen Fällen verlangt, daß sehr viel weniger gespritzt und gedüngt wird – woraus nicht nur empfindliche Einkommenseinbußen resultieren, sondern die Fortführung bisheriger Betriebe ausgeschlossen wird. Das in der Öffentlichkeit beklagte »Höfesterben« würde noch beschleunigt. Ist es gerecht, wenige Landwirte individuell auf das stärkste mit Kosten des Naturschutzes zu belasten, welche wegen ihrer volkswirtschaftlichen Geringfügigkeit bei breiter Verteilung auf die große Mehrheit der Nicht-Landwirte von jenen kaum als Belastung empfunden würden? Die Frage soll hier nur gestellt, nicht zu beantworten versucht werden.

7.2.3 Pragmatische Aspekte

Sollen praktische Ziele erreicht werden, so darf nicht nur in Prinzipien gedacht werden. Pragmatische Überlegungen können dazu beitragen, die soeben beschriebenen Konflikte zu entschärfen und vor allem auch, Naturschutz politisch durchsetzbar zu machen. Das folgende gilt wiederum unter der Voraussetzung, daß überhaupt neu auftretende Kosten verteilt werden müssen, also soweit sich der Naturschutz nicht schon durch den Abbau von ineffizienten Fehlallokationen (Kapitel 4 und 5) realisieren ließe.

Konzentrierte oder breit gestreute Kostenanlastung? Für bestimmte Komponenten der Naturschutzkosten kann der eine, für andere Komponenten jedoch der andere Weg angeraten sein. Wird ein Problem zweifelsfrei durch eine bestimmte Personengruppe hervorgerufen, liegt der Naturbedrohung keine lebenswichtige, sondern eine eher luxuriöse Tätigkeit zugrunde und führt die individuelle Kostenanlastung zu keinen unzumutbaren Härten, so wird sie tatsächlich zu erwägen und jeder Version des »Gemeinlastprinzips« (BENKERT 1987) vorzuziehen sein. Wenn z.B. Drachen- und andere Leichtflugzeugsportler scheue Vögel beunruhigen, so ist ihnen dies in den betreffenden Regionen zu verbieten. Sie müssen die Kosten des Naturschutzes in Form höherer Fahrtkosten in unbedenkliche Gebiete, als Qualitätsverlust ihres Hobbys, wenn es woanders weniger attraktiv ist, oder in Form eines völligen Verzichts tragen. In der Öffentlichkeit wäre wohl wenig Sympathie dafür zu gewinnen, ihnen ebenso wie Motorboot-, Moto-Cross-, Geländeautofahrern usw. diese Verzichte nach der »Willingness-to-Sell«-Methode (Kapitel 6.3.1) zu erstatten. Das Beispiel mag trivial erscheinen, wie entscheidet man aber im Falle weniger begüterter Personen und wenn ein erzieherischer, entwicklungspsychologischer oder wie auch immer begründeter Wert in den naturbedrängenden Handlungen zu erkennen ist? Wie ist mit Stadtkindern ohne Freizeitraum zu verfahren, welche in einem stillgelegten Kleintagebau spielen und die seltenen Amphibien verdrängen? Ihnen wird dies viel schneller verboten als den Motorbootfahrern, wobei wir wieder beim Problem der Gerechtigkeit sind: Erst vernichten die Erwachsenen die Amphibienpopulation bis auf fragile, unbelastbare Reste, nehmen den Kindern alle Spielflächen weg und verbieten ihnen dann noch, Frösche zu fangen, weil sie so selten sind.

Für eine breite Streuung der Naturschutzkosten finden sich nicht nur starke Beweggründe in den zahlreichen Fällen, bei denen der naturunverträgliche Einfluß zumindest im Prinzip eher einem fundamentalen Lebensinteresse als einer Luxustätigkeit entspringt und bei denen eine »Letztverursachung« durch die breite Bevölkerung zugestanden werden muß, wie z.B. bei der Nahrungserzeugung durch die Landwirtschaft. Vielmehr kann die breite Streuung auch dazu führen, daß sich Naturschutzkosten so »verdünnen«, daß sie für die einzelne Person unter die *Wahrnehmungsschwelle* absinken, was zweifellos als konfliktentschärfend anzusehen ist. Eine breite Streuung kann daher unter dem Aspekt der Durchsetzbarkeit oftmals selbst dann zu erwägen sein, wenn Verursachungs- oder Gerechtigkeitsüberlegungen auch eine gezielte Anlastung rechtfertigen würden. So beklagen z.B. Unternehmen der Teichwirtschaft notorisch die Verluste, welche ihnen durch Graureiher, Kormorane, Eisvögel u.a. entstehen. Obwohl von den Teichwirten moralisch ohne weiteres verlangt werden könnte, die Konkurrenz durch diese Vögel hinzunehmen, ist es wegen der volkswirtschaftlichen Trivialität der Verluste klüger, sie ihnen einfach zu erstatten.

Anlastung an Privathaushalte oder Unternehmen? Werden Naturschutzkosten in breit gestreuter und »verdünnter« Form Haushalten angelastet, so führt dies in der Regel zu einer reibungslosen Anpassung der gesamten Volkswirtschaft, indem der Kaufkraftentzug auf sehr viele andere Gebiete und dort jeweils kaum fühlbar verteilt wird. Werden Unternehmen belastet, so können punktuell starke Friktionen auftreten, welche im Ergebnis einzelne Wirtschaftssubjekte stark bis unzumutbar belasten – Arbeitnehmer werden entlassen, kleine Unternehmen, wie Landwirtschaftsbetriebe, müssen ganz aufgegeben werden usw. Es ist also nicht als »unternehmerfreundliches« Werturteil mißzuverstehen, wenn allein im Interesse der Friktionsminimierung eine direkte Überwälzung der Naturschutzkosten auf die verfügbaren Budgets möglichst vieler Privathaushalte empfohlen wird, sofern nicht andere Gründe dagegen sprechen. Die Schonung von Unternehmen heißt nicht, sie bei naturbelastenden Aktivitäten fortfahren zu lassen, jedoch können Verlustausgleichszahlungen, Übergangshilfen oder Subventionen zu Umorientierungen erwogen werden.

Anlastung nach der Zahlungswilligkeit: Personen sind in bezug auf den Naturschutz unterschiedlich motiviert. Wenn nach den bisherigen Analysen der Zahlungsbereitschaft Teile oder gar die Mehrheit der Bevölkerung für den Naturschutz zahlen würden, ohne sich dabei schlecht behandelt zu fühlen, so scheint – sofern die Gebote der Zahlungswilligen hinreichen – wenig Grund dafür zu bestehen, andere, nicht zahlungswillige Personen zur Kostenübernahme zu zwingen und damit Konflikte zu schüren, welche letztlich die ökologischen Ziele gefährden. Sind bisherige Erhebungen nicht grob fehlerhaft, so dürfte letzteres in der Bundesrepublik mit einer latenten Zahlungsbereitschaft von 3 bis 7,5 Mrd. DM pro Jahr der Fall sein (vgl. Kapitel 6.3.2). Sollte das Kriterium der Zahlungswilligkeit auch gewiß mitsprechen, so sind jedoch auch hier Vorbehalte möglich: Nach den Ausführungen von Kapitel 5 ist das »Pflichtniveau« in Gestalt der Sicherung des Artenbestandes in lebensfähigen Populationen im Interesse intergenerationeller Gerechtigkeit tatsächlich eine unabweisbare Pflicht, von der die Zahlungsunwilligen nicht ohne weiteres entbunden werden können. Es könnte auch vorgeschlagen werden, zunächst die Kosten des »Pflichtniveaus« zwangsweise auf alle Subjekte zu verteilen und die darüber hinaus bestehende freiwillige Zahlungsbereitschaft der Naturliebhaber für Biotopentwicklungsmaßnahmen verfügbar zu machen, welche über dieses Minimum hinausgehen. Gar nicht zu rechtfertigen ist die in Abschnitt 6.1.2 schon angesprochene bisherige erpresserische Haltung gegenüber einer opferbereiten Minderheit von Naturliebhabern, der sogar zugemutet wird, den von anderen hinterlassenen Unrat aus Biotopen wegzuräumen, weil sie den Mißstand schlechthin nicht mitansehen kann.

7.3 Finanzierungsweisen

Die Übersicht 14 gibt einen Überblick über die Möglichkeiten, ökonomische Ressourcen der Aktivität »Naturschutz« zuzuführen. Die drei grundsätzlichen Lösungen sind der Abbau von Fehlallokationen, Umwidmungen vorhandener öffentlicher Mittel und die Neuakquisition.

7.3.1 Abbau von Fehlallokationen

Die Allokationsverbesserung durch Effizienzgewinne ist in den theoretischen Kapiteln 4.1 bis 4.4 erläutert worden: Man kann Naturschutz zum »Nulltarif«, d.h. ohne Opportunitätskosten haben, soweit

---

Übersicht 14. Finanzierungsweisen des Naturschutzes

Naturschutzfinanzierung

keine zusätzlichen Mittel erforderlich		zusätzliche Mittel erforderlich
• Abbau von Fehlallokationen • Unterlassung naturwidriger Aktivitäten, die auch sonst nicht zu rechtfertigen wären	• Umwidmung vorhandener (z. B. Steuer-)Mittel	• Spenden • Beiträge • Eintrittsgelder • Abgaben auf naturbelastende Tätigkeiten, Produkte und Faktoren • Allgemeine Steuerfinanzierung

→ zunehmender Zwang

er durch Umstände verhindert wird, die schon für sich selbst als Nachteile anzusprechen sind und deren Überwindung keinen Verlust, sondern einen Gewinn für die Gesellschaft darstellte. Insgesamt sind die Möglichkeiten kostenlosen Naturschutzes außerordentlich groß, sie reichen von millionenfachen kleinen Korrekturen im Alltagsleben aller Menschen bis zu wirtschaftspolitischen Kursänderungen großen Stils, von der Unterlassung übertriebener Pflegemaßnahmen in Hausgärten, öffentlichen Grünanlagen, in der freien Landschaft und an Gewässern bis zur Korrektur des EG-Agrarwesens. Gemeinsam ist allen Möglichkeiten kostenlosen Naturschutzes, daß ihnen zahlreiche habituelle, ideologische oder ökonomische Hindernisse entgegenstehen, von unausrottbaren Gewohnheiten (z.b. Nichttolerierung geringer »Verunkrautung« in Gärten) über bürokratische Schwerfälligkeit von Behörden und gelegentlich deren Unwilligkeit, langjährige Meinungen und Praktiken zu revidieren, bis zu handfesten ökonomischen Interessen von Minderheiten, welche von einer gegebenen, gesamtwirtschaftlich suboptimalen Allokation profitieren. Trotz dieser Hindernisse sind in jüngster Zeit bemerkenswerte Fortschritte zu erzielen gewesen, etwa ein Umdenken zahlreicher städtischer Gartenbauämter hinsichtlich der Pflegeintensität von Grünanlagen, so daß Anstrengungen zur Mobilisierung weiterer Potentiale aussichtsreich erscheinen.

7.3.2 Umwidmung vorhandener öffentlicher Mittel

Diese Maßnahme bewirkt keine zusätzliche Belastung der Wirtschaftssubjekte, wohl aber eine Mindererfüllung derjenigen öffentlichen Aufgaben, für welche die Mittel bislang verwendet wurden. Die Höhe des Opfers hängt von der Wertschätzung dieser bisher erfüllten Aufgaben ab. Nicht zuletzt wegen ihrer Kostenlosigkeit und Unverbindlichkeit stoßen Forderungen regelmäßig auf hohe Resonanz, geschätzte Zielsetzungen durch Kürzungen bei unpopulären Ressorts zu finanzieren, also bei der Rüstung, nach Meinung mancher auch bei Entwicklungshilfe, Ausbildungsförderung usw. Führen bisherige Verwendungen öffentlicher Mittel zu eindeutigen gesamtwirtschaftlichen Fehlallokationen, so liegt der schon wiederholt angesprochene Fall vor, daß die Umorientierung eine Allokationsverbesserung ohne Opportunitätskosten bewirkt. Im Kapitel 9 werden wir verschiedene teure Fördermaßnahmen im Bereich der Agrarstrukturverbesserung unter diesem Aspekt diskutieren.

Die *Neuakquisitionen* werden im folgenden nach der Reihenfolge zunehmenden Zwangscharakters besprochen:

7.3.3 Spenden und Beiträge

Sie zeichnen sich durch absolute Freiwilligkeit aus; ein Vorteil liegt im direkten Fluß der Mittel zu Institutionen, bei denen Engagement, Sachkenntnis und der Wille zum effektiven Einsatz vorausgesetzt werden kann (vgl. Kapitel 6.1.1). Jede Verbesserung der Akquirierbarkeit (ökonomisch: jedes Senken der Transaktionskosten) reduziert die vermutlich bestehende »Marktunvollkommenheit« in Gestalt des Rückstaus latenter Zahlungsbereitschaft. Ausgewiesene Vereinigungen sollten in stärkerem Maße mit Naturschutzaufgaben betraut werden können, welche bisher Behörden obliegen, sowie in ihrem Ansehen und ihren Wirkungsmöglichkeiten gestärkt werden, um, insbesondere durch den Nachweis sinnvoller Mittelverwendung, die latente Zahlungsbereitschaft besser abschöpfen zu können. Die Zweiteilung in »privaten« und »hoheitlich-öffentlichen« Naturschutz ist in Deutschland aus historischen und sachlich nicht zu rechtfertigenden Gründen zu stark ausgeprägt. Ein Vorbild sollten die in den Niederlanden teils durch eigenes Beitrags- und Spendenaufkommen, teils durch Übertragungen vom Staat finanzierten, rechtlich privaten, aber ihrem Ansehen nach quasi-öffentlichen Institutionen, wie etwa die »Vereniging tot behoud van natuurmonumenten« sein. Beträchtliche Mittel dürften zu akquirieren sein, wenn große Unternehmen als Sponsoren oder Mäzene des Naturschutzes zu gewinnen wären, wie es auf dem Gebiet der Kunst nicht mehr wegzudenken ist (GÖDDE 1990). Die Bedenken von Seiten zahlreicher Naturliebhaber lassen sich zwar vorhersehen, sind jedoch, wenn überhaupt, nur teilweise rational zu begründen. Es ist kaum zu erwarten, daß Projekte dieser Art hinsichtlich ihrer ökologischen Ergebnisse schlechter abschneiden als bisherige staatlich finanzierte Vorhaben. Sofern eine wissenschaftliche Begleitung sichergestellt ist, bestehen keine Bedenken, größere Versuche in diese Richtung zu wagen; die Presse berichtet von ersten Aktivitäten (SÜDDEUTSCHE ZEITUNG vom 29./30.5.1991).

7.3.4 Eintrittsgelder und analoge Gebühren

In Frage kommen u.a. direkte Betretungsgebühren für Landbiotope, Naturschutz-Zuschläge zu bestimmten Tätigkeiten (Ausritte, Bootsfahrten), Zuschläge zur Kurtaxe in Kurorten mit einem räumlichen Bezug zu schützenswerten Landschaften u.a. Einer neueren Erhebung nach wäre die Akzeptanz derartiger Maßnahmen erstaunlich hoch, 54 % aller Befragten befürworten Eintrittspreise für Erholungslandschaften (von allerdings nur geringer Höhe) und nur ca. 30 % lehnen sie strikt ab (KLOCKOW & MATTHES 1991: 4–76 ff.). Erste Meldungen erscheinen in der Presse (HNA vom 1.11.1990, Deutscher Heimatbund) nach denen »Eintrittsgeld für die Natur« gefordert wird; einen fakten- und ideenreichen Überblick bietet McNEELY (1988 und 1989). In Nationalparken der USA werden Eintrittsgebühren u.a. auch aus pädagogischen Gründen erhoben; die Erfahrung zeigt, daß Besucher auf diese Weise in stärkerem Maße das Gefühl erhalten, etwas Wertvolles und Erhaltenswertes zu besuchen. Nach McNEELY & DOBIAS (1991) sind Eintrittsgelder für Nationalparke in der Dritten Welt gemessen an der Kaufkraft der ausländischen Touristen oft weitaus zu niedrig.

Sehr sorgfältig sind allerdings die Aufgaben zu analysieren, welche eine Gebühr im Einzelfall besitzen kann. Sie kann zunächst dazu dienen, den Besucherstrom zu einem empfindlichen Biotop zu reduzieren, weil die Zahlungsunwilligen ausgeschlossen werden. Das Ziel kann verfehlt werden, wenn die durch die Bepreisung erreichte Publizität den Biotop erst richtig bekannt macht. Wird es erreicht, so kann als Nebeneffekt eine erhöhte Belastung anderer (unentgeltlicher) Biotope durch die verdrängten Besucher resultieren – analog der Erfahrung, wie sie in Ländern mit Autobahngebühren zu machen ist. Auch ist der Ausschlußwunsch als alleiniges Motiv der Gebührenerhebung wahrscheinlich nicht akzeptanzförderlich, vor allem, wenn die Verwendung der Einnahmen nicht überzeugt. Wird ein Biotop durch eine mäßige Besucherdichte nicht belastet und sind keine Möglichkeiten zu erkennen, seine ökologische Qualität durch Maßnahmen, welche Geld kosten, zu heben, so kann eine Eintrittsgebühr schwer begründet werden. Wird auf der anderen Seite ein empfindlicher Biotop durch jede Art von Besuchen geschädigt, wie z.B. ein Brutgebiet scheuer Vögel, und gibt es keine Möglichkeit, die Schädigung durch Maßnahmen, welche Geld kosten, abzuwenden, so besitzt die Gebühr ebenfalls keinen Sinn. Der Biotop muß dann für Besuche verschlossen bleiben.

Sehr sinnvoll erscheint andererseits die Erhebung von Eintrittsgebühren, wenn durch sie Besuche ohne Schädigung des Biotops überhaupt erst ermöglicht werden, wie beim Bau eines Knüppeldammes durch ein Moor, Bau von Vogelbeobachtungshäusern u.a. Sie ist ferner sinnvoll, wenn die Einnahmen für Erhaltungsmaßnahmen verwendet werden, wie es vor allem bei den ausgedehnten Biotopen der Fall ist, welche bestimmte, nur durch ständige Eingriffe zu erhaltende Sukzessionsstadien darstellen und meist Zeugen historischer Wirtschaftsweisen sind, also die *traditionelle Kultur- und Halbkulturlandschaft* (vgl. Kapitel 9.2). Hier sind für die zahlenden Besucher vielfältige, auch kulturhistorische Angebote möglich, wie Freilichtmuseen u.a.

Eintrittsgelder besitzen nur einen gering ausgeprägten Zwangscharakter, da ihnen jederzeit unter Verzicht auf die Besuchserlaubnis ausgewichen werden kann. Sie sind nur in der Lage, die mit dem Erlebniswert verbundene Zahlungsbereitschaft abzuschöpfen, nicht aber diejenige, welche mit dem Existenzwert verbunden ist (vgl. Kapitel 6.3.1). Wer für die Natur zahlen würde, aber zuhause bleibt, wird nicht erfaßt. Die Erhebungs- und Ausschlußkosten sind sicherlich ein Problem, hier ist jedoch pragmatisch vorzugehen. Vielfach dürfte es sinnvoll sein, unter Einsparung von Einfriedungskosten einen gewissen, oft geringen Teil von »Free Ridern«, welche sich durch die Büsche einschleichen, in Kauf zu nehmen; die meisten Besucher werden erfahrungsgemäß erfaßt. In den Niederlanden wird das Eintrittsgeld z.T. durch radfahrende, die Wege patroullierende Personen erhoben.

Im internationalen Maßstab kann die »Vermarktung« von Naturerlebnissen für den Tourismus im vorliegenden Zusammenhang genannt werden. Afrikanische Länder sind gut beraten, der völligen Vernichtung ihrer Großwildbestände auch aus diesem Grunde rechtzeitig zuvorzukommen (vgl. Kapitel 8.4.2); Ausführungen zu dieser Problematik, auch in bezug auf Meerestiere, finden sich in BARSTOW (1986), MCNEELY (1988 und 1989), YOUNG (1986) und WWF-News 55 (1988), worin ehemalige norwegische Walfänger (heute Touristenführer) mit dem Ausspruch zitiert werden: »If we can't sell them dead, we'll sell them alive«.

7.3.5 Abgaben auf naturbelastende Tätigkeiten

Hier können Tätigkeiten, wie Sportangeln, Jagen, Reiten, Skilaufen, Moto-Cross, die meisten Wasser- und einige moderne Luftsportarten, wie Drachenflug u.ä. genannt werden (näheres vgl. Kapitel 8.2.2). Die Abgabe sollte nicht »Steuer« genannt werden; eine solche ist vielmehr eine staatliche Zwangsabgabe ohne einen Bezug zu ihrer Verwendung und ohne Ansprüche auf Leistungen oder Erlaubnisse. Das in der Finanzwissenschaft seit langem analysierte und auch jede Diskussion um »Ökosteuern« (NUTZINGER & ZAHRNT 1989) plagende Kernproblem ist bei den Eintrittsgebühren schon angedeutet worden: Steht die *Lenkungs-* oder die *Finanzierungsfunktion* im Vordergrund? Lenkungsabgaben sollen eine Tätigkeit zurückdrängen, dieses Ziel wird um so besser erreicht, je geringer das Aufkommen ist. Bei einer Abgabe mit Finanzierungsfunktion soll dagegen ein möglichst hohes Aufkommen erzielt werden, wobei die mit der Abgabe belegte Tätigkeit selbstverständlich nicht zurückgedrängt werden kann. Ist die Preiselastizität der Nachfrage nach einer Tätigkeit hoch, so wird besser die Lenkungsfunktion, ist sie niedrig, so wird besser die Finanzierungsfunktion erfüllt.
Ein Lenkungseffekt ist zwar fast immer zu erwarten, wenn nur die

Abgabe genügend hoch ist – eine hohe oder sehr hohe Abgabe muß jedoch erst einmal politisch durchgesetzt werden. Obwohl theoretisch eine nicht insignifikante Preiselastizität der Nachfrage nach den genannten Tätigkeiten zu erwarten ist, dürfte der Zurückdrängungseffekt niedriger bis mäßiger Abgaben zumindest dann, wenn aus ökologischen Gründen hohe Ansprüche an ein Bündel von Schutzmaßnahmen gestellt werden müssen, unzureichend sein. Es nützt dem Steinadler nichts, wenn ein Drachenflieger eine Abgabe zahlt und trotzdem weiterfliegt. Das Beispiel ist durchaus nicht extrem gewählt, es ist im Gegenteil schwierig, gute Beispiele dafür zu finden, bei denen die durch exzessives oder örtlich falsch gewähltes Ausüben von Sporttätigkeiten verursachten Artengefährdungen mit Geld (aus dem Abgabenaufkommen) wieder gutgemacht werden könnten. Die Abgabe würde über ihr Versagen beim primär intendierten Zurückdrängungseffekt hinaus noch dadurch in Mißkredit geraten können, daß das Aufkommen zweckfremd verwendet werden müßte. Gewiß gibt es immer sinnvolle Verwendungen, wie leicht können aber die mit ihr betrauten Stellen, etwa Fremdenverkehrsgemeinden in beständiger Finanznot, versucht sein, Zwecke auszusuchen, die nur oberflächlich noch etwas mit dem Artenschutz zu tun haben, wie leicht können sie sich sogar in der Rolle des Finanzministers wiederfinden, der im Interesse der Einnahmenerzielung nur auf das Lenkungsversagen von Tabak-, Alkoholsteuern u.ä. hoffen kann.

Die von einer pauschalen Abgabe Angesprochenen können ferner mit Recht geltend machen, daß nicht die bloße Tatsache, daß man z.B. angle, bereits mit dem Artenerhalt unvereinbar sei, sondern daß es auf das *wo*, *wie* und *wieviel* ankomme. Um Einwänden dieser Art zu begegnen, müßte die Abgabe regional und sachlich differenziert und mit Bedingungen und Ausnahmen verknüpft sein, was sie schnell unpraktikabel macht. Es ist schwer, einen Anreiz zur schonenden Ausübung zu setzen. Die ökologischen Problemlagen verlangen andere Reaktionen als pauschale, unspezifische Zurückdrängungen der beschriebenen Tätigkeiten. Das Entscheidende ist die *räumliche* Steuerung, bestimmte Dinge müssen an bestimmten Orten ganz verboten sein und dürfen auch nicht gegen Bezahlung erlaubt bleiben, zahlreiche andere Tätigkeiten müssen in differenzierter Weise entschärft werden. Für beides ist eine pauschale Abgabe ungeeignet.

Ungeachtet ihres einzigen Pluspunktes, der guten Praktikabilität (die Abgabe könnte auf die Gerätschaften, wie Surfbretter usw. erhoben werden) und ungeachtet dessen, daß sie bei der Mehrheit der Nicht-Sportler auf eine hohe Zustimmung stößt (HAMPICKE et al. 1991), überwiegt doch ein skeptisches Resümée. Sie erscheint nur in Ausnahmefällen sinnvoll, etwa bei rein biotopbezogenen und ausgleichbaren Belastungen durch Reiter u.a., was zu den voranstehend diskutierten Eintrittsgeldern überleitet. Schließlich sind beim oft hohen Organisationsgrad der Ausübenden nicht das politische Konfliktpotential und die ausgelösten Widerstände zu vergessen. Zwar sollte kein Konflikt gescheut werden, wenn die Abgabe sachgerecht wäre; da dies aber so wenig der Fall ist, erscheint es klüger, die von den Ausübenden einzufordernde und gewiß nicht überall abwesende Kooperationsbereitschaft von vornherein auf Gebiete zu lenken, auf denen ein höherer Erfolg zu erwarten ist, anstatt mit einer wenig erfolgreichen Abgabe sozusagen die Atmosphäre zu »verderben«.

7.3.6 Abgaben auf naturbelastende Güter

Es bestehen enge Beziehungen zum voranstehenden Punkt; die »Surfabgabe« könnte auch als Abgabe auf das Gut »Surfbrett« gedeutet werden. Auch die Problemlagen sind ähnlich, gewisse Schwierigkeiten kommen jedoch noch hinzu. Ist es ökologisch überhaupt nicht mehr vertretbar, ein gewisses Gut im Inland zu gewinnen, wie es wegen der schon lange eingetretenen extremen Knappheit an intakten Hochmooren beim Torf der Fall ist, so besteht der gerade Weg in einem Verbot der Förderung, wie es jederzeit durch die Nichtverlängerung von Abbaukonzessionen möglich wäre. Rechtlich ist hier auch das vom Bundesverfassungsgericht ausgesprochene Verbot einer sogenannten »Erdrosselungssteuer« zu beachten; das Gericht verlangt (in ökonomisch nicht unbedingt nachvollziehbarer Weise) im Falle, daß eine Tätigkeit ganz zurückgedrängt werden soll, dies durch eine einsichtige Ordnungsregelung anstatt durch eine prohibitiv hohe Abgabe durchzusetzen.

Geht es mehr darum, wo und auf welche Weise ein Gut gewonnen oder verwendet wird, so entstehen dieselben Bedenken, wie sie beim voranstehenden Punkt besprochen wurden. Fördert ein Kiesunternehmen in einem zuvor landwirtschaftlich intensiv genutzten und für den Artenschutz wertlosen Gebiet, schafft es sogar wertvolle Sekundärbiotope (sofern diese nicht durch Freizeittätigkeiten, Verfüllung oder andere Nutzungen wieder entwertet werden), so kann es mit Recht den Sinn einer ökologischen Kiesabgabe bezweifeln. Ferner entstehen Probleme durch internationale Handelsströme – sollen Importwaren auch belastet werden?

Betreffend die Akzeptanz von Produktabgaben ist auf ein interessantes und irritierendes Befragungsergebnis hinzuweisen (HAMPICKE et al. 1991, Anhang A 2): Spontan befragt, hält eine große Mehrheit Abgaben auf naturbelastende Güter für richtig. Eine allgemeine Abgabe auf Agrarprodukte mit dem Ziel, naturschonende Anbauverfahren zu fördern, wird jedoch nur von etwa 30 % der Befragten unterstützt. Dies nährt den Verdacht, daß bei der Spontanfrage mehr an spezielle Produkte gedacht wurde, die die Befragten selbst nicht zu konsumieren annahmen, so daß andere Subjekte belastet würden. Die Ablehnung der Abgabe auf Nahrungsmittel kontrastiert ferner mit der in derselben Befragung von einer großen Mehrheit geteilten Auffassung, daß naturgemäße Umorientierungen in der Agrarproduktion vordringlich seien. Offenbar ist die Mehrheit der Nahrungskonsumenten der Meinung, daß andere (wer aber?) diese Umorientierung bezahlen sollen.

Abgaben auf Nahrungsmittel, Tariferhöhungen bei Trinkwasser, der Abfallentsorgung usw. sind etwas anders zu interpretieren als solche auf einzelne, nur für spezielle Zwecke benötigte Produkte. Charakteristisch sind eine geringe Preiselastizität der Nachfrage und damit die Dominanz der Finanzierungs- gegenüber der Lenkungsfunktion, eine sehr breite Verteilung des erhobenen Abgabenvolumens auf die gesamte Bevölkerung und – wegen dieser breiten Verteilung – die Erzielbarkeit eines hohen Aufkommens bei individuell geringer Belastung. Wird eine solche Abgabe gleichmäßig auf alle Agrarprodukte umgelegt, so besteht im Ergebnis nur noch ein geringer Unterschied zwischen dieser produktgebundenen Abgabe und einer reinen Steuerfinanzierung.

Für eine Abgabe dieser Art spricht der eindeutige allgemeine Ursachenzusammenhang zwischen intensiver Agrarproduktion, luxuriösem Verbrauchsverhalten fast aller Bevölkerungskreise auf dem Gebiet der Ernährung (vgl. Kapitel 9.3.2) und der Umstand, daß sinnvolle Verwendungen des Mittelaufkommens unzweifelhaft möglich sind.

Eine völlig unspezifische Abgabe, etwa bezogen auf den Umsatz des Agrarsektors, besitzt den Vorteil einfacher Handhabung, führte jedoch wegen ihrer Undifferenziertheit zu endlosen Diskussionen und gewiß nicht immer unberechtigten Forderungen nach Ausnahmen, etwa von Seiten biologisch-alternativer Landwirtschaft. Den Versuch einer Spezifizierung der Abgabe in bezug auf ökologische Belastungsfaktoren unternimmt HAMPICKE (1990) in Gestalt des Vorschlags einer Fleischabgabe, da viel weniger der Konsum pflanzlicher Nahrungsmittel als der extrem hohe Futterverbrauch zur Gewährleistung der heutigen fleischbetonten Ernährungsweise als Stressursache anzusehen ist (vgl. Kapitel 9.3.2). Auch hiergegen sind Einwände möglich, eine ideale Abgabe gibt es nicht – unter Würdigung aller Aspekte sollten jedoch Abgaben der diskutierten Art ernsthaft erwogen werden. Ausdrücklich ist hervorzuheben, daß sich ihre Realisierung erst dann rechtfertigen würde, wenn alle Möglichkeiten abgabenfreier Umorientierungen, insbesondere in Gestalt der Neudefinition staatlicher Strukturförderungsmaßnahmen, ausgeschöpft sind. Niemand könnte akzeptieren, daß weiterhin mit Steuergeldern

Feuchtwiesen trockengelegt werden, um sie daraufhin mit Mitteln aus einer Öko-Abgabe wieder zu befeuchten.

7.3.7 Abgaben auf naturbelastende Produktionsfaktoren

Hierüber wird seit langem diskutiert, etwa über eine Abgabe auf Stickstoffdüngemittel (O'Hara 1984, RSU 1985, Weinschenck & Gebhard 1985) oder über die vom Bundesminister für Umwelt, Naturschutz und Reaktorsicherheit vorgeschlagene »Bodenverbrauchsabgabe«. Faktorabgaben intendieren im allgemeinen eine deutliche Lenkungsfunktion; der Einsatz der betreffenden Faktoren soll zurückgedrängt werden. Probleme und Chancen sind in der zitierten Literatur ausführlich erörtert. Eine Zurückdrängung des Stickstoffdüngers käme gewiß einer allgemeinen »Ent-Stressung« der Landschaft gleich und damit den Zielen des Naturschutzes entgegen, problematisch wäre jedoch auch hier die räumliche Unspezifität. Preisänderungen sowohl bei Produkten als auch bei Faktoren wirken in bestimmten Biotopen zu schwach, in anderen stärker als erwünscht (Karl & Klemmer 1988). Der Arten- und Biotopschutz verlangt nicht, den Düngereinsatz überall bedeutend zu reduzieren, in gewissen Biotopen jedoch so stark (oft auf Null), wie es allein durch eine Verteuerung kaum zu bewerkstelligen wäre, man käme im übrigen wiederum in Konflikt mit dem Verbot der »Erdrosselungssteuer«. Die Preismanipulation kann keine räumlich, zeitlich und sachlich spezifische Steuerung des Faktoreinsatzes ersetzen, jeder Biotop verlangt ein eigenes, »maßgeschneidertes« Entwicklungsprogramm. Eine Stickstoffabgabe und verwandte Regelungen sind aus Naturschutzsicht zwar von der Richtung her zu begrüßen, jedoch längst nicht hinreichend. Die erwähnte Bodenverbrauchsabgabe wendet sich in erster Linie an Subjekte, welche Flächen für Siedlungs-, Verkehrs- und Versorgungszwecke nachfragen, ein ähnlicher Vorschlag wird von Jarass et al. (1989) unterbreitet. Die Subjekte grundsätzlich zu sparsamem Flächeneinsatz anzureizen und sich hierbei auch pretiärer Lenkungsinstrumente zu bedienen, ist zwar zu befürworten. Das Aufkommen einer derartigen Abgabe zur Finanzierung des Naturschutzes zu verwenden, kann pragmatisch ebenfalls begrüßt werden, wenn die Alternative darin besteht, überhaupt keine Mittel zur Verfügung zu haben – der Naturschützer fragt in diesem Falle nicht lange, woher das Geld kommt. Nach der Übersicht 7 (Kapitel 3.2.2) muß jedoch ungeachtet wichtiger und medienwirksamer Einzelkonflikte (etwa beim Bau einer Autobahn) ein stringenter Ursachenzusammenhang zwischen Flächenverbrauch für Siedlung und Verkehr und der Artenverdrängung im flächendeckend zu beobachtenden Ausmaß bezweifelt werden; die Verdrängungsursachen rangieren nicht an vorderster Stelle. Die nicht unberechtigten Einwände gegen das vorgeschlagene Mittel der Naturschutzfinanzierung trugen im übrigen mit dazu bei, daß eine in der 11. Legislaturperiode des Deutschen Bundestages angestrebte Novellierung des Bundes-Naturschutzgesetzes scheiterte, weil die Gegner von der »Unausgereiftheit« des gesamten Vorhabens überzeugen konnten. Vielleicht hätten sie auch einen anderen Vorwand gefunden, dennoch zeigt das Beispiel, wie gründlich ökonomische Instrumente durchdacht werden sollten, bevor sie in den politischen Raum lanciert werden.

7.3.8 Allgemeine Steuerfinanzierung

Wie schon erwähnt, sind Effekte und Probleme ähnlich zu beurteilen wie bei einer Abgabe auf ein Gut, welches ubiquitär konsumiert wird, so daß alle Wirtschaftssubjekte mehr oder weniger gleichmäßig betroffen werden. Jede neue personen-, einkommens- oder verbrauchsbezogene Steuer zur Naturschutzfinanzierung wäre erst zu akzeptieren, wenn die umfangreichen, bisher ungenutzten kostenfreien Spielräume für rücksichtsvollen Umgang mit der Natur ausgeschöpft sind. Der Zwangscharakter und die Unausweichlichkeit der Steuerfinanzierung für das einzelne Subjekt (im Gegensatz vor allem zu Spenden) kann als Nachteil, aber auch als Vorteil ausgelegt werden – letzteres dann, wenn von der Mitverantwortlichkeit aller Subjekte bei der Gewährleistung des »Pflichtniveaus« im Interesse künftiger Generationen ausgegangen wird (vgl. Kapitel 5.3 und 5.4). Bei der Steuerfinanzierung sollte eine besonders wirksame Kontrolle über die Verwendung erfolgen, da die Aussicht auf eine beständig fließende Quelle erfahrungsgemäß zu nachlassender Sorgfalt bei der Prioritätensetzung animieren kann.

7.4 Zusammenfassung

Marktpreise für Produkte und Faktoren reflektieren teils reale Knappheiten und damit Opportunitätskosten, sind jedoch meist durch Transferkomponenten verzerrt, so daß für volkswirtschaftliche Kostenrechnungen Korrekturen vorgenommen werden müssen. Es ist stets zwischen Kostenangaben in Strom- und solchen in Bestandsgrößen zu unterscheiden, beide sind durch geeignete Rechnungen ineinander zu überführen. Oft sind Zurechnungsfragen zu klären, nicht alle Kosten für umweltgerechte Umorientierungen sind als spezifische Arten- und Biotopschutzkosten zu veranschlagen. Mittel für den Naturschutz müssen stets entsprechend begründeter Prioritäten und möglichst effizient eingesetzt werden – bestimmte Naturschutzziele sind entweder zu minimalen Kosten zu erreichen, oder es ist mit gegebenem Kostenaufwand der Erfüllungsgrad eines gegebenen Ziels zu maximieren. Die praktischen Kostenarten im Naturschutz, zu gliedern nach Investitions-, Arbeits- und Flächennutzungskosten, stellen jeweils spezifische Probleme. Eine Reihe weltweit unternommener Studien zu größeren und kleineren Konflikten läßt erkennen, daß die Opportunitätskosten des Artenerhalts oftmals weit geringer sind, als sie scheinen. In der Bundesrepublik Deutschland (bis zum 3.10.1990) würden jährliche Aufwendungen im Bereich von einer Milliarde DM zur Umsetzung eines anspruchsvollen Naturschutzprogramms ausreichen, welches einen großen Teil der gefährdeten Arten schützen könnte.

Das »Verursacherprinzip« erweist sich bei näherem Hinsehen keineswegs als eine eindeutige Richtschnur für die Verteilung bzw. Anlastung der Naturschutzkosten in der Gesellschaft, über letztere ist vielmehr stets nach Maßgabe von Werturteilen zu entscheiden. Gerechtigkeits- und pragmatische Aspekte, insbesondere betreffend Durchsetzung und Administrierbarkeit, sind gleichermaßen von Bedeutung; verschiedene Überlegungen sprechen dafür, einer breiten, den einzelnen Subjekten jeweils wenig spürbaren Kostenverteilung den Vorzug zu geben, selbst wenn dies intuitiven Urteilen über die jeweiligen Verursachungsanteile nicht immer entspricht.

Naturschutz läßt sich grundsätzlich entweder durch kostenlosen Abbau bestehender Fehlallokationen und insoweit zum »Nulltarif«, durch Umwidmung bestehender öffentlicher Mittel oder durch Neuakquisition von Mitteln finanzieren, wobei zum letzteren erst nach Ausschöpfung der beiden zuvor genannten Potentiale gegriffen werden sollte. Unter den Instrumenten zur Neuakquisition verfügen Spenden und Beiträge, Eintrittsgelder und analoge Gebühren, Abgaben auf naturbelastende Tätigkeiten, Güter und Faktoren sowie die allgemeine Steuerfinanzierung jeweils über spezifische Vor- und Nachteile, wobei entgegen verbreiteter Ansicht die Abgabenlösungen nur in bestimmten Fällen, nicht aber generell überzeugen.

Empfohlene Literatur
Da dieses Kapitel die praktische Umsetzung der Grundlegungen in Kapitel 4 und 5 darstellt, kann hinsichtlich der theoretischen Literatur auf die dort angegebenen Quellen verwiesen werden, insbesondere die zur Kosten-Nutzen-Analyse. Zur Empirie vgl. die Übersichten 11 bis 13. Die gegenwärtig in der Bundesrepublik maßgeblichen Kalkulationsgrundlagen für konkrete Naturschutzmaßnahmen in der Landschaft sind HUNDSDORFER (1988), HUNDSDORFER (1989) und KTBL (1989).

Anwendungen und
Fallbeispiele

8 Kurzdarstellung einiger Konfliktfelder

8.1 Forstwirtschaft

8.1.1 Problemskizze

Faktoreinsatz: Wie die Übersicht 15 zeigt, entfällt etwa ein Drittel der Fläche der bisherigen Bundesrepublik auf Wald, sein flächenmäßiges Gewicht ist damit sehr bedeutend. Allerdings liegen viele Forstflächen auf geringen Böden, sie wurden aus diesem Grund in früheren Zeiten nicht gerodet, oder die vorübergehende landwirtschaftliche Nutzung wurde wieder aufgegeben. Ein gesamtwirtschaftliches Bedürfnis, heutige Waldflächen der Landwirtschaft zuzuführen, besteht nicht. Nutzungskonflikte zwischen Forstwirtschaft und Siedlung bzw. Verkehr werden planerisch (oft zugunsten der letztgenannten) gelöst, so daß nicht generell davon gesprochen werden kann, daß die Forstwirtschaft bei ihren physischen Ansprüchen an die Fläche auch Flächennutzungs*kosten* hervorriefe. Vereinfacht gesprochen, gibt es dort Wald, wo nichts ökonomisch Ergiebigeres in Frage kommt. Der geringe Arbeitseinsatz kommt in der Übersicht 15 ebenfalls zum Ausdruck.

Leistungen und Wirtschaftlichkeit: Die wichtigsten physischen und ökonomischen Daten sind in Übersicht 16 enthalten. Nach der Gesamtholzbilanz beträgt der Selbstversorgungsgrad etwa 67 %. Preisprotektion und Außenhandelsschutz wie in der Landwirtschaft gibt es nicht. Der Produktionswert der Forstwirtschaft lag in den vergangenen Jahren stets zwischen 2,7 und 3,2 Mrd. DM pro Jahr, nach Abzug der Vorleistungen und Abschreibungen verblieb eine Nettowertschöpfung zwischen 1,7 und 2,0 Mrd. DM pro Jahr (AGRARBERICHT 1990, Materialband, p.104). Diese Summen sind im Vergleich zu industriellen und Dienstleistungssektoren außerordentlich gering. Wie die Übersicht 16 ferner ausweist, sind die Reinerträge in allen Betriebsformen überwiegend auf Grund von Kostensteigerungen kontinuierlich gesunken; Staats- und Körperschaftswald wirtschaften mit Verlust, nur der Privatwald erbringt im Durchschnitt einen positiven Reinertrag pro Hektar Holzbodenfläche. Im Durchschnitt aller Betriebsformen ist der Reinertrag negativ. Diese Größe ist etwa als Kapitalrendite, insbesondere als Faktoreinkommen der Fläche zu interpretieren. Aus den Zahlen kann nur die Unrentabilität der Holzerzeugung im Durchschnitt der Bundesrepublik abgeleitet werden.*

Übersicht 15. Faktoreinsatz der Forstwirtschaft und Strukturdaten in der Bundesrepublik Deutschland 1988

Flächen

Waldfläche insgesamt (1000 ha)		7 360*1 *2
darunter Kleinstwaldfläche < 1 ha	(6,7 %)	490*1 *2
darunter Staatswald*3	(33,0 %)	2 246*1
darunter Körperschaftswald*3	(25,5 %)	1 738*1
darunter Privatwald*3	(41,5 %)	2 832*1
darunter im Besitz landwirtschaftlicher Betriebe (»Bauernwald«)	(22,8 %)	1 552*4
Zum Vergleich: Fläche des Bundesgebietes bis 3. 10. 1990		24 869*5

Arbeitskräfte*6

Beschäftigte in Betrieben > 50 ha	(Anzahl)	89 500*7
darunter Beamte und Angestellte	(Anzahl)	13 400*8
darunter betriebseigene Lohnarbeitskräfte mit Beschäftigung in Tariftagen:		
< 60	(Anzahl)	21 200*8
60 bis unter 200	(Anzahl)	13 800*8
200 und mehr	(Anzahl)	21 200*8
zusammen	(Anzahl)	56 200*2
Betriebsfremde Arbeitskräfte privater Lohnunternehmer	(Anzahl)	15 800*9
Geleistete Arbeitstage	(in 1000)	6 354*10

* 1 STAT. JAHRBUCH ELF 1989, Tab. 424, p. 345
* 2 gerundet
* 3 Zu Definitionen vgl. STAT. JAHRBUCH ELF 1989, Tab. 424, p. 345, Flächenanteile bezogen auf Waldfläche ohne Kleinstwaldfläche
* 4 AGRARBERICHT 1990, Übersicht 47, p. 64 (1989)
* 5 STAT. JAHRBUCH ELF 1989, Tab. 101, p. 74
* 6 1987/88
* 7 AGRARBERICHT 1990, p. 67
* 8 STAT. JAHRBUCH ELF 1989, Tab. 427, p. 347
* 9 AGRARBERICHT 1990, Übersicht 50, p. 68
*10 STAT. JAHRBUCH ELF 1989, Tab. 426, p. 347

---

* Die Schlußfolgerung wäre zu relativieren, wenn das Weltmarktpreisniveau auch bei Fichte und anderen Nadelhölzern in deutlichem Maße durch Raubbau bestimmt und zu niedrig wäre. Die deutsche Forstwirtschaft wäre dann nicht dafür zu schelten, bei nachhaltiger Wirtschaftsweise nicht mithalten zu können und verdiente einen Schutz - nicht in Protektionsabsicht, sondern um unakzeptablen Externen Effekten (Kapitel 4.6) auf dem Weltmarkt entgegenzutreten. Ob dieser Fall gegeben ist, ist nicht bekannt; das ökonomische Resümee dieses Kapitels würde nur unwesentlich berührt.

Übersicht 16. Leistungen und Rentabilität der Forstwirtschaft in der Bundesrepublik Deutschland 1988

Gesamtholzbilanz[1]	in 1000 m³ [2]
Einschlag	29 508
Altpapieraufkommen	15 130
Lagerbestände, Zunahme	126
Einfuhr[3]	61 713
Ausfuhr[3]	39 719
Verbrauch	66 506
(Einschlag + Altpapier) × 100/Verbrauch = Selbstversorgungsgrad %	67,1

forstwirtschaftliche Gesamtrechnung[4]	in Mio. DM
Rohholzwert	2882,7
Sonstige Produkte und Dienstleistungen	73,3
Produktionswert insgesamt	2956,0
Vorleistungen	917,8
Bruttowertschöpfung	2038,2
Abschreibungen	180,0
Saldo Produktionssteuern/Subventionen	35,1
Nettowertschöpfung	1823,1

Betriebsergebnisse 1980–1988[5] in DM je ha Holzbodenfläche

		1980	1984	1988
Betriebsertrag[6]	S	663	625	608
	K	758	711	622
	P	761	790	759
Betriebsaufwand	S	627	670	753
	K	549	598	636
	P	543	654	674
Betriebseinkommen	S	484	427	371
	K	541	472	363
	P	521	514	448
Reinertrag	S	36	−45	−145
	K	209	113	−14
	P	218	137	+85

Die Klagen der Forstwirtschaft über ihre schlechte Wirtschaftslage sind somit verständlich; sie kann nur hoffen, daß sich die Verhältnisse innerhalb ihrer jahrzehntelangen Planungszeiträume wieder bessern. In einem kurzfristig orientierten Kapitalverwertungskalkül würde der gesamte Wirtschaftszweig, von geringen Ausnahmen abgesehen, stillgelegt. Der monetäre Umsatz des Sektors resultiert jedoch fast ausschließlich aus dem Verkauf von Holz, während die sogenannten »Wohlfahrtsfunktionen« des Waldes nicht bezahlt werden. Ohne Zweifel sind sie auf den Gebieten der Erholung und des Landschaftsbildes, der Grundwasserbewirtschaftung, des Boden- und im Gebirge auch des Lawinenschutzes überragend; die Forstwirtschaft liefert in typischer Weise positive Externe Effekte (vgl. Kapitel 4.6), welche ihr nicht abgegolten werden, und leidet darunter, selbst Empfänger drastischer negativer Externer Effekte zu sein, vor allem in Gestalt der durch Luftverschmutzung verursachten neuartigen Waldschäden.

Naturschutzprobleme: Nach KORNECK & SUKOPP (1988) sind Forstwirtschaft und Jagd (letztere betrachten wir erst im folgenden Kapitel) Mitverursacher des Rückgangs bei 338 von 711 untersuchten Gefäßpflanzenarten der Roten Liste in der Bundesrepublik. Der Anteil der betroffenen Tier- und Pilzarten dürfte noch höher sein. Infolge der Unauffälligkeit zahlreicher Arten sind die Naturschutzprobleme der Forstwirtschaft in der Öffentlichkeit im Vergleich zur Landwirtschaft lange Zeit unterschätzt worden, folgende direkt oder indirekt artenverdrängenden Einflüsse sind zu nennen:
- Standortsfremde Baumartenzusammensetzung mit dem noch immer übermäßigen Vorherrschen der Fichte außerhalb ihres natürlichen Verbreitungsgebietes,
- Einseitige Favorisierung des Hochwaldes mit Kahlschlagbetrieb und Gleichaltrigkeit der Bestände, Fehlen von Mittel- und Niederwäldern sowie der bei Wäldern mit Naturverjüngung vorherrschenden Strukturkomplexität des Waldinnenraums,

---

*1 STAT. JAHRBUCH ELF 1989, Tab. 448, p. 361
*2 Rohholzäquivalent
*3 einschließlich Handel mit der ehemaligen DDR
*4 AGRARBERICHT 1990, Materialband, Tab. 103, p. 104
*5 STAT. JAHRBUCH ELF 1989, Tab. 434, p. 352 und 1990, Tab. 446, p. 365. Detaillierte Angaben in AGRARBERICHT 1990, Materialband, pp. 100 ff. und 102 ff.
*6 Definition vgl. Kap. 9.1.3, insbes. Abb. 20.
S = Staatswald, K = Körperschaftswald, P = Privatwald.

- Unterdrückung später Sukzessionsstadien natürlicher Wälder, insbesondere der Altholz- und Absterbephase. Absterbendes und altes Holz jeder Stärke, stehend oder liegend, wird möglichst entfernt.
- Vernachlässigung von Randstrukturen, äußere Ränder müßten oft schon aus aerodynamischen Gründen (Windwurf) anders gestaltet sein. Fehlen von Säumen und Stufen auch bei inneren Rändern.
- Eutrophierung von Lichtungen, Umwandlung wertvoller Magerrasen in Wildäcker,
- Überbesatz an Schalenwild,
- Genetische Einheitlichkeit des Pflanzgutes,
- Ersatz traditioneller Forstwege durch befestigte Straßen aus eingebrachtem Material, ökologische Entwertung der Wegränder durch Aufstapeln von Holz,
- Hohe Frequenz mechanischer Störungen und Bodenbelastungen im Pflege-, Hieb- und Rückebetrieb durch Einsatz schwerer Maschinen,
- Verwendung chemischer Spritzmittel insbesondere zum Schutz von Windwurf; auch die Kalkung von Waldböden ist im Hinblick auf ihre Folgen für den Naturschutz keineswegs hinreichend untersucht.
- Aufforstung von Biotopen, die wegen ihrer Knappheit als Offenlandbiotope einen höheren ökologischen Wert besäßen, wie Kalk- und Silikatmagerrasen und Bachtäler, oft auch durch Weihnachtsbaum- und Schmuckreisigpflanzungen,
- Unterrepräsentanz und gar Fehlen wichtiger Waldtypen, wie in Flußauen, Sümpfen, auf guten Ackerböden, auf warmtrockenen Standorten u.a.
- Mangel an Kleinstrukturen vielfältiger Art in Wäldern, vom freistehenden Wurzelteller bis zu stehenden, fließenden und veränderlichen Kleingewässern.

Die aufgelisteten Kritikpunkte werden von der Forstwirtschaft zum Teil vehement zurückgewiesen. Daß nicht alle von ihnen für jedes Revier in der Bundesrepublik zutreffen, versteht sich von selbst, auch sind Ansätze naturschonender Bewirtschaftung vielerorts zu erkennen, z.B. der Wiedereinsatz von Rückepferden. Einige der bemängelten Zustände sind Hypotheken aus jahrhundertelanger Entwicklung und benötigen Zeit zu ihrer Überwindung, wie die unnatürliche Baumartenverbreitung, andere sind nicht von der Forstwirtschaft zu verantworten, vielmehr ist sie selbst negativ betroffen, wie im Falle der Wildschäden. Nach dem Urteil der maßgeblichen ökologischen Literatur (z.B. BLAB 1986, BOHN et al. 1989, KAULE 1986, KORNECK & SUKOPP 1988, PLACHTER 1991, BFANL 1989) sind Einwände gegen heutige Forstwirtschaftsmethoden jedoch berechtigt; die Frontstellung zwischen Naturschutz und Forstwirtschaft ist zu bedauern.

Naturschutzmaßnahmen: Diese ergeben sich z.T. direkt aus dem voranstehenden Problemaufriß. Es können nicht alle Einzelheiten behandelt werden, konzentrieren wir uns auf die wichtigsten Punkte:
– Die Tolerierung alter Bestände sowie des Alt- und Totholzes und der natürlichen Abbaukette durch Destruenten erscheint in weit höherem Maße als bisher erforderlich. Der Artenverdrängungseffekt aus der Intoleranz gegenüber Totholz ist den besser sichtbaren und daher bekannteren Effekten aus der Landwirtschaft vermutlich ebenbürtig. Nach GEISER (1989 : 269) ist ein Viertel der Käferfauna in der Bundesrepublik (1 343 von 5 700 Arten) an zerfallendes Holz gebunden; unter ihnen sind 53 ausgestorben, 193 unmittelbar vom Aussterben bedroht und insgesamt 806 (60 %) gefährdet. Auch größere Arten sind betroffen, wenn sie z.B. Bruthöhlen benötigen, wie der Schwarzspecht (*Dryocopus martius*) und verschiedene Eulen (ähnliche Probleme in Nordamerika mit *Strix occidentalis*, vgl. SIMBERLOFF 1987 und die anderen Beiträge in jenem Band). Wenn die forstwirtschaftlichen Bedenken gegen die Anwesenheit von Totholz im Wirtschaftswald wegen der Schädlingsgefahr triftig sind, so hilft nur eine räumliche Trennung und die Ausweisung eines umfangreichen, repräsentativen und vernetzten Systems von überhaupt nicht bewirtschafteten Bannwäldern sowie Alt- und Totholzinseln. Das bestehende System dieser Art in der Bundesrepublik im Umfang von nur 10 000 bis 20 000 ha (unter 0,15 bis 0,3 % der Forstfläche, vgl. NATURWALDRESERVATE 1989) ist mindestens auf den zehnfachen Umfang zu erweitern.
– Naturgemäßere Wirtschaftsweisen unter Bevorzugung von Laub- und Mischbeständen, der Naturverjüngung und Betonung der Strukturkomplexität sind noch stark zu fördern, ihnen entgegenstehende Einflüsse sind zurückzudrängen, wie gebietsweise der die Naturverjüngung ausschließende Übersatz an Schalenwild. In weiten Gebieten Norddeutschlands fehlen die dort bodenständigen Eichen-, Eichen-Birken- und Flachlandbuchenwälder nahezu vollständig.
– Die genannten, weniger im Einzelfall als vielmehr in der Summe bedeutenden Details der Wirtschaftsweise sind den ökologischen Forderungen anzupassen, insbesondere betreffend die Waldränder, Säume, Lichtungen, Wege, Kleingewässer und andere Sonderstandorte.
– Ausgewählte, kaum noch vorhandene Waldtypen müssen auf Kosten anderer Biotope neu angelegt werden, wie auf grund- und stauwasserbeeinflußten Standorten, in Auen und landwirtschaftlich intensiv genutzten Regionen auf guten Böden. Junge, meist schlechtwüchsige Aufforstungen auf artenreichen Magerrasen und in Bachtälern müssen hingegen wieder entfernt werden – die

Grenzen des Waldes sind m.a.W. nach ökologischen Kriterien zu korrigieren.

8.1.2 Ökonomische Interpretation

Betrachten wir nur die innerhalb der Forstwirtschaft erforderlichen Umorientierungen, also nicht Forderungen an andere Wirtschaftssektoren, wie die Unterlassung von Emissionen, Bereitstellung von Flächen für knappe Waldtypen usw. Unter dieser Einschränkung gliedern sich die ökonomischen Auswirkungen wie folgt:
- Bereitstellung von Flächen innerhalb des Waldes, welche für die Holzerzeugung ausfallen. Sie sind Bannwäldern, Altholzbeständen, Lichtungen, Säumen und sonstigen (insbesondere Rand-) Strukturen zuzuführen.
- Aufnahme von Produktionsprogrammen mit u.U. geringerer physischer oder monetärer Leistung, wie extensivere, naturnahe Bestände, Wahl geringwüchsigerer oder schlechter bepreister Baumarten, Abweichung von ökonomisch optimalen Fällungszeitpunkten u.a. Diese Forderung und die voranstehende bewirken gemeinsam eine Reduktion der Holz-Produktionsleistung des Sektors Forstwirtschaft.
- Größere Rücksichtnahme auf Naturschutzbelange in zahlreichen Details der Bewirschaftung, evtl. Verzicht auf hohe Mechanisierung, rationelle Wegeführung, bequeme Lagerung von Holz u.a. Gemeinsam mit der exemplarischen Wiederaufnahme althergebrachter Wirtschaftsweisen folgt eine Aufwands- und Kostenerhöhung.

Blicken wir nun auf die ökonomischen Rahmendaten in den Übersichten 15 und 16 zurück. Die entscheidenden Punkte sind die in gesamtwirtschaftlichen Maßstäben außerordentlich geringe Bedeutung der Forstwirtschaft und ihr geringer Wirtschaftserfolg. Wenn sie überhaupt von Null abweichen, können die Kosten des Naturschutzes in der Forstwirtschaft gesamtwirtschaftlich nur geringfügig sein. Unterstellen wir zunächst unzutreffenderweise in einer Modellbetrachtung, die Forstwirtschaft würde mit Gewinn arbeiten und einen Reinertrag von durchschnittlich 200 DM pro ha und Jahr erzielen, wie es zu Beginn der 80er Jahre im Privatwald der Fall war. Unterstellen wir, sie sollte 10 % ihrer Fläche oder 700 000 ha für Bannwälder, Randstrukturen und andere ertragslose Verwendungen bereitstellen – eine in ihren Augen utopische, gleichwohl ökologisch zu begründende Forderung. Der Gewinnausfall beliefe sich auf 140 Mio. DM pro Jahr – eine nicht nur gesamtwirtschaftlich triviale, sondern auch im Vergleich zu Naturschutzkosten im Bereich der Landwirtschaft (vgl. Kapitel 9) sehr bescheidene Summe. Sie entspricht der Größenordnung nach den Ausgleichszahlungen, welche eine schon in Kapitel 7.1.7 vorgestellte Studie (HAMPICKE et al. 1991) an die Forstwirtschaft zu zahlen vorschlägt (näheres in Übersicht 31, Kapitel 9.5.2). Wenn allein mit ihr Tausende von Insekten- und Pilzarten im Gebiet der Bundesrepublik gerettet werden könnten, so wäre die Hinnahme dieser Kosten nach den Ausführungen im Kapitel 5 zur Artenschutzpflicht nicht nur moralisch kaum abzuweisen, vielmehr wäre die Maßnahme auch als ein besonders effizienter Weg zur Sicherung des Pflichtniveaus anzusehen.

In Wirklichkeit ist die Forstwirtschaft heute und wahrscheinlich in Zukunft durchschnittlich nicht rentabel; unterstellen wir nun in zweiter Approximation an die Realität einen Wirtschaftserfolg von »plusminus Null« oder einen Verlust. In langfristiger und grundsätzlicher Betrachtung ist es logisch unmöglich, daß dann überhaupt positive Artenschutzkosten auf Flächen entstehen, auf denen die Bewirtschaftung eingestellt wird. »Plusminus Null« mit Bewirtschaftung ist ökonomisch dasselbe wie »plusminus Null« ohne Bewirtschaftung; ist das Ergebnis sogar negativ, so muß die Verringerung der bewirtschafteten Fläche nicht die Gewinne, sondern die Verluste reduzieren, der Artenschutz trägt dann zu einer gesamtwirtschaftlichen Allokationsverbesserung bei.

Diese grundsätzliche Feststellung ist im Hinblick auf die komplexe Realität selbstverständlich zu nuancieren. Kunstforsten, wie Fichtenpflanzungen im Flachland können nicht plötzlich sich selbst überlassen werden. Sind hohe Kosten der Bestandsgründung, Durchforstung und Pflege schon eingegangen worden, so muß die dazu gehörende Ernte eingefahren werden, um zumindest auf »plusminus Null« zu kommen; solange muß also noch intensiv gewirtschaftet werden. Vorübergehend kann ökologische Rücksichtnahme auch Kosten weiter erhöhen. Diesen den Naturschutz tendenziell belastenden Erwägungen stehen jedoch andere gegenüber, welche seine ökonomische Position wiederum stärken. Erfahrungen mit naturgemäßer Waldwirtschaft – standortsgemäße Laubbaumarten, Naturverjüngung, Plenterbetrieb, Pflege der Ränder – geben oft keine Anhaltspunkte dafür, daß dies die Wirtschaftlichkeit gegenüber dem Status quo weiter absinken lassen müßte. Im Gegenteil können langfristig gut bezahlte Holzsortimente, erhebliche Pflanzungs- und Pflegekosteneinsparungen und Sicherheit gegen Kalamitäten (Windwurf, Brand, Schädlinge) resultieren (BURSCHEL 1987, LEIBUNDGUT 1983, UNTERBERGER 1983).

Über Kostengesichtspunkte hinaus kommen auch andere ökonomische Rahmenbedingungen der Forstwirtschaft dem Naturschutz sehr entgegen. Selbst der größte Teil des Privatwaldes ist für die Eigentümer von ökonomisch nachrangiger Bedeutung, wie im Falle des umfangreichen »Bauernwaldes«. In der Bundesrepublik existieren nur etwa 2 500 Betriebe mit etwa einer Mio. ha Wald, welche in vollem Umfang auf die Erträge der Forstwirtschaft angewiesen sind (NIESSLEIN 1985, p. 33) und von Umorientierungen zugunsten des Naturschutzes ökonomisch nachteilig oder gar existentiell betroffen wären, wenn diese die Ertragslage verschlechterten und wenn es keine Ausgleichszahlungen von Seiten der Öffentlichkeit gäbe. Entsprechend der Übersicht 15 sind jedoch fast 60 % des Waldes in der Hand des Staates oder von Körperschaften, die keine Gewinnmaximierungsziele verfolgen. Nichts würde den Staat daran hindern, auf Teilen seiner Waldfläche wichtige akute Naturschutzforderungen sofort umzusetzen und Umorientierungen, welche Zeit beanspruchen, schrittweise auf den Weg zu bringen. Würde er eine ökologisch gut begründete Auswahl von Flächen und Betrieben langfristig aus der Nutzung herausnehmen und in einen unbeeinflußten Naturwaldzustand hineinwachsen lassen, so bestünde die einzige dauerhafte ökonomische Konsequenz in der Ersparnis von Steuergeldern.

Auch in der forstökonomischen Literatur gewinnt der Gedanke an Boden, daß die *Extensivierung* die richtige Antwort auf zahlreiche ökonomische und ökologische Probleme der Waldwirtschaft ist, die Einsparung von Bewirtschaftungsaufwand und -kosten bis zur Gesamtstillegung auf geeigneten Standorten (GERMANN 1989). Eine extensive, naturgemäßere Forstwirtschaft kann nicht noch unökonomischer als der Status quo sein, so daß bis zum Beweis des Gegenteils an Hand klarer Daten davon auszugehen ist, daß die langfristigen, echten Opportunitätskosten des Arten- und Biotopschutzes Null betragen. Daher ist der Naturschutz im Wald auch aus ökonomischen Gründen auf das entschiedenste zu forcieren.

Die Forstwirtschaft ist gut beraten, sich Zukunftsaufgaben offensiv zu stellen, d.h. die bisherige einseitige Zielsetzung der Holzerzeugung zugunsten eines komplexen Zielbündels zu erweitern, in dem über die Bereitstellung der »Wohlfahrtsfunktionen« gegen ein angemessenes Entgelt durchaus zu diskutieren wäre. Diese Funktionen werden von extensiveren Wirtschaftsweisen in der Regel ebensogut erfüllt. Bei allem ist selbstverständlich vorauszusetzen, daß die von der Forstwirtschaft nicht zu verantwortenden Schadeinflüsse, wie insbesondere die Immissionsbelastung, in Zukunft wirksam unterbunden werden.

8.2 Freizeit und Sport

8.2.1 Problemskizze

Beim nun angesprochenen Problembereich ist es auf Grund seiner Heterogenität, unzureichenden statistischen Durchdringung und aus analytisch-theoretischen Schwierigkeiten nicht möglich, zu einem so klaren Ergebnis wie bei der Forstwirtschaft zu gelangen; es geht im wesentlichen um die Identifizierung fruchtbarer Fragestellungen. Die Übersicht 17 läßt an Hand von Beispielen auf eine hohe potentielle Naturbelastung durch Freizeittätigkeiten schließen, im einzelnen sind zu nennen:

Jagd: Die Diskussion ist sowohl bei den Gegnern als auch Befürwortern wegen der atavistischen Verankerung der Motive stark durch Emotionen belastet. Eine weitere Belastung resultiert daraus, daß die näherungsweise oder vollendete Ausrottung zahlreicher schießbarer Tiere, vor allem Greifvögel, in früheren Zeiten eindeutig auf das Konto der Jägerei geht (vgl. ausführlich HÖLZINGER 1987, Band 1, Teil

---

Übersicht 17. Naturbelastung durch Freizeitaktivitäten

Anlagenbestand in der Bundesrepublik Deutschland

137 Feriengroßanlagen*
2000 bis 3000 Campingplätze (73 % mit Beziehung zu Gewässern)*
120 000 Betten*
130 000 ha Fläche für Freizeitanlagen (ohne Kulisseneffekt)**

Zahl der Ausübenden***		**Organisierte Sportler******	
Radfahren	19,10 Mio.	Motorsport	18 000
Wandern	23,80 Mio.	Flug und Modellflug	60 000
Ski alpin	4,54 Mio.	Reiten	50 000
Skilanglauf	3,85 Mio.	Golf	100 000
Reiten	3,48 Mio.	Schießsport	575 000
Segeln	3,90 Mio.		
Surfen	3,60 Mio.		

Quelle: RSU 1987, pp. 568 ff.
  * 1984
 ** 1981
*** Hochrechnung aus Daten von 1980 und (evtl. übertriebenen) Wachstumsraten auf 1990
**** Stand meist etwa 1986

2) und sich der Naturschutz nicht sicher genug glaubt, daß Einsicht auf Seiten der Jäger und/oder Zurückstau deren Drang in Form von Verboten die Restbestände wirksam schützen werden – jeder Vorwand scheint zu genügen, um ihn in Abschußgenehmigungen (für Habichte, Rabenvögel, Reiher, Kormorane, selbst Biber oder bei seltenstem Auftreten sogar Wölfe) ummünzen zu können. Gelegentliche illegale Abschüsse und Verwechslungen tun ein übriges. Sehr problematisch ist die durch regelmäßige Bejagung hervorgerufene Erhöhung der Fluchtdistanz. Auf diese Weise werden die von den Tieren beanspruchten ungestörten Areale unnötigerweise vergrößert. Sie ziehen sich aus Biotopen zurück, die ohne Jagd gar nicht ungeeignet oder zu klein für sie wären und finden im Extremfall überhaupt keinen Lebensraum mehr. Weitere Einwände gegenüber der Jagd sind im Abschnitt 8.1 über den Wald bereits erwähnt worden, sie betreffen die Herbeiführung unnatürlich hoher Schalenwildbestände und die mit Fütterung verbundenen Eutrophierungen. Auf anderen Gebieten leidet die Jagd selbst unter Populationsrückgängen, wie beim Niederwild in der Feldflur auf Grund moderner Agrarpraktiken.

Sportfischerei: Sofern keine Verbote bestehen und überwacht werden, werden die meisten geeigneten und erreichbaren Kleingewässer von Angelsportlern vorübergehend oder permanent in Beschlag genommen. Von 304 untersuchten Stillgewässern im Landkreis Ravensburg werden PRINZINGER & ORTLIEB (1988) zufolge 149 (49 %) fischereiwirtschaftlich, durch Sportfischerei oder regelmäßiges Angeln genutzt, 103 oder 33,9 % werden gelegentlich oder extensiv beangelt, und nur 52 (17,1 %) von diesen Tätigkeiten vollständig verschont. Die Zahlen sind gewiß auch für andere Gebiete typisch. Der primäre Konflikt mit dem Naturschutz besteht in der Förderung der von den Fischern geschätzten wenigen Fischarten durch Fütterung oder gar Einsetzen mit dem Ergebnis der Eutrophierung der Gewässer und Vernichtung der Populationen konkurrenzschwacher Fischarten und anderer Wassertiere durch die Nutzfische. Amphibienlarven, Moderlieschen usw. werden oft vollständig verdrängt. Sekundär ergeben sich Konflikte infolge der direkten Biotopbelastungen der Angler bzw. ihrer bloßen Anwesenheit: Anfahrt mit Autos, Beschädigungen von Ufern und Röhrichten, Störungen seltener Wasservögel u.a.m.

Wassersportarten, wie Schwimmen, Surfen, Bootfahren usw.: Die allgemeine Entwicklung der letzten Jahre erfordert keinen Kommentar. Die Umfunktionierung aller erreichbaren Stillgewässer, wie Seen und Kiesgruben, in Freizeitstätten bedeutet Störung und Vertreibung von Flora und Fauna, im nicht seltenen Extremfall die restlose Zerstörung von Ufer und Röhricht, Verschlechterungen der Wasserqualität und anderes mehr.

Landgebundene Tätigkeiten, wie Ski, Jogging, Spaziergänge usw.: Es gilt im wesentlichen analoges wie bei den Wassersportarten. Ein Akzent dürfte darin bestehen, daß die indirekten Auswirkungen – Erschließung, Bau technischer Anlagen, wie Lifte, Hotels, Straßen, Luftverschmutzung durch Anfahrten, Parken zahlreicher Autos und letztlich die bloße Anwesenheit großer Menschenmengen oft mehr ökologische Schäden anrichten als die sportliche Tätigkeit für sich.

Exklusive Aktivitäten, wie Drachen- oder Ultraleichtflug usw.: Diese quantitativ noch weniger umfangreichen Tätigkeiten sind Beispiele dafür, welche Konflikte schon einzelne Individuen oder kleine Gruppen von Menschen in der Natur auslösen können, wie beim Drachenflieger aus Kapitel 7.3.5, welcher einen Steinadler vertreibt. Sie haben wohl auch einen gewissen Symbolwert und lassen manchen Naturschützer ahnen, was bei weiterer Wohlstandssteigerung noch auf ihn und die Natur zukommen kann.

Fast alle naturvereinnahmenden Interessen sind im politischen Raum gut organisiert, teilweise sogar so, daß sie nicht einmal Lobbyismus betreiben müssen, weil sie es selbst sind, welche in Konflikten zu entscheiden haben – die Zahl der aktiven Jäger unter Landräten, Behördenspitzen sonstiger Art und Parlamentariern ist sprichwörtlich hoch. Noch stärkerer politischer Druck als von den aktiven Teilnehmern geht gelegentlich von ihren ebenfalls gut organisierten Nutznießern aus, von Geräteherstellern bis zur Gastronomie in Feriengebieten.

8.2.2 Ökonomische Interpretation

Das *ökonomische Grundproblem* des Dilemmas ist bereits im Kapitel 4.6 (Kollektivgüter) und an anderen Stellen erläutert worden: Die Erholungssuchenden stellen den Anspruch, die »Common Property« der Landschaft für ihre partikulären Ziele nutzen zu können. Dies wäre bei dünner Besiedelung meist ohne Probleme möglich, ist es jedoch nicht mehr infolge des massenhaften Andranges im heutigen Mitteleuropa. Auf gewissen traditionellen Gebieten, wie der Jagd, sind die Ansprüche der Ausübenden gegeneinander streng durch Reviere, Pachtzahlungen und persönliche Überprüfungen geregelt, andere entwickeln sich nicht zuletzt unter dem Druck ständiger Neuerfindungen (Surfbretter, Mountain-Bikes u.a.) chaotisch; die zuständigen Behörden haben kaum die Zeit, erforderliche Regelungen zu treffen, geschweige denn zu überwachen.

Denken wir rein theoretisch in der Logik des COASE-Theorems (vgl. Kapitel 4.5, 4.6 und 7.2.1) und lassen Durchsetzungsfragen zunächst beiseite: Durch die Dynamik der Entwicklung ist (mit Ausnahme der Jagd) ein Defizit verfügungsrechtlicher Festlegungen entstanden – salopp gesprochen herrscht der »Wilde Westen«, und jeder tut, was ihm beliebt. Dies ist erfahrungsgemäß auf die Dauer untragbar, irgendwie muß entschieden werden, ob die Kollektive der Surfer und Mountain-Bike-Fahrer einen Besitzanspruch auf ihre Baggerseen bzw. Bergpfade haben oder nicht, analoges gilt auf allen anderen Gebieten.

Unter der Fiktion der Verleihung der Verfügungsrechte zugunsten der Ausübenden käme nur eine ökonomische Lösung in Frage: Die Ausübenden müßten in einer *Willingness-to-Sell*-Analyse nach ihrer minimalen Kompensationsforderung für den Verzicht auf die Aktivitäten befragt und im Rahmen ökologisch erforderlicher Verzichte ausbezahlt werden. Besitzen sie keine Verfügungsrechte, wird ihnen aber die Ausübung ihrer Tätigkeiten im ökologisch tragbaren Rahmen mit oder ohne Bezahlung gestattet, so müssen sie in einer *Willingness-to-Pay*-Analyse nach ihrer potentiellen Zahlungsbereitschaft für das darüber hinausgehende, jedoch ökologisch unzulässige und daher unterbundene Aktivitätsniveau befragt werden. Zu den Unterschieden zwischen dem WTS- und WTP-Ansatz sei auf Kapitel 6.3.1 verwiesen – beide Ergebnisse geben unter der jeweiligen Verteilung der Anspruchsrechte die *volkswirtschaftlichen Kosten* des Naturschutzes wieder, soweit er Freizeittätigkeiten zurückdrängen muß. Diese Kostenkomponente ist in den Analysen des Kapitels 7 nicht enthalten, über ihre Höhe sind derzeit nur Spekulationen möglich.

So realitätsfern der geschilderte Ansatz insbesondere für nichtökonomisch orientierte Leser erscheinen mag, setzt er doch als Ideal im Hintergrund alle Maßstäbe auch für pragmatische Kostenberechnungen und für die ökonomische Beurteilung praktischer Lenkungsmaßnahmen. Dies ist besonders zu betonen angesichts zahlreicher ad hoc-Versuche von Kostenschätzungen, welche methodisch in keiner Weise befriedigen, wie etwa über Umsatzverluste im Tourismus- oder Geräteherstellergewerbe oder in anderen Branchen als Folgen schärferer Naturschutzregelungen. In den Maßstäben korrekter Kosten-Nutzen-Analyse handelt es sich bei derartigen Zahlen um eine Mischung aus Doppelzählungen und Auslassungen wirklicher Kostenkomponenten, welche sich korrekten Werten allenfalls zufällig nähern kann.

Die Lösung, Ausübende durch direkte Kompensationszahlungen von der Naturbelastung abzuhalten, dürfte gesamtgesellschaftlich sowohl aus normativen als auch aus praktischen Gesichtspunkten zwar auf wenig Akzeptanz stoßen. Ganz so absurd, wie sie scheint, ist sie jedoch nicht, vielmehr ist daran zu erinnern, daß sie auf anderen Gebieten bereits Anwendung findet, wie beim »Wasserpfennig« (Kapitel 7.2.1) und den Ausgleichszahlungen für Naturschutz (Kapitel 9.4.1), in beiden Fällen gegenüber der Landwirtschaft. Diese Lösungen sind zwar auch umstritten, offenbar wird dennoch gesellschaftlich eher akzeptiert, mit der Berufsausübung verbundene Einbußen zu kompensieren als solche, die sich auf das »Vergnügen«, wie Skilaufen und Surfen beziehen. Bei aller Plausibilität ist aber auch eine solche Einteilung keineswegs immer stichhaltig: Kann auf der einen Seite der berufsbedingten Einschränkung durch zumutbare aktive Anpassung und Umorientierung ausgewichen werden, so sind Zahlungen nicht unbedingt legitimiert. Ist das »Vergnügen« auf der anderen Seite ein entwicklungspsychologisch wertvolles Element im Leben eines einkommensschwachen Subjekts, etwa eines Halbwüchsigen, so ist eine gesellschaftliche Unterstützung für den Fall, daß ihm Verzichte zugunsten der Natur zugemutet werden müssen, keineswegs von der Hand zu weisen.

In der Tat finden sich durchaus auch praktische Regelungen, welche die Partei der Ausübenden begünstigen, wenn es sich auch nicht um direkte Kompensationszahlungen für Verzichte handelt. Im Gespräch sind Ausgleichszahlungen für vom Tourismus abhängige Gemeinden und Gewerbetreibende, Subventionierungen alternativer Beschäftigungsmöglichkeiten, wenn insbesondere der Wintersport regional zurückgedrängt werden muß, und auch Subventionierungen der Ausübenden, wenn z.B. bestimmte Gewässer für Sportler mit Kosten entwickelt werden, um den Druck von anderen, mehr der Natur zu widmenden Gewässern zu nehmen. Die die Ausübenden nicht begünstigenden Regelungen sind einzuteilen in solche, welche direkte monetäre Gegenleistungen von ihnen einfordern (Erlaubnisse, Eintrittsgelder, Abgaben usw.), in den Zwang zur Erbringung indirekter, teils monetärer Gegenleistungen, etwa in Form höherer Anfahrtskosten infolge der Sperrung nahegelegener Stätten, sowie in Zwang zum direkten, unkompensierten Verzicht auf die Ausübung der Sportart. Die Abbildung 17 systematisiert die jeweiligen Folgen für die Konsumentenrente: Mit der Nachfragekurve N_1 nach der Aktivität »Surfen« und den Grenzkosten K (für Gerätschaften, normale Anfahrt usw.) beträgt die Konsumentenrente ABC. Durch Erhebung einer Gebühr oder den Zwang zum Eingehen höherer (z.B. Fahrt-) Kosten in Höhe von S und der damit verbundenen Zurückdrängung des Surfens um den Betrag L reduziert sie sich auf DEC. Führt die Teilsperrung der Surfgebiete zu einer Überfüllung der verbleibenden, womit die Qualität der Ausübung beeinträchtigt wird und die Nachfragekurve von N_1 auf N_2 sinkt, so verringert sich die Konsumentenrente weiter auf DEF, während sie im Falle eines Totalverbots auf Null reduziert wird.

Monetäre Maßnahmen, wie Abgaben, sind in den Kapiteln 7.3.5 ff. bereits diskutiert worden mit dem Ergebnis, daß sie mit Hinblick auf ihren Finanzierungseffekt nur sinnvoll sind, wenn die von den

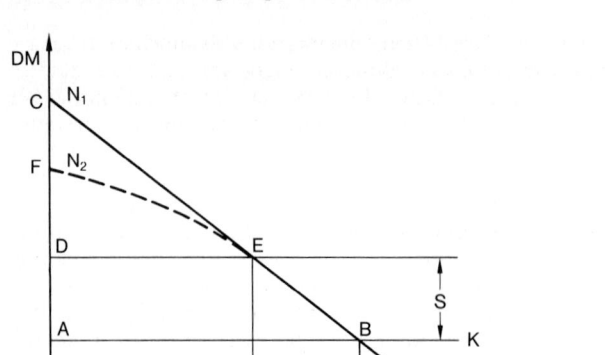

Abb. 17. Lenkungseffekt einer Abgabe auf naturbelastende Freizeitaktivitäten.

Sportlern angerichteten ökologischen Belastungen mit Maßnahmen, welche Geld kosten, kompensiert werden können. Dies ist vielfach nicht in hinreichendem Maße der Fall, so daß allein hiermit keine Lösung des Gesamtkonflikts zu erwarten ist. Da Totalverbote (Entzug der gesamten Konsumentenrente) bei »Massensportarten« weder machtpolitisch durchsetzbar sind noch vor Ausschöpfung milderer Maßnahmen angemessen erscheinen, dürfte der Schwerpunkt sinnvoller Naturschutzpolitik hier auf Einschränkungs- und Planungsmaßnahmen liegen, welche den Ausübenden durchaus Aufwandserhöhungen und Nutzenverzichte zumuten, jedoch um so eher akzeptiert werden, je geringer diese ausfallen. Verbunden mit gewissen, vertretbaren Subventionierungen (vgl. oben) liegt die größte Verantwortung eindeutig bei einer klugen räumlichen Planung, welche es Naturschutz und Erholungsbetrieb gestatten, einander auszuweichen. Die Restkosten, welche den Ausübenden in Form verringerter Konsumentenrenten nach Ausschöpfung aller Kompromiß- und Ausweichmöglichkeiten zugemutet werden müssen, erfordern zu ihrer Ermittlung umfangreiche empirische Erhebungen, für welche sich bisher kaum Ansätze finden. Vermutlich sind die Kosten je nach Konfliktfeld unterschiedlich hoch – dem Angler ist es oft ein geringes Opfer, statt zum nächsten zum übernächsten Teich zu fahren oder zu laufen, während die Sanierung der durch den massenweisen Skisport überlasteten Alpen voraussetzen dürfte, daß die insgesamt gelaufenen »Ski-Kilometer« spürbar reduziert werden. Führt dies zur Abwanderung der *marginalen* Skiläufer mit nur geringer Konsumentenrente (die sich vielleicht überreden ließen, mitzumachen, aber sich ehrlich sagen müssen, daß ihnen andere Reiseziele auch nicht viel schlechter gefallen würden), so hält sich die gesamtwirtschaftliche Nutzeneinbuße jedoch selbst hier in Grenzen.

8.3 Infrastrukturprojekte

8.3.1 Ökologisches Konfliktpotential und Forderungen

Jedes Planfeststellungsverfahren um eine neue Straßen- oder Eisenbahntrasse beschäftigt die Öffentlichkeit auch wegen der ökologischen Konflikte. Dies zweifellos nie ganz zu Unrecht, dennoch sind einige Relativierungen angebracht. Nach allgemeiner Erfahrung erhalten spektakuläre Einzelkonflikte mehr Publizität als die Summe aller kleinen Einflüsse, welche zusammen einen vergleichbaren Effekt besitzen, wie z.B. die jahrzehntelange, schleichende Artenverdrängung im Wald (vgl. Kapitel 8.1). Nach der Übersicht 7 in Kapitel 3.2.2 wird die Infrastruktur ebenso wie Siedlung und Gewerbe in deutlich geringerem Maße für die heutige Artenverdrängung verantwortlich gemacht als die Land- und Forstwirtschaft – deshalb ist sie allerdings nicht unerheblich. Weiterhin zeichnen sich alle Diskussionen durch eine marginale Betrachtungsweise aus; es wird nur thematisiert, was noch an ökologischer Belastung hinzukommt. Eine korrekte Analyse darf sich nicht nur Neubauplänen zuwenden, sondern muß konsequenterweise auch Bestehendes in Frage stellen, zumal dessen Aufrechterhaltung – etwa im Falle regulierter Flüsse – beständige Kosten verursacht. Neubauprojekte, wie etwa eine Autobahn, befinden sich heute regelmäßig in der Situation des in Kapitel 6.1.2 beschriebenen Orchideenphotographen; sie sind der zuletzt kommende Belastungsfaktor, über den nun alle Kritiker herfallen. Wären nicht in Niedersachsen Hunderttausende Hektar Hochmoor vernichtet worden, so wäre zu tolerieren, daß die geplante Emslandautobahn A 31 einige (ohnehin degradierte) Restmoore kostet. Die früheren Biotopvernichtungen erbrachten häufig nur einen geringen volkswirtschaftlichen Nutzen, während der verzweifelte und im Ergebnis unsichere Schutz der Reste heute u.U. hohe Kosten erfordert – teurere Trassenführungen, Verkehrsstauungen an anderen Stellen usw. Es geht also nur vordergründig um die Autobahn; das eigentliche ökonomische Problem ist die – hier nicht mehr zu revidierende, aber vielleicht für die Zukunft vermeidbare – Ineffizienz der gesamten Entscheidungsfolge.

Die allgemeinen Folgen von Infrastrukturprojekten für ökologische

Belange brauchen wegen ihrer Bekanntheit nur stichwortartig genannt zu werden:
- Flächenansprüche für Trassen, überspannte Gebiete, punktuelle Einrichtungen, wie Abfalldeponien,
- Zerschneidungseffekte, insbesondere bei dichtem Straßennetz,
- Schadstoff-, Licht- und Lärmemissionen und andere Störungen insbesondere gegenüber Tieren,
- Strukturverluste von Biotopen auch in der Umgebung, etwa infolge weiträumiger Planierungen, Flußbegradigungen usw.,
- Vielfältige Eingriffe in den Wasserhaushalt, wie Grundwasserabsenkung, Erhöhung der Temperatur von Fließgewässern,
- Sekundäreffekte auf Grund der Erschließung und Versorgung, wie stärkere Industrieansiedlung usw.

Einige positive Effekte für ökologische Belange verdienen genannt zu werden, wie die für zahlreiche Arten wichtige Ausbreitungsfunktion von Verkehrswegen, vor allem alter Eisenbahnlinien, sowie die Funktion einiger Einrichtungen (vor allem militärischer Art), die Nutzung von Biotopen für noch intensivere Zwecke oder eine Belastung aus Erholungsbetrieb zu verhindern. In der Summe überwiegen jedoch die Beeinträchtigungen; es gibt in der Bundesrepublik wenige unzerschnittene Wälder und keinen auf längerer Strecke unregulierten größeren Fluß. Nicht zu vergessen sind auch die flächendeckenden »Kleinmaßnahmen« der Infrastruktur, Gewässerregulierungen und Wege in der Agrarlandschaft und im Forst, auf die im Kapitel 9.5.3 noch zurückzukommen sein wird.

Die an künftige Infrastrukturplanungen zu erhebenden ökologischen Forderungen leiten sich unmittelbar von dem Stichwortkatalog der Schadeinflüsse ab:
– Bewahrung der letzten größeren zusammenhängenden Waldgebiete vor der Zerschneidung, z. B. Rothaargebirge, Pfälzer Wald,
– Verzicht auf jeglichen weiteren Gewässerausbau, auch zu Verkehrszwecken,
– Weitestgehende Entregulierung wenigstens eines oder weniger größerer Flüsse,
– Wiederherstellung je eines repräsentativen, hinreichend langen Bachlaufs (einschließlich des jeweiligen Umfeldes, wie Überschwemmungsgelände) in jeder naturräumlichen Einheit,
– Bewahrung und Wiederherstellung natürlicher Biotope im Küstenbereich und Ausrichtung des Küstenschutzes auf dieses Ziel,
– Offensive Auslegung der Pflicht zu Ausgleichsmaßnahmen nach der Eingriffsregelung des Bundesnaturschutzgesetzes,
– Bei allen Vorhaben Nutzung aller Möglichkeiten naturgerechter Ausführung, wie im Bereich der Straßenrandgestaltung (vor allem Erstreben von Oligotrophie),

plätze geschaffen – ein Argument, an dem jede langfristige ökonomische Effizienzüberlegung leicht zurückprallt,
- Es lassen sich immer tendenziöse Kosten-Nutzen-Analysen mit für Laien undurchschaubaren Datenmanipulationen anstellen, mit denen Projekte gerechtfertigt werden können,
- Projektgegner sind häufig schlecht organisiert, ökonomisch wenig argumentationsfähig, politisch verunglimpfbar als Fortschritthemmer und besitzen selten genug ökonomische Ressourcen, um respektierte Gegengutachten zu lancieren,
- Die von den Projekten begünstigten Interessen drängen auf Realisierung und identifizieren ihr Sonderinteresse mit dem Allgemeinwohl.

Bei der Auflistung sei nicht vergessen, daß einige der genannten Motive menschlich sind und es nicht darum geht, sie zu verurteilen. Nicht wenige Akteure handeln nach bestem Gewissen. Fehlentscheidungen kommen immer vor, auch im Alltagsleben, in Familie und Haushalt. Die politische Entscheidungssituation krankt daran, daß »harte«, rechenhafte ökonomische Überlegungen eine zu geringe und Überredungskunst, Druckausübung und der Schein des Richtigen eine zu große Rolle spielen. Der beste Dienst, welcher auch dem Naturschutz hier erwiesen werden kann, ist die Hebung der politischen Entscheidungskultur beim Umgang mit öffentlichen Finanzmitteln, die Verpflichtung jeder Infrastrukturplanung zu rigorosen, methodisch einwandfreien Wirtschaftlichkeitsuntersuchungen.

Der beschränkte Platz verbietet, auf einige haarsträubende realisierte oder (seltener) zum Glück verhinderte Fehlentscheidungen ausführlich einzugehen. Der Rhein-Main-Donau-Kanal, ein Projekt mit ökologisch außerordentlich negativen Folgen, erwirtschaftete im Jahre 1988 ganze 6 % seiner Betriebskosten aus Benutzungsgebühren, an eine Amortisierung der Baukosten denkt ohnehin niemand (Süddeutsche Zeitung vom 24.6.1988). Ein gewiß extremes, aber keineswegs untypisches Beispiel ist die Planung des »Südgüterbahnhofs« im damaligen West-Berlin zwischen 1967 und 1985. Dort sollte auf einer ökologisch wertvollen Brachfläche ein Güterbahnhof errichtet werden, dessen Baukostenrahmen sich gegen Ende der Planungsperiode auf die Grenze von einer Milliarde DM zubewegte. Der Baubeginn wurde mehrmals durch ökologische Einsprüche verhindert, bis im Jahre 1985 ein ökonomisches Gutachten bei der Deutschen Bundesbahn angefordert wurde, welches dem Projekt auch unter Würdigung der damaligen besonderen politischen Lage eine abnorme Unwirtschaftlichkeit bescheinigte. Erst daraufhin wurde das Projekt fallengelassen, ohne die allein wegen unterlaufener Formfehler bei der Planung erfolgreichen Einsprüche wäre der Bahnhof heute in Betrieb (Näheres in Hampicke 1985 : 397 ff.).

Auch zahlreiche öffentliche Vorhaben, die zweifellos als weniger unseriös als die dargestellten Extrembeispiele gelten müssen, würden den Sprung über die ökonomische Meßlatte nicht schaffen. Es reicht nicht hin, daß ein Projekt überhaupt ein Ertrags-Kosten-Verhältnis von mehr als Eins aufweist. Dies ist eine notwendige, jedoch nicht hinreichende Bedingung, denn bei ihrer Erfüllung ist es immer noch möglich, daß ein noch wirtschaftlicheres Projekt verdrängt wird. Es müssen alle Alternativen offengelegt werden, bevor entschieden wird – gewiß ist dies erneut eine utopische Idealforderung, der sich jedoch in der Realität zumindest anzunähern versucht werden sollte. Betrachten wir nun kurz einige für Naturschutzkonflikte besonders relevante Motive für Entscheidungen über Infrastrukturvorhaben, bei denen Korrekturen an der bisherigen Praxis bedacht werden sollten:

Versicherungsfunktion: Ein nicht geringer Teil aller Infrastruktur dient der Abwehr von Gefahren oder erratisch auftretenden Schädigungen, vor allem im Wasserbau. Ist der Schutz von Menschenleben das Ziel, wie bei Küstendeichen, Lawinenschutzbauten usw., so ist an der Notwendigkeit der Maßnahmen nicht zu zweifeln, allenfalls an der Art ihrer Ausführung. In vielen Fällen geht es jedoch allein um materielle, ersetzbare Werte. Hochwasserschutzmaßnahmen abseits großer Flüsse im Binnenland, wie z.B. Rückhaltebecken usw. sollen verhindern, daß in längeren Abständen Straßen unter Wasser stehen, Keller vollaufen usw. Hier sind wie bei jeder Versicherung Kosten und Nutzen abzuwägen. Die jährlichen Kosten (ohne Einbezug ökologischer Schäden) bestehen in den zu Annuitäten umgelegten Bau- plus Unterhaltungskosten (vgl. Kapitel 7.1.3), der Nutzen im voraussichtlich vermiedenen Schaden multipliziert mit seiner Eintrittswahrscheinlichkeit. Vermeidet z.B. eine Maßnahme ein durchschnittlich alle 50 Jahre auftretendes Hochwasser mit jeweils 5 Mio. DM Schaden, so rechtfertigt sie in erster Näherung Kosten von höchstens 100 000 DM pro Jahr*. Bei höheren jährlichen Kosten ist es billiger, den Schaden gelegentlich eintreten zu lassen. Entscheidend ist, daß es ökonomisch nicht zu vertreten ist, jeden Schaden zu beliebig hohen Kosten zu versichern. Es wäre interessant, zahlreiche, ökologische Ziele meist stark beeinträchtigende Hochwasserschutzsysteme daraufhin zu analysieren, ob sie dem gezeigten ökonomischen Kalkül entsprechen oder nicht einfach »Überversicherungen« darstellen, welche die Betroffenen vermeiden würden, wenn sie selbst die Versicherungsprämien zu zahlen hätten (vgl. BOWERS 1988 a).

---

* In korrekter Rechnung ist der Einfluß des Zinses und ggf. eines Optionswertes für die beruhigende Sicherheit, daß kein Hochwasser auftreten kann, zu berücksichtigen. Die Essenz des Arguments bleibt davon unberührt.

Dimensionierungsfragen: Das Prinzip »lieber eine Nummer größer« findet in vielen, auch nichtöffentlichen Bereichen Anwendung: Eine Straße wird gleich zwei Meter breiter gebaut, der für Radwege vorgeschriebene Unterbau würde auch Schwerlastwagen tragen usw. Es muß zugestanden werden, daß Dimensionierungsfragen häufig schwer zu entscheiden sind. Ein ökonomisch besonders interessantes Problem ist das der Dimensionierung an der Spitzenlast. Auf dem Gebiet der Stromerzeugung findet es seine Rechtfertigung durch die fehlende Speicherbarkeit dieses Gutes; ist die Erzeugungs- und Leitungskapazität nicht dem höchsten, selten auftretenden Bedarf angepaßt, so kommt es zu Netzzusammenbrüchen. Dies ist jedoch ein Sonderfall; im allgemeinen können Kapazitätsüberlastungen eines Systems durch Ausweichreaktionen aufgefangen werden, wie Warteschlangen, Staus usw. Diese verursachen zweifellos Unannehmlichkeiten und monetäre Kosten. So lästig es für den Autofahrer ist, im Stau zu stecken, rechtfertigt dies jedoch nicht, Abhilfe zu *beliebigen* Kosten – monetärer wie auch ökologischer Art – zu verlangen, auch hier muß vielmehr *abgewogen* werden. Unter den drei Alternativen – die Kapazität zu erweitern, das Aufkommen zu senken bzw. besser zu verteilen oder einfach die Staukosten zu ertragen – muß unter Abwägung aller (auch ökologischer) Gesichtspunkte das kleinste Übel gewählt werden. Worin dies besteht, hängt vom Einzelfall ab; Spitzenbelastungen prinzipiell genügen zu wollen, wie es technischem Denken entspricht, ist kein ökonomisch vertretbares Prinzip.

Partielle Unterversorgung mit Infrastruktur: Paradoxerweise besteht auch das zum voranstehenden Gesichtspunkt gegenteilige Problem, die Unterdimensionierung. Leider geht die Symmetrie nicht soweit, daß damit dem Naturschutz gedient würde, im Gegenteil geht auch dies zu seinen Lasten. Das Problem entspricht etwa dem früher verbreiteten Vorurteil über die Allokation in vornehmen französischen Restaurants: Vorn glänzen die Kronleuchter, während hinten die Wasserspülung nicht funktioniert. Aus vordergründig finanziellen, letztlich jedoch psychologischen Gründen besitzen selbst die im Umweltschutz fortgeschrittenen Länder ein ständiges Defizit bei der Entsorgungs-Infrastruktur*. Es äußert sich in offenen Versäumnissen

---

* »Das Abfallproblem ist die sichtbare und spürbare Folge der allgemein verbreiteten Gedankenlosigkeit im Umgang mit Stoffen oder Produkten in der hochindustrialisierten Wohlstandsgesellschaft. Sie ist kennzeichnend für eine grundsätzliche Verhaltensweise in unserem technischökonomischen System, in dem gegenwärtig einer hochentwickelten, wohlgeordneten Versorgungsinfrastruktur eine weithin unterentwickelte, durch Unordnung und Zufälligkeit bestimmte Entsorgungsinfrastruktur gegenübersteht.« (RSU 1990 : 3).

beim Unterhalt kommunaler Abwasserkanäle, wo sich in der Bundesrepublik ein Rückstand bei Ersatzinvestitionen im Volumen von 50 bis 100 Mrd. DM, vermutlich sogar noch mehr, angesammelt hat (ATV 1987). Weitere Symptome sind das Vorherrschen niedriger, das Niveau vorbildlicher Einzelanlagen und damit der technischen Möglichkeiten oft weit unterschreitender Standards bei der kommunalen Abwasserklärung sowie der immer lauter beklagte sogenannte »Müllnotstand« in Gestalt fehlender Deponieflächen. Hier sei über manche Probleme nicht hinweggesehen, daß es jedoch zu wenig Deponiefläche gebe, reflektiert allein eine unangemessene Problemsicht: Es gäbe immer Deponiefläche, wenn man sie bezahlen würde. Während die Grundfläche jedes Hochspannungsmastes von dem betreffenden Landwirt korrekt gekauft wird, ist bislang diese normale Form des Flächenerwerbs für die Abfalldeponie selten erwogen worden; hier war meist selbstverständlich, daß nur ohnehin der Öffentlichkeit gehörendes und für andere Zwecke unbrauchbares Terrain in Frage komme, welches zweifellos knapp geworden ist. Noch heute erscheint vielen die Barbarei, die weltbekannte Fossiliengrube Messel bei Darmstadt zu verfüllen, als einziges Mittel, den Müllnotstand im Rhein-Main-Gebiet zu entschärfen.

Die ökonomisch nicht zu rechtfertigende Deponieflächenpolitik hat in der Vergangenheit dem Naturschutz auf das schwerste geschadet, indem zahlreiche aufgelassene Gruben, Steinbrüche, »Ödlandflächen« und selbst Weiher und kleine Senken verfüllt wurden. Eine späte Rache erfährt diese Praxis durch die sich langsam verbreitende Erkenntnis, daß die Verfüllungen auch deponietechnisch häufig unzureichend waren; zahlreiche müßten wegen von ihnen ausgehender Grundwassergefährdungen nachbehandelt oder wieder entleert werden, womit sich – wie so oft – die »Billiglösung« am Ende als die teuerste erweist.

Anspruchsdenken und Kostenanlastung: Gibt es mehr Autos, so müssen mehr Straßen her, wird mehr geflogen, so fehlen Startbahnen, gibt es mehr Müll, so fehlt es an Deponieraum usw. Diese einfachen Beobachtungen besitzen zwei unterschiedliche ökonomische Hintergründe: Zuweilen ist das Bedürfnis nach der Ausweitung einer Tätigkeit so stark, daß die betreffenden Subjekte bereit sind, die vollen Kosten dafür zu übernehmen – ein Autofahrer mag willens sein, für zusätzliche Straßen sogar viel zu zahlen. Kommt es hier zu Konflikten mit ökologischen Belangen und werden diese als höherwertig angesehen, so muß die zahlungswillige Präferenz des Autofahrers unterdrückt werden – eine ökonomisch unerwünschte, aber nicht zu vermeidende Konsequenz.

Sehr oft besteht jedoch ein zweiter ökonomischer Hintergrund, welcher mit der Kollektivgutproblematik öffentlicher Finanzen zusammenhängt (vgl. Kapitel 4.6): Alle Steuer- und Abgabenpflichtigen zahlen in einen Topf ein, und es ist nur verständlich, daß jeder soviel wie möglich aus diesem gemeinschaftlichen Topf wieder zurückbekommen möchte. Diese komplexen Probleme der »postkonstitutionellen Umverteilung«, welche das politische Leben auf weiten Strecken schlechthin beherrscht, sind u.a. vom Nobelpreisträger BUCHANAN (1975) analysiert worden; die Lektüre kann nur empfohlen werden. Wenn also die Rufe nach mehr von dieser und mehr von jener Infrastrukturleistung ertönen, so ist damit nur teilweise gemeint, daß man von ihnen mehr erhalten und bezahlen wolle, vielmehr wird deshalb so laut gefordert, weil sie zumindest teilweise umsonst sind. Die allgemeine Forderungsmentalität wird noch dadurch angeheizt, daß die Beteiligten in einem Vielpersonen-Prisoner's Dilemma (Kapitel 4.6) gefangen sind: Wer sich nicht genug vordrängt bei der Redistribution, erhält von seinem Beitrag nichts oder zuwenig zurück.

Die dargelegten Verhältnisse erklären die Lautstärke, ja oftmals Dreistigkeit der Forderungen nach immer mehr Infrastruktur ohne Rücksicht auf ökologische Belange, sie erklären das Anspruchsdenken. Landrat und Wirtschaftsförderungsgesellschaft meinen, daß ihnen der Bau der Autobahn XY »viel zu langsam« voranschreite – vermutlich käme er nie zustande, wenn der Kreis die Autobahn auf seinem Gebiet selbst bezahlen müßte. Bauern fordern, daß »endlich« wirksame Hochwasserschutzmaßnahmen zu Kosten in Millionenhöhe ergriffen werden, um ihre Maisfelder in der Flußaue zu schützen, wo ohnehin Grünland hingehören würde – warum bezahlen sie sie nicht selbst? Noch schneller dreht sich die Spirale, wenn eine Angebotskonkurrenz vorliegt: Gemeinden reißen sich um ansiedlungswillige Unternehmen und halten mit öffentlichen Mitteln erschlossene Gewerbeflächen auf Vorrat vor – daß unter diesen Verhältnissen die Konkurrenz nicht entsprechend ADAM SMITHS »Unsichtbarer Hand« zu einer optimalen, sondern zu einer Fehlallokation führt, läßt sich leicht zeigen.

Fazit: Grundvoraussetzung zur Vermeidung fragwürdiger Mittelallokationen im öffentlichen Sektor ist eine bedeutend schärfere und verbindliche *Rechenhaftigkeit* weit über bisher geforderte Umweltverträglichkeitsprüfungen (UVP) hinaus. Die Befürworter von Projekten müssen unter wissenschaftlicher Kontrolle den Beweis *für* die ökonomische Vorteilhaftigkeit antreten – bisher kann er oft vermutet oder behauptet und kann den Projektgegnern die Beweislast für das Gegenteil aufgebürdet werden. Die verbreitete Forderung, sich des Problems derart zu entledigen, daß (mit dem erwünschten Nebeneffekt möglicher Steuersenkungen) öffentliche Mittel wahllos verknappt werden, kann dagegen kaum unterstützt werden. Eine Verknappung allein bewirkt in der öffentlichen Wirtschaft noch keinen Übergang zu größerer Rationalität. Im Gegenteil kann sich auf diese Weise das Allokationsprinzip, nach der Lautstärke der erhobenen Ansprüche zu selektieren, sogar noch verstärken, so daß, wie allenthalben zu beobachten, weniger rücksichtslos auftretende Interessen, wie soziale Belange und auch der Naturschutz erst recht ins Hintertreffen geraten.

Infrastrukturmaßnahmen müssen zunächst daraufhin selektiert werden, ob sie ökonomischen Kriterien überhaupt standhalten. Viele ökologische Probleme würden sich auf diese Weise von selbst erledigen, weil Projekte gar nicht zur Durchführung kämen. Bei den Projekten, welche den Test bis hierher bestehen, muß im zweiten Schritt eine Abwägung mit ökologischen Belangen nach den in Kapitel 8.3.1 niedergelegten Kriterien vorgenommen werden. Dabei sind alle Kompromißmöglichkeiten auszuschöpfen, gegebenenfalls sind teurere, aber ökologisch verträgliche Ausführungen zu wählen, wobei die Kostendifferenz dem Naturschutz anzulasten ist. In Extremfällen, insbesondere bei Verletzung des Pflichtniveaus im Naturschutz (Kapitel 5.3 und 5.4) muß auf ein Projekt verzichtet werden; sein entgangener volkswirtschaftlicher Nutzen ist dann dem Naturschutz vollständig als Kosten anzulasten.

8.4 Naturschutzprobleme außerhalb Mitteleuropas

Sind die Probleme in den industrialisierten Ländern schon ernst genug, so lösen weltweite Entwicklungen bei jedem informierten Beobachter, wie schon in Kapitel 3.1 angesprochen, blankes Entsetzen aus. Im vorliegenden können nur zwei Probleme angesprochen werden: die Vernichtung tropischer Regenwälder und die Dezimierung großer Tiere durch weit überwiegend illegalen Abschuß.

> *»Wonder, astonishment & sublime devotion,*
> *fill & elevate the mind«*
>
> CHARLES DARWIN *1832 bei seiner Ankunft*
> *im brasilianischen Küsten-Regenwald,*
> *heute zu 99 % zerstört.**

8.4.1 Tropische Wälder

Die Fläche immergrüner und laubwerfender, nur mäßig durch Trokkenheit beeinflußter Wälder in Tieflagen und Bergregionen der

---
* Zitiert aus WILSON 1988 a: 10.

niederen Breiten belief sich vor Jahrhunderten auf vermutlich etwa 16 Mio. km², von denen weniger als 9 Mio. km² bis heute übriggeblieben sind. Die größten zusammenhängenden Gebiete befinden bzw. befanden sich im Amazonasbecken, in Zentralafrika und in Südostasien, jedoch sind Gebiete kleinerer Ausdehnung u.a. in Zentralamerika, an der Nordwest- und Ostküste Südamerikas, in Westafrika und auf Madagaskar wegen ihres endemischen Artenbestandes ebenfalls von hochrangiger ökologischer Bedeutung.

Über die jährlichen Verluste an Tropenwald wurden in den vergangenen zwei Jahrzehnten erhebliche Meinungsverschiedenheiten ausgetragen; die erst neuerdings in großem Umfang angewandten Methoden der Fernerkundung (Satelliten- und Flugzeugaufnahmen) haben frühere pessimistische und oft als zu hoch angesehene Angaben vielfach bestätigt. Eine Abschätzung wird zunächst durch unterschiedliche Definitionen der Wälder erschwert; nach FEARNSIDE (1990) belief sich der Verlust im brasilianischen Amazonasgebiet im Jahre 1988 auf 20 000 km² ohne und 39 000 km² unter Einschluß von »Cerrado«, einem trockenen, buschartigen Waldtyp. Ferner bestehen zwischen einem flächenhaftem Kahlschlag und der zunächst weniger auffälligen, sich jedoch im Zeitverlauf intensivierenden Ausdünnung alle Übergänge. Viele gerodete oder verbrannte Flächen wachsen zunächst wieder zu, um diese Fähigkeit erst mit der Zeit einzubüßen. Den erwähnten Zahlen für jährliche Totalverluste des Waldes in Amazonien steht eine zehnmal so hohe Fläche (200 000 km²) gegenüber, auf der es brannte; im Jahre 1987 wurden durch Satelliten mindestens 350 000 einzelne Brände nachgewiesen (SETZER & PEREIRA 1991).

Aktuelle Daten gehen von jährlichen Totalverlusten von 76 000 bis 92 000 km² (davon etwa 45 % in Südostasien, 35 % in Amerika und 20 % in Afrika) und Ausdünnungen von zusätzlich 100 000 km² aus (MYERS 1988 : 29). Die erwähnten kleinflächigeren Vorkommen sind schon weitestgehend zerstört; bei Fortdauer gegenwärtiger Trends wird es einen weniger beeinflußten Kernbestand nur noch im westlichen Amazonas-Tiefland und in Zentralafrika geben. Ist der Holzeinschlag auch in allen Kontinenten eine Rodungsursache, so dominiert er nur in Afrika und Südostasien, während in Brasilien die Rodung zu Weideland sowie industrielle, verkehrs- und energietechnische Großprojekte im Vordergrund stehen. Überall besteht ferner Bevölkerungsdruck und Landhunger insbesondere armer Bevölkerungsteile, welche sich, geduldet oder gefördert, der Rodungsflächen annehmen und die Wiederbewaldung verhindern.

Eine umfangreiche Literatur (vgl. unten) informiert über Probleme und Folgen dieser Waldzerstörung und unterbreitet Vorschläge, den Prozeß, wenn er schon nicht völlig zu unterbinden ist, wenigstens in geordnete planerische Bahnen zu lenken. Tropische Wälder verfügen über den höchsten Artenreichtum aller Landbiotope der Erde. Viele Arten kommen nur endemisch vor und überleben die Rodung nicht, weil sie an Lichtungsstadien und Sekundärwald nicht angepaßt sind. Der größte Anteil der für die Zukunft vorausgesagten Artenausrottung wird sich in tropischen Wäldern abspielen (vgl. Kapitel 3.1). Negative Auswirkungen auf biogeochemische Kreisläufe und regionales oder gar globales Klima sind zu befürchten, Zerstörungen bei Böden und Oberflächengewässern sind allenthalben zu beobachten. Der Wert umfangreicher Flächen für landwirtschaftliche Zwecke ist wegen spezieller bodenkundlicher Probleme zumindest bei bisheriger Agrartechnologie gering. In den meisten Klagen über die Entwicklung wird zuwenig Notiz vom Schicksal der einheimischen Bevölkerungen, wie der Indianer in Südamerika, genommen, welches bei großflächiger Waldzerstörung als besiegelt angesehen werden muß.

Ökonomische Analysen der Probleme sind noch rar, so daß wir ebenso wie bei den beiden voranstehenden Kurzportraits den Schwerpunkt auf die ökonomische Problemstrukturierung und die Bildung von plausiblen und prüfenswerten Hypothesen legen müssen (Übersicht in BARBIER et al. 1991). Grundsätzlich sind drei Beurteilungen möglich:
– Die gegenwärtige Waldrodung ist langfristig-ökonomisch und ethisch gerechtfertigt,
– sie ist ethisch und bei Anlegung korrekter ökonomischer Maßstäbe nicht zu rechtfertigen, liegt jedoch, entgegen der in diesem Buch vertretenen Auffassung von wissenschaftlicher Ökonomie, zumindest im kurzfristigen oder allein kommerziellen Interesse der Länder,
– sie ist nicht einmal in kurzfristig-partieller Betrachtung zu rechtfertigen.

Die erste Möglichkeit scheidet aus den genannten Gründen (Grausamkeit gegenüber Menschen, umfangreiche irreversible Artenverluste u.a.) aus. Zahlreiche Indizien deuten darauf hin, daß sehr oft vielmehr der letztgenannte Fall zutrifft. Spektakuläre Zusammenbrüche von Großprojekten in tropischen Ländern, wie das »Fordlandia«-Unternehmen in Brasilien, sind bereits aus den 20er Jahren bekannt. Nahezu alle brasilianischen Projekte mit dem Ziel der Gewinnung von Bodenschätzen in Tagebauen (Eisenerz, Bauxit, Mangan, Kupfer, Zinn, Nickel u.a.) sind wegen der unsicheren Preiserwartungen auf dem Weltmarkt äußerst skeptisch zu beurteilen; es ist mehr als zweifelhaft, daß sich hier seriöse Unternehmen engagieren würden, wenn sie die Risiken voll zu tragen hätten. Dasselbe gilt für die zu ihrer Unterstützung geplanten Infrastrukturmaßnahmen, wie Straßenbau, Wasserkraftanlagen und Holzkohleplantagen, denen Waldgebiete ungeheurer Ausdehnung geopfert werden sollen. Nach BUSCHBACHER (1986) ist schon das bisherige, überaus teure und störanfällige amazonische Straßennetz ökonomisch nicht zu rechtfertigen. Die zeitweise von ausländischen Großunternehmen betriebenen Viehzuchtprojekte auf gerodeten Flächen waren und sind in kostenorientiertem Sinne unwirtschaftlich und stets allein der Steuerersparnis wegen unternommen worden. Nach PETERS et al. (1989, vgl. auch REPETTO 1990) lagen die Erträge eines unzerstörten Waldes in Form von Wildkautschuk und Paranüssen mehr als viermal so hoch wie die aus der Viehzucht nach seiner Rodung. Insbesondere in Lateinamerika liegt der Waldzerstörung ein Komplex schwer durchschaubarer sozialpsychologischer Motive zugrunde, in welchem selbst kurzfristige »Profit-Ökonomie« und damit verbundene Korruption nur teilweise als Erklärungen überzeugen, vielmehr vollständige Irrationalismen wie Nationalismus, Techno-Gigantomanie, Kollektivhaß auf bedauernswerte Indianer, blinde Zerstörungswut und Pyromanie keineswegs gering veranschlagt werden dürfen.

In Afrika und Asien und bei der primären Zielsetzung der Holzgewinnung dürfte überwiegend der zweite der oben genannten drei Fälle maßgeblich sein. Länder wie Ghana, Nigeria und Elfenbeinküste haben ihre Holzvorräte so überstürzt erschöpft, daß sie nun in Gefahr stehen, Holz einführen zu müssen (hierzu und zu anderen Aspekten vgl. STEINLIN 1987). In Südostasien wird das Holz häufig inferior (unter Wert) verwendet, wie für Spanplatten, Zellulose, Papier und Betonverschalungen, auch sind die Verluste bei den ruinösen Gewinnungsmethoden sehr hoch. Das Zusammentreffen kurzfristiger Gewinnerwartungen auf Seiten der Unternehmen mit ebenso kurzfristigen Devisen-, insbesondere Schuldenproblemen der die Konzessionen vergebenden Regierungen der Länder hat dieselbe Konstellation erzeugt, durch die in der menschlichen Geschichte so oft der momentane Raubzug an die Stelle einer (allein »ökonomisch« zu nennenden) nachhaltigen Nutzung treten mußte. Allein die durch Erosion und andere Bodenzerstörungen bewirkte Erschwernis der Wiederbewaldung und damit künftiger Holzgewinnung verursacht Opportunitätskosten, welche den Wert des bei heutigem Raubbau gewonnenen Holzes weit übersteigen können. Eine Konzessionsvergabe (und Kontrolle) in der Form, daß die begünstigten Unternehmen langfristig denken müssen und anstatt ihres augenblicklichen Profits den Gegenwartswert (»*Present Value*«, vgl. Kapitel 7.1.3) aller heutigen und künftigen Erträge zu maximieren anstreben, hätte wahrscheinlich einen großen Teil der bisherigen Zerstörungen verhindert.

Wie der Leser erkennt, sind die spezifisch ökonomischen Erklärungsansätze für die Vorgänge in den Tropenwäldern in diesem Buch in den Kapiteln 4.6 (Theorie der Kollektivgüter) und im voranstehenden Kapitel über Infrastrukturprobleme bereits erläutert worden. Grundsätzlich befinden sich alle in die Waldzerstörung involvierten politischen und privatökonomischen Entscheidungsträger in der Lage, die *Kosten* ihrer Handlungen nur teilweise, in ferner Zukunft oder überhaupt nicht tragen zu müssen, was in Verbindung mit ohnehin vorhandener ökonomischer Risikobereitschaft und Unseriosität (»Goldgräbermentalität«) zu skrupellosem Vorgehen anreizt. Die überall auf der Welt schon hinreichend brisanten Probleme des Umgangs mit der »*Common Property*«, mit öffentlichem Eigentum und der Infrastruktur, sind hier ins Gigantische gesteigert.

Das Motiv der Landerschließung für wachsende Bevölkerungen rechtfertigt ebenfalls keine großflächigen Waldrodungen. Die bisherigen, überwiegend negativen Erfahrungen wurden von landwirtschaftlichen Experten vorausgesagt: Viele tropische Böden widersetzen sich permanentem Ackerbau mit herkömmlicher Methodik und verlieren schnell an Fruchtbarkeit, hinzu kommen die fast immer unzureichende Ausstattung der »Squatter« (wilden, entwurzelten Landnehmer) mit Kapital und – im Gegensatz zu den bodenständigen »Shifting Cultivators« – ihre fehlenden ökologischen und agrartechnischen Kenntnisse. Wie schon am Beispiel des Lebensraumkonfliktes zwischen Gorillas und Menschen in Kapitel 5.2.5 erläutert, sind in den niederen Breiten ökologisch verträgliche Intensivierungen auf schon kultiviertem Land der Inkulturnahme von Waldböden für landwirtschaftliche Zwecke meist vorzuziehen. Bekannt ist schließlich, daß die Abdrängung der Bevölkerungsmassen auf die Waldstandorte vielfach nicht einem absoluten Mangel an besseren Böden zuzuschreiben ist, sondern dem Umstand, daß diese besseren Böden von kapitalkräftigen Subjekten vereinnahmt werden.

Eine Lösung der Probleme erfordert zwei Entscheidungen: Zum einen die Ausweisung eines hinreichenden Netzes von *Totalreservaten* (Tabuzonen) zum Überleben der Artenvielfalt und zum Schutz bestimmter menschlicher Populationen. Die planerische Grundlagenarbeit hierzu in Gestalt der Identifizierung besonders artenreicher Regionen ist im Gange (KULIOPULOS 1990). Zweitens sind alle Nutzungen außerhalb der tabuisierten Zonen dem Ziel der Nachhaltigkeit und ökologischen Substanzerhaltung anzupassen; speziell ist Holz in der Weise zu entnehmen, daß Vegetation, Böden und Gewässer nicht beschädigt werden.

Erneut stehen vor jeder ökonomischen Detailanalyse die Fragen der Verteilung der Verfügungsrechte (»*Property Rights*«) und der Kostenanlastung. Bei allem Verständnis für das in den Ländern der Dritten Welt verbreitete Bedürfnis nach Souveränität kann der gelegentlich erhobene Anspruch, mit den ökologischen Ressourcen auf ihrem Territorium nach Gutdünken umzugehen und sie daher gegebenenfalls auch vernichten zu dürfen, nicht akzeptiert werden. Die tropischen Länder besitzen Pflichten des Artenerhaltes nicht gegenüber den reichen Industrienationen, sondern, wie jedes andere heutige Subjekt, gegenüber späteren Generationen. Ihnen ist jedoch nicht zuzumuten, die Kosten für den Erhalt einer für die ganze (auch künftige) Menschheit so wertvollen Ressource, wie es die tropische Artenfülle ist, allein zu tragen, nur weil sie zufällig auf ihrem Territorium lokalisiert ist – sofern bei der offenkundigen Unvernunft der Waldzerstörungen hier überhaupt von echten volkswirtschaftlichen Erhaltungskosten gesprochen werden kann. Während die praktische Hauptforderung an die tropischen Länder lautet, eine Atmosphäre zur seriösen ökonomischen Entscheidungsfindung zu erzeugen, lautet die Forderung an die Industrienationen, sich (falls nötig) an den Erhaltungskosten für die ökologischen Werte zu beteiligen, vor allem aber, die ökonomische Druckausübung auf die Länder abzubauen, welche jene dazu veranlaßt, ihr Heil im kurzfristigen Ausverkauf ihrer Reichtümer zu suchen. Der hier angesprochene Druck besteht bekanntlich in der internationalen »Schuldenkrise«.

Auf die Ursachen der Gesamtverschuldung in Höhe von etwa einer Billion (10^{12}) US $ kann hier nicht eingegangen werden, eine volle Rückzahlung erscheint jedoch ausgeschlossen. Zu den zahlreichen, aus Prestige- und anderen Gründen meist bemäntelten Formen des Schuldenerlasses gehört seit einigen Jahren der sogenannte *»Debt-for-Nature-Swap«*. Dabei wird in der Regel eine Forderung an ein Land der Dritten Welt zu einem sehr günstigen Preis von Banken an eine internationale Umweltorganisation (z.B. Worldwide Fund For Nature, WWF) verkauft, welche daraufhin ihre Gläubigerrolle im Drittweltland als getilgt ansieht, wenn bestimmte wertvolle Biotope mit ihrer praktischen Mithilfe geschützt werden. Die Übersicht 18 zeigt einige bekannte Beispiele. Die Reaktionen auf derartige Geschäfte reichen von brüsker Ablehnung (»Unterwerfung unter imperialistisches Diktat«) zu verbreiteter und zunehmender Zustimmung. Das Instrument wäre selbst bei einer Vervielfachung um Größenordnungen nicht in der Lage, die Brisanz der Schuldenkrise auch nur geringfügig zu reduzieren. Ist sein finanzieller Aspekt auch vollständig nebensächlich, so liegt seine Bedeutung im Einfluß auf Atmosphäre und Bewußtsein; es ist dem ökologischen Umdenken in der Dritten Welt förderlich, sofern die abgewickelten Fälle auch langfristig nicht zu negativen Erfahrungen führen. Günstig wirkt sich die Präsenz namhafter unabhängiger Organisationen, wie des WWF, im Hinblick auf die Öffentlichkeitsarbeit und die Unterstützung lokaler Organisationen in den betroffenen Ländern aus.

Weitere Impulse zur Rettung wertvoller tropischer Biotope gehen inzwischen auch von internationalen Förderungs- und Finanzinstitu-

Übersicht 18. Debt-for-Nature-Swaps

Land, Datum	Inhalt, Träger usw.	Finanzvolumen
1987, Bolivien	Schutz der »Beni Biosphere Reserve« (Flora, Fauna, ethnische Minderheiten), Vergrößerung von ca. 135 000 ha auf 1,2 Mio. ha. Beratung und Entwicklung durch Conservation International	Buchwert 650 000 $, Verkauf an Conservation International für 100 000 $
1987, Costa Rica	Anlage in inländischen Wertpapieren, Ertrag an die Nationalparkstiftung, Mitarbeit von WWF	Buchwert 5,4 Mio. $, Verkauf zu 918 000 $
1987/1989, Ecuador	ähnlich Costa Rica Biotope u. a. im Amazonasgebiet und auf Galapagos WWF, Fundación Natura	mehrere Etappen, unterschiedliche Verkaufspreise, Buchwert bis 9 Mio. $
1989, Philippinen	mehrere Biotope WWF, Haribou-Foundation	Buchwerte: 2 Mio. $
1989, Madagaskar	Ausbildung von Naturschutzwarten, Verbesserung bestehender Parks	3 Mio. $
1989, Zambia	wie Madagaskar	2,27 Mio. $

Quellen: EBENROTH & BÜHLER 1990, SCHREIBER 1989. Vgl. auch OBERNDÖRFER 1989

tionen, wie der Weltbank aus (FITZGERALD 1986, GOODLAND 1988), nach deren neueren Richtlinien ökologisch zerstörerische Projekte nicht mehr gefördert werden sollen und Mittel für Biotopentwicklungsmaßnahmen bereitgestellt werden. Es ist zu hoffen, daß diese Beispiele Schule machen. Sie werden dennoch nicht die fundamentale ökonomische Sofortmaßnahme ersetzen können: In einer gemeinsamen, koordinierten Anstrengung von Industrie- und Entwicklungsländern sind Rahmenbedingungen zu schaffen, welche die raubbauhafte, an augenblicklichem Profit, Prestige oder sonstiger Befriedigung orientierte Mißwirtschaft unterbinden. In weltweite Dimensionen gesteigert, gilt dasselbe Fazit wie am Schluß von

Kapitel 8.3: Jedes Nutzungs- oder Entwicklungsprojekt muß einer methodisch rigiden Kosten-Nutzen-Analyse standhalten. Gelingt es, das Gros der – oft schon auf den ersten Blick, manchmal erst bei näherem Hinsehen – unökonomischen Nutzungen auszusondern, so ist man nach der in diesem Buch vertretenen Hypothese bereits »über den Berg«. Verbleiben ökonomisch zu rechtfertigende, jedoch ökologisch und/oder ethisch nicht zu tolerierende Projekte öffentlicher und privater Art, so müssen die Kosten deren pflichtgemäßer Nichtrealisation getragen und gerecht auf alle Staaten, u.U. vornehmlich auf die reicheren, verteilt werden. Der politische Druck zugunsten einer derartigen Lösung ist zu verstärken, diejenigen Länder (wie die Bundesrepublik Deutschland), welche sich bisher in Verlautbarungen zu ihr bekennen, sind zu unterstützen und beim Wort zu nehmen.

Das Thema soll nicht verlassen werden ohne den Hinweis darauf, daß sich in den ökologisch vielgescholtenen Ländern der Dritten Welt zahlreiche Beispiele dafür finden, bei denen ohne oder mit geringer Hilfe von außen Maßnahmen getroffen und Opportunitätskosten zugunsten der Natur getragen werden, die ihresgleichen in den reichen Ländern suchen. Solange die Bundesrepublik Deutschland Naturschutzgebiete im Umfang von nicht viel mehr als einem Prozent ihrer Fläche besitzt, sind Forderungen aus diesem Land, in der Dritten Welt mindestens 10 % auszuweisen, wenig überzeugend. Länder wie Indonesien, Thailand, Papua-Neuguinea (DIAMOND 1986) und viele andere unternehmen größere und keineswegs nur erfolglose Anstrengungen; Costa Rica reserviert bereits über 8 % seiner Landesfläche für den Naturschutz (BARBORAK & GREEN 1987) und plant 15 bis 17 % (WWF-News 52, 1988), was bei aller Unvollkommenheit der Umsetzung honoriert werden sollte.

8.4.2 Große Landsäugetiere

In diesem Buch ist schon darauf hingewiesen worden, daß die Jagd vielleicht ein Faktor beim Aussterben großer Säugetiere gegen Ende der letzten Vereisung war (Kapitel 3.1) und daß ihr die Seltenheit zahlreicher Tiere in Mitteleuropa ebenfalls zu verdanken ist. Um Haaresbreite hätte organisierter Fang das größte jemals auf der Erde lebende Tier, den Blauwal (*Balaenoptera musculus*) ausgerottet; sein Bestand wurde von vermutlich etwa 250 000 Tieren auf wenige Tausend – pessimistischen Stimmen zufolge auf nur 200 bis 1 100 (WWF-News 60, 1989) Exemplare – reduziert, womit sein Überleben noch nicht gesichert ist. Mit wenigen Ausnahmen ist jedoch die Jagd auf große Walarten weltweit eingestellt worden – eine ermutigende Erfahrung, welche zeigt, daß sich zähe Verhandlungen in Organisationen, wie hier der International Whaling Commission, lohnen.

Besorgnis ist dagegen angebracht im Hinblick auf das Schicksal zahlreicher großer Landtiere. Trotz weltweiter Verbote, insbesondere die »Convention on International Trade in Endangered Species« (CITES, vgl. Favre 1989), floriert der Handel mit deren Produkten und schafft Anreize zu Fang, Tötung oder (bei Pflanzen) Sammlung. Allein in die USA werden jährlich 12 000 bis 14 000 Primaten, 6 Mio. Felle, 4 Mio. Stück bearbeitetes Elfenbein, 800 000 lebende Vögel, 1 bis 2 Mio. Kakteen und 300 000 bis 500 000 Stück Orchideen eingeführt (Favre 1989, xviii); die Handelsschwerpunkte für besonders brisante Güter liegen jedoch woanders. Unter legaler und illegaler Verfolgung stehen potentielle Haustiere, gefleckte Katzen, Krokodile und viele andere – nach einer Zeitungsmeldung (zit. in Jones 1987 : 165) kaufte ein reicher Tierfreund einem taiwanesischen Metzger einen Bengaltiger ab, der bei einem Festmahl verspeist werden sollte. Die Übersicht 19 informiert über die Bestandsentwicklungen einiger besonders großer und besser dokumentierter Arten. Trotz absolut noch immer recht hoher Individuenzahl sind die Verluste beim afrikanischen Elefanten in den vergangenen zehn Jahren besorgniserregend. Bei Nashörnern und einigen anderen Arten werden die letzten verbliebenen Exemplare teilweise individuell rund um die Uhr geschützt, was ihre Tötung (und die der Bewacher) durch organisierte Wilderer nicht immer verhindert. Nach pessimistischen Stimmen ist hier, wenn überhaupt, auf die Dauer nur ein notdürftiger Artenerhalt in Gefangenschaft möglich (vgl. Frankel & Soulé 1981 : 133 ff., Soulé & Wilcox 1980 : 197 ff.).

Die ökonomischen Ursachen der beklagenswerten Entwicklung sind in einem zuwenig bekannten älteren Beitrag (Bachmura 1971) schon zusammenfassend dargestellt worden; betrachten wir als Beispiel das Nashorn: Die Hornsubstanz wird in arabischen Ländern als Material für Dolchgriffe sowie in Ostasien in zerkleinerter Form als (physiologisch mit Sicherheit unwirksames) Arzneimittel hochgeschätzt (vgl. Eltringham 1984 : 144 ff.) In beiden Gegenden besteht eine hohe zahlungskräftige Nachfrage, der Preis für asiatisches Horn liegt bei 54 000 US $ pro kg (WWF-News 67, 1990). Dieser hohen Nachfrage steht ein geringes und immer kleiner werdendes Angebot gegenüber. Insoweit besteht eine Parallele zum Kunstmarkt, der hohe Preis eines Gauguin kommt auf analoge Weise zustande. Der Unterschied besteht darin, daß der Gauguin sorgfältig erhalten, die Nashörner jedoch vernichtet werden. In den Ländern mit Restvorkommen besteht trotz Illegalität und hoher Strafen ein unwiderstehlicher Anreiz für arme Bevölkerungsteile zur Deckung der Nachfrage – ein einziger Erfolg (selbst im Falle des noch weit weniger knappen Elefanten-Elfenbeins) verschafft mehr Einkommen als lebenslange legale Arbeit. Die Verhältnisse werden noch prekärer in dem Maße,

Übersicht 19. Bestände gefährdeter Großtiere in Afrika und Asien (Beispiele)

Afrikanische Elefanten

1970: 2 Millionen
1985: 625 000
Jährliche Verluste durch Abschuß mit steigender Tendenz: ca. 70 000
In mehreren Ländern 80 % Verluste seit 1970

Nashörner

Afrika, Gesamtpopulation 1970: 65 000, 1987: 4000, davon

- Spitzmaulnashorn *(Diceros bicornis):* Kenya 450, Tanzania 500, Zambia 500 (starkes Wilderertum), Zimbabwe 1700 (wie Zambia), Namibia 350, Mozambique 500, Republik Südafrika 600
- Breitmaulnashorn *(Ceratotherium simum):* Republik Südafrika 3500 (1930: 100), Zimbabwe 200, Namibia 60, Zaire (nördliche Rasse) 1977: 700, 1984: 15, 1991: 26

Asien, Gesamtpopulation 1987: 2300, davon

- Indisches Panzernashorn *(Rhinoceros unicornis):* Indien 1335, Nepal 375
- Sumatranashorn *(Didermoceros sumatrensis):* Indonesien 500, Malaysia 120
- Javanashorn *(Rhinoceros sondaicus):* 50 (allein 1987 10 durch Wilderer getötet)

Berggorillas

1985: 400, davon 200 im Zaire Virunga National Park (Wilderertum), Rest in Ruanda und Uganda

Schneeleoparden

1985: Unter 10 000 in Pakistan, Afghanistan, UdSSR, China

Tiger

Südchinesischer Tiger 1949: 4000; 1982: 150–200; 1986: 50
Sibirischer Tiger 1986: 50 in China, 300 in der UdSSR

Quellen: FAVRE 1989: 98–99; WWF-NEWS Nos. 35, 36, 43, 48, 57, 58, 60, 69

wie Drogenmafia-ähnliche, gut bewaffnete Organisationen in die Geschäfte einsteigen, oder, Gerüchten zufolge, sogar Regierungs- und Verwaltungskreise in Affären verwickelt werden. Es gibt vier Auswege aus dem Dilemma:
- Die einzig verläßliche und grundsätzliche Lösung besteht darin, durch Änderung der Präferenzen der Kunden und Überzeugung von der Untragbarkeit des Konsums die Nachfrage versiegen zu lassen. Trotz des Zeitbedarfs derartiger Umorientierungen sollten sie nicht als vollständig aussichtslos angesehen werden, da die weltweiten Lagerbestände bei den Produkten für einen erheblichen Übergangszeitraum zur Versorgung beitragen und als Puffer wirken können. Diese Bestände wurden von Spekulanten angelegt, welche hohe Preissteigerungen auf Grund der Angebotsverknappung richtig voraussahen. Die von einigen Ländern gelegentlich anvisierten und wohl als Strafaktionen gedachten Vernichtungen der Vorräte sind daher ökonomisch als unklug anzusehen.
- Die zweite an der Nachfrage ansetzende Lösung läuft darauf hinaus, dem Anreiz zur Tötung einen höheren Anreiz zum Lebenlassen entgegenzustellen – die Nachfrage nach Hornsubstanz und damit nach toten Nashörnern gleichsam zu überbieten. Wie schon im Kapitel 7.3.4 angesprochen, ist es langfristig für afrikanische Länder mit Sicherheit ökonomischer, ihre Wildbestände als Touristenattraktionen bestehen zu lassen, als sie kurzfristig zu verschleudern. Das Problem dieser Lösung liegt weniger darin, daß das Erlebnis der lebendigen Nashörner ein Kollektivgut (genauer: Club-Gut, vgl. Kapitel 4.6) darstellt, da die Touristen durchaus zur Zahlung herangezogen werden können. Vielmehr handelt es sich bei den Empfängern der Zahlungen um andere Personen – die heutigen skrupellosen Wilderer und bedürftigen Landbewohner verdienen nicht am Tourismus. Eine schwere Aufgabe besteht also darin, in den armen Einwohnern der Beschaffungsländer begründete und später nicht enttäuschte Erwartungen darauf zu wecken, an den Früchten des Erhalts der ökologischen Reichtümer zu partizipieren. Unterstützend müssen sofort andere Einkommensquellen erschlossen werden (vgl. McNeely 1988).
- Die beiden folgenden Maßnahmen lassen sich als administrative Angebotsverknappungen entgegen ökonomischen Anreizen interpretieren und sind daher grundsätzlich als problematisch und auf die Dauer kaum hinreichend anzusehen, kurzfristig und in ergänzender Rolle gleichwohl zu rechtfertigen. Solange der Sog der einseitigen Nachfrage nicht abzustellen ist, sind durchgreifende Kontrollmaßnahmen auf internationalen Märkten und in Importländern erforderlich. Jüngere Meldungen berichten von entschlosseneren Vorgehen der Länder, welche als Umschlagorte oder

- Verzicht auf die Vereinnahmung oder Beschädigung ökologisch wertvoller Biotope, auch wenn sie nicht einmalig sind, soweit (auch teurere) Alternativen offenstehen: Beispiel: keine Deponien in alten Steinbrüchen oder auf »Ödland«,
- Absoluter Schutz (*Tabuisierung*) von Biotopen einer bestimmten ökologischen Wertstufe ab gegen Vereinnahmung oder Beschädigung durch Infrastrukturmaßnahmen; generelle Verpflichtung, diese, etwa unter Verlegung der Trassenführungen, zu schonen.

8.3.2 Ökonomische Aspekte

Anders als in relativ homogenen Sektoren, wie etwa der Forstwirtschaft, sind ökonomische Analysen und insbesondere Kostenberechnungen in einer Querschnittsbetrachtung nicht möglich. Infrastrukturprojekte sind »Einzelereignisse«, die oft schon wegen ihres Umfanges, mehr noch jedoch wegen ihrer jeweils individuellen Probleme jeweils einer speziellen *Kosten-Nutzen-Analyse* unterworfen werden müssen. Argumentationsweise und Instrumentarium dieser Analysen sind denen des vorliegenden Buches sehr ähnlich, jedoch bestehen spezielle, mit der Individualität der Untersuchungsobjekte zusammenhängende Fragen. Eine besondere, auch für den Naturschutz relevante Problematik liegt darin, daß sowohl Großprojekte der Infrastruktur als auch zahlreiche routinemäßige Kleinentscheidungen in korrekter Rechnung häufig den Nachweis ihrer ökonomischen Vorteilhaftigkeit schuldig bleiben, diese zumindest zu bezweifeln ist; das bekannte Beispiel des Tellico-Staudamms ist bereits im Kapitel 7.1.7 angesprochen worden. Oft fallen Entscheidungen über Großprojekte in einer politischen Atmosphäre, in der die Befürworter systematisch im Vorteil sind, so daß die Realisierung ökonomisch zweifelhafter Projekte nicht verwundert:
- Politiker üben Druck aus, wenn sie ihr Image mit dem Zustandekommen eines Projektes verknüpfen und sich Denkmäler setzen wollen,
- Allgemeine Technikbegeisterung ist in weiten Kreisen durchaus noch lebendig, Projekte faszinieren emotionell und heben das Prestige,
- Ingenieure wollen konstruieren und überzeugen von der Notwendigkeit von Projektrealisationen u.a. mit dem Hinweis darauf, am technischen Fortschritt teilnehmen zu müssen,
- Wie die Beobachtung spielender Kinder (insbesondere Jungen) an Bächen und Gerinnen zeigt, müssen bei ökonomisch durch nichts zu rechtfertigenden Wasserbauvorhaben tiefenpsychologische Motive erwogen werden,
- Es werden punktuell (anstatt breit verteilt und unauffällig) Arbeits-

Nachfragezentren gelten, wie Hongkong, Taiwan, Singapur und Jemen, so daß sogar in den Beschaffungsländern die Preise sinken (WWF-News 61, 1989).
- Schließlich erzielt die Kontrolle des Wilderertums in den Beschaffungsländern nach langen Jahren der Unterlegenheit gegenüber den Tätern erste größere Erfolge in Namibia und Zimbabwe (WWF-News 69, 1991). Ähnlich wie auf Rauschgiftmärkten kann sie jedoch ebensowenig wie die voranstehende das Problem an der Wurzel lösen.

Während die Entwicklung der letzten Jahrzehnte (Übersicht 19) bei Nashörnern kaum eine andere Interpretation nahelegte als die, daß alles schon zu spät ist, keimt bei den Fachleuten vor Ort neuerdings ein zarter Optimismus: »It is safe to say that rhino conservation is not a hopeless cause« (Ebenda). Die jüngste Zunahme der besonders seltenen nördlichen Breitmaulnashörner (»White Rhino«, vgl. Übersicht 19) könnte der Beginn einer Wende sein, auf die alle Naturliebhaber hoffen.

Empfohlene Literatur

Neuere Gesamtdarstellungen zu Forstwesen und Waldbau in Mitteleuropa sind BURSCHEL & HUSS (1987) und ZUNDEL (1990). Für allgemeine Wirtschaftsdaten ist man auf das STATISTISCHE JAHRBUCH ÜBER ELF und den AGRARBERICHT DER BUNDESREGIERUNG (jährlich) angewiesen. Sehr instruktiv sind die Buchführungsergebnisse im Materialband zum Agrarbericht. Zum Konflikt zwischen Freizeit und Natur vgl. ABN (1989), NATURSCHUTZJUGEND im DBV (1988), SCHEMEL (1987) und LÖLF-Mitteilungen 2/1991. Zu Jagd, Fischerei und Freizeit grundlegendes in PLACHTER (1991 : 160 ff.) und Beispiele in PUTZER (1989). Theoretisch interessierte Leser sollten zu den Pionierartikeln über »Recreation Economics« der 60er Jahre greifen, wie CLAWSON & KNETSCH (1963) und KNETSCH & DAVIS (1966).
Für ökonomische Fragen von Infrastruktur und Großprojekten ist die schon in Kapitel 4 angegebene Literatur zur Kosten-Nutzen-Analyse relevant, wie DASGUPTA & PEARCE (1978), HANUSCH (1987), MISHAN (1976) und PEARCE & NASH (1981). Zur Umweltverträglichkeitsprüfung (UVP) vgl. SCHEMEL (1985). Daß sich alle Wirtschaftssubjekte gegenüber öffentlichen Finanzen wie im Selbstbedienungsladen benehmen, hat niemand so überzeugend erklärt wie BUCHANAN (1975), auch wenn nicht alle (teils sehr konservativen) Thesen dieses Buches akzeptiert werden müssen.
Zu ökologischen Problemen der Dritten Welt finden sich zahlreiche Arbeiten in den am Schluß von Kapitel 3 angegebenen Büchern zur weltweiten Problematik. Obwohl über zehn Jahre alt, ist als sorgfältigste Erhebung von Tropenwaldverlusten immer noch MYERS (1980) zu empfehlen, kurze Zusammenfassung und Vergleich mit anderen Studien in MELILLO et al. (1985). Reiches Datenmaterial über alle Aspekte einschließlich Holzimporte im Bericht der ENQUETE-KOMMISSION »Vorsorge zum Schutz der Erdatmosphäre«: Schutz der Tropenwälder (1990) und in POORE et al. (1989). Zu Vorschlägen und Forderungen vgl. WORLD RESOURCES INSTITUTE et al. (1985). Im Erscheinen ist ein mehrbändiger Atlas der Tropenwälder (Erster

Band: COLLINS et al. 1991). Zahlreiche Beispiele für Waldvernichtungen auf Grund unwirtschaftlicher politischer Fehlentscheidungen sind in REPETTO & GILLIS (1988) analysiert. Zum internationalen Handel mit geschützten Arten vgl. FAVRE (1989), zur Situation der großen Wale BRAHAM (1984) und zur ökonomischen Bedeutung der Großwildbestände für Länder der Dritten Welt ELTRINGHAM (1984).

9 Der Konflikt zwischen Landwirtschaft und Naturschutz in Mitteleuropa

Der verbleibende Teil dieses Buches widmet sich einer detaillierten Diskussion der Naturschutzprobleme in der Landwirtschaft. Daß dieser Bereich einer näheren Analyse würdig ist, bedarf keiner Betonung; im Kapitel 3.2 sind bereits einige Daten angeführt worden. Kritik an heutigen Agrarmethoden ist weithin berechtigt – sehr viel schwieriger als zu kritisieren ist es jedoch auch hier, Wege zu weisen, wie es besser gemacht werden sollte; wir werden auch alternative Leitbilder kritisch betrachten. Wie stets in diesem Buch, muß der Schwerpunkt auf spezifischen Arten- und Biotopschutzproblemen liegen. Zunächst informieren wir uns über die ökonomisch-politische Situation des Agrarsektors, ohne welche wichtige Phänomene kaum zu verstehen sind (Kapitel 9.1). Der Teil wird ausführlich dargestellt und enthält auch eine kurze Einführung in die agrarökonomische Begriffswelt, um Informationsdefizite auf Seiten des Naturschutzes abzubauen. Ohne einen Blick in die Vergangenheit lassen sich heutige Naturschutzprobleme der Landwirtschaft nicht verstehen, dieser erfolgt gemeinsam mit einer Zusammenstellung der heutigen artenverdrängenden Einflüsse in Kapitel 9.2. Das Kapitel 9.3 erarbeitet auf der Basis der ökonomischen und ökologischen Vorgaben die Umrisse einer ganzheitlichen Naturschutz-Strategie in der Agrarlandschaft, welche mit manchen populären Vorstellungen nicht immer übereinstimmt; eine zentrale Rolle spielt hier die Diskussion darüber, ob sich Naturschutz und produktive Landwirtschaft voll integrieren oder etwas »aus dem Wege gehen« sollen. Das Kapitel 9.4 widmet sich der Frage der Abgeltung von Naturschutzleistungen durch Landwirte, während in 9.5 schon durchgeführte oder noch vorzuschlagende Maßnahmen diskutiert werden.

9.1 Ökonomische Charakteristik der Landwirtschaft

9.1.1 Faktoreinsatz und Betriebsstruktur

Traditionell werden auch hier die Faktoren Fläche, Arbeitskraft und »Kapital« (langlebige sächliche Produktionsmittel, wie Gebäude und Maschinen) unterschieden, dazu kommen Verbrauchs- und Hilfsmittel, die »Vorleistungen«.

Fläche: Für das Gebiet der Bundesrepublik Deutschland bis zum 3.10.1990 wird ein Rückgang des Flächeneinsatzes von etwa 14,3 Mio. ha auf 11,9 Mio. ha zwischen 1960 und 1988 angegeben (STAT. JAHRBUCH ELF 1989, pp. 75,76, Tab. 102, 103). Die Landwirtschaft beansprucht damit immer noch knapp die Hälfte der Fläche des Bundesgebietes, wenn auch ihr Anteil überwiegend auf Grund der Ansprüche von Siedlung und Verkehr langsam, aber kontinuierlich sinkt. Etwa 61 % der landwirtschaftlichen Fläche sind Ackerland und 37,4 % Grünland mit einem ebenfalls kontinuierlichen Trend zugunsten des ersteren (hierzu und weitere Informationen in Übersicht 20).

Im Gegensatz zu manchen anderen Ländern ist die Fläche hier ein besonders knapper Faktor, wie hohe Pacht- und Kaufpreise sowie intensive Bewirtschaftung anzeigen. Bis auf regionale Ausnahmen besteht eine hohe Nachfrage – das Land ausscheidender Betriebe wird in der Regel von den verbleibenden durch Pacht zur »Aufstockung« erworben. Etwa ein Drittel der landwirtschaftlichen Fläche ist Pachtland. Die in Relation zum sonstigen Faktor-, insbesondere Arbeitskraftbestand geringe Flächenausstattung ist eine Ursache der Einkommensprobleme zahlreicher Betriebe und engt deren Entscheidungsspielraum für die Kombination von Betriebszweigen ein.

Arbeit: Wie allgemein bekannt, ist der Arbeitseinsatz sehr stark zurückgegangen, der Anteil der land- und forstwirtschaftlichen Bevölkerung an der Gesamtbevölkerung sank von fast 40 % im Jahre 1882 über etwa 14 % im Jahre 1950 auf 4,7 % im Jahre 1970 (STAT. JAHRBUCH ELF 1989, p. 8). Der Anteil der landwirtschaftlichen Erwerbstätigen an allen Erwerbstätigen beträgt heute noch etwa 5 % (Ebenda, p. 12). Genauere Angaben werden durch die Heterogenität des Arbeitseinsatzes erschwert. Zu unterscheiden sind Familien- und Fremdarbeitskräfte, voll und zeitweise bzw. nichtständig Beschäftigte und solche in Voll-, Zu- und Nebenerwerbsbetrieben. Vergleiche mit anderen Sektoren leiden auch unter unterschiedlichem Arbeitsstundeneinsatz pro Woche. Die Gesamtzahl der ständig (jedoch nur zum Teil voll) Beschäftigten wird mit knapp 2 Mio. angegeben (Vgl. Übersicht 20), nach einem geläufigen Umrechnungsmaß gibt es noch etwa 820 000 »AK-Einheiten«. Von Bedeutung für die Zukunft ist die teilweise ungünstige Altersstruktur der Beschäftigten; zahlreiche Betriebsleiter befinden sich bereits in höherem Alter und rechnen nicht mit einer Hofübernahme durch jüngere Familienmitglieder.

Sachkapital: Es gehört zu den Gemeinplätzen, daß die extreme Reduktion des Arbeitseinsatzes auf die Substitution durch arbeitssparende Technik zurückzuführen war und ist. Besteht hieran auch kein Zweifel – was früher Scharen von Erntehelfern taten, erledigt heute ein einziger Mähdrescher-, so bereitet es doch große Schwierigkeiten, den Substitutionsprozeß näher zu analysieren. Diese liegen in der

Übersicht 20. Faktoreinsatz der Landwirtschaft in der Bundesrepublik Deutschland 1988

Landwirtschaftlich genutzte Fläche*1		(in 1000 ha)
Insgesamt		11 915*2
darunter Ackerland	(60,9 %)	7 261*2
Getreide und Körnermais	(39,7 %)	4 734*3
Grünland*4	(37,4 %)	4 449*2
Sonderkulturen und Sonstiges*5	(1,7 %)	205*2
Zum Vergleich: Fläche des Bundesgebietes bis 3. 10. 1990		24 869*6

In landwirtschaftlichen Betrieben und Haushalten beschäftigte Personen*7	(in 1000 Personen)
Insgesamt	1 949
darunter Familienarbeitskräfte	1 769
vollbeschäftigte Familienarbeitskräfte	412
familienfremde Arbeitskräfte, ständig und nichtständig	180
Betriebliche Arbeitsleistung in AK-Einheiten*8 (in 1000)	821
Zum Vergleich: Erwerbstätige im Bundesgebiet bis 3. 10. 1990	27 301*9

Ausgewählte Daten zu Kapitaleinsatz und Vorleistungen

Ackerschlepperbestand	(1000 Stück)	1 449,0*10
motorische Zugkraft	(kW je 100 ha LF)	400,3*10
Handelsdüngerverbrauch	(1000 t)	
Stickstoff	(1000 t)	1 539,9*11
Phosphat	(1000 t)	643,5*11
Kali	(1000 t)	887,1*11
Vermögenswerte in der Landwirtschaft	(Mrd. DM)	
Wirtschaftsgebäude	(Mrd. DM)	33,3*12
Maschinen und Geräte	(Mrd. DM)	22,2*12
Vieh	(Mrd. DM)	26,9*12
Wert aller Vorleistungen	(Mio. DM)	29 117,0*13

physischen Heterogenität der technischen Produktionsmittel, in ihrem ständigen Wandel und in Problemen monetärer Bewertung, soweit sie langlebig sind. Die Arbeitsersparnis erfolgt durch Gebäude, Stalltechnik, Energieeinsatz, Ernte- und Bestellmaschinen sowie Vorleistungen und die Infrastruktur, wie das Wegenetz. Die Technik schreitet voran, ein Schlepper aus dem Jahre 1960 ist nicht mit einem heutigen zu vergleichen. Da neue Maschinen über längere Zeiträume relativ zur Handarbeit immer billiger wurden, ist nur durch aufwendige Rechnungen zu ermitteln, inwieweit auch in *monetären* Einheiten relativ immer mehr »Kapital« in der Landwirtschaft alloziert wurde. Die Probleme sind bei Gebäuden teilweise noch schwieriger (zu Problemen der Wertermittlung vgl. KÖHNE 1987a). Wegen relativ geringer Bautätigkeit in den letzten Jahren und verbreiteter Nutzung abgeschriebener Gebäude kann auf diesem Gebiet kaum von einem beständigen Mehraufwand von Kapital gesprochen werden. Vielerorts sind schlechte Stallkapazitäten ein Hemmnis einzelbetrieblicher Entwicklung.

Vorleistungen: Mineraldünger, Energie, Saatgut, Pestizide, Handelsfuttermittel u.a. sind funktionell ähnlich zu interpretieren wie die voranstehend beschriebenen Produktionsmittel; der einzige Unterschied besteht darin, daß sie in einer Wirtschaftsperiode verbraucht werden. Ihre gesonderte Betrachtung entspringt damit allein Konventionen im Rechnungswesen, weniger theoretischen Erwägungen. Sie wirken überwiegend ertragssteigernd, teilweise auch arbeitssparend,

---

* [1] Zu Definitionen vgl. STAT. JAHRBUCH ELF 1989, p. 74 ff.
* [2] ebenda, Tab. 103, p. 76
* [3] ebenda, Tab. 104, p. 77
* [4] Wiesen und Viehweiden, vgl. Anmerkung *[1]
* [5] Garten- und Rebland, Obstanlagen, Baumschulen und Korbweidenanlagen
* [6] ebenda, Tab. 101, p. 74
* [7] Zu Definitionen vgl. ebenda, p. 48 ff.; folgende Zahlen aus Tab. 58, p. 48
* [8] Umgerechnet auf Personen, die das ganze Jahr voll mit betrieblichen Arbeiten (ohne Haushalt) beschäftigt sind
* [9] vorläufig, ebenda, Tab. 12, p. 12
* [10] ebenda, Tab. 86, p. 66
* [11] ebenda, Tab. 94, p. 71, 1988/89
* [12] AGRARBERICHT 1990, Materialband, Tab. 31, p. 35
* [13] ebenda, Tab. 29, p. 33, 1988/89, vorläufig

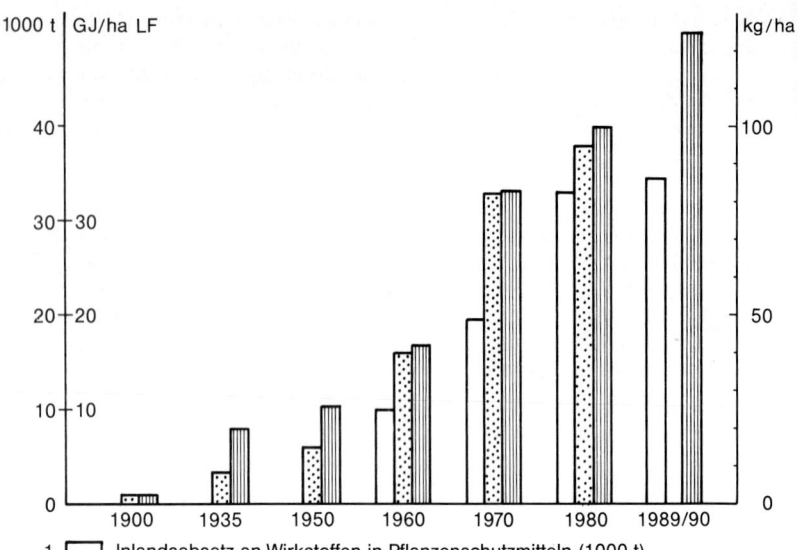

224 Der Konflikt zwischen Landwirtschaft und Naturschutz

[Balkendiagramm mit Jahren 1900, 1935, 1950, 1960, 1970, 1980, 1989/90; Achsen: 1000 t, GJ/ha LF, kg/ha]

1 ☐ Inlandsabsatz an Wirkstoffen in Pflanzenschutzmitteln (1000 t)
2 ▨ Fremdenergieeinsatz (ohne tier. und menschl. Arbeit) (GJ/ha LF)
3 ▦ Stickstoff-Mineraldüngerverbrauch (kg/ha LF)

Abb. 18. Entwicklung des Einsatzes ausgewählter Vorleistungen der Landwirtschaft.
Quellen:
1: DIERCKS 1986, Abb. 2, p. 27; STAT. JAHRBUCH ELF 1990, Tab. 95, p. 72.
2: HENZE 1987, Abb. 57, p. 112 u. Abb. 58, p. 113, nach WEBER.
3: STAT. JAHRBUCH ELF 1990, Tab. 99, p. 74.

wie die Herbizide, und stehen oft im Mittelpunkt ökologischer Kritik. Zum Teil sind sie als relativ homogene Güter anzusprechen und ist ihr Einsatz daher gut meßbar und dokumentiert (vgl. Abbildung 18).

Betriebsstruktur: Die Übersicht 21 gibt einige wesentliche Fakten wieder. In der Agrarstatistik werden Marktfrucht- (überwiegend Ackerbau), Veredlungs- (überwiegend Schweine- und Geflügelhaltung) sowie Futterbau- (überwiegend Rindviehhaltung) und Gemischtbetriebe unterschieden. Auch in bäuerlichen Betrieben sind die ökonomisch sinnvollen Mindestumfänge aller Betriebszweige stark gestiegen mit den Konsequenzen der Betriebsvereinfachung und Spezialisierung. Der Bauernhof, auf dem es bis zum Hahn auf dem Mist alles gibt, ist zum Leidwesen der Städter verschwunden. Den-

Übersicht 21. Daten zur Betriebsstruktur in der Landwirtschaft der Bundesrepublik Deutschland 1988

Betriebe nach Betriebsformen[*1]	(in 1000 Betriebe)
Marktfrucht	184,9
Futterbau	344,0
Veredelung	41,4
Dauerkultur	58,8
Gemischt	35,4
Zusammen	664,5

Betriebe nach Größenklassen[*2]	(in 1000 Betriebe)
1 bis 10 ha	317,0
10 bis 20 ha	142,6
20 bis 30 ha	86,3
30 bis 50 ha	76,7
50 bis 100 ha	36,8
100 ha und mehr	6,0
Zusammen	665,5[*3]

Betriebsfläche nach Größenklassen[*2]	(in 1000 ha)
1 bis 10 ha	1351,9
10 bis 20 ha	2076,0
20 bis 30 ha	2118,9
30 bis 50 ha	2918,2
50 bis 100 ha	2411,8
100 ha und mehr	930,4

Betriebe nach Erwerbscharakter[*4]	(in 1000 Betriebe)
Vollerwerb	326,9
Zuerwerb	61,2
Haupterwerb[*5]	388,1
Nebenerwerb	277,4
Zusammen	665,5

[*1] STAT. JAHRBUCH ELF 1989., Tab. 40, p. 37, alle Betriebe, einschl. unter 1 ha, 1987
[*2] ebenda, Tab. 31, p. 30
[*3] Differenz zu oben aufgrund unterschiedlicher Erhebungsmethoden
[*4] ebenda, Tab. 42, p. 40
[*5] (= Vollerwerb + Zuerwerb)

noch ist der Verbundcharakter der landwirtschaftlichen Produktion in vereinfachter Form immer noch deutlich zu erkennen; extreme Spezialisierungen bis zum Ein-Produkt-Betrieb sind weniger verbreitet als vielfach behauptet, so wirtschaften etwa 19 % aller Betriebe viehlos (STAT. JAHRBUCH ELF 1989, p. 112).

Eine besondere Rolle in ökologischen Diskussionen spielt die Betriebsgrößenstruktur. Nach der Übersicht 21 ist eine relativ gleichmäßige Verteilung der Gesamtfläche auf verschiedene Betriebsgrößenklassen zu erkennen; der zeitliche Trend favorisiert Betriebe im Bereich über 50 ha, die früher als »großbäuerlich« zu bezeichnen gewesen wären. Die in Öffentlichkeit und Medien beklagte Tendenz zu »Agrarfabriken« ist also übertrieben. Unbestreitbar ist jedoch eine Konzentration bestimmter Zweige der tierischen Erzeugung in gewerblichen Großbetrieben, wie nahezu vollständig in der Hähnchenmast, in beträchtlichem Umfang in der Legehennenhaltung und in geringerem in der Mastschweinehaltung. Ökologische Probleme resultieren jedoch oft mehr aus der regionalen als aus der betrieblichen Konzentration von Tierbeständen.

Sozialökonomisch wird zwischen Voll-, Zu- und Nebenerwerbsbetrieben unterschieden, wobei jedoch die Bedeutung des außerlandwirtschaftlichen Einkommens immer noch unterschätzt wird. Zwar sind die Hälfte aller Betriebe Vollerwerbsbetriebe, jedoch beträgt der Anteil der Betriebe, welche über gar kein außerlandwirtschaftliches Einkommen verfügen, nach der Statistik nur noch ein Drittel (STAT. JAHRBUCH ELF 1989, p. 41); in der Realität kann dieser Anteil noch geringer sein. Prognosen über die Zukunft von Nebenerwerb und Einkommenskombination gehen weit auseinander – ein auch für den Naturschutz belangreiches Problem. Eine regional weitgehende Auflösung des nur-landwirtschaftlichen Berufs ist ebenso möglich wie die Konzentration zu professionellen, spezialisierten Einheiten.

9.1.2 Produktionsergebnis und Wirtschaftserfolg

Erscheinen steigende Flächenerträge, höhere Milchleistungen und andere Dinge auch so bekannt, daß es kaum ihrer Erwähnung bedarf, so wird in Abbildung 19 dennoch ausdrücklich auf die explosionsartige Entwicklung der physischen Leistungen in der Landwirtschaft hingewiesen. Ihr Ausmaß wird auch von Naturschützern quantitativ unterschätzt. Bei den meisten Ertragssteigerungen ist noch keine Grenze in Sicht, Getreideerträge wachsen z.B. linear um etwa 2 % pro Jahr.

Die Übersichten 22 und 23 geben jeweils einen Überblick über das physische Produktionsergebnis und den monetären Erfolg des Agrarsektors. Zu beachten ist die Dominanz der tierischen Erzeugung

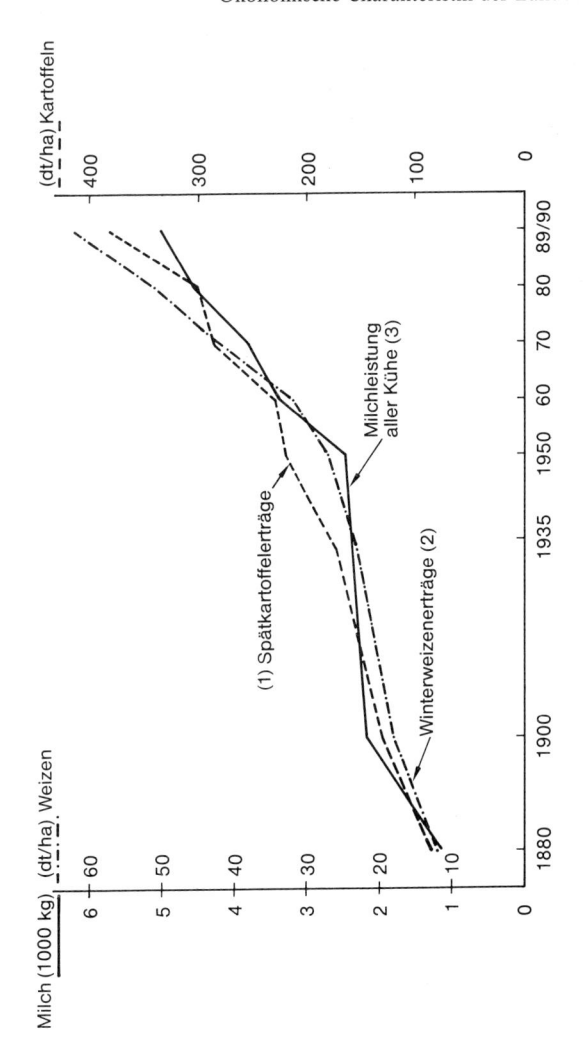

Abb. 19. Entwicklung von Erträgen und tierischen Leistungen.
Quellen:
1 u. 2: STAT. JAHRBUCH ELF 1990, Tab. 111, p. 85.
3:     STAT. JAHRBUCH ELF 1990, Tab. 169, p. 125. HENNING 1978, pp. 86, 134, 267.

Übersicht 22. Daten zur landwirtschaftlichen Erzeugung in der Bundesrepublik Deutschland 1988

Pflanzliche Erzeugung[1]	(Erntemenge in 1000 t)
Getreide[2]	27 112
Hülsenfrüchte	320
Kartoffeln	7 434
Zuckerrüben	18 590
Runkelrüben	7 587
Raps und Rübsen	1 216
Klee und Luzerne[3]	1 515
Dauerwiesen, Mähweiden sowie Grasanbau zum Abmähen und Abweiden[3]	28 758
Silomais in Grünmasse	45 702
Freilandgemüse	1 502
Obst	3 995
Weinmost (in 1000 hl)	9 315

Bedeutung der Futtererzeugung	(in %)
Anteil der Futterflächen an der landwirtschaftlichen Fläche insgesamt[4]	71[5]
darunter am Ackerland	56[5]
verfütterter Anteil an der pflanzlichen Erzeugung, ohne Getreidestroh, in Energieeinheiten	ca. 76[6]

Tierbestände	(in 1000 Stück)
Pferde	375[7]
Rindvieh	14 659[7]
darunter Milchkühe	5 024[8]
Schweine	22 589[7]
Schafe	1 464[7]
Geflügel, überwiegend Hühner	73 715[7]

Tierische Erzeugung[9]		(in 1000 t)
Rind- und Kalbfleisch	(Schlachtgewicht)	1 614
Schweinefleisch	(Schlachtgewicht)	3 250
Geflügelfleisch	(Schlachtgewicht)	411
Sonstiges Fleisch	(Schlachtgewicht)[10]	385
Kuhmilch		23 974
Eier		722

sowohl in physischer als auch in ökonomischer Sicht. Über 75 % der gesamten pflanzlichen Erzeugung (ohne Stroh) wird verfüttert; da von dem Rest noch ein erheblicher Teil der industriellen Verwertung zugeführt wird (z.B. Braugerste, Stärkeerzeugung), ist der Anteil der dem menschlichen Konsum zugedachten Erntemenge sehr gering. Auf diesen Punkt werden wir im Kapitel 9.3.3 bei der Konzeption einer erfolgversprechenden Naturschutzstrategie zurückkommen müssen.

Nach Übersicht 23 machen die tierischen Erzeugnisse zwei Drittel der Verkaufserlöse von knapp 53 Mrd. DM aus. Nach Abzug der entsprechenden Kostenkomponenten verbleibt eine Nettowertschöpfung im Jahre 1988 von 20,794 Mrd. DM. Diese dient der Abgeltung der dauerhaft eingesetzten Faktoren Arbeitskraft, Fläche und Anlagenkapital. Setzen wir für die letzten beiden einen geringen Pachtsatz und eine Realverzinsung des Anlage- und Umlaufvermögens von 4 % p.a. an, so verbleibt als Residuum ein Faktoreinkommen je AK-Einheit von 14 421 DM. Dieser im Vergleich zu außerlandwirtschaftlichen Einkommen geringe Wert ist Ansatzpunkt langdauernder Kontroversen über die ökonomische Situation der Landwirtschaft. Geht es ihr »gut« oder »schlecht«?

Zunächst ist auf die große Streuung innerhalb der Landwirtschaft hinzuweisen, welche durch den Durchschnittswert verdeckt wird. Es gibt – vereinfacht – »reiche« und »arme« Landwirte. Unbestritten ist ferner, daß das Wirtschaftsergebnis in starkem Maße durch staatliche Einflußnahme determiniert ist und ohne die in Kapitel 9.1.4 dargestellten Transfers (»Subventionen«) noch weitaus geringer wäre. Für die Landwirte und ihre Interessenvertretung sind die Zahlen aus Übersicht 23 ein Beweis für ihre außerordentliche ökonomische Benachteiligung und stützen die Forderung nach weiteren staatlichen Mitteln. Die wissenschaftliche Agrarökonomie weist dagegen darauf

---

* 1 STAT. JAHRBUCH ELF 1989, Tab. 109, p. 83
* 2 einschließlich Körnermais und Corn-Cob-Mix
* 3 umgerechnet in Heuwert. Erntemenge zum großen Teil als Silage
* 4 einschließlich anteilmäßige Futtererzeugung bei Marktfrüchten
* 5 ebenda, Tab. 138, p. 107
* 6 eigene Berechnung, vgl. HAMPICKE 1983 und vorliegenden Band, Abbildung 21, Kapitel 9.3.3
* 7 STAT. JAHRBUCH ELF 1989, Tab. 145, p. 110
* 8 ebenda, Tab. 152, p. 115
* 9 ebenda, Tab. 167, p. 125
*10 Schafe, Ziegen, Pferde, Wild, Kaninchen und Innereien

Übersicht 23. Gesamtrechnung für die Landwirtschaft in der Bundesrepublik Deutschland 1988

Produktionswert	in Mio. DM
Insgesamt	55 946*1
darunter Verkaufserlöse*2	52 701
• darunter pflanzliche Erzeugnisse	17 819*3
– Getreide	6 253*3
– Kartoffeln, Hülsenfrüchte, Ölsaaten, Zucker- und Speisekohlrüben	3 974*3
– Gemüse, Obst, Wein, Hopfen, Tabak, Zierpflanzen, Baumschulerzeugnisse u. a.	7 491*3
• darunter tierische Erzeugnisse	34 882*3
– Milch	14 538*3
– Rinder und Kälber	9 215*3
– Schweine	8 064*3
– Sonstiges*4	3 084*3

Vorleistungen	
Insgesamt	29 190*1
darunter Futtermittel	9 604*5
darunter Düngemittel	3 680*5
darunter Pflanzenschutzmittel	1 310*5
darunter Energie	3 909*5

Bruttowertschöpfung	
Insgesamt	26 756*1
Abschreibungen	10 340*1
Saldo Produktionssteuern, Subventionen, MwSt-Einkommensausgleich	4 378*1

Nettowertschöpfung	
Insgesamt	20 794 Mio. DM*1
Nettowertschöpfung pro AK-Einheit*7	25 328 DM/AK
Faktorentgelt für AK-Einheiten nach Abzug geschätzter Boden- und Kapitaleinkommen*8	14 421 DM/AK

hin, daß das zahlenmäßige Ergebnis vor derartigen Schlüssen erheblicher Relativierungen bedarf. Betrachte man alle Umstände, so bessere sich das Bild wesentlich (vgl. HENZE 1987 : 184 f.). Zunächst wirkt sich auf das verfügbare Nettoeinkommen der landwirtschaftlichen Haushalte der weitestgehende Einkommensteuer- und sonstige Verzicht des Staates aus. Die den normalen Arbeitnehmer treffenden Abzüge vom Bruttolohn gibt es kaum. Durch das niedrige zu versteuernde Einkommen entstehen Ansprüche auf Leistungen, wie z.B. Ausbildungsförderung der Kinder. Bei einer Betrachtung auf der Ebene der Haushalte wird ferner die personelle Situation durch Einkünfte aus außerlandwirtschaftlicher Tätigkeit verbessert, bei der im übrigen eine hohe Dunkelziffer in Gestalt bezahlter nachbarschaftlicher Dienstleistungen u.ä. vermutet wird. Weitere Privilegien im Vergleich zur städtischen Durchschnittsbevölkerung bestehen im weitgehenden oder völligen Wegfall von Kosten für Wohnen und den Weg zum Arbeitsplatz.

Aus allem kann nur der Schluß gezogen werden, daß die *soziale Lage* der Beschäftigten in der Landwirtschaft überhaupt nicht in einer Durchschnittsbetrachtung, sondern nur bei Analyse des Einzelfalls beurteilt werden kann. Dies ist ein wesentlicher Punkt in der Diskussion um die Zumutbarkeit von Einkommensnachteilen im Gefolge von Naturschutzforderungen. Hinsichtlich der funktionalen Einkommenssituation des gesamten Sektors, der Faktorabgeltung, muß hingegen eine deutliche Schieflage zugestanden werden, welche Ausdruck eines Anpassungsrückstandes an wirksame Knappheitsverhält-

---

*1 STAT. JAHRBUCH ELF 1989, Tab. 178, p. 133, vorläufig
*2 Differenz zum Produktionswert; Eigenverbrauch, Vorratsänderungen und selbsterstellte Anlagen
*3 ebenda, Tab. 179, p. 135
*4 überwiegend Geflügel und Eier
*5 ebenda, Tab.- 182, p. 143
*6 Produktionswert abzüglich Abschreibungen
*7 für AK-Einheiten vgl. Übersicht 20
*8 Annahmen: durchschnittlicher Pachtanspruch der gesamten landwirtschaftlichen Fläche von 350 DM/ha × 11,915 Mio. ha = 4,17 Mrd. DM (für tatsächliche Pachtpreise vgl. AGRARBERICHT 1990, Materialband, Tab. 14, p. 20). Vermögen der Landwirtschaft ohne Bodenvermögen von 119,6 Mrd. DM, vgl. ebenda, Tab. 31, p. 35. Kalkulatorischer Zinsanspruch bei 4 % p. a. von 4,784 Mrd. DM. Von der Nettowertschöpfung sind damit (noch stark untertrieben) 8,954 Mrd. DM als Faktorentgelt für Boden und Kapital zu veranschlagen; es verbleibt eine Arbeitsentlohnung von 11,84 Mrd. DM (1988)

nisse ist und bei Abwesenheit staatlicher Unterstützung noch weitaus dramatischer wäre. Ein erheblicher Teil aller Betriebe lebt aus der Substanz, befindet sich also im Zustand schleichender Liquidation (HENRICHSMEYER 1986).

9.1.3 Exkurs: Betriebswirtschaftliche Begriffe

Vor der Diskussion weiterer Fakten sei an dieser Stelle eine kurze methodische Reflexion eingeschoben. Die landwirtschaftliche Betriebslehre dient zum einen der analytischen Durchdringung der Entscheidungseinheit des Betriebes bzw. der Unternehmung. Hier berät sie Landwirte bei der Wahl der optimalen Betriebszweigkombination und bei anderen Fragen. Zum zweiten dient sie der Gewinnung empirischer Kenntnisse über die Situation der Betriebe und ist in dieser Beziehung eine Voraussetzung regelmäßiger Berichterstattung über die Erfolgssituation – die Daten für den jährlichen AGRARBERICHT der Bundesregierung werden in einem Netz von Testbetrieben erhoben und besitzen einen hohen politischen Stellenwert. Auf beiden Ebenen sind Begriffe verbindlich, die in jeder ökonomischen Diskussion über Naturschutzfragen in der Landwirtschaft ausgetauscht werden und deren Kenntnis schlechthin unerläßlich ist. Sie seien daher kurz angesprochen; für näheres ist ebenso wie für alle anderen Aspekte dieses Themas auf agrarökonomische Lehrbücher zu verweisen. (vgl. Literatur am Schluß des Kapitels).

Betriebsanalytik: Wie schon erwähnt, ist trotz starker Betriebsvereinfachungen der typische landwirtschaftliche Betrieb noch immer ein solcher, in dem mehrere Betriebszweige um die knappen Kapazitäten konkurrieren, es erfolgt eine *Kuppelproduktion* (vgl. auch Kapitel 7.1.4). Eine Kernfrage der Betriebsorganisation ist daher die nach der optimalen Kombination der Produktionszweige. Sie erfolgt nach Maßgabe der relativen Knappheit der Faktoren: Ein Betrieb mit viel Fläche und wenig Arbeitskraft bevorzugt Zweige, welche hierzu passen, wie viehlosen Ackerbau oder Rindermast; wenig Fläche und viel Arbeitskraft verlangen dagegen Garten- oder Weinbau usw. Die Betriebszweige stehen nicht isoliert nebeneinander, neben der Faktorkonkurrenz bestehen einander fördernde Beziehungen – eine vielfältige Fruchtfolge dient z.B. der Bodenfruchtbarkeit. Diese komplementären Beziehungen finden, wenn auch nicht ausschließlich, so doch in besonderem Maße in alternativen organischen Landbausystemen Beachtung. Eine Komplementarität besteht nicht nur in horizontaler, sondern auch in vertikaler Hinsicht; es gibt eine typische *Stufenproduktion*. Das in der Acker- und Grünlandwirtschaft erzeugte Futter wird über den Umweg der Tiere zu Fleisch, Milchprodukten und Eiern »veredelt«. Kuppel- und Stufenproduktion sind Ursachen des sehr wichtigen Problemkomplexes der *innerbetrieblichen Werte* für nicht oder nur teilweise marktfähige Produkte, wie Wirtschaftsdünger und selbsterzeugtes Futter. Diese werden nach Ersatzkostenwerten bewertet, wie dem relativen Zukaufs- oder Verkaufswert. Ein Quantum Heu kann z.B. nicht mehr wert sein als ein wirkungsgleiches Quantum eines auf dem Markt käuflichen Futters; ein derartiger Vergleich entscheidet darüber, das Heu zu erzeugen oder zuzukaufen bzw. welche Kosten hierfür höchstens eingegangen werden dürfen.

Die Beurteilung einzelner Betriebszweige erfolgt nach der *Deckungsbeitrags -*, d.h. einer Teilkostenrechnung. Der Deckungsbeitrag ist die Differenz aus der Marktleistung einer Aktivität (pro Hektar oder pro Stück Vieh) und der hierfür direkt aufzuwendenden proportionalen Spezialkosten. Er dient der Abgeltung aller, bei unterschiedlicher Betriebsorganisation als invariabel angesehener fixer Kosten bzw. Entlohnungsansprüche. Die Übersicht 24 enthält eine Beispielsrechnung und einige neue »Standarddeckungsbeiträge«, wie sie in Routinekalkulationen Anwendung finden, nicht ohne die betriebsindividuellen Umstände zu berücksichtigen. Im Falle der Stufenproduktion findet die »erweiterte Deckungsbeitragsrechnung« Anwendung, bei welcher zunächst die physische Futterleistung pro Fläche sowie die monetäre Marktleistung der Tiere ermittelt werden. Von letzterer werden die tierbezogenen Veredlungskosten abgezogen, woraus der *Veredlungswert* des Futters folgt. Dieser ist u.a. maßgeblich bei der Entscheidung, ob das Futter innerbetrieblich verwertet oder, sofern es marktfähig ist, verkauft werden soll. Werden vom Veredlungswert die proportionalen Spezialkosten der Futtererzeugung subtrahiert, so wird der Erweiterte Deckungsbeitrag gewonnen. Er ist u.a. maßgeblich für die Entscheidung, ob auf der Fläche überhaupt Futter oder unter Verzicht auf die Tierhaltung eine Marktfrucht angebaut werden soll.

Ziel der Betriebsorganisation ist, die Summe der Deckungsbeiträge aller Betriebszweige unter zahlreichen möglichen Nebenbedingungen (persönlichen Neigungen des Betriebsleiters, Finanzierungs- und Liquiditätsaspekten, Risikobetrachtungen, ökologischen Grenzen u.a.) zu maximieren. Dazu werden bei jedem in Frage kommenden Betriebszweig zusätzlich zu den proportionalen Spezialkosten die Nutzungs- oder Opportunitätskosten der Inanspruchnahme fixer Kapazitäten kalkuliert, welche aus der Verdrängung eines anderen Betriebszweiges resultieren und mit dem Umfang einer Aktivität variieren. Sind die Kapazitäten nicht absolut fix, kann z.B. Fläche zugepachtet oder können zeitweilige Arbeitskräfte gewonnen werden, so ist dies zu berücksichtigen. Das leistungsfähigste und viel verwendete Instrument zur Durchführung dieser Kalkulationen ist die Lineare Programmierung.

Übersicht 24. Deckungsbeitragsrechnung und Standarddeckungsbeiträge

Pflanzenproduktion		Tierproduktion	
Marktleistung 65 dt Weizen à 45 DM:	2925 DM/ha	**Marktleistung** 6000 kg Milch + anteilig Fleisch:	5000 DM/ha
		− **Veredlungskosten** für Zukauffutter, Bestandsergänzung, Tierarzt u. a., pro Futterfläche:	−1800 DM/ha
		= **Veredlungswert:**	3200 DM/ha
− proportionale Spezialkosten für Saatgut, Dünger, Pflanzenschutz u. a.:	−1325 DM/ha	− proportionale Spezialkosten der Grundfuttererzeugung:	− 800 DM/ha
= **Deckungsbeitrag:**	1600 DM/ha	= erweiterter **Deckungsbeitrag:**	2400 DM/ha

Standarddeckungsbeiträge in den Leistungsklassen 1 bis 5[*1]
in DM/ha bzw. DM/Tier

Leistungsklasse	1	3	5
Winterweizen	868/1226	1244/1551	1782/1984
Roggen	428/561	613/743	793/1065
Winterraps	945/1205	1086/1457	1240/1910
Spätkartoffeln	1339/3053	3093/3971	4407/5126
Zuckerrüben	2477/2203	3449/3182	4243/4036
Milchkühe	1792/1996	2093/2319	2590/2804
Mastschweine[*2]	36/54	52/70	68/86

Die Vertrautheit mit diesen Begriffen ist zwingende Voraussetzung jeder fruchtbaren agrar- und naturschutzpolitischen Diskussion. Wichtige Fragestellungen sind hier u.a., in welchem Umfang Deckungsbeiträge bei stärkerer Rücksichtnahme auf die Natur sinken können, wie dies die Konkurrenzfähigkeit der einzelnen Betriebszweige verschiebt, welche Deckungsbeiträge bestimmte »Naturschutz-Betriebszweige« mindestens erbringen müssen, um sie interessant zu machen und wie hohe Ausgleichszahlungen Betriebe bei bestimmten Umorientierungen zugunsten des Naturschutzes u.U. beanspruchen können (vgl. Kapitel 9.4).

Eine Klärung verlangt noch der Begriff »extensiv«. In ökologischen Diskussionen wird unter »Extensivierung« in der Regel der Mindereinsatz ertragssteigernder Betriebsmittel verstanden, wie Mineraldünger und Pestizide, verbunden mit einer (quantitativen) Ertragssenkung. Dies deckt sich teilweise, aber nicht immer voll mit dem präzisen ökonomischen Begriffsinhalt. Wie schon in Abbildung 2 zu erkennen war, ist die *Intensität* das relative Einsatzverhältnis zweier Faktoren. Eine Produktion ist »r_2-intensiv« in bezug auf r_1, wenn viel von r_2 und wenig von r_1 zum Einsatz kommt. In der Landwirtschaft wird unter »intensiver« Produktion eine solche verstanden, bei der ein hoher Einsatz beweglicher Faktoren pro Flächeneinheit zu beobachten ist. In diesem Sinne ist keineswegs jede ökologische Umorientierung eine Extensivierung, z.B. nicht eine, bei der eine billige, aber ökologisch unakzeptable »Un«krautbekämpfungsmethode durch eine teure, aber unschädliche, wie etwa Handarbeit, ersetzt wird. Insbesondere Umstellungen auf organische Wirtschaftsweisen sind oft eher als (Kapital- und Arbeits-)*Intensivierungen* anzusprechen. Wo keine Mißverständnisse möglich sind, werden wir den Terminus »Extensivierung« im geläufigen Sinne verwenden, jedoch sollten die möglichen Fehlerquellen stets bedacht werden.

Erfolgsrechnungen im Agrarbericht: Wie in der industriellen Betriebswirtschaftslehre existiert auch in der Landwirtschaft neben der soeben betrachteten analytischen Kostenrechnung ein bilanzielles Rechnungswesen, dessen Begriffe und Ergebnisse bei sachgerechter Interpretation Aussagen erlauben, in politischen Debatten

---

Quellen: Beispielrechnung aus TAMPE & HAMPICKE 1989, Übersicht 2 (vereinfacht), Standarddeckungsbeiträge aus STAT. JAHRBUCH ELF 1989, Tab. 32, p. 31, und 1990, Tab. 33, p. 32
*1 Leistungsklassen: 1 = sehr gering, 3 = durchschnittlich, 5 = sehr gut. Vordere Ziffer: 1987/88, hintere Ziffer: 1988/89
*2 Genauer: alle übrigen Schweine außer Zuchtsauen und Ferkel unter 20 kg

jedoch auch irreführend benutzt werden können. Es wird eine *Gewinn- und Verlustrechnung* im landwirtschaftlichen Betrieb und in der landwirtschaftlichen Unternehmung unterschieden, wobei die letztgenannte die individuellen Entscheidungssituationen besser widerspiegelt, da u.a. auch Erträge und Aufwendungen für Pachten und Zinsen kalkuliert werden. Die erstere Rechnung ist in dieser Beziehung fiktiv, erlaubt jedoch durch das Konstrukt des pacht- und schuldenfreien Betriebs sinnvolle Aussagen über den Wirtschaftserfolg unabhängig davon, in wessen Eigentum sich die Faktoren befinden. Sie kann daher eine höhere Aussagekraft bei sektoralen und gesamtwirtschaftlichen Fragestellungen besitzen. Die Abbildung 20 gibt beide Schemata wieder.

Der meistverwendete Erfolgsbegriff aus der Unternehmensrechnung ist der *Gewinn* als Differenz zwischen Unternehmensertrag und Unternehmensaufwand. Er dient der Entlohnung der Familienarbeitskräfte und der Verzinsung allen Kapitals im Eigentum des Unternehmens. Aus ihm muß die Lebensführung, die Tilgung von Fremdkapital, die Bildung von Eigenkapital, die Regelung von Erbansprüchen und anderes finanziert werden. Bei allen Mängeln ist er in vorsichtiger Interpretation ein guter Anhaltspunkt zur Beurteilung der Gesundheit eines Unternehmens. Zum besseren Vergleich von Unternehmen unterschiedlicher Größe wird er meist auf bestimmte Faktoreinsätze bezogen (Gewinn pro Familien-AK, pro Hektar) – die hier dokumentierten drastischen Unterschiede innerhalb der Landwirtschaft vermitteln eine Vorstellung von der Heterogenität dieses Sektors und der Problematik von Pauschalurteilen. Da alle Inanspruchnahmen fremder Faktoren auf der Kostenseite verbucht werden, ist der Gewinn kein geeignetes Maß für die Effizienz der Bewirtschaftung in technischer Hinsicht, man kann m.a.W. ein »guter« Landwirt sein, ohne daß sich dies im Gewinn niederschlägt. Gänzlich ungeeignet ist er zur Abschätzung des Beitrages einzelner Teile der Faktorausstattung zum Gesamterfolg. Es wäre z.B. verfehlt, aus der Information, ein Unternehmen erwirtschafte einen Gewinn von 1 000 DM pro Hektar und Jahr, abzuleiten, daß dieses Unternehmen bei Abtritt eines Hektars für den Naturschutz eine Kompensationszahlung von 1 000 DM pro Jahr erhalten müßte, um ökonomisch unverändert fortzubestehen.

Der aussagekräftigste Begriff aus der betriebsseitigen Gewinn- und Verlustrechnung ist das *Betriebseinkommen*. Es enthält die Entlohnung aller im Betrieb beschäftigten dauerhaften Faktoren unabhängig von ihrem Eigentumsstatus, also alle Lohn-, Zins- und Pachtansprüche. Es ist damit ein gutes Maß für die Effizienz des Faktoreinsatzes bei gegebener Preisstruktur und als einzelwirtschaftliches Analog zur sektoralen Nettowertschöpfung zu interpretieren. Beträgt z.B.

Landwirtschaftliches Unternehmen

Unternehmensertrag		
Unternehmensaufwand	**Gewinn**	

Unternehmensaufwand	Lohnansatz	Zinsertrag Eigenkapital

Unternehmensaufwand	Zinsansatz	Arbeitsertrag Familien-arbeitskräfte

Landwirtschaftlicher Betrieb

Betriebsertrag		
Betriebsaufwand	Roheinkommen	

Betriebsaufwand	Lohnansatz	Reinertrag

Betriebsaufwand	Zinsansatz	Arbeitsertrag Familien-arbeitskräfte

Sachaufwand	← **Betriebseinkommen** →

Abb. 20. Erfolgsbegriffe im landwirtschaftlichen Unternehmen und Betrieb.
Quelle: AGRARBERICHT 1990, Materialband, p. 184, 186, Schema 2 und 3, vereinfacht; dort finden sich auch ausführliche Erläuterungen.

das durchschnittliche Betriebseinkommen in Futterbaubetrieben jährlich etwa 1 700 DM pro Hektar und wird ein Hektar für Naturschutzzwecke entzogen, so kostete der Flächenanspruch des Naturschutzes 1 700 DM pro Hektar und Jahr unter drei Voraussetzungen: Erstens müßten die herrschenden Preise volkswirtschaftliche Opportunitätskosten wiedergeben, zweitens wird fingiert, daß die zuvor mit dem Hektar komplementär beschäftigten Faktoren Arbeit und Kapital nun völlig brachliegen und drittens müßte es sich exakt um einen »Durchschnittshektar« handeln, bei dem keine betriebsindividuellen Besonderheiten zu beachten wären. Alle drei Voraussetzungen sind nicht gegeben; das Beispiel weist sowohl auf die Schwierigkeiten hin, zu sinnvollen Aussagen in der Naturschutzökonomie der Landwirtschaft zu gelangen, deutet aber schon die Richtung zur Orientierung im Gewirr der Fachbegriffe an.

9.1.4 Staatlicher Einfluß auf die Landwirtschaft

Der Agrarsektor ist von jeher und mit wechselnden Begründungen staatlicher Einflußnahme unterworfen gewesen, und es wäre unrealistisch, hier eine baldige Änderung zu erwarten. Während früher die Ernährungssicherung der Gesamtbevölkerung und sogar Autarkiewünsche im Vordergrund standen, dient nun der Staatseinfluß neben umfangreichen Überwachungstätigkeiten (Zulassung von Betriebsmitteln, Kontrolle von Erzeugnissen, Veterinärüberwachung) weitestgehend der Förderung des sektoralen Einkommens. Ein erheblicher Teil der staatlichen Einflußnahme ist auf Organe der Europäischen Gemeinschaft (EG) übergegangen, ein anderer wird nach wie vor im nationalen Rahmen ausgeübt. Das erstere betrifft insbesondere den Bereich der *Marktordnung*, d.h. vor allem der administrativen Beeinflussung der Produktpreise. Die beiden anderen wichtigen Felder, die landwirtschaftliche *Sozialpolitik* und die *Strukturpolitik*, werden weiterhin, wenn auch nicht uneingeschränkt, von den nationalen Regierungen, in der Bundesrepublik zum Teil auch von den Ländern wahrgenommen.

Marktordnung: Nur wenige Agrarprodukte sind in der EG durch Preise gekennzeichnet, die sich weitgehend frei durch das Spiel von Angebot und Nachfrage bilden und daher als marktwirtschaftliche Gleichgewichtspreise zu bezeichnen sind; dies gilt mit gewissen Einschränkungen für Eier und Kartoffeln. Das Grundmodell der EG-Agraradministration besteht in einem über dem Gleichgewichtspreis liegenden *Mindestpreis*, einer Abnahmegarantie des Staates und einem flankierenden Außenhandelsschutz. Dieses System wurde in den 50er und 60er Jahren konzipiert, als man eine volle Selbstversorgung der EG nicht für möglich hielt und (manchen Warnungen zum Trotz) keine Überschüsse befürchtete. Infolge des außerordentlichen Produktivitätswachstums führte das System jedoch zur Ansammlung von Überschüssen, welche, wie in Übersicht 25 dargestellt, hohe Finanzmittel binden. Die zunehmende Untragbarkeit der Situation veranlaßte dazu, das Grundmodell auf verschiedenen Märkten zu verlassen. Als ergänzendes Instrument kam 1984 die direkte Angebotsbegrenzung durch (in ihren Wirkungen) einzelbetriebliche *Kontingentierung* auf dem Milchmarkt zum Zuge, was bis dahin nur für den Zuckermarkt gegolten hatte. Den Getreide- und z.T. auch anderen Überschüssen wird durch teils versteckte, zunehmend jedoch offene Preissenkungen und durch Lockerungen der Abnahmegarantie zu begegnen versucht; hinzu treten Anreize, durch verschiedene

Übersicht 25. Marktordnungsausgaben der EG in der Bundesrepublik Deutschland 1988

	Ausfuhrerstattungen	Interventionen, Beihilfen, Produktionserstattung	Zusammen
	(in Mio. DM)	(in Mio. DM*)	(in Mio. DM)
Getreide	837,7	1 861,7	2 699,4
Milch	1 328,5	2 376,2	3 704,7
Zucker	692,0	230,4	922,4
Fette	0,1	1 504,4	1 504,5
Rindfleisch	590,5	1 039,5	1 630,0
übrige Produkte**	267,6	431,7	699,3
Zusammen***	3 716,4	7 443,9	11 160,3
Zum Vergleich: Nettowertschöpfung der Landwirtschaft (nach Übersicht 23)			20 794,0

* Alle Zahlen aus STAT. JAHRBUCH ELF 1989, Tab. 209, p. 161
** Reis, Schweinefleisch, Schaf- und Ziegenfleisch, Obst und Gemüse, Rohtabak, Wein, Fischereierzeugnisse, Eier, Geflügel, Flachs, Hanf, Hopfen, Saatgut, Trockenfutter und Sonstiges
*** ohne Währungs- und Beitrittsausgleichsbeträge

Stillegungskampagnen Fläche und andere Faktoren aus der Produktion zu nehmen.

Die Ergebnisse der EG-Marktordnungen werden in der Ökonomie einhellig und selbst bei Billigung des intendierten Ziels der Einkommensstützung als Allokationsverzerrung und Ressourcenfehllenkung größten Ausmaßes verurteilt. Die volkswirtschaftlichen Verluste bestehen nicht nur in den hohen öffentlichen Finanzleistungen für Administration, Lagerung, inferiore Verwertung, Export und teilweise sogar Vernichtung von Produkten, sondern auch darin, daß (zumindest teilweise) knappe Faktoren am Bedarf vorbeiproduzieren. Durch die Abschottung vom Weltmarkt wird auf die Wahrnehmung der Vorteile internationaler Arbeitsteilung verzichtet und wird anderen Volkswirtschaften, insbesondere auch in der Dritten Welt, Schaden zugefügt. Der durch das hohe Preisniveau erzeugte Produktionsanreiz veranlaßt zu einer noch intensiveren und ökologisch belastenderen Nutzung der Agrarlandschaft.

Die weitere Entwicklung ist zwar schwer vorherzusagen, jedoch dürfte am Abbau des Protektionsniveaus über das in den letzten Jahren erreichte Maß hinaus kein Weg vorbeiführen. Die Motive für Korrekturen bestehen leider selten in der Einsicht in die volkswirtschaftliche Irrationalität des Systems, vielmehr stehen die Unerschwinglichkeit der Finanzierung und politischer Druck von außerhalb der EG, insbesondere der USA, im Vordergrund. Bei den zu erwartenden Produktionszuwächsen vor allem bei Getreide kommen zur Abwehr noch größerer Überschüsse Preissenkungen, Kontingentierungen, verordnete Extensivierung (z.B. Begrenzung ertragssteigernder Maßnahmen), Schaffung künstlicher Nachfrage nach bisher unprofitablen Produkten, wie »nachwachsenden Rohstoffen«, die Umlenkung der Produktionsfaktoren in ökologische Aufgaben oder eine Kombination aller Wege in Frage. Während die EG-Administration und Verantwortliche in den klimatisch und strukturell begünstigten Ländern, wie Frankreich und Großbritannien, auf die Preissenkung setzen, favorisiert die Bundesregierung gemeinsam mit den deutschen Berufsorganisationen bisher den Weg der Hochpreispolitik in Verbindung mit Mengenbegrenzungen.

Sozialpolitik: Die Übersicht 26 informiert über die außerordentlich hohe Unterstützung des landwirtschaftlichen Sozialwesens, woraus ein erheblicher und oft übersehener Einkommenseffekt herrührt – die Ausgaben des Bundes belaufen sich auf etwa 25 % der

---

Übersicht 26. Daten zur landwirtschaftlichen Sozialpolitik in der Bundesrepublik Deutschland 1988

Ausgaben des Bundes für	in Mio. DM*
Altershilfe	2 605,0
Unfallversicherung	450,0
Landabgaberente	264,3
Krankenversicherung	1 257,6
Sozialversicherungs-Beitragsentlastungsgesetz	313,9
Sonstiges**	30,4
Zusammen	4 921,2
Zum Vergleich: Nettowertschöpfung der Landwirtschaft (nach Übersicht 23)	20 794,0

* Alle Zahlen aus STAT. JAHRBUCH ELF 1989, Tab. 204, p. 158. Vgl. Auch AGRARBERICHT 1990, pp. 111 ff.
** Alterssicherung, Zusatzaltersversorgung

Nettowertschöpfung des Sektors. Dieser Bereich ist weitgehend im Bereich der nationalen Agrarpolitik verblieben und hat gemeinsam mit der Steuerpolitik die zusätzliche Funktion erhalten, Einkommensminderungen, welche der Landwirtschaft auf der EG-Ebene durch Preissenkungen zugemutet werden, im Bereich nationaler Kompetenzen möglichst wieder auszugleichen. Die Für und Wider der Regelungen im einzelnen sind für das vorliegende Thema weniger bedeutsam, so daß wir uns damit nicht weiter befassen.

Infrastrukturpolitik: Dieser Bereich ist weniger der Intention nach als unter dem Druck der Tatsachen in nationaler Kompetenz verblieben, weil die EG wegen des übermäßigen Anwachsens der Marktordnungsausgaben nur geringe finanzielle Mittel für strukturpolitische Ziele aufwenden kann. Wichtigster Träger ist in der Bundesrepublik die Gemeinschaftsaufgabe »Verbesserung der Agrarstruktur und des Küstenschutzes«, welche vom Bund zu zwei Dritteln und von den Ländern zu einem Drittel finanziert wird. Wegen der Vielzahl weiterer Trägerschaften (Länder, Gemeinden, Zweckverbände, EG) und der Vernetzung mit anderen ländlichen Infrastrukturbereichen, wie Wasserbau und Verkehr, ist eine genaue Zusammenstellung des hier maßgeblichen Finanzvolumens nur mit hohem Aufwand möglich, die Übersichten 27 und 28 geben einen groben Überblick.

Die ländliche Infrastrukturpolitik (vgl. hierzu auch Kapitel 8.3) tangiert insbesondere durch das Instrument der *Flurbereinigung* die Belange des Naturschutzes in direkter Weise. Die bisher z.T. sehr negative ökologische Beurteilung dieses Instruments, seine künftigen Chancen im Falle veränderter Zielsetzungen sowie die mit ihm verbundenen ökonomischen Probleme rechtfertigen eine gesonderte Darstellung im Kapitel 9.5.3.

9.1.5 Ökonomische Erklärung des Agrarproblems

Die chronischen Schwierigkeiten des Agrarsektors bestehen seit Jahrzehnten und sind auch in Ländern außerhalb der EG in ähnlicher Form zu beobachten. Sie erfordern eine systematische ökonomische Erklärung, wie sie nach verschiedenen unbefriedigenden Ansätzen erst in den 60er Jahren durch die neoklassische Theorie geliefert wurde (vgl. SCHMITT 1972 u. Literatur am Schluß dieses Kapitels). Angelpunkte sind das außerordentliche Produktivitätswachstum in der Landwirtschaft auf der einen Seite und das nur geringe Wachstum der Nachfrage nach Agrarprodukten auf der anderen. Auf Grund von Sättigungserscheinungen ist die *Einkommenselastizität der Nachfrage* nach Agrarprodukten nur gering. Steigt das außerlandwirtschaftliche Einkommen um ein Prozent, so wird bei konstanten Preisen nur ein Bruchteil dieser Steigerung für den Kauf von zusätzlichen Nahrungs-

Übersicht 27. Finanzielle Aufwendungen von Bund und Ländern im Rahmen der Gemeinschaftsaufgabe »Verbesserung der Agrarstruktur und des Küstenschutzes« 1988

Maßnahmen	in Mio. DM*
Flurbereinigung und agrarstrukturelle Vorplanung	407,3
Dorferneuerung	82,3
Einzelbetriebliches Investitionsförderungsprogramm	347,4
Ausgleichszulage	708,8
Agrarkreditprogramm	29,7
Marktstrukturverbesserung	59,2
Wasserwirtschaftliche und kulturbautechnische Maßnahmen, einschl. ländlicher Wegebau	457,8
Forstliche Maßnahmen	126,5
Küstenschutz	188,3
Sonstiges**	34,6
Zusammen	2441,9

* Alle Zahlen aus STAT. JAHRBUCH ELF 1989, Tab. 206, p. 159
** Leistungsprüfung in der tierischen Erzeugung und Maßnahmen für landwirtschaftliche Arbeitnehmer. Für Näheres vgl. RAHMENPLAN 1988

mitteln verwendet. Selbst dieser findet kaum seinen Weg zu den Landwirten, weil er überwiegend für Leistungen des nachgeordneten Gewerbes (Ernährungsindustrie, Handel, Gaststätten usw.) verwendet wird. Hieraus folgt, daß bei konstanten Preisen das sektorale Einkommen der Landwirtschaft nicht so schnell wie das außerlandwirtschaftliche Einkommen wachsen kann. Erwarten die in der Landwirtschaft Beschäftigten ein ebenso hohes Einkommenswachstum wie die Beschäftigten außerhalb der Landwirtschaft, so muß ihre Zahl durch Abwanderung ständig reduziert werden: Wenn der Kuchen nicht schnell genug wachsen kann, jeder aber immer größere Stücke fordert, so muß die Zahl derer, auf die er verteilt wird, kleiner werden.

Der geschilderte, im Grunde sehr einfache Umstand wird durch zwei Gegebenheiten außerordentlich verstärkt. Agrarprodukte zeichnen sich neben einer niedrigen Einkommens- auch durch eine niedrige *Preiselastizität der Nachfrage* aus. Geringe Änderungen der auf dem Markt umgesetzten Menge führen zu starken Preisausschlägen. Findet nun der Abzug von Arbeitskraft und anderen Faktoren nicht im erforderlichen Umfang statt, steigt daher infolge des Produktivitätsfortschritts die angebotene Menge an Agrarprodukten fortwäh-

Übersicht 28. Kosten wasserwirtschaftlicher und kulturbautechnischer Maßnahmen 1988 (Auswahl)

Maßnahmen	Baukosten (in Mio. DM**)	davon Zuschüsse und Darlehen (in Mio. DM*)
Entwässerung durch offene Gräben	64,6	49,6
Dränung	20,2	10,3
Landbautechnische Maßnahmen	12,4	7,5
Sonstige wasserwirtschaftliche und kulturbautechnische Arbeiten	132,6	36,3
Bau von Talsperren und Hochwasserrückhaltebecken	162,9	127,0
Wildbachverbauung	19,6	18,2
Flußregelungen	206,9	142,3
Eindeichungen im Binnenland	35,6	30,1
Bau von ländlichen Wegen	135,4	97,6
Unterhaltungsarbeiten an Gewässern und Hochwasserschutzanlagen	395,0	206,6
Zusammen***	1185,2	725,5

* Zuschüsse des Bundes, der Länder und sonstige Zuschüsse.
** Alle Zahlen aus STAT. JAHRBUCH ELF 1989, Tab. 207, p. 160. Übersicht enthält Maßnahmen auch außerhalb der Gemeinschaftsaufgabe (vgl. Übersicht 27)
*** Nicht enthalten: Bewässerung einschließlich landwirtschaftlicher Abwasserverwertung, Trinkwasserversorgung, Kanalisation, Kläranlagen und Küstenschutz, Baukosten zusammen 7 369,6 Mio. DM

rend an, ohne daß dem ein ebensolcher Nachfrageanstieg entspräche, so kommt es ohne Gegenmaßnahmen zu einem drastischen Preisverfall, welcher das sektorale Einkommen der Landwirtschaft nicht nur ungenügend wachsen, sondern sogar absolut sinken läßt. Dieser Preisdruck ist Anlaß für die administrative Preisstützung – er ist keine saisonale, vorübergehende Erscheinung (wie bei einer sehr guten Ernte, z.B. einer »Pflaumenschwemme«), vielmehr ist er ein chronisches Problem. Aus der zu rechtfertigenden Preisstützung zur Abpufferung von Schwankungen wird eine problematische Dauereinrichtung. Der zweite verschärfende Umstand tritt ein, wenn das außerlandwirtschaftliche Preisniveau infolge Inflation steigt und der administrierte Agrarpreis dem nur zögernd folgt. Die Landwirte fallen hier sehr schnell der »Preis-Kosten-Schere« zum Opfer; ihre Kosten steigen, während die Kaufkraft ihres Einkommens sinkt. Die von der Agrarpolitik bisher überwiegend versuchte Abhilfe auf dem Wege der Produktpreisstützung ist auch insofern kontraproduktiv, als sie zu weiterer Intensivierung und Mehrproduktion anreizt, so daß sich bei der notwendigen Abnahmegarantie noch mehr Überschüsse ansammeln müssen, die Interventionsschraube in einem selbstverstärkenden Prozeß wiederum ein Stück weitergedreht wird.

Zusammenfassend wird das Problem im Lichte der Agrarökonomie als ein solches ungleichgewichtigen sektoralen Wachstums und damit als ein genuin dynamisches Problem interpretiert. Seine Ursache liege in unzureichender Anpassung des Faktoreinsatzes an veränderte Bedingungen; die Landwirtschaft beschäftige chronisch zu viele Faktoren, insbesondere Arbeitskraft, die Abwanderungsrate sei zu gering. Die grundlegende, nicht nur an Symptomen kurierende Lösung könne nur in einer zügigen Anpassung, sprich in erhöhter Abwanderung von Arbeitskraft bestehen. Es gibt nach dieser Theorie immer noch zu viele Landwirte und Betriebe. In ihrer Mehrheit empfiehlt die Agrarökonomie eine Anpassung des Faktoreinsatzes durch schrittweise Entregulierung der Agrarmärkte, wobei auf Grund fallender Preise die Abwanderung beschleunigt und die Entwicklungschancen der verbleibenden Betriebe verbessert würden (WISSENSCHAFTLICHER BEIRAT 1988, andere Voten: WEINSCHENCK 1986, WOLFFRAM & HOFF 1987). Zur Abmilderung der mit dem Ausscheiden verbundenen Härten werden vielfach personengebundene Transferzahlungen empfohlen.

Die Resonanz auf diese Auffassungen ist unterschiedlich: Lehnt die landwirtschaftliche Berufsvertretung auch die Diagnose nicht rundweg ab, so widersetzt sie sich doch der empfohlenen Therapie des Protektionsabbaus. Ähnliches gilt für die praktische Agrarpolitik in der Bundesrepublik Deutschland. In der breiten Öffentlichkeit, insbesondere in den ökologisch bewußten Teilen, wird die ökonomische Lösung als »Höfesterben« und damit als etwas außerordentlich Negatives interpretiert; auch in der Naturschutzbewegung dominiert die entschiedene Ablehnung. Versuchen wir kurz, die analytisch relevanten Einwände gegen das neoklassische Agrarmodell des »Wachse oder weiche« zu formulieren. Da das Modell in sich stimmig ist, können sie nur entweder auf die Unakzeptabilität der Folgen und Nebenwirkungen der Therapie abzielen oder die Vollständigkeit der Diagnose anzweifeln.

- Ist auch die aus der Fehlregulierung der Agrarmärkte seit langem resultierende Ineffizienz so katastrophal, daß ein breiter Konsens besteht, daß es nicht so weitergehen kann, so bleibt davon unberührt, daß Effizienz kein Selbstzweck ist (vgl. Kapitel 4.1), sondern mit anderen politischen Zielen, wie u.a. der Verteilungsgerechtigkeit, abzuwägen ist. Die Kritik, wonach die wissenschaftliche Agrarökonomie einseitige Schwerpunkte setze und daß nicht wenigen Autoren die den verdrängten Landwirten zugemuteten Härten allenfalls eine Fußnote würdig erscheinen, ist nicht von der Hand zu weisen.
- Die Agrarökonomie empfiehlt, den Faktoreinsatz in einem Sektor der Volkswirtschaft unter Abstraktion vom »Rest der Welt« zu optimieren und ruft damit alle in der Wohlfahrtstheorie unter dem Stichwort des »*Second-Best-Problems*« diskutierten Fragen wach (vgl. hierzu SOHMEN 1976, pp. 422 ff.). Unterstellt, der Agrarsektor würde (etwa mit Hilfe eines funktionierenden Kontingentsystems) markträumend, d.h. nicht überschüssig produzieren, so wäre ein Überbesatz an Arbeitskraft und die damit verbundene Ineffizienz gesamtwirtschaftlich nur dann ein Problem, wenn er woanders zu Knappheiten und damit Opportunitätskosten führte. Das Ärgernis besteht nicht darin, daß es einen Landwirt zuviel gibt, sondern daß dieser an einem sinnvolleren Arbeitsplatz fehlt. Ist das nicht der Fall, so kann es psychologisch und aus anderen Gründen zu empfehlen sein, ihn besser in der Landwirtschaft »mitzuschleppen«. Ein erheblicher Teil der landwirtschaftlichen Arbeitskräfte ist unter den Bedingungen mangelnder Vollbeschäftigung in der übrigen Wirtschaft kaum sinnvoll alternativ einzusetzen.
- Der Strukturwandel ist ein weitgehend irreversibler Prozeß. Sind erst einmal alle kleinen Betriebe beseitigt und nur noch wenige große übrig, so werden die kleinen nicht wiederkehren, auch ist das berufliche Können der weichenden Landwirte irreversibel »stillgelegt«. Ein in momentaner Betrachtung effizient erscheinendes, spezialisiertes und hochtechnisiertes System trägt die Gefahr der Inflexibilität in sich; es ist keineswegs sicher, daß es auch optimal in bezug auf alle Probleme von übermorgen ist. Sofern kurzfristig ineffiziente Strukturen Flexibilität und unausgeschöpfte Entwicklungspotentiale besitzen – dies ist nicht auszuschließen – kann ein *Optionswert* (vgl. Kapitel 5.2.3) darin gesehen werden, sie als Chance zu bewahren, auch wenn dies Kosten verursacht.
- Können die bisher genannten drei Einwände kaum den Anspruch erheben, das neoklassische Modell grundsätzlich ins Wanken zu bringen, sondern allenfalls Korrekturen rechtfertigen, so fragt ein fundamentaler Einwand danach, ob die Annahmen dieses Modells stichhaltig sind. Der zu extremen Faktor-, insbesondere Arbeits-

und Bodenersparnissen führende Produktivitätsfortschritt war und ist begleitet von Übernutzungserscheinungen der Landschaft, wie massiver Artenverdrängung, Boden- und Gewässerbelastung, nach Meinung einiger Kritiker auch von Qualitätseinbußen der Produkte. Interpretiert man die Entwicklung der vergangenen Jahrzehnte teilweise als einen Scheinfortschritt, welcher eine Effektivierung des Faktoreinsatzes nur vortäuscht, so gerät die im Modell postulierte Unausweichlichkeit der Faktor-, insbesondere Arbeitskraftabwanderung ins Wanken. Angenommen, gesunde Agrarprodukte könnten unter Schonung der natürlichen Grundlagen, insbesondere der Bodenfruchtbarkeit, unter Respektierung der Artenvielfalt sowie bei Erfüllung bestimmter Tierschutzforderungen (keine Massen- und Käfighaltungen) nur in einer quantitativ weniger rationell erscheinenden Produktionsweise erzeugt werden (womit sie zweifellos teurer als die heutigen wären), so gäbe es nicht zu viele, sondern vielleicht sogar schon zu wenige Landwirte. Sollte diese These richtig sein, so beruhte der Fehler des neoklassischen Agrarmodells auf einer *Bewertungslücke*: Die Landwirtschaft wäre nur bezüglich des von ihr erzeugten Bündels von *Privatgütern* produktiver geworden, nicht jedoch im Umgang mit den am Markt unbewerteten *Kollektivgütern* (vgl. Kapitel 4.6 und 5.2.1), wie u.a. den Ressourcen der Landschaft. Dies ist nicht nur ein modelltheoretisches, sondern vor allem auch ein empirisches Problem, welches gegenwärtig nur eine thesenartige Formulierung zuläßt, jedoch einer näheren Erforschung zweifellos würdig erscheint.

9.1.6 Agrarpolitische Leitbilder und Zukunftsperspektiven

Prognosen über die weitere Entwicklung der Landwirtschaft sind in den vergangenen Jahrzehnten wiederholt abgegeben worden und selten eingetroffen, so daß hier Vorsicht geboten ist. Im vorliegenden Zusammenhang interessieren Leitbilder und mögliche »Zukünfte« vor allem in bezug auf ihre ökologischen Implikationen:

Der Weg *konventionell-ökonomischer Effizienz*, charakterisiert durch Rationalisierung, Abwanderung und Niedrigpreisniveau, verfügt aus finanz- und außenhandelspolitischen Gründen auf der Ebene der EG über größere Durchsetzungschancen als früher. Entgegen nahezu einhelliger Meinung in der »Öko-Szene« (stellvertretend für viele: WEIGER 1990) besitzt er nicht nur ökologische Nachteile. Niedrige Produktpreise können den Intensivierungszwang mildern, insbesondere den Einsatz ertragssteigernder Betriebsmittel, wie Pestizide und Mineraldünger dämpfen, wobei jedoch die regionalen Gegebenheiten eine große Rolle spielen. Die sinkenden Pacht- und Bodenpreise reduzieren den Finanzaufwand zum Erwerb von Biotopen für

Naturschutzzwecke und senken allgemein die durch die Protektion künstlich aufgeblähten Opportunitätskosten des Naturschutzes (HENZE 1985). Auf unproduktiven oder marktfernen Standorten, wie in Mittelgebirgen, kann es infolge des erwarteten Rückzugs jeder intensiven Landwirtschaft zu einem hohen und preisgünstigen Flächenangebot für Naturschutzzwecke, zu einer ökologischen »Passivsanierung« kommen. Daß der Weg der Effizienz (»Wachse oder weiche«) jedoch alle Naturschutzziele automatisch erfüllte, ist ebensowenig anzunehmen. Auf sehr guten Standorten wird die Intensität hoch bleiben, und alle Naturschutzaufgaben, welche über die Stressminderung durch Intensitätsabbau hinaus aktive Maßnahmen, wie Investitionen und Arbeitseinsatz (z.B. zur Landschaftspflege) erfordern, müssen auf andere Weise realisiert werden.

Der von der deutschen Agrarpolitik nach wie vor favorisierte Weg *administrativ-protektionistischer* Landwirtschaft bietet dem Naturschutz Chancen durch die hier vorgesehenen aktiven Flächenfreisetzungen. Allerdings bestehen starke Tendenzen, dies in einer Weise zu konkretisieren, welche für den Naturschutz wenig effektiv ist (z.B. als Ackerbrachen, vgl. Kapitel 9.5.1), außerdem werden mit dem Naturschutz konkurrierende Flächenansprüche, wie die Erzeugung »nachwachsender Rohstoffe« subventioniert, so daß ersterer wieder einmal auf der Strecke bleiben kann. Die Hochpreispolitik bietet keine Anreize zur Senkung der künstlich überhöhten Intensität auf den in der Produktion verbleibenden Standorten bzw. kann, soweit dies z.B. in Wasserschutzgebieten zwingend geboten ist, nur wiederum auf administrative Mittel zurückgreifen. Ökologisch sitzt diese Politik zwischen allen Stühlen; sie verzichtet auf die Chancen des oben beschriebenen Effizienzweges, ohne dafür wesentliche andere Vorteile zu bieten.

Alternative *Organische Landbaumethoden*, wie etwa die Biologisch-dynamische Landwirtschaft und ähnliche Systeme besitzen in Naturschutzkreisen ein hohes Ansehen; oftmals wird allein ihre flächendeckende Einführung verlangt in der Hoffnung, sich damit schon aller wesentlichen Naturschutzprobleme in der Agrarlandschaft zu entledigen. Ohne Zweifel käme es durch Abbau der heutigen problematischen Intensitätsspitzen auf Grund hoher Pestizid- und Mineraldüngergaben zu einer allgemeinen, höchst erwünschten Stressentlastung der Landschaft. Im folgenden Kapitel wird allerdings zu erkennen sein, daß dies allein das Überleben aller Pflanzen- und Tierarten in hinreichenden Populationen keineswegs garantieren kann. Leider sind die Folgen einer flächendeckenden, gesamtsystemaren Umstellung der Landwirtschaft auf organischen Betrieb für Lebensstil und Ernährungsweise noch nirgendwo quantitativ berechnet worden; Hinweise darauf, daß die Flächenerträge oft fast ebenso hoch seien wie im konventionellen Landbau, ersetzen eine solche Analyse nicht. Bei völligem Stickstoff-Mineraldüngerverzicht muß z.B. Stickstoff durch Leguminosen in das System eingeschleust werden, was einen umfangreichen Ackerfutterbau (Klee und Luzerne) voraussetzt. Diese Flächen werden dem Anbau von Nahrungsfrüchten entzogen. Der Umfang der notwendigen Rindviehhaltung könnte so groß werden, daß die Verwertung der Produkte auf Probleme stößt, zumal wenn (an sich mit Recht) eine Reduktion des Fleischkonsums gefordert wird*.

Ebenfalls auf große Sympathien in der ökologischen Bewegung stößt die um die Zeitschrift »Bauernblatt« versammelte *kleinbäuerliche Oppositionsrichtung* in der Bundesrepublik (vgl. GÖDDE & VÖGELIN 1988). Sie besitzt erheblichen Einfluß auf die Agrarprogrammatik der GRÜNEN wie auch aller größeren Naturschutzverbände und hat dort die Ansicht festigen können, daß die ökologischen Fehlentwicklungen in der Agrarlandschaft in erster Linie mit der Betriebsgröße, vor allem der Tendenz zu »Agrarfabriken« zusammenhingen. Die Abwendung vom Prinzip des »Wachse oder weiche«, die Konservierung zahlreicher kleinerer bäuerlicher Betriebe mit mehr oder minder starken Anleihen bei organischen Landbausystemen sei Grundlage der Erfüllung aller Naturschutzforderungen. Bei aller Sympathie für das soziale Engagement dieser Gruppierungen ist jedoch die Unduldsamkeit ihres Auftretens mehr als problematisch, insbesondere die Kultivierung von Feindstereotypen sowie die Kompromißlosigkeit ihrer Forderungen, welche sich der Frage der Verallgemeinerbarkeit stellen müssen. Jeder nichtlandwirtschaftliche Kleinbetrieb hat mindestens so starke Argumente gegen die Konzentration vorzubringen wie der kleine Landwirt, ohne auch nur annähernd den Umfang staatlichen Schutzes zu genießen, dessen sich der letztere erfreut. Die These von der Überlegenheit des Kleinbetriebs in ökologischer Hinsicht nur wegen seiner Kleinheit floriert in Öffentlichkeit und Medien wegen ihres Appells an Intuition und Affekte; wer sich in der landwirtschaftlichen Betriebslehre etwas auskennt, weiß um ihre Fragwürdigkeit. Auch verlangt die Agraropposition, das bisher schon erreichte Übermaß staatlicher Reglementierung noch zu verstärken, ohne sich um die Probleme der Praktizierbarkeit, Mißbrauchsanfälligkeit und Nebenwirkungen zu kümmern. Es soll je nach Betriebsgröße abgestufte und für die Kleinbetriebe noch höhere Produkt-

---

* Wie unbekümmert in der Alternativszene oft Lebensweisen propagiert werden, welche nicht verallgemeinerbar sind, sei hier nur am Rande festgestellt. Gemäßigte Vegetarier, welche Milchprodukte und Eier konsumieren, machen sich in der Regel keine Gedanken darüber, wer das Fleisch der dazu komplementär erzeugten Bullenkälber, Altkühe und Legehennen ißt, sofern diese nicht in Tier-Altersheime eingeliefert werden.

preise als heute geben, hinzu kommen Kontingente und vor allem Forderungen nach noch stärkerer Importabschottung, wie sie seit jeher zur ultrakonservativen Agraragitation gehören. Wandlungen des landwirtschaftlichen Berufsbildes in Richtung auf bezahlte Landschaftspflege werden strikt abgelehnt – es wird überhaupt alles abgelehnt, was andere erwägen könnten.

Mit den vier diskutierten Richtungen ist die Bandbreite der Agrardiskussion in der Bundesrepublik stichwortartig dargestellt. Ihr gemeinsamer Mangel in ökologischer Hinsicht ist, daß ihnen Naturschutz nicht als explizite Zielsetzung erscheint, welche aktiv, planerisch und gegebenenfalls unter Inkaufnahme von Zielmindererfüllungen auf anderen Gebieten verfolgt werden muß. Alle behaupten vielmehr, daß Naturschutzziele als Nebenergebnis ihrer hauptsächlichen Ausrichtung erfüllt würden – beim Effizienzweg, weil die Intensität gesenkt wird, beim mengenorientierten Protektionismus, weil Flächen aus der Produktion genommen werden, bei der Organischen Landwirtschaft wegen des Verzichts auf Gift und in der Kleinbauernideologie wegen der Bekämpfung der Agrarfabriken. Die Zeiten, in denen Arten- und Biotoperhalt ein Nebenprodukt einer Programmatik sein kann, sind jedoch vorbei. Ohne Einzelheiten vorzugreifen, deutet sich schon hier an, daß Naturerhalt ein expliziter (ggf. bezahlter) Auftrag an die Landwirtschaft sein muß, auf dessen Miterfüllung im Kielwasser sonstiger Zielsetzungen nicht gehofft werden sollte.

9.2 Das ökologische Problem

9.2.1 Historische Entwicklung

Es ist weithin üblich, nur zwischen »früher« und »heute« zu unterscheiden, wobei – gewiß nicht unzutreffend – die frühere Landwirtschaft ökologisch positiv und die heutige negativ eingeschätzt wird. Hier wird dagegen vorgeschlagen, unter ökologischem Blickwinkel drei historische Agrarsysteme zu unterscheiden: die »mittelalterliche«, die »neuzeitlich-bäuerliche« und die »industrialisierte« Landwirtschaft.

»**Mittelalterliches Agrarsystem**«: Bei einer Typisierung, die allein auf das Wesentliche abzielt, mag eine gewisse chronologische Ungenauigkeit erlaubt sein; tatsächlich bestand dieses System bis weit ins 18. Jahrhundert hinein. Seine Charakteristika waren:
– Der Wald wurde bis zum 13. Jahrhundert auf eine geringere Fläche als heute zurückgedrängt, wenn er sich auch in Notzeiten (z.B. im 30-jährigen Krieg) wieder ausbreitete. Der verbleibende Wald

wurde vielfach als Viehweide genutzt. Deshalb und wegen intensiver Holz-, Rinden- und Streunutzung wurde er stark aufgelichtet oder gänzlich degradiert, die Böden verarmten an Nährstoffen.
- Die gerodeten oder durch langjährige Übernutzung waldfrei gewordenen Flächen dienten auf weiten Strecken extensiver Viehhaltung, der Hutewirtschaft. Es entstand eine parkartige, savannenähnliche, in Norddeutschland und in Mittelgebirgen durch Heiden geprägte, mesohemerobe Halbkulturlandschaft (WILMANNS 1989 : 242), die gewisse, zumindest auf Kalkstandorten auch im Artenbestand wiederzuerkennende Ähnlichkeiten mit der antiken oder heutigen mediterranen Landschaft (Maquis-, Garrigue- und Steppenstadien) besaß.
- Sieht man über zahlreiche Sonderfälle hinweg, so wurde der Wasserkreislauf per saldo in der Weise beeinflußt, daß die Verdunstung wegen der Waldvernichtung reduziert, der Abfluß aber nicht entsprechend beschleunigt wurde – letzterer wurde sogar vielfach durch Anlage von Mühlenwehren und Fischteichen gehemmt. Die Folgen bestanden in großräumiger Vernässung; sogar Vermoorungen wurden anthropogen gefördert.
- Die ernährungswirtschaftliche Produktivität der Landwirtschaft war außerordentlich gering. Hinzu traten große, durch Lagerhaltung nur unzureichend ausgeglichene Schwankungen von Jahr zu Jahr. Die Erzeugung tierischer Produkte war nicht systematisch in den Betriebsablauf integriert; die Tiere ernährten sich im Wald, auf dem Extensivgrünland und den Brachflächen der Dreifelderwirtschaft. Es gab kaum eine Winterbevorratung von Futter, keine Stalldungwirtschaft; die Fleischversorgung basierte im übrigen zum erheblichen Teil auf der Wildstrecke. Ein Drittel oder gar die Hälfte der Ackerfläche war Brache, die Erträge waren äußerst niedrig und unsicher, das Spektrum der Nahrungspflanzen bestand aus wenigen Getreidearten. Am relativ höchsten entwickelt war der (insbesondere klösterliche) Gartenbau.

Im Ergebnis wurde auf dem Gebiet der Bundesrepublik eine Bevölkerung von höchstens 20 % der heutigen bescheiden ernährt. Ökologisch wurde Mitteleuropa durch die Jahrtausende menschlicher Einflußnahme bereichert. Die Zurückdrängung des Waldes und die Schaffung eines äußerst vielfältigen Spektrums von Offenland- und Sukzessionsbiotopen in Verbindung mit großflächigem Nährstoffentzug aus den Böden erlaubte lichtbedürftigen und oft konkurrenzschwachen Pflanzenarten, sich auszubreiten. Zahlreiche von ihnen waren während der nacheiszeitlichen Wärmeperiode aus dem Mittelmeerraum oder aus dem kontinentalen Südosten nach Mitteleuropa eingewandert und hatten dort in inselartigen waldfreien, meist warm-trockenen Biotopen überdauert. Die vorübergehende, nicht unerhebliche Klimaerwärmung im Hochmittelalter (Besiedelung Grönlands und Entdeckung Nordamerikas durch die Normannen, Weinbau an der Ostsee und in England) beförderte noch das Gesamtbild, wonach der Mensch in dieser Zeit ein ökologisch reichhaltiges Landschaftsbild erzeugte.

Für Naturschutzbelange ist außerordentlich wichtig zu verstehen, daß es sich bei zahlreichen heutigen schutzwürdigen Biotopen um die letzten inselartigen Relikte der mittelalterlichen Halbkulturlandschaft handelt, wie bei fast allen Magerrasen. Da sie nicht natürlich, sondern anthropogen sind, erfordert ihr Erhalt außer der Flächensicherung auch die Weiterführung der sie hervorbringenden Maßnahmen, wie z.B. der Schafweide. Darüber hinaus stoßen wir an dieser Stelle auf den bedeutsamen Umstand, daß ökologische Werte, wie Artenreichtum und auch die Schönheit einer Landschaft, nicht an Bodenfruchtbarkeit im produktionsorientierten Sinne gebunden sind. Im Gegenteil handelt es sich bei Magerrasen, Hutewäldern u.ä. um Übernutzungserscheinungen, quasi um »Landschaftsschäden«, als was sie früher, solange sie flächendeckend vorhanden waren, auch empfunden wurden. Es ist ihre heutige Knappheit, welche sie so wertvoll macht. Schließlich dürfte sich von selbst verstehen, daß das mittelalterliche Agrarsystem als flächendeckendes ökologisches Leitbild infolge seiner Unproduktivität nicht in Frage kommen kann (von den Schwierigkeiten der rein physischen Wiederherstellbarkeit abgesehen); seine Biotope lassen sich nur selektiv erhalten und entwikkeln.

»Neuzeitlich-bäuerliche Landwirtschaft«: Zwischen, grob gesprochen, 1750 und 1950 wurde die mitteleuropäische Landschaft von tiefgreifenden Veränderungen berührt:
- Nachdem der Wald gebietsweise vollständig ruiniert worden war, kam es zu einem staatlich verordneten Neuaufbau, u.a. durch Anpflanzung von Fichten oder Kiefern. Die Waldweide wurde fast überall abgeschafft, Land- und Forstwirtschaft wurden funktionell getrennt.
- Die offene Halbkulturlandschaft in ihren vielfältigen Formen wurde großflächig zurückgedrängt. Die Flächen, darunter riesige Heiden, wurden entweder aufgeforstet oder landwirtschaftlich intensiviert, letzteres meist erst im 20. Jahrhundert. Großflächige Naturlandschaften wurden zerstört, wie bei den nordwestdeutschen Moorkultivierungen, umfangreichen (nicht selten erfolglosen) Sumpftrockenlegungen und den ersten großen Flußregulierungen, wie am Oberrhein zu Beginn des 19. Jahrhunderts.
- Die landwirtschaftliche Produktion erlebte schrittweise sehr wirkungsvolle Verbesserungen: Verbreiterung des Kulturpflanzenspektrums (z.B. durch die Einführung der Kartoffel), Inkultur-

nahme der Brache in der alten Dreifelderwirtschaft mit Futter- und Hackfrüchten, Einschleusung von Stickstoff in die Kreisläufe mittels Leguminosenanbau, Integration von pflanzlicher und tierischer Erzeugung durch Futteranbau, Winterbevorratung und geregelte Stalldüngerwirtschaft, verbesserte Auslese und Züchtung von Nutzpflanzen und -tieren, Bodenverbesserungen durch Meliorationen, Zugkraftsteigerungen infolge Pferde- statt Spannkuhhaltung, erste Ansätze von Mechanisierungen u.v.a.

Die gesellschaftliche Ursache dieser Entwicklung war die Konsolidierung von National- und Flächenstaaten, welche eine solide Ernährungsbasis auch aus machtpolitischen Gründen wünschten und praktisch wie theoretisch förderten; in die Zeit fällt auch das Eindringen der Wissenschaft in Land- und Forstwirtschaft (THAER, THÜNEN, LIEBIG u.a.). Die Wirkungen lagen auf vier Gebieten:

- Die Ernährungsbasis wurde quantitativ, qualitativ und was die Sicherheit gegen Schwankungen durch Mißernten anbetraf, weit verbessert. Der gewonnene Spielraum mußte allerdings zum größten Teil zur Versorgung der im 19. Jahrhundert stark wachsenden Bevölkerung verwendet werden; der Pro-Kopf-Konsum erhöhte sich im Durchschnitt nur geringfügig.
- Die Bodenfruchtbarkeit stieg an; aus landbautechnischer Sicht waren die Veränderungen uneingeschränkt positiv zu beurteilen. Humusgehalt, Wasserkapazität, Strukturstabilität der Böden nahmen zu, die Erosion nahm ab, allmählich wurden die mit der mittelalterlichen Degradation, Aushagerung und Verheidung verbundenen Entwicklungen rückgängig gemacht.
- Großflächige natürliche und halbnatürlich-anthropogene Biotope und Landschaften wurden beschnitten. Dies erklärt u.a. das Aufkommen der Naturschutzbewegung in der zweiten Hälfte des 19. Jahrhunderts, schon LÖNS beklagte die Meliorierungen in der Lüneburger Heide.
- Die landwirtschaftlichen Biotope wurden einer wirksameren Steuerung und Pflege unterworfen, unerwünschte Arten wurden intensiver als früher verfolgt.

Die schwach beeinflußte Natur wurde also zurückgedrängt, gebietsweise erfolgte schon eine kritische Verknappung mancher Biotoptypen. Hinzu kam der bereits in Kapitel 3.2 erwähnte zügellose Abschuß von Greif-, Hühner- und Wasservogelarten. Dennoch war der Druck auf Landschaft und Artenreichtum im Vergleich zu heute milde. Selbst die reduzierten Flächen an natürlichen und Halbkulturbiotopen waren noch weitaus umfangreicher und bewahrten die meisten darin lebenden Arten vor einer Gefährdung oder gar Verdrängung aus Mitteleuropa. Die Landwirtschaft ließ Freiräume für ein vielfältiges Mosaik von Standorten, es gab keine Gefährdungen von Ackerbegleitkräutern, Ruderalpflanzen usw. Auch entstanden neue Biotope von heute hohem Naturschutzwert, wie die damals als intensiv, heute als extensiv eingestuften gemähten Futterwiesen sowie in grünlandstarken Gebieten die Streuwiesen zur Gewinnung von Stalleinstreu.

In Diskussionen über die frühere, ökologisch »bessere« Landwirtschaft haben viele Menschen offensichtlich die soeben beschriebene, relativ kurze Epoche im Sinn, weniger das Mittelalter. Die positive Einschätzung bezieht sich nicht allein auf Artenschutzgesichtspunkte, sondern auch auf solche der Bodenfruchtbarkeit und Nahrungsmittelqualität; in mancher Beziehung stellen heutige biologische Landbaumethoden Rückbesinnungen auf diese Werte dar. Für unsere Zwecke sind zwei Dinge festzuhalten: Die typischen Biotope der bäuerlich-neuzeitlichen Landwirtschaft können manche heute gefährdeten Arten sehr gut erhalten, wie Ackerwildkräuter oder Arten der Mähwiesen, jedoch keinesfalls das gesamte Spektrum, insbesondere nicht diejenigen, welche extrem magere Verhältnisse erfordern. Zum zweiten wäre die Landwirtschaft nach Großväterart bei aller ihrer Überlegenheit über das mittelalterliche System ohne massive Importe ebenfalls bei weitem nicht in der Lage, als flächendeckende Option heutige quantitative Ansprüche an die Nahrungsmittel- und Futtererzeugung zu erfüllen.

Industrialisierte Landwirtschaft: Die Wende zur Agrarindustrialisierung erfolgte in Mitteleuropa erst nach dem 2. Weltkrieg. Die sogenannten »biologisch-technischen Fortschritte« wirken in ihrer Summe wie die Hinausschiebung von Grenzen, welche früherer Agrarproduktion stets entgegenstanden: Mineraldünger ermöglichen die Nährstoffversorgung der Pflanzen selbst auf ärmsten Böden, Pflanzen werden chemisch gegen Krankheiten und Schädlinge geschützt, Nutztiere werden auf der Basis bis ins einzelne gehender Planung ernährt, und Züchtungsmethoden erlauben die Mobilisierung genetischer Ertragspotentiale in noch vor wenigen Jahrzehnten nicht für möglich gehaltenem Ausmaß. Die »mechanisch-technischen Fortschritte« ermöglichten eine früher ebenfalls unvorstellbare Arbeitsersparnis; allein der Mähdrescher reduzierte die zur Getreideernte erforderliche Arbeitszeit um zwei Zehnerpotenzen auf etwa 1 % (!) des früheren Umfangs. Mechanisierungen und Automatisierungen auch in der Hof- und Stallwirtschaft erlauben die Haltung großer Anzahlen von Tieren pro Betreuer; dies alles keineswegs nur in »Agrarfabriken«, sondern auch in bäuerlichen Betrieben.

Auf die Ertrags- und Leistungsexplosion ist bereits in Kapitel 9.1.2 hingewiesen worden. In vereinfachter, aber die Größenordnung treffender Weise kann davon ausgegangen werden, daß die heutige Landwirtschaft mindestens zehnmal soviele Produkte pro Flächen-

und Tiereinheit erzeugt wie das mittelalterliche System und in typischen Fällen etwa viermal soviel wie die neuzeitlich-bäuerliche Landwirtschaft. Die Folgen für die Natur werden im nächsten Kapitel systematisiert.

9.2.2 Ursachen der Artenverdrängung

Anschließend an die einführende Darstellung in Kapitel 3.2 können die artenverdrängenden Aspekte der modernen Landwirtschaft wie folgt gegliedert werden, wobei auf andere Umweltbelastungen, wie betreffend Grundwasser, Böden und Atmosphäre nicht eingegangen wird; hier sei u.a. das Gutachten des RATES VON SACHVERSTÄNDIGEN FÜR UMWELTFRAGEN (RSU 1985) konsultiert.

Landschaftsgestaltung, insbesondere *Strukturausräumung:* Die moderne, »maschinengerechte« Agrarproduktionslandschaft ohne Bäume, Hecken und sonstige Strukturen ist allgemein bekannt und wird viel kritisiert. Teilweise entstand sie schon im vorigen Jahrhundert, etwa in Ackerbörden mit Gutsbetrieben, das Gros der Vernichtung entfällt jedoch auf die letzten Jahrzehnte. Der mechanischen Rationalisierung fielen nicht nur gut sichtbare Strukturen, wie vor allem Gehölze und Hecken zum Opfer; kaum weniger folgenreich ist aus ökologischer Sicht die Vernichtung unauffälligerer Kleinstandorte, wie feuchter Senken (in glazial gestalteten Gebieten vielfach Toteislöcher), kleiner Böschungen, auch alter anthropogener Strukturen, wie Trockenmauern, Steinriegel u.v.a. (vgl. RINGLER 1987). Gemeinsam mit der Landoberfläche wurden in der Regel die kleinen Fließgewässer ihrer natürlichen Gestalt beraubt – kanalisierte, z.T. sogar in Röhren gepreßte Bäche sind geradezu Symbole der Landschaftszerstörung. Gebietsweise schiebt sich die nivellierte Produktionslandschaft großflächig in besonders wertvolle Landschaften hinein, etwa bei der Ausdehnung des Weinbaus in Magerrasen, Felsheiden und Gehölze warmtrockener Gebiete. Verbliebenes Grünland wird zu Ackerland umgebrochen, und schließlich erfaßt die Strukturzerstörung auch die Ränder der Agrarlandschaft; die Grenze zum Wald ist oftmals abrupt und läßt Übergänge, Säume und Abstufungen vermissen.

Nivellierung der Wasserverhältnisse: Wie die Übersicht 29 zeigt, kommen die weitaus meisten gefährdeten Pflanzenarten in Biotopen vor, die bezüglich des Wasserhaushaltes *extrem* sind. Sie befinden sich entweder auf dem feuchten bzw. nassen oder auf dem trockenen Flügel, Pflanzen mit mittleren Feuchtigkeitsansprüchen sind nur in geringerem Maße gefährdet. Die Tendenz bestätigt sich eindrucksvoll beim Blick auf viele Tiergruppen; ein bedeutender und stark gefährdeter Teil des Faunenreichtums entfällt auf Trockenstandorte, wo die meisten Heuschrecken-, Tagfalter-, Ameisen-, Wildbienen- und andere Arten vorkommen. Die Wirkung des Wasserfaktors ist komplex und oft indirekt. Bei den Pflanzen handelt es sich mit wenigen Ausnahmen um ein Konkurrenzphänomen. Die verdrängten Arten könnten auf mittelfeuchten Standorten auch gut gedeihen, werden jedoch dort von schneller wachsenden Pflanzenarten überwuchert und des Lichtfaktors beraubt. Die Präferenz der erwähnten Tierarten für Trockenbiotope erklärt sich wiederum aus ihren Wärmeansprüchen. Anders als in mediterranen Sommern ist in Mitteleuropa Wasserknappheit eine Voraussetzung für starke Bodenerwärmung (keine Verdunstungskälte), außerdem wird die Beschattung durch üppig wachsende Pflanzen verhindert.

Die produktive Landwirtschaft hat kein Interesse an extremen Wasserverhältnissen, vielmehr benötigen alle mitteleuropäischen Kulturpflanzen eine ausgewogene Mitte. Diese wird im Falle zu nasser Biotope durch oft relativ leicht mögliche und nicht übermäßig teure Schaffung von Dränage und Vorflut erzeugt. Die Bekämpfung des Faktors »Trockenheit« erfolgt in komplexerer Weise. Oft genügt schon die Aufgabe der Schafhaltung und damit das Gewährenlassen höheren Graswuchses zu einer Befeuchtung und Kühlung der bodennahen Luftschicht, um Ameisenarten, die an sie gebundenen Bläulinge sowie konkurrenzschwache Pflanzenarten wie die weiße Fetthenne (*Sedum album*) und den von ihr abhängigen, berühmten Apollofalter (*Parnassius apollo*) zu vertreiben (WEIDEMANN 1986 : 134 ff.). Die vielfach vorgenommene Aufforstung wirkt sich ebenso aus, ein radikaler Umbruch des Bodens mit Krumenvertiefung (etwa bei Umwandlung von Magerrasen in Weinberge) erst recht. Diese ökologischen Details werden hier bewußt erwähnt, um einen letztlich auch ökonomisch fundamentalen Zusammenhang zu verdeutlichen: Selbst wenn weitaus bescheidenere Ansprüche an die Ertragshöhe als heute gestellt würden, stünden die physiologischen Bedürfnisse der Kulturpflanzen (mittlere Feuchte) dem in Mitteleuropa Artenreichtum erzeugenden Faktor »*extreme* Feuchte oder Trocknis« immer noch entgegen. Es erscheint prinzipiell unmöglich, beide Ansprüche auf einer Fläche zu befriedigen.

Nivellierung der Nährstoffverhältnisse: Das physiologische Grundproblem ist ähnlich wie beim Wasserfaktor. Knappheit an Pflanzennährstoffen ist eine Grundvoraussetzung für Artenreichtum, hohe Nährstoffverfügbarkeit oder gar »Überdüngung« erzeugt zwar Individuenreichtum, jedoch werden nur wenige Arten, nämlich die, welche alle anderen dominieren, gefördert. Die Verhältnisse sind allgemein bekannt bei Gewässerbiotopen, das Eutrophierungsproblem besteht jedoch im Prinzip auf dem Lande ebenso (ELLENBERG Jun. 1989), wenngleich nicht immer leicht festzustellen ist, wie wichtig es im

Übersicht 29. Anzahl der verschollenen und gefährdeten Farn- und Blütenpflanzenarten in heimischen Pflanzenformationen

Pflanzenformation	Gefährdungsgrade 0	1	2-4	Summe 0-4
A. Halblandwirtschaftliche Biotope und mit ihnen in Kontakt stehende natürliche Biotope und Begleitstrukturen: hell, offen, trokken, nährstoffarm, unproduktiv (Halbtrockenrasen, Trockenrasen, xerotherme Gehölze, Zwergstrauchheiden, Borstgrasrasen)	16	48	191	255
B. Halblandwirtschaftliche Biotope und mit ihnen in Kontakt stehende natürliche Biotope und Begleitstrukturen: hell, offen, feucht, wechselfeucht oder naß, meist nährstoffarm, unproduktiv (Feuchtwiesen, oligotrophe Moore, Moorwälder und Gewässer, hygrophile Therophytenfluren, Kriechrasen, Quellfluren)	16	65	139	220
Summe A + B	32	113	330	475
% (A+B) von (A+B+C+D+E)	66,7 %	81,3 %	81,1 %	80,0 %
C. Äcker und kurzlebige Ruderalvegetation	12	22	42	76
D. Frischwiesen und -weiden	–	–	2	2
E. Sonstige offene Fluren (Schlagfluren, außeralpine Felsvegetation, ausdauernde Ruderalvegetation und Quecken-Trockenfluren)	4	4	34	42

F. Wälder	1	1	28	30
G. Eutrophe Gewässer	6	8	40	54
H. Sonderregionen (alpine, subalpine und Küstenvegetation)	3	13	127	143

Quelle: HAMPICKE 1988, Tab. 2, p. 15, nach SUKOPP, TRAUTMANN & KORNECK 1978, vereinfacht. Gefährdungsgrade wie in Übersicht 7

Vergleich zu den anderen Gründen für die Artenverdrängung ist. Eine Schwierigkeit resultiert aus der weiten Amplitude zwischen »Nährstoffarmut« und »Nährstoffreichtum« und gibt Anlaß zu Mißverständnissen. Was in der Landwirtschaft früher »gedüngt« war, ist heute »mager«. Ferner gibt es mehrere Pflanzennährstoffe, und es kann ökologisch darauf ankommen, welcher von ihnen knapp ist. In naturnahen Binnengewässern ist bekanntlich der Phosphor Minimumfaktor, auf dem Lande oft, wenn auch nicht immer, der Stickstoff. Schließlich ist insbesondere der Stickstoff räumlich mobil; er kommt in gasförmiger, flüssiger und fester Phase pflanzenverfügbar vor und wird durch Wind, Grund- und Oberflächenwasser, Tiere und die Art der Ausbringung (Schleuderstreuer) leicht verdriftet. Es kommt also nicht nur darauf an, Flächen von der Düngung auszunehmen, vielmehr müssen auch Abstände eingehalten werden; mittels Pufferzonen müssen Konzentrationsgradienten dauerhaft aufrechterhalten werden.

Ausbringung von Giften: Dieser allgemein bekannte Punkt steht in seiner Bedeutung zwar möglicherweise wenig hinter den schon genannten zurück, seine Wirksamkeit ist jedoch in vielen Einzelfällen schwer abzuschätzen. Unzweifelhaft ist, daß alle Pestizide bestimmte Lebensformen töten sollen und dabei physiologisch ähnlich empfindliche Organismen erfassen müssen, wenn diese mit ihnen in Berührung kommen, auch wenn es nicht beabsichtigt ist. Herbizide auf dem Acker sind die Hauptursache für die Gefährdung sehr selten gewordener Wild(»Un-«)kräuter (SCHUMACHER 1984, vgl. auch NEZADAL 1989), Spritzungen in Weinbergen sind den Insekten aus nahegelegenen Trockenbiotopen gefährlich, weil diese auch in die Weinpflanzungen hineinfliegen (KAULE 1986 : 239). Wesentlich kontroverser sind Wirkungen auf physiologisch unterschiedliche Arten (Welche Fungizide schaden auch Tieren?), Dauerwirkungen sehr geringer Dosierungen (auch für den Menschen), die Verbreitung der Pestizide durch Wind, Wasser und Nahrungsketten u.a.m. An faulendem Obst saugende Schmetterlinge sind selten geworden, wie der Trauermantel (*Nymphalis antiopa*) – vielleicht, weil das Obst vergiftet ist? (WEIDEMANN 1988 : 140). Beim Rückgang der Fledermäuse sind auch andere

Ursachen, wie zu geringes Angebot an Nahrung und Quartieren, bekannt, spielt aber vielleicht die Vergiftung der Beutetiere und Anreicherung in den Nahrungsketten ebenfalls eine Rolle? Herbizide können nach neuen Erkenntnissen auch eine Rolle beim Waldsterben spielen (FRANK 1991). Bei der jahrzehntelangen Dauerbelastung der Landschaft mit hohen Mengen von Pestiziden sehr unterschiedlicher chemischer Eigenschaft können unerkannte Wirkungen keinesfalls ausgeschlossen werden.

Sonstige Ursachen: Die vier genannten Punkte erfassen einen hohen Anteil der Artenverdrängungsursachen, jedoch kann nicht verwundern, daß sich zahlreiche andere in dieser Systematik nicht unterbringen lassen und einfach aufgezählt werden müssen. Nennen wir nur einige:

– Früher Schnitt des Grünlands zur Gewinnung hochwertigen Futters, womit die ohnehin schon bestehende Blütenarmut in der Agrarlandschaft noch verstärkt wird mit der Folge eines zu geringen Nahrungsangebots für Insekten.
– Terminierung, oft Vorverlegung von Pflege- und Bestellungsmaßnahmen im Vergleich zu früher, womit Tiere gestört, Entwicklungszyklen von Wildpflanzen unterbrochen werden u.a.
– Schnelle und radikale Grünlandmahd mit Kreiselmähern, der zahlreiche, selbst größere Tiere nicht schnell genug ausweichen können.
– Verzicht auf das Liegenlassen von Stoppeln, schnelles Pflügen nach der Getreideernte, womit ein früher wochenlang bestehendes Nahrungs- und Biotopangebot entfällt.
– Bevorzugung von Feldfrüchten, welche der Artenvielfalt besonders abträglich sind, wie Mais, Entfernung fast aller blütentragenden Glieder aus Fruchtfolgen, wie selbst Kartoffeln.
– Wirksame Saatgutreinigung, womit die Wiederaussaat von Wildkräutern entfällt.
– Sorten- und Rassenverarmung bei den genutzten Pflanzen- und Tierarten.

Viele weitere Gründe ließen sich nennen. Das Kapitel soll nicht abgeschlossen werden ohne den Hinweis auf einen besonders ernsten und in der Literatur immer stärker hervorgehobenen Aspekt (vgl. DIERSSEN 1989, KAULE 1986 : 264 ff., RINGLER 1987), der die ganze Tragödie der letzten Jahrzehnte erst im vollen Umfang erkennen läßt: Die schwierige Wiederherstellbarkeit einmal zerstörter differenzierter und artenreicher Biotope, die vielfach vollständige *Irreversibilität* der eingetretenen Verluste in planerisch sinnvollen, historischen Zeiträumen. Dies betrifft keineswegs nur das bekannte Beispiel der Hochmoore, auch eine gute Hecke ist nicht aus der Baumschule zu haben, sondern ist ebenso wie eine Mähwiese in hundert oder mehr

Jahren artenreich geworden. Wie schon im Kapitel 3.2.3 erwähnt, besteht die ökonomische Konsequenz hieraus darin, daß in noch weit entschiedenerem Maße als bisher die verbliebenen Reste der Strukturvielfalt zu verteidigen sind. Die Forderung erhält aktuellen Nachdruck durch die »Entdeckung« ökologischer Schätze aus westdeutscher Sicht in den neuen Bundesländern, wie kilometerlange Schaftriften in Thüringen, wie sie in der alten Bundesrepublik seit den 50er Jahren nicht mehr existieren (RINGLER 1990, ALPENINSTITUT 1990). Die Forderung nach Unantastbarkeit der Reste ist die einzige nichtabwägende »Maximalforderung« in diesem Buch – weil das verbliebene Minimum kaum noch zu unterbieten ist.

9.3 Entwicklung einer Naturschutz-Konzeption

In der Einleitung (Kapitel 1) wurde festgestellt, daß der *ökonomische Denkansatz* speziell in diesem Kapitel nicht nur in vordergründigen »Wirtschaftlichkeitsfragen« zum Zuge kommen, sondern auch für die *strategische Orientierung* im gesamten Entscheidungsfeld nutzbar gemacht werden soll. Die öffentliche Diskussion um Landwirtschaft und Naturschutz krankt daran, daß zuwenig analysiert und abgewogen wird. Nicht nur von Seiten ökologischer Fundamentalisten werden unrealistische Forderungen gestellt, die mit dem wenigen, was bisher in mühsamer Feldarbeit erreicht werden konnte, in einem merkwürdigen Kontrast stehen. In Wirklichkeit geht es darum, *Ziele zu präzisieren* (Was wollen wir?), die nicht oder nur langsam zu ändernden *Rahmenbedingungen* zu erkennen, innerhalb derer die Ziele anzustreben sind, und kluge, durchsetzbare und effektive *Maßnahmen* zu konzipieren, die vielleicht kein ökologisches Paradies verheißen, aber den bisherigen Trend der Naturzerstörung stoppen und so schnell wie möglich zu graduellen Verbesserungen führen.

9.3.1 Rückblick: Der ökonomische Ursachenkomplex der Naturzerstörung

Besinnen wir uns vor Einstieg in die Diskussion auf die ökonomischtheoretische Ursache der Übernutzung der Natur (Kapitel 4.6 und 5.2.1) und verbinden wir dies mit den konkreten Umständen, unter denen die Landwirtschaft in den vergangenen Jahrzehnten betrieben werden mußte:
– Die explosionsartige Geschwindigkeit des technischen Wandels ist eine entscheidende Determinante. Der größte Teil der jahrhundertealten mitteleuropäischen Kulturlandschaft wurde in etwa drei Jahrzehnten zu Produktionsflächen eingeebnet. Als man erkannte,

was angerichtet worden war, war es vielfach schon zu spät, noch etwas aufzuhalten. Es fehlte die Zeit, um in den Entscheidungsträgern, welche in den prägenden Phasen ihres Lebens keine ökologische Knappheit erfahren hatten, ein Bewußtsein für die neue Situation zu bilden.
– Die ökologische Vielfalt fiel als Wert mit den Eigenschaften eines Öffentlichen Gutes einer klaren Bewertungslücke zum Opfer. Sie »gehörte« niemandem, keiner konnte rechtmäßige Ansprüche an sie geltend machen, wer sie zahlungskräftig schätzte, konnte sie nicht einmal kaufen. Wegen der Abwesenheit jeder manifesten Nachfrage auf Märkten bestand keinerlei Anreiz, Artenvielfalt zu erhalten. Die Entscheidung der Landwirte, entweder bezahlte Privatgüter (Agrarprodukte) oder unbezahlte Kollektivgüter (ökologische Werte) zu erstellen, war von Anfang an klar.
– Appelle zur Mäßigung bei der Vereinnahmung der Landschaft, zur Tolerierung von Resten ökologischer Vielfalt blieben ebenso wie die zaghaften Versuche des administrativen Naturschutzes, dies zu erzwingen, ohne Erfolg, weil sich ein großer Teil der Landwirtschaft während der Umbruchsphase der vergangenen Jahrzehnte in einer chronisch angespannten ökonomischen Situation befand. Viele Betriebe konnten sich keine ökologische Rücksichtnahme leisten – diejenigen, welche sie sich hätten leisten können, besaßen mit Hinweisen auf die im sektoralen Durchschnitt immer schlechte Lage ihres Berufsstandes jeden Vorwand, sich ökologischer Verantwortung zu entziehen.
– Der institutionell-politische Rahmen war und ist nicht nur für seine zähe Verhaftung an Wertnormen aus der Zeit vor dem Eintritt ökologischer Knappheit bekannt. Wichtiger noch war die jahrzehntelange Abwesenheit jeder Knappheit auf dem Gebiet finanzieller Ressourcen, der chronische Überfluß an öffentlichen Mitteln, welche bei unzureichender wissenschaftlich-ökonomischer Kontrolle in die ländliche Infrastruktur gelenkt werden konnten.

Gewiß sind noch weitere Gründe für die Entwicklung zu nennen, sie erscheinen jedoch nebensächlich im Vergleich zu den vier genannten: Der Unfähigkeit der Gesellschaft, technische Revolutionen schnell genug erkennend, wertend und gestaltend zu folgen, der ökonomischen Bewertungslücke bei Kollektivgütern, dem harten ökonomischen Druck in der Landwirtschaft und mangelnder Kontrolle über die Verwendung öffentlicher Mittel. Während es hinsichtlich des erstgenannten Punktes schwierig ist, ökonomische Lehren zu ziehen*, sind die Konsequenzen aus den übrigen Punkten klar: Es

---

* Zu befürchten ist, daß sich die Erfahrung auf anderen Gebieten wiederholt, etwa bei der Bio- und Gentechnologie.

müssen Anreize für Erhalt und Wiederentwicklung ökologischer Vielfalt geschaffen werden, es muß möglich und zumutbar werden, Rücksicht auf die Natur zu nehmen, und die öffentlichen Finanzen sind besser zu kontrollieren.

9.3.2 Ökonomischer Entscheidungsspielraum

Im Lichte unserer theoretischen Betrachtungen aus Kapitel 4 und 5 stellt sich das Problem wie folgt dar: Die ökologischen Ressourcen der Agrarlandschaft im Gesamtumfang R sind den Zielen der Gütererzeugung q und der Bewahrung bzw. Erzeugung von Artenreichtum N in der Weise zuzuführen, daß der Gesamtnutzen U – abhängig sowohl von q als auch von N – maximiert wird. Quantität und Qualität der Nahrungserzeugung und Artenreichtum, welche sich, wie im voranstehenden Kapitel deutlich wurde, zumindest auf einer Fläche nicht gleichzeitig maximieren lassen, sind m.a.W. in ein ausgewogenes Verhältnis zu bringen. Formal:

Maximiere $U(q(R_q), N(R_N))$ unter der Nebenbedingung $R_q + R_N = R$.

Diese Problemstellung ist ausführlicher in HAMPICKE (1987a) analysiert; für den vorliegenden angewandten Zweck ist sie bei weitem zu abstrakt, auch wenn sie als letztlich entscheidender Punkt nie ganz aus den Augen verloren werden sollte. Praktisch können zwei Wege eingeschlagen werden. Entweder wird ein Mindest-Naturschutzniveau N_0 postuliert und soweit möglich planerisch konkretisiert, das »Pflichtniveau« oder der »Safe Minimum Standard« aus Kapitel 5.3. Es wird gefordert, daß dieser Umfang des Naturschutzes realisiert werden muß, bei der konkurrierenden Zielsetzung der Produkterzeugung müssen ggf. gegenüber dem Status quo Abstriche vorgenommen werden. Formal:

Maximiere $q(R_q)$ unter den Nebenbedingungen $R_q + R_N = R$ und $N \geqq N_0$.

Oder es wird ein Mindest-Erzeugungsniveau festgelegt und relativ dazu der erzielbare Umfang des Naturschutzes maximiert:

Maximiere $N(R_N)$ unter den Nebenbedingungen $R_q + R_N = R$ und $q \geqq q_0$.

Man erkennt die beiden Versionen des »ökonomischen Prinzips« aus Kapitel 7.1.5 wieder; zwei miteinander konkurrierende Dinge lassen sich nicht simultan maximieren oder (in Kostengrößen formuliert) minimieren. Die theoretischen Ausführungen dieses Buches im Kapitel 5 lassen die erste der beiden Problemformulierungen als die fundamentalere erscheinen, das Pflichtniveau ist zweifellos zu sichern. Konkrete Umsetzungsversuche hierzu sind die in der Öffentlichkeit verbreiteten Mindestforderungen für die Biotopausstattung der Agrarlandschaft, wie sie auch im Sondergutachten des RSU (1985) erhoben werden (die »berühmten 10 %«) und wie sie in die im Kapitel 7.1.7 schon kurz vorgestellte und unten (Kapitel 9.5.2) noch einmal von nahem betrachtete Kostenberechnung von HAMPICKE et al. (1991) eingeflossen ist. Unter praktischen Gesichtspunkten ist es jedoch auch lohnend, der zweiten Formulierung nachzugehen: In welchem Gesamtumfang ist eine Produktionsdrosselung der heutigen Landwirtschaft durch Rückführung der Intensität und/oder Freigabe von Biotopen überhaupt realistischerweise zu erwarten? Dieser Umfang kann gewiß nicht präzise bestimmt werden, aber vielleicht ist seine Größenordnung abzuschätzen. Wenden wir uns zunächst dieser Frage zu.

9.3.3 Rahmenbedingungen

Alle Stimmen fordern eine Extensivierung der Agrarproduktion; gemeint ist u.a. (vgl. auch Kapitel 9.1.3) eine Drosselung ökologisch bedenklicher Faktoraufwendungen und in ihrem Gefolge eine quantitative Leistungssenkung. In der Bundesrepublik können vier Umstände zu einer Produktionsdrosselung führen bzw. eine solche erlauben:

– Eine Verminderung der Bevölkerung wird, ganz abgesehen von den Schwierigkeiten einer verläßlichen Prognose, zu langsam eintreten, als daß sie für die ökologisch gebotene zügige Umorientierung relevant wäre, wir betrachten sie daher nicht.

– Zwar gilt der Vorbehalt des Zeitbedarfs auch für den zweiten Punkt, einen Strukturwandel der Nachfrage überwiegend in Form der Reduktion des Konsums tierischer Nahrungsmittel, dennoch verdient er wegen seiner großen Bedeutung eine kurze Diskussion. Im Kapitel 9.1.2 (auch Übersicht 22) wurde festgestellt, daß über 75 % der pflanzlichen Erzeugung verfüttert wird. Ergänzend dazu zeigt die Abbildung 21, daß das gesamte Futteraufkommen unter Einschluß von Importen mit einem durchschnittlichen (bei verschiedenen Produkten unterschiedlichen) Nutzungsgrad von etwa 11 % in tierische Nahrungsmittel verwandelt wird, welche energetisch etwa 40 % der menschlichen Diät ausmachen. Jede Energieeinheit in Fleisch, Eiern oder Milch erfordert durchschnittlich neun Energieeinheiten Futter. Daher führt jeder Verzicht auf eine Einheit tierischer Nahrung und ihre Substitution durch eine gleichgroße Einheit pflanzlicher Energie dazu, daß auf acht Einheiten Pflanzenaufwuchs verzichtet werden kann. Eine Senkung des Anteils tierischer Nahrungsmittel um einen gewissen Betrag führt also zu einer weit überproportionalen Reduktion des Produktionsstresses bei Futtermitteln und damit pflanzlichen Produkten. Derartige Konsumumorientierungen würden ernährungsmedizinisch

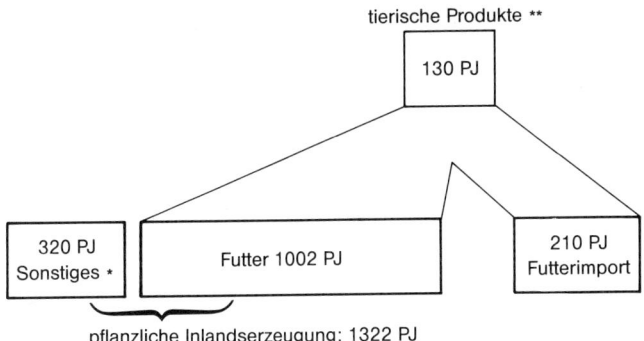

```
           tierische Produkte **
          ┌──────────────────┐
          │     130 PJ       │
          └──────────────────┘
┌─────────┐ ┌──────────────────┐ ┌──────────┐
│ 320 PJ  │ │                  │ │ 210 PJ   │
│Sonstiges*│ │  Futter 1002 PJ  │ │Futterimport│
└─────────┘ └──────────────────┘ └──────────┘
```

pflanzliche Inlandserzeugung: 1322 PJ
1 PJ (Petajoule) = 10^{15} Joule Brutto-Energiegehalt

Abb. 21. Produktionsstruktur der Landwirtschaft in der Bundesrepublik Deutschland 1988/89. Neuberechnung nach BMELF 1989 und STAT. JAHRBUCH ELF 1990. Die Methode entspricht jener in HAMPICKE 1983, die Zahlen sind jedoch nicht direkt vergleichbar.
* pflanzliche Nahrungsmittel für inländischen Verbrauch und Export, Rohstoffe für die Industrie und Genußmittel (z. B. Kartoffelstärke, Brauerei, Brennerei).
** inländischer Verbrauch, Export und sonstige Verwendung.

nur begrüßt und wären bei hochwertigem pflanzlichen Ersatz in keiner Weise als »Senkung des Lebensstandards« anzusehen. Es sollte bekannter sein, daß Verzicht auf übermäßigen Fleischkonsum zu den effektivsten Beiträgen für den Naturschutz zählt, die jeder einzelne Konsument leisten kann. Wert- und Geschmackswandel sowie eine Verschiebung der Altersstruktur der Bevölkerung (eventuell geringerer Fleischkonsum älterer Personen) können fühlbare Umorientierungen bewirken. Der vorliegende Raum ist bei weitem zu knapp, um zahlreiche notwendige Relativierungen der genannten Regel zu diskutieren, zu denken ist hier z.B. an die Verwertung des Grünlandes. Die fundamentale Bedeutung des Problems bleibt davon unberührt.
– Die dritte Möglichkeit der Entlastung der Landschaft von Produktionsstreß besteht in einer stärkeren Hinwendung zu Importen*. Solche aus Nicht-EG-Ländern, insbesondere der Dritten Welt, werden jedoch in Naturschutzkreisen mit dem Hinweis auf dort

---

* Theoretisch gehört hierzu auch die Reduzierung der Exporte, ein für Länder wie die Niederlande bedeutender Punkt. Die Agrarexporte der Bundesrepublik sind auf der wertmäßigen Ebene durchaus erheblich (HAASE 1991), da es sich meist um hochveredelte und teure Güter handelt, könnte der Effekt für die pflanzliche Primärproduktion geringfügiger sein. Berechnungen sind nicht bekannt.

mögliche Verschlechterungen der Ernährungslage sowie in der Befürchtung, Anreize zu exportorientierter Intensivierung der Agrarproduktion zu geben und damit neue ökologische Probleme zu schaffen, in der Regel scharf abgelehnt. In Wirklichkeit sind hier keine Pauschalurteile zu fällen, es kommt auf den Einzelfall an. Im übrigen sind auch Standortsverlagerungen innerhalb der EG von Bedeutung. Wegen des hohen Anteils kostenungünstiger Standorte in Deutschland kann eine Senkung des Protektionsgrades (vgl. Kapitel 9.1.4) zu Produktionsaufgaben und höheren Importen führen. Sofern die ökologische Entlastung im Inland nicht von einer vergleichbaren Zusatzbelastung im Ausland begleitet ist, sind derartige Verlagerungen ökologisch zu begrüßen.

– Die vierte Möglichkeit besteht schließlich in der Vermeidung von Überschüssen, was schon unabhängig von ökologischen Zielsetzungen zu fordern ist. Zwei Berechnungen von HAMPICKE (1985a, 1989a) für die Jahre 1983 und 1985 ergaben, daß bei einer am Marktgleichgewicht (mit Außenhandelsschutz) orientierten Produktmenge und unveränderten Durchschnittsleistungen bis zu 9 % der landwirtschaftlich genutzten Fläche der damaligen Bundesrepublik hätten aus der Produktion ausgegliedert werden können. Die Aussagekraft derartiger Rechnungen darf nicht überschätzt werden, da die Überschußlage von Jahr zu Jahr unterschiedlich ist und administrative Zurückdrängungen von Überschüssen, wie seit einigen Jahren im Falle der Milchprodukte, ohne den dauerhaften Entzug der verantwortlichen Produktionskapazitäten eine Gleichgewichtslage vortäuschen können.

Auch umfangreichere Analysen als die vorliegende wären nicht in der Lage, in näherer Zukunft mögliche Produktionseinschränkungen genau zu quantifizieren. Dennoch – werden alle Aspekte realistisch betrachtet, so sollte naturschutzstrategisch im kommenden Jahrzehnt nur ein leichtes bis mäßiges Absinken der inländischen Erzeugungsmenge angenommen werden. Man kann sich immer irren – sollte diese Annahme zu pessimistisch sein, so würden die Chancen für den Naturschutz nur steigen. Es empfiehlt sich jedoch bei allen Prognosen, auf der »sicheren Seite« zu operieren. Sofern es überhaupt vertretbar ist, Zahlen zu nennen, sei für die weiteren Überlegungen eine Marke von 20 % vorgeschlagen. Dies ist eine sehr optimistische Annahme, zumal keineswegs sicher ist, daß der Naturschutz über diese 20 % verfügen könnte; nach gewissen Vorstellungen sollten hier z.B. »nachwachsende Rohstoffe« angebaut werden. Stellen wir uns dennoch vor, daß eine künftige Landwirtschaft entweder bei gleichbleibenden Erträgen 20 % an Fläche freigäbe oder (im anderen Extrem) bei gleichbleibendem Flächenanspruch die durchschnittlichen Erträge um 20 % senken würde oder daß es hier zu Kompromissen käme.* Mit dieser optimistischen Annahme steht zunächst fest, daß eine flächendeckende Rückentwicklung zu den Verhältnissen, welche die ökologische Vielfalt der Agrarlandschaft geschaffen haben, unmöglich ist. Perspektiven, bei denen auf 75 % der heutigen Erzeugung (wie vor 100 Jahren) oder gar auf 90 % (wie noch vor 300 Jahren) zu verzichten wäre, sind ausgeschlossen.

9.3.4 Ökologische Zielsetzungen und Prioritäten

Nach § 1(1) BNatSchG sind »Natur und Landschaft ... so zu schützen, zu pflegen und zu entwickeln, daß die Leistungsfähigkeit des Naturhaushalts, die Nutzungsfähigkeit der Naturgüter, die Pflanzen- und Tierwelt sowie die Vielfalt, Eigenart und Schönheit ... nachhaltig gesichert sind.« Der bisherige Naturschutz vermochte keines dieser Ziele, soweit sie präzisierbar sind, zu erreichen, während ein hypothetisches Naturschutzsystem mit beliebig hohen Ressourcen vielleicht alle gleichzeitig erreichen könnte. Jede Nahorientierung muß jedoch von beschränkten Möglichkeiten des Naturschutzes ausgehen und ist daher gezwungen, innerhalb des Zielbündels Schwerpunkte zu setzen. Für eine ausführliche Diskussion sei auf HAMPICKE (1988) verwiesen; Beispiele für konkrete Naturschutzziele sind:
– gefährdete Arten im Lande zu erhalten,
– zurückgegangene, aber noch ungefährdete Arten wieder häufiger zu machen,
– charakteristische Lebensgemeinschaften und Gefüge zu fördern,
– Boden- und Trinkwasserressourcen zu schonen,
– die Landschaft ästhetisch zu verbessern.

Weitere Ziele ließen sich nennen. Alle sind wichtig, aber welches ist noch wichtiger als ein anderes?

Sich dem Abwägen von Prioritäten zu verweigern, nur (meist in Verbindung mit Allheilmitteln) Maximalforderungen zu stellen und nichts zu erreichen, ist ein falscher Weg. Es ist zu beachten, daß wir im vorliegenden keine Diskussion über Mittel führen (wie ist etwas zu erreichen?), sondern allein Zielsetzungen nach Wichtigkeit ordnen wollen.

Nach der ethisch-ökonomischen Diskussion im Kapitel 5 besitzen

---

* Wenn bevorzugt unterdurchschnittlich produktive Fläche freigesetzt wird, so werden mehr als 20 % der Fläche entbehrlich. Allerdings fordern Naturschutzszenarien, wie z.B. HAMPICKE et al. (1991, näheres in Kapitel 9.5.2), daß auch auf guten Standorten extensiviert oder die Agrarerzeugung aufgegeben wird. Höhere Werte für erwartete Flächenfreisetzungen in der Literatur (z.B. GREFERMANN 1988) kalkulieren dabei weitere Intensitäts- und Produktivitätssteigerungen auf der verbleibenden Fläche ein, was im vorliegenden aus ökologischen Gründen abgelehnt wird.

Zielsetzungen, welche sich an begründeten Ansprüchen späterer Generationen orientieren, den Vorrang vor rein egoistischen Ansprüchen der heutigen Generation. Es ist moralisch verboten, künftigen Menschen nichtsubstituierbare und irreversible Verluste zuzumuten, solange deren Abwendung nicht heutigen Menschen unerträglich und damit ebenfalls unzumutbar ist. Hiernach ist die Behebung reversibler ökologischer Einbußen nicht von erster Priorität – dies könnte z.B. in Gestalt optischer Aspekte des Landschaftsbildes oder Artenrückgänge reversibler Natur und unterhalb von definierten Gefährdungsschwellen zu konkretisieren sein. Abiotische und komplexe Landschaftsressourcen, wie Boden- und Trinkwasservorräte, können dagegen durchaus irreversibel geschädigt werden.

Bezüglich gefährdeter Arten ist ein Urteil nach diesen Maßstäben unzweifelhaft klar, wenn es sich um eine globale Gefährdung handelt, eine Sippe also bei Vernichtung in der Bundesrepublik Deutschland vom gesamten Planeten Erde verschwindet. Ist Art- oder Unterartrang das Kriterium, so betrifft dies bei Pflanzen 23 Taxa (Bundesrepublik Deutschland bis zum 3. 10. 1990, vgl. KORNECK & SUKOPP 1988 : 42 ff. und PLACHTER 1991 : 280) sowie eine unbekannte Zahl von Tierarten. Auf unteren taxonomischen Ebenen dürfte der Endemismus eine erheblich größere Rolle spielen, dennoch ist bei der Mehrzahl der in der Bundesrepublik gefährdeten Pflanzen- und Tierarten der Einwand zu diskutieren, daß es diese Arten auch außerhalb des Landes, vielfach sogar in großen und noch ungefährdeten Populationen gibt, wie etwa im Mittelmeergebiet. Hierzu in Stichworten:

– In- und ausländische Vorkommen sind genetisch oft nicht identisch. Rand- und isolierte Vorkommen in Mitteleuropa können aus evolutionsgenetischen Gründen gerade deshalb besonders schutzwürdig sein, z.B. mit Blick auf künftige Anpassungserfordernisse etwa auf Grund klimatischer Wandlungen. Die vor über 5000 Jahren mit dem Getreideanbau nach Mitteleuropa eingeführten Adonisröschen (*Adonis aestivalis* und *A. flammea*) haben sich, wenn auch noch nicht äußerlich erkennbar, vermutlich schon etwas von ihren Ahnen in Kleinasien fortentwickelt.

– Nach den Ausführungen zur Kollektivgüterproblematik in den Kapiteln 4.6 und 5.2.1 dürfte das Argument, andere Länder sollen eine Art erhalten, weil sie auch bei ihnen vorkommt, in hinreichendem Maße suspekt sein, da seine Verallgemeinerung darin besteht, daß jedes Land die Verantwortung auf andere abschiebt und die Art am Ende überall ausstirbt. Nur wenn ein absolut sicherer Verlaß auf den Erhalt in anderen Ländern besteht, könnte auf dieses Argument (abgesehen von den anderen hier vorgetragenen Punkten) eingegangen werden.

- Im Inland gefährdete Arten sind oft die mit den höchsten Biotopansprüchen; ihr Schutz als »Zielarten« (MÜHLENBERG 1989 : 193 ff.) hat den Schutz zahlreicher anderer in den betreffenden Biotopen zur Folge.
- Bei besonders seltenen und gefährdeten Arten besteht oft ein hohes Interesse von Seiten der Naturliebhaber, zum Erhalt beizutragen und auch Kosten aufzuwenden.
- Die Kosten des Erhalts gefährdeter Arten sind in der Bundesrepublik häufig niedrig, jedenfalls nicht höher als in anderen Ländern (was theoretisch eine internationale Arbeitsteilung, wenn sie funktionieren sollte, rechtfertigte).

Die genannten Punkte lassen in ihrer Gesamtheit keinen anderen Schluß zu als den, daß, von begründeten Ausnahmen abgesehen, der Erhalt aller gefährdeten Arten in lebensfähigen Populationen in einem sinnvoll definierten Bezugsraum die oberste Priorität im Naturschutz besitzen sollte. Die Wahl des Bezugsraums ist gewiß ein schwieriges Problem; gegen eine politisch definierte Einheit wie die Bundesrepublik Deutschland können hier zahlreiche Einwände erhoben werden. Künftige Diskussionen mögen zu besseren Abgrenzungen führen. Es ist jedoch unabhängig hiervon keine Rechtfertigung dafür zu erkennen, von der entwickelten Zielsetzung vorschnell abzugehen, gefährdete Arten sozusagen zu »opfern« und die Ressourcen des Naturschutzes woanders zu allozieren, wie es oft zu beobachten ist; einige Beispiele sind in Kapitel 7.1.5 genannt worden. Richtig ist, von kostspieligen Rettungsmaßnahmen für gefährdete Arten abzusehen, wenn sie keinen Erfolg mehr versprechen und daher Fehlinvestitionen sind; dies ist jedoch kein gültiges Argument gegen die hier entwickelte Prioritätenregel. Wenn Maßnahmen aussichtsreich sind, müssen sie auf gefährdete Arten konzentriert werden.

9.3.5 Ökologische Leitbilder I: Wildnis oder Kulturlandschaft?

Bisher wurden – nicht ohne einen Rest von Willkür, aber so stringent wie möglich – zwei Dinge abgeklärt. Erstens: Der »Freiraum« für den Naturschutz ist auch in optimistischer Sicht begrenzt, frühere Verhältnisse lassen sich nicht flächendeckend wiederherstellen, und zweitens: Maßnahmen sollen sich auf die Arten konzentrieren, die es am nötigsten haben. Nun gehen wir zur Auswahl der Maßnahmen über, wobei zunächst eine interessante, aktuelle Diskussion um Leitbilder im Naturschutz gestreift werden muß.

Wildnis«: Von verschiedenen Autoren wird empfohlen, Naturschutz künftig bevorzugt in der Weise zu betreiben, daß größere Flächen sichergestellt und von jedweder Nutzung oder Pflege ausgenommen werden (OBERMANN 1991). Sie sollen sich ungelenkt in natürlicher Sukzession entwickeln. Die ökologische Begründung lautet, daß hiermit das jeweils originäre standörtliche *Potential* eines mitteleuropäischen Landschaftsausschnitts sowie seine *Sukzessionsdynamik* voll zur Entfaltung kommen, wie dies in land- und forstwirtschaftlicher Nutzung und auch bei einer konservierenden Pflege nicht möglich sei. Ökonomisch wird darauf hingewiesen, daß über die Flächennutzungskosten hinaus keine weiteren Kosten, insbesondere für die Biotoppflege und -entwicklung auftreten. Kulturhistorisch wird schließlich geltend gemacht, daß das sogleich anzusprechende Alternativleitbild der vorindustriellen Kulturlandschaft in zu starkem Maße museale oder gar nostalgische Züge zeige, daß mit ihm einem willkürlichen Geschmacksideal gefolgt werde. Die Vergangenheit sei nun einmal nicht zu konservieren.

»Kulturlandschaft«: Hier wird unter Inkaufnahme zusätzlicher Kosten der extensiven landwirtschaftlichen Nutzung der Vorzug gegeben. Begründungen sind der außerordentliche Artenreichtum extensiver Offenlandbiotope und die positive emotionale Ansprache dieses Landschaftstyps in weiten Bevölkerungskreisen, was ein gezieltes Aufhalten der Sukzession rechtfertige.

Vergleich: Im Vergleich zum Status quo würden beide Konzepte, in hinreichendem Umfang verfolgt, zu einer starken Verbesserung der Lebensumstände zahlreicher Arten führen. In gewissem Umfang sind auch beide zu realisieren, ein dogmatisches »Entweder-oder« ist abzulehnen. Aus dem Fundamentalziel, irreversible Artenverluste mit erster Priorität abzuwenden, ist jedoch eine Präferenz für das Konzept »Kulturlandschaft« abzuleiten, ihm sollte eine größere flächenmäßige Bedeutung zukommen als der Wildnis. Dieses Votum ist, wie hervorgehoben werden muß, nicht kulturell oder gar nostalgisch begründet. Entscheidend ist, daß die Primärstandorte der gefährdeten Arten, wie natürliche Moore u.a., meist irreversibel vernichtet und damit die kulturbetonten Sekundärstandorte in weiten Gebieten die einzigen Lebensräume für diese Arten sind. Ein sehr großer Teil gefährdeter Arten hängt damit von den extensiv bewirtschafteten Offenlandbiotopen ab und geht bei Gewährenlassen der Sukzession verloren. Wenn nichts so wichtig ist, wie die Arten überhaupt zu erhalten, so müssen selbst dem (nicht unbedingt zu teilenden) Nostalgieverdacht ausgesetzte Maßnahmen ergriffen werden. Ergänzende Argumente sind:

– Die Präferenz weiter Bevölkerungskreise für die traditionelle Kulturlandschaft ist ein Faktum, an dem bei hinreichender Zahlungsbereitschaft nicht ohne zwingende Gründe vorbeigegangen werden darf.

– Die ökonomische Überlegenheit der »Wildnis« wäre nur dann gegeben, wenn der Faktoreinsatz zur Pflege der Kulturlandschaft

umfangreich wäre und wenn die Faktoren hohe Opportunitätskosten verursachten, wenn die Pflege tatsächlich ». . . langfristig kaum noch finanzierbare Dimensionen annimmt.« (SCHERZINGER 1991 : 25). Das ist nicht der Fall, vgl. Kapitel 9.5.2.
- Bei den späteren Sukzessionsstadien der dem Konzept »Wildnis« gewidmeten Flächen handelt es sich weit überwiegend um Wald, dessen umfassender Naturschutz, wie in Kapitel 8.1 ausgeführt, ohnehin eine (wie gezeigt, ökonomisch leicht erfüllbare) Aufgabe der Forstwirtschaft ist. Soweit Sukzessionsflächen und ungestörte Spätstadien zu gewährleisten sind, sollte dies bevorzugt auf oder im Kontakt mit Forstflächen sowie auf sonstigen (z.B. Ruderal-) Standorten erfolgen und brauchte nicht zum Verlust wertvoller Offenlandbiotope zu führen.

Für das folgende setzen wir voraus, daß Naturschutz außerhalb des Waldes nicht ausschließlich, jedoch in hohem Maße in historischen landwirtschaftlichen Extensivbiotopen mittelalterlichen und vorindustriell-bäuerlichen Typs (vgl. Kapitel 9.2.1) zu betreiben ist.

9.3.6 Ökologische Leitbilder II: Integration oder Segregation?

Nach den bisherigen Weichenstellungen muß die Frage entschieden werden, ob Naturschutzmaßnahmen breit gestreut oder gar flächendeckend erfolgen oder sich zunächst auf bestimmte, möglichst wertvolle Gebiete konzentrieren sollen. Diese Frage führt sofort in ideologische Kontroversen, die mit den Schlagwörtern »*Integration*« versus »*Segregation*« zu umschreiben sind. Den »Segregationisten«, welche den Naturschutz auf bestimmte Gebiete konzentrieren, ihn dort aber besonders intensiv betreiben wollen, wird oft eine Komplizenschaft mit den die Hyperintensivierung der Landwirtschaft favorisierenden Interessen unterstellt. Es heißt, man dulde auf 90 % der Fläche alle Exzesse an Chemie und Strukturausräumung, um sich in den restlichen 10 %, den »Ghettos« oder »Alibiflächen«, dem elitären Orchideen- und Schmetterlingsschutz alter Schule hinzugeben.

Wir wollen in dieser Kontroverse nicht ideologisch Stellung nehmen, sondern versuchen, auf der Basis der bisher analysierten Ziele und Beschränkungen und auf logisch-deduktiven Wegen zu einem Ergebnis zu gelangen. Unzweifelhaft klar ist, daß eine flächendeckende Wiederherstellung ökologischer Vielfalt in höchstem Maße erwünscht und ohne Einschränkung zu realisieren wäre, wenn dem keine unüberwindlichen Hindernisse entgegenstünden. Ebenso klar ist, daß auch aus anderen Gründen als dem Artenschutz – zugunsten der Integrität von Böden, Grund- und Oberflächengewässern sowie der Entlastung des Menschen von chemischen Stressfaktoren – eine gewisse flächendeckende Rücknahme überhöhter Intensität der

Bewirtschaftung zwingend geboten ist und wohl auch notfalls auf dem Wege administrativer Verordnung (z.b. bei der Einrichtung von Wasserschutzgebieten) Platz greifen wird. Wenn sich die Ziele des Arten- und Biotopschutzes ebenfalls mit einer mäßigen Extensivierung, insbesondere der Brechung heute regional vorherrschender, unvernünftiger Intensitätsspitzen, erreichen ließen, so wäre im Einklang mit der nahezu einhelligen öffentlichen Meinung (insbesondere den Forderungen von Naturschutzverbänden) für den »Naturschutz auf 100 % der Fläche«, d.h. den Weg der Integration zu plädieren.

Dem stehen jedoch die oben analysierten ökologischen Fakten sowie die aus höherrangigen ethischen Verpflichtungen deduzierten Ziele entgegen. Die Mehrzahl der gefährdeten Pflanzen- und Tierarten läßt sich nicht durch mäßige, sondern allein durch *radikale* Extensivierung wirksam schützen. Die Extensivierung muß bis zu einem Niveau vorangetrieben werden, welches nicht nur weit außerhalb jeder heutigen (konventionellen *und* alternativ-organischen) betrieblichen Rentabilitätsgrenzen angesiedelt ist, sondern auch, im ganzen Lande praktiziert, zu einer quantitativen Ertragsminderung solchen Ausmaßes führte, daß heutige Ansprüche an die Güterversorgung bei weitem verfehlt würden. Der Konflikt zwischen hohen Extensivierungsansprüchen zahlreicher Arten und begrenzten Extensivierungsmöglichkeiten auf gesamtwirtschaftlicher Ebene erzwingt die unpopuläre und dem »*Common Sense*« innerhalb der Naturschutzszene widersprechende Option, durchgreifende Arten- und Biotopschutzmaßnahmen räumlich zu konzentrieren.

Selbstverständlich muß keine Leserin und kein Leser diese Schlußfolgerung unbedingt akzeptieren, es muß nur akzeptiert werden, daß sie folgerichtig aus Prämissen abgeleitet ist. Widersprechende Naturschutzstrategien müssen ebenso stringent begründet werden, wobei bis zur Revision der Prämissen zurückgeschritten werden muß. Da sich ökologische Fakten, wie insbesondere die Biotopansprüche von Arten, nicht ändern lassen, bleibt nur eine Revision der Zielsetzungen. Ist man bereit, auf die Präsenz von Arten, welche nur bei sehr niedriger Intensität Überlebenschancen besitzen, zu verzichten, so kann eine mäßige, aber breit gestreute flächendeckende Extensivierung die richtige Strategie sein. Dies impliziert entweder, den Verlust von Arten auf der gesamten Erde zu billigen (womit zu rechnen ist, wenn alle anderen Länder auch so handeln), oder, von genetischen und chorologischen Details einmal abgesehen, auf den Erhalt dieser Arten außerhalb des Betrachtungsgebietes zu vertrauen. Die erste Implikation widerspricht dem im »Pflichtniveau« bzw. dem »Safe Minimum Standard« (Kapitel 5.2 bis 5.4) konkretisierten ethischen Grundkonsens, hinsichtlich der zweiten sind oben gravierende Zweifel angemeldet· worden.

Leider verbietet der knappe Raum, die These von der notwendigen radikalen Extensivierung zugunsten des Naturschutzes durch Einzelbeispiele zu belegen, die sich in großer Zahl finden. Das Gesamtbild ist nur allzu plausibel: Wenn landwirtschaftliche Methoden, deren Flächenleistungen um mindestens 75 % unter der heutigen lagen, die Artenfülle in der Agrarlandschaft hervorgebracht und über Jahrhunderte erhalten haben, so kann nicht damit gerechnet werden, diese Fülle durch einen Leistungsverzicht um 20 % wiederzugewinnen. Die Abbildung 22 beschreibt die Verhältnisse beim Grünland: Wird ein Maisacker mit einem Ertrag von 6 000 kStE/ha oder noch erheblich mehr in Intensivgrünland zurückverwandelt, womit zwar wesentliche landeskulturelle Vorteile verbunden sind (Erosions- und Grundwasserschutz), aber wegen der hohen Intensität des Grünlandes bei 3 000 bis 4 000 kStE/ha keine seltenen Arten gefördert werden, so muß schon auf 50 % des Ertrages verzichtet werden. Ökologisch wird es erst interessant bei (früher als intensiv betrachteten) herkömmlichen Mähwiesen mit 1 500 kStE/ha, das sind 25 % des Maisackers.

Die sehr erheblichen futterwirtschaftlichen und monetären Einbußen bei einer ökologischen Aufwertung des Grünlandes sind inzwischen in der betriebswirtschaftlichen Literatur eingehend diskutiert worden (vgl. z.B. KÜHLBAUCH et al. 1987, MÜLLER et al. 1987). Wird Grünland soweit extensiviert, wie es vom Naturschutz gefordert werden muß, so verlieren Landwirte leicht das Interesse der Weiterbewirtschaftung und bieten die Flächen zum Verkauf an – natürlich zum Preis ertragreichen Grünlandes (MÄHRLEIN 1990, 180 ff.). Für den Schutz von Tieren gilt gleiches; DIERSSEN (1989) berichtet, daß leichte Extensivierungen in Schleswig-Holstein, bei denen nur Bestelltermine einzuhalten waren, hohe Düngung und Ernten jedoch erlaubt blieben, zwar Bruterfolge bei Wiesenvögeln ermöglichten, jedoch schlechte Aufzuchterfolge, weil die Jungtiere offenbar das Mikroklima des üppigen Graswuchses nicht ertrugen. THUST & REINHARDT (1990) belegen die überragende Bedeutung mageren Grünlandes und der damit verbundenen Säume für Tagfalter. Zahlreiche weitere Beispiele ließen sich nennen – mit einem Satz: Bei der Extensivierung darf nicht »gekleckert«, sondern muß »geklotzt« werden.

Die Abbildung 23 verdeutlicht das Dilemma des Naturschutzes in der Agrarlandschaft: Wird der Extensivierungsspielraum von 20 % »mit der Gießkanne« verteilt (a), so werden nirgendwo Bedingungen für anspruchsvolle Arten geschaffen, sie verschwinden überall. Wird der Spielraum dagegen selektiv genutzt (b), so ist es möglich, Bedingungen für anspruchsvolle Arten wenigstens in gewissen Gebieten zu schaffen. Wer diese Option als »Ghetto-Lösung« verwirft, muß sich fragen lassen, ob es denn besser sein soll, nicht einmal diese »Ghettos« zu erhalten. Im übrigen kamen natürlich auch früher

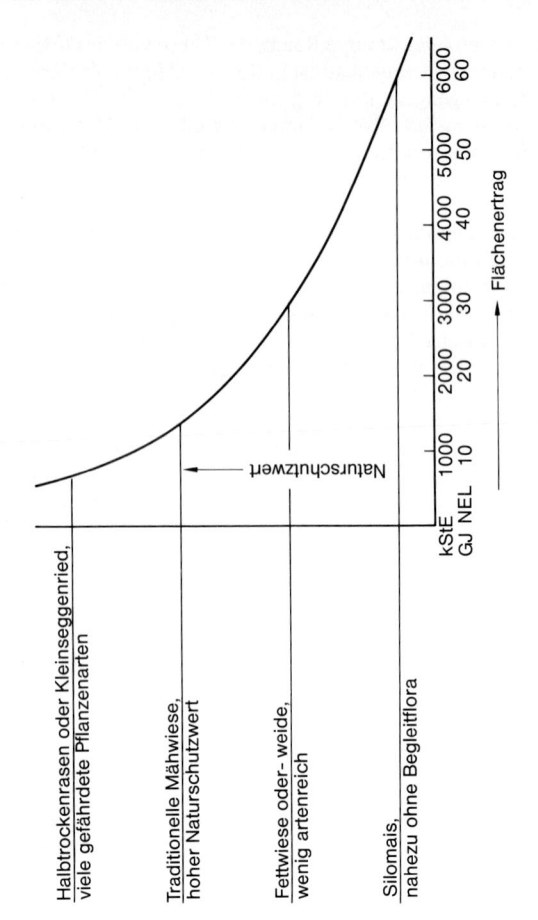

Abb. 22. Zusammenhang zwischen Flächenertrag und Naturschutzwert beim Rauhfutterbau.
Quelle: HAMPICKE 1988, Abb. 3, p. 14. kStE (Kilo-Stärkeeinheit, in der Rindermast gültig) und GJ NEL (Gigajoule Nettoenergie Laktation in der Milchkuhfütterung) sind Nettoenergiemaße, die auch den Wert des Futters berücksichtigen. Bei gleichem Brennwert enthält 1 kg gutes Heu mehr kStE bzw. GJ NEL als 1 kg schlechtes Heu.

anspruchsvolle Arten nicht überall vor. Ein Problem besteht darin, daß die Brechung der Spitzenintensität in weiten Gebieten auch aus anderen Gründen als dem Artenschutz unabweisbar ist, so daß praktisch eine Lösung wie in (c) in Frage kommen muß. Bei dieser

»generelle(n) Herabsetzung der Intensität unter gleichzeitiger Segregation von ausschließlich dem Naturschutz vorbehaltenen Flächen« (KLÖTZLI 1991 : 41) ist jedoch der Spielraum von 20 % (wenn er nicht schon zu optimistisch geschätzt ist) sehr schnell ausgeschöpft, was die Notwendigkeit eines ökonomischen Umgangs mit ihm und eine klare Prioritätensetzung nur unterstreicht.

Wird der Argumentation bis hierher gefolgt, so muß als nächstes über die »Fein- oder Grobkörnigkeit« der räumlichen Differenzierung entschieden werden. Es kann entweder für zahlreiche kleine oder relativ wenige große Gebiete plädiert werden, in denen die Intensität radikal gesenkt wird. In diesem Zusammenhang schlägt HAMPICKE (1988) vor, zwischen den Begriffen »Kombination«, »Vernetzung« und »Segregation« zu unterscheiden (vgl. Abbildung 24). Bei ersterer werden auf ein- und derselben Fläche Artenschutz- und landwirtschaftliche Produktionsziele verfolgt, etwa bei artenreichem, jedoch immer noch gut verfütterbaren Aufwuchs hervorbringendem Grünland. Bei der zweiten werden in die Produktionslandschaft

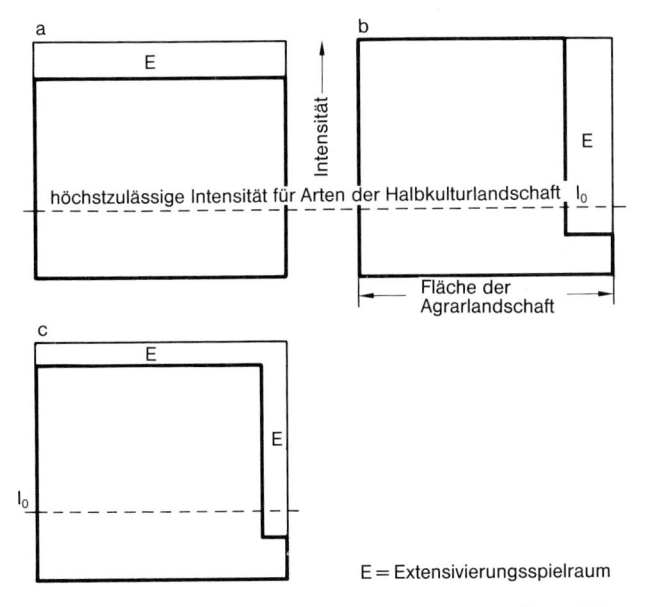

Abb. 23. Möglichkeiten der Umsetzung eines 20 %igen Extensivierungsspielraumes in der Agrarlandschaft.
Quelle: HAMPICKE 1988, Abb. 11, p. 25, verändert; dort sind auch weitere Differenzierungen zu finden.

```
┌─────────────────────────────┬─────────────────────────────┐
│ ┌───────────────┬─────────┐ │                             │
│ │ Naturschutz   │Naturschutz- und │ Naturschutz- und       │
│ │ und Landwirt- │Produktions-    │ Produktionsflächen      │
│ │ schaft auf    │flächen getrennt│ räumlich getrennt,      │
│ │ einer Fläche  │aber eng neben- │ evtl. durch Pufferzonen │
│ │               │einander        │ abgeschirmt, Naturschutz-│
│ │               │                │ flächen arrondiert      │
│ └───────────────┴─────────┘ │                             │
│        Integration          │        Segregation          │
└─────────────────────────────┴─────────────────────────────┘
```

Abb. 24. Kombination, Vernetzung und Segregation. Quelle: HAMPICKE 1988, Abb. 7, p. 17.

kleinflächige, oft linienförmige Strukturen mit Naturschutzfunktionen eingegliedert, wie Raine, Hecken, Triften usw. (hierzu ausführlich: JEDICKE 1990, RÖSER 1988), während das letztgenannte Konzept auf eine großräumigere Entmischung von Zonen relativ hoher und sehr niedriger Produktionsleistung hinausläuft. Ohne die zahlreichen Meriten der »Kombination« und »Vernetzung« für den Naturschutz zu schmälern, wird in der erwähnten Arbeit ausführlich begründet, daß ein wirksamer Arten- und Biotopschutz ohne eine entschiedene Förderung der Komponente »Segregation« nicht erfolgreich sein kann – wie es RINGLER (1987) treffend ausdrückt: »Garantie gibt es nur für größere Portionen.« Die Begründungen hierfür lauten in Stichworten:

- Sind die zu schützenden Arten nicht überregional mobil, so müssen die Extensivlandschaften mindestens so groß sein, um auch bei weniger häufigen Arten hinreichend große Populationen zu beherbergen. Nach der Theorie der Biogeographie der Inseln sind zu kleine Populationen aus statistischen und genetischen Gründen auf die Dauer chancenlos (FRANKEL & SOULÉ 1981).
- Insbesondere für zahlreiche Tierarten müssen unterschiedliche Landschaftskomponenten (für Jagd-, Brut-, Rückzugsansprüche u.a.) in räumlicher Vernetzung angeboten werden. Auch wird der Raumbedarf selbst kleiner Tierarten häufig unterschätzt.
- Zahlreiche seltene Pflanzenarten benötigen als Lebensgrundlage ganz spezielle, mit dem bloßen Auge oft schwer erkenntliche Standortsbedingungen, wie Gradienten zwischen feucht und naß, sonnig und schattig u.a. (WESTHOFF et al. 1970). Diese sind weder »planbar« noch künstlich herstellbar, sondern bilden sich nach statistischen Gesetzen spontan heraus, wenn größere, zusammenhängende Gebiete in schwach vom Menschen beinflußten Zustand verbleiben, so daß der »Zufall« walten kann.
- Gewisse Landschaftselemente, wie z.B. natürliche Fließgewässer

mit Überschwemmungsgebieten beanspruchen zur vollen Entwicklung erhebliche Flächenumfänge und lassen sich keineswegs in Lücken oder »Restflächen« inmitten einer intensiv genutzten Landschaft einzwängen.
- Extensive Agrar- und Halbkulturlandschaften werden zwar als ganze an der Entwicklung zum geschlossenen Wald gehindert, jedoch laufen in ihnen zahlreiche räumlich detaillierte »*Mikrosukzessionen*« ab. Der dem Konzept der »Wildnis« zugrundeliegenden, berechtigten Forderung nach Dynamik (SCHERZINGER 1991, vgl. auch Kapitel 9.3.5) wird also auch hier entsprochen. Wie das bekannte Massenvorkommen von Fingerhut (*Digitalis purpurea*) auf Kahlschlägen demonstriert, benötigen Arten oft (auch weitaus schwieriger erkenntliche) kurzfristige Sukzessions- und Übergangszustände, um danach an anderen Stellen zu erscheinen. Diese »Mikrosukzessionen« sind oft ebenfalls unplanbar, mit ihrem Auftreten ist vielmehr nur in zusammenhängenden, schwach beeinflußten Landschaften zu rechnen.
- Extensivlandschaften sollen auch dem menschlichen Erleben offenstehen und (von Ausnahmen, wie Mooren abgesehen) eine Mindestbelastbarkeit, etwa gegen Betreten u.a. aufweisen. Belastungen, von spielenden Kindern bis zu den in Kapitel 8.2 skizzierten Freizeitaktivitäten, sind in den angemessenen Grenzen um so eher zu tolerieren, je mehr »Redundanz« in die artenreichen Biotope eingebaut ist. Gibt es viele Frösche, so können Kinder auch Laich sammeln, um seine Entwicklung zu verfolgen. Auch Konflikte zwischen verschiedenen Naturschutzzielen (Kurzhalten eines Magerrasens für die Bläulinge oder Sukzession zu Schlehengebüsch für die Neuntöter?) sind ein Krankheitssymptom der eingetretenen extremen ökologischen Knappheit und ließen sich in einer gewissen Überflußsituation, bedingt durch räumliche Großzügigkeit, leicht schlichten.
- Selbst wenn die bis hierher genannten Gründe nicht in jedem Einzelfall überzeugen sollten, würde die heute unverzichtbare Pufferfunktion schon für sich allein hinreichen, um größere, zusammenhängende ökologisch wertvolle Gebiete zu fordern. Die letzteren müssen immer soweit möglich von Pestizideinflüssen freigehalten und in den meisten Fällen in nährstoffarmem Zustand erhalten bleiben. Da Pestizide und insbesondere Stickstoff räumlich sehr mobil sind und an der dauerhaften Aufrechterhaltbarkeit steiler räumlicher Gradienten nur gezweifelt werden kann, müssen sich Naturschutz und (in erster Linie die konventionelle, in abgeschwächter Form jedoch auch die organisch-alternative) Landwirtschaft etwas aus dem Wege gehen, es ist auf das Prinzip »Ausweichen« (»*Avoidance*«) oder »Distanz« zu vertrauen. Das Prinzip ist

heute so universell gültig, daß es fragwürdig erscheint, Fälle zu nennen, bei denen es in noch gesteigertem Maße erforderlich erscheint. Mit dieser Einschränkung können Biotope genannt werden, in denen das Prinzip »Bewegung« bedeutungsvoll ist; es ist z.b. ausgeschlossen, ein Fließgewässer auf kurzen Strecken in hoher Qualität zu erhalten und die Verhältnisse im Oberlauf zu ignorieren. Ferner gibt es eine große Anzahl wertvoller kleinflächiger bis punktueller Biotope, für welche es Überlebens- oder Wiederentwicklungschancen ausschließlich inmitten einer nährstoffarmen Extensiv-»Matrix« in Form von Grünland, Sukzessionsflächen oder Wald gibt. Dies gilt schon für kleine Feuchtstellen in Grünland oder Acker, erst recht kann kein Toteisloch im Alpenvorland und kein Heideweiher in Norddeutschland inmitten eines Maisfeldes überdauern.

9.3.7 Zusammenfassung und Folgerungen

Unter dem Gesichtspunkt des Arten- und Biotopschutzes ist eine Reform der hyperintensivierten Landwirtschaft in Mitteleuropa nach einem strategischen Gesamtkonzept zu entwerfen, in welchem, ausgehend von vereinbarten Zielen und auf absehbare Zeit nicht zu ändernden Rahmenbedingungen, die erforderlichen Maßnahmen logisch-deduktiv abgeleitet werden. Die fundamentale Einschränkung für den Naturschutz besteht in fortbestehenden hohen Anforderungen an die Quantität der pflanzlichen Agrarproduktion, welche eine flächendeckende Extensivierung bis zu dem Grad, welchen die meisten gefährdeten Arten verlangen, ausschließt. Flächendeckend könnte nur mäßig extensiviert werden, was zwar ökologisch höchst willkommen wäre, ohne zusätzliche Maßnahmen jedoch den gefährdeten Arten noch keine Überlebenschance eröffnete. Die Zielanalyse liefert keine überzeugenden Begründungen für die Option, auf einen großen Teil der gefährdeten Arten in der Hoffnung, daß sie woanders geschützt werden, im Inland zu verzichten und sich mit dem Erhalt der weniger anspruchsvollen und schon bei mäßiger Extensivierung lebensfähigen Arten zu begnügen. Vielmehr ist bis zum Beweis der Unmöglichkeit der Erhalt aller Arten in lebensfähigen Populationen anzustreben. Diese Kombination von Zielsetzung und Rahmenbedingung erzwingt eine deutliche *Entmischung* der Landschaftsfunktionen und Schwerpunktsetzungen in Regionen, die vorrangig der landwirtschaftlichen Erzeugung oder dem Erhalt anspruchsvoller Arten dienen. Unter den vielfach diskutierten Leitbildern »Wildnis/ Sukzession« und »vorindustrielle Kulturlandschaft« muß der letzteren deshalb Priorität eingeräumt werden, weil der Fortbestand zahlreicher gefährdeter Arten nur in ihren Biotopen möglich ist. In der

Frage, ob »viele kleine« oder »wenige große« Extensivbiotope einzurichten sind, ist eine Antwort zugunsten der zweiten Alternative zu geben, weil mehrere für den Artenerhalt unabdingliche Biotopfunktionen, an erster Stelle die Pufferung externer Schadeinflüsse, zwingend an räumliche Großzügigkeit gebunden sind. Diesem Resümée sind noch einige, teils schon angesprochene, teils neu hinzukommende Aspekte anzufügen:

- Die abgeleiteten Prioritäten stellen grobe *Orientierungsmarken* dar und schließen keineswegs zahlreiche Einzelfälle aus, bei denen ein widersprechender Umstand (Schützbarkeit einer gefährdeten Art inmitten intensiver Agrarproduktion) beobachtet wird oder eine genau entgegengesetzte Empfehlung (z.B. kleinräumige Mischung von Biotopen) zu geben ist.
- Es wird kein Plädoyer dafür abgegeben, außerhalb der ökologisch besonders wertvollen Regionen jede *Hyperintensivierung* zu tolerieren. Im Gegenteil sind auch dort alle Möglichkeiten des Naturschutzes zu nutzen.
- Wie großräumig die anzustrebende Entmischung ist, ist auch eine Frage des *Maßstabs* der Landkarte. Die Entmischung ist nicht soweit zu treiben, daß größere Regionen hinsichtlich des Arten- und Biotopschutzes »abgeschrieben« werden, vielmehr wird es bundesweit gesehen in allen Landesteilen ökologische Vorranggebiete geben. Im übrigen muß die räumliche Planung dort ansetzen, wo noch Restbestände wertvoller Biotope vorhanden sind.
- Die Fragen nach der *Rückentwickelbarkeit* (z.B. Aushagerung gedüngten Grünlandes, Wiederauftauchen von seltenen Arten) und des Zeitbedarfes sind nicht Gegenstand des vorliegenden Buches; die Diskussion ist im vollen Gange. Sind pessimistische Urteile auch leider oft berechtigt, so können sie manchmal jedoch auch als Symptome für einen Mangel an Geduld interpretiert werden. Es ist nicht zu erwarten, in wenigen Jahren jahrzehntelange massive Fehlentwicklungen korrigieren zu können. Auch in der Ökologie heilt die Zeit Wunden. Wie oben mehrfach betont, kommt dem Erhalt der noch vorhandenen Reste eine unüberschätzbare Bedeutung als Keimzellen der Wiederausbreitung zu.
- Das Prinzip der räumlichen Differenzierung ist nur sinnvoll, wenn es, wie schon in der Einleitung (Kapitel 1) erwähnt, gelingt, Nährstoffarmut in Teilen der Landschaft entgegen großregionalen und globalen *Luftverschmutzungstendenzen* aufrechtzuerhalten (hierzu ELLENBERG Jun. 1989).
- Kulturhistorische und ästhetische Fragen, insbesondere der Vorwurf der »Nostalgie« an das Primat der vorindustriellen Kulturlandschaft, bedürfen weiterer systematischer Diskussion; der gegenwärtige Stand erschöpft sich oft in Polemik.

- Die konsequente Abstufung der Intensität der Landnutzung erzwingt Wandlungen des landwirtschaftlichen Berufsbildes. In Regionen, wo auf relativ großen Flächen die quantitative Erzeugung von Agrarprodukten sehr deutlich zurücktritt, muß sich dies auch in den Zielsetzungen der bewirtschaftenden Betriebe niederschlagen. Die herkömmliche Produkterzeugung kann ihnen dort keine Existenz bieten.* Die Betriebe müssen zu der Überzeugung gelangen, daß die Bereitstellung der Kollektivgüter »Landschaftspflege« und »ökologische Qualität« nicht weniger verdienstvoll als herkömmliche landwirtschaftliche Zielsetzungen ist und sich dieser Aufgabe stellen, ohne sich gegenüber den in stärkerem Maße Güter erzeugenden Landwirten zurückgesetzt zu fühlen.

9.4 Betriebswirtschaftliche Aspekte

9.4.1 Entgelt für den Naturschutz – ja oder nein?

Wie in den Kapiteln 4.5 und 7.2.1 bereits analysiert, beruht jede Entscheidung darüber, wer für Naturschutzmaßnahmen bezahlen soll – insbesondere, ob Landwirte oder Nicht-Landwirte heranzuziehen sind –, auf einem Werturteil. Zwar begründen sich Werturteile systematisch allein durch Rekurs auf höherrangige Werturteile, wie Auffassungen über Gut und Böse, Würde, Pflichten, Gerechtigkeit usw., dennoch spielen die empirischen Gegebenheiten eine große Rolle dabei mit, zu welchen Werturteilen sich ein vernünftiger Beobachter in einer konkreten Situation durchringen kann. Aus diesem Grunde sind die ökonomischen Rahmenbedingungen der Landwirtschaft im Kapitel 9.1 ausführlich dargelegt worden.

Dort wurde deutlich, daß das Einkommen des landwirtschaftlichen Sektors hinsichtlich Höhe und Struktur durch ein kaum entwirrbares Geflecht von Preisfestsetzungen, Subventionen, Steuerverzichten u.a. determiniert und damit als fast in vollständigem Maße künstlich herbeigeführt anzusehen ist. Die volkswirtschaftlichen Kosten, einschließlich der Verwaltung von Überschüssen, wurde ebenfalls deutlich. Die fortwährend auf Hochtouren laufende politische »Einkommenspumpe« kann dennoch nicht verhindern, daß Teile der dort beschäftigten Menschen über ein vergleichsweise niedriges Einkommen verfügen. Zahlreiche Landwirte verstehen die Welt nicht: Nicht ohne Recht fühlen sie sich als Garanten des Wohlstandes, denn essen muß jeder. Sie lernten in ihrer Ausbildung, daß ihre Methoden

---

* Dies wäre selbst bei extrem hohen Produktpreisen, wie sie von der Agraropposition vorgeschlagen werden, nicht möglich.

ökologisch einwandfrei wären und daß sie sich keine unqualifizierten Angriffe gefallen lassen sollten. Sie arbeiten mehr als die meisten anderen Menschen, verdienen weniger und werden dabei noch als Kostgänger staatlicher Subventionen bezeichnet. Im politischen Umfeld sieht es nicht besser aus: Funktionäre klopfen Parolen, Agrarpolitiker und wissenschaftliche Berater reden aneinander vorbei, eine überhebliche Fundamentalkritik aus der Alternativszene feiert das (angeblich) herrliche Landleben früherer Zeiten und verspricht goldene Berge, wenn man nur ihr folge. Kurzum, der Naturschutz betrit eine Bühne, auf der die Atmosphäre – nicht nur ökonomisch, sondern auch psychologisch – weithin verdorben ist, jeder sieht im anderen einen Feind. Es ist müßig, Schuldige zu suchen, auch Politiker sind nur Menschen. Wahrscheinlich sind alle Beteiligten durch die überstürzte Umwälzung des Agrarwesens in den letzten Jahrzehnten überfordert worden.

Der Rat von Sachverständigen für Umweltfragen (RSU 1985 : 313), SCHEELE & ISERMEYER (1989) sowie zahlreiche weitere Autoren heben mit Recht hervor, daß u.a. schon auf Grund der Sozialpflichtigkeit des Eigentums nach Artikel 14 GG eine Mitbeteiligung der Landwirtschaft an der Übernahme der Kosten für eine größere Rücksichtnahme auf die Natur geboten ist. Auch einer benachteiligten Gruppe können nicht Verfügungsrechte über ihre Produktionsmittel, insbesondere Flächen, ohne die geringsten Einschränkungen zu Gunsten des Arten- und Biotopschutzes verliehen werden, wie es eine Lösung fingieren würde, wonach den Landwirten sämtliche Einkommensverluste relativ zu einem Status ganz ohne Rücksichtnahme auf wilde Arten erstattet werden. In Ansätzen ist dies auch die Auffassung des geltenden Rechts (HÖTZEL 1986, KÖHNE 1987, MÄHRLEIN 1990), nach dem allerdings naturschutzgerechte Veränderungen im Gegensatz zu Festschreibungen des Bestehenden (z.B. Verbot von Grünlandumbruch) im allgemeinen entschädigungspflichtig sind. Ein Grundbestand an nicht entgoltenen Naturschutzbeiträgen ist zu fordern. Zu den Selbstverständlichkeiten gehört hier die Korrektur von Rechtsverletzungen auf Seiten der Landwirtschaft, wie die schleichende Verschiebung von Feldgrenzen zu Lasten von Saumbiotopen, welche nach Pressemeldungen die genutzte Fläche illegal um 75 000 ha vergrößert haben soll (DER SPIEGEL vom 5. 6. 1989, JEDICKE 1990 : 69). Ferner ist die Duldung von Maßnahmen durch die Landwirtschaft zu fordern, welche ihr zumindest indirekt, etwa in Form verringerter Erosion, wieder zugute kommen. Die Grenzen dieser unentgeltlich zu fordernden Beiträge werden durch pragmatische und grundsätzliche Erwägungen abgesteckt; zu den ersteren gehören:
– Jede Belastung der Landwirtschaft ruft Widerstand hervor, der zwar nicht als solcher gescheut werden sollte, jedoch selbst im

Falle seiner Überwindung Zeitverluste nach sich zieht. In vielen konkreten Konflikten sind diese untragbar, da die betreffenden Biotope und Populationen von Jahr zu Jahr mehr geschwächt werden. Ist schnelle Wirksamkeit von Maßnahmen von höchster Priorität, so gibt es (»zähneknirschend«) zu finanzieller Nachgiebigkeit keine Alternative.

- Bei der oben beschriebenen Künstlichkeit und Manipulierbarkeit der landwirtschaftlichen Einkommen ist zu erwarten, daß jede vom Naturschutz erzwungene Einkommens- oder Vermögensminderung bei der nächsten Gelegenheit durch eine sachlich in keinem Zusammenhang stehende Konzession kompensiert wird. Hierzu liegen umfangreiche Erfahrungen in der Agrarpolitik vor. Jedes Beharren auf Beiträge der Landwirtschaft ist somit ohnehin mehr durch Prinzipientreue als von den Ergebnissen her zu rechtfertigen.
- Wie in Kapitel 9.1.2 bereits erwähnt, sind die Einkommensunterschiede innerhalb der Landwirtschaft außerordentlich hoch, womit auch der Grad der Zumutbarkeit für jeden Betrieb anders zu definieren ist. Jeder Versuch, gerecht zu sein – »Reiche« zu treffen und »Arme« zu schonen -, bürdet sich enorme Transaktionskosten auf und stößt schnell an Grenzen der Administrierbarkeit, von den schon erwähnten Zeitverlusten ganz abgesehen.
- Es ist an den in Kapitel 7.2.3 diskutierten Punkt zu erinnern, wonach die Übernahme der Naturschutzkosten durch die große Mehrheit von Nicht-Landwirten zu einem Verdünnungseffekt führt, wodurch die individuellen Beiträge sogar unter die Wahrnehmungsschwelle sinken können.

Diese genannten Umstände motivieren nicht gerade zu einer offensiven Haltung, da sich diese kaum zu lohnen scheint. Gleichwohl wäre eine vollständige Resignation ex ante rechtlich als ein Schritt auf eine schiefe Ebene zu betrachten – jedes Wirtschaftssubjekt kann seine Kosten mit dem Vorwand auf andere abzuwälzen versuchen, daß sie dann wegen der Vielzahl der anderen unter die Wahrnehmungsschwelle sänken. Entscheidend sind die grundsätzlichen Aspekte, welche aus den vorzuschlagenden, ökologisch begründeten Maßnahmen folgen:

- Es ist keine graduelle, innerhalb der Landwirtschaft gleichmäßig verteilte Umorientierung gefordert (etwa: alle verdienen 5 % weniger). Vielmehr muß in den Regionen, welche ökologische Schwerpunktaufgaben erhalten, so stark extensiviert werden, daß mit herkömmlichem Produktverkauf kein Betrieb mehr zu führen ist. Gegen die hier ohne finanzielle Kompensation auftretenden untragbaren Härten könnten sich die Betriebe auch juristisch wehren.
- Der Naturschutz fordert nicht allein Mäßigungen beim Faktorein-

satz und andere Unterlassungen, vielmehr müssen aktive Aufwendungen, wie Pflegearbeiten und Investitionen erfolgen, für welche auch restriktive Kommentatoren eine Vergütung vorsehen (SCHEELE & ISERMEYER 1989).

9.4.2 Ausgleichszahlungen und Kostenorientierung

Im Ergebnis wird es also zu Zahlungen an die Landwirtschaft kommen. Hiermit ist das Problem jedoch weder theoretisch noch praktisch gelöst, vielmehr ist nun die ökonomische Struktur und Funktion dieser Zahlungen zu analysieren. Es ist grundsätzlich etwas anderes, ob ein Einkommensverlust erstattet oder ob Naturschutzarbeit bezahlt wird. Betrachten wir dies an Hand der Abbildung 25:

Die Aktivität I, etwa eine intensive Grünlandbewirtschaftung, erbringe einen Deckungsbeitrag in Höhe von A (zum Begriff vgl. Kapitel 9.1.3), nach einer Extensivierung entsprechend ökologischer Anforderungen (Aktivität II) schrumpfe dieser auf C zusammen. Die Differenz (A-C) ist die Ausgleichszahlung, welche der Betrieb zur Abwendung ökonomischer Nachteile verlangt und bei gewissen Extensivierungsprogrammen auch erhält (vgl. Kapitel 9.5.1). Die vielschichtige Problematik der Ausgleichszahlungen ist in TAMPE & HAMPICKE (1989) erläutert, hier seien nur einige Punkte erwähnt:
– Der Deckungsbeitrag A der Aktivität I ist im allgemeinen durch die EG-Protektion künstlich erhöht, bei Weltmarktpreisen betrüge er nur B. Damit besteht die Ausgleichszahlung auch aus zwei Komponenten, nämlich der Differenz zum Deckungsbeitrag zu einem

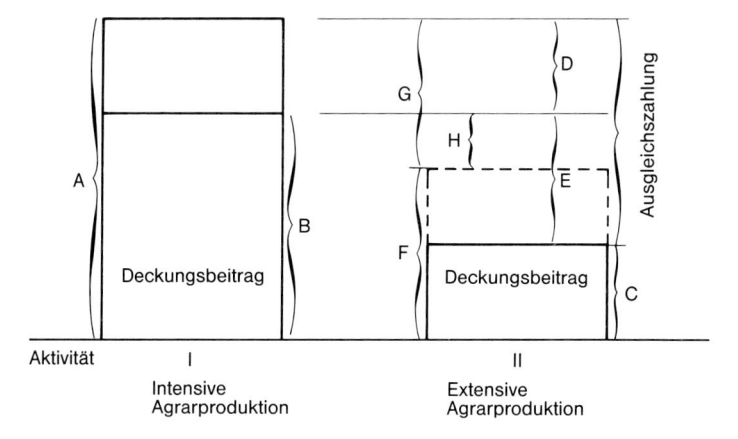

Abb. 25. Entgelt für Naturschutzleistungen an Landwirtschaftsbetriebe.

Effizienzpreisniveau E und der »Protektionsrente« D. Der Naturschutz zahlt für die Agrarprotektion mit. (BOWERS & CHESHIRE 1983, BOWERS 1988).
- In Fällen, bei denen der Betrieb zum Übergang von I nach II rechtlich gezwungen werden kann, wird ihm nicht die gesamte Differenz (D+E) gezahlt, vielmehr muß er auf Grund der »Schadensminderungspflicht« (KUHLMANN & MÜLLER 1986) durch innerbetriebliche Anpassungen selbst dazu beitragen, daß der Gesamtdeckungsbeitrag so wenig wie möglich sinkt, etwa indem auf anderen Flächen intensiviert oder entgangenes Futter zugekauft wird.
- Die Ausgleichszahlung ist eine »Bezahlung für Nichtstun« und insofern eine auf die Dauer fragwürdige, weil nicht leistungsgerechte Einkommensquelle. Führt der Übergang von I nach II zu Arbeitsersparnissen und kann die Arbeit anderweitig, auch außerbetrieblich profitabel verwertet werden, so macht der Betrieb ein doppeltes Geschäft.
- Wird auch das Einkommen durch die Ausgleichszahlung voll gesichert, so gilt dies nicht unbedingt für die Vermögenssubstanz. Wird auf der betreffenden Fläche, etwa durch Ausweisung als Naturschutzgebiet, die extensive Aktivität II vorgeschrieben, so verliert sie an Verkaufswert. Dies erklärt den Widerstand zahlreicher Landwirte auch gegen Naturschutzmaßnahmen, die ihnen keine Einkommensnachteile erbringen.

Die genannten Punkte und andere verdeutlichen, daß das Instrument der Ausgleichszahlung keine Dauerlösung für das Naturschutzproblem sein kann. Als Sofortmaßnahme und für einen überschaubaren Zeitraum ist es jedoch unverzichtbar.

In längerfristiger Betrachtung erweist sich das Problem als noch erheblich komplizierter. Die Deckungsbeiträge A, B und C sind auf Anhieb nicht aussagekräftig hinsichtlich der Höhen der Faktorentlohnungen, insbesondere des Arbeitseinkommens pro Stunde. Der hohe Deckungsbeitrag A kann z.B. zur Abdeckung hoher fixer Kapitalkosten (noch nicht abgeschriebener Stallgebäude) und hoher Arbeitseinsätze dienen, womit nur ein geringer Stundenlohn resultiert. Diese Situation ist typisch für viele Milchviehbetriebe in Grünlandregionen. Angenommen, die Naturschutzpolitik entschließt sich, dem Betrieb eine Umorientierung zur extensiven Aktivität II anzubieten, wobei es sich um Jungrinder- oder Mutterkuhhaltung oder im Extremfall um eine reine Pflegeleistung ohne bedeutende Produktverwertung handelt. Die Fixkostenbelastung ist nach Abschreibung vorher bestehender Kapazitäten gering. Gleichzeitig wird garantiert, einen mit außerlandwirtschaftlichen Löhnen vergleichbaren, »guten« Stundenlohn sowie marktgerechte Abgeltungen für die anderen Fak-

toren einschließlich einer Pacht zu zahlen, womit der Deckungsbeitrag von C auf F steigt. Die Differenz zum Deckungsbeitrag der Aktivität I von A (bei jetzigem EG-Preisniveau) bzw. B (bei Weltmarktpreisniveau) schrumpft auf G bzw. H zusammen. Stellen wir uns vor, daß sich in der EG die »marktorientierten« Kräfte durchsetzen und die Agrarprotektion abbauen, so daß in der Tat H maßgeblich wird. Mehrere Interpretationen sind möglich:
- Solange B zum »Leben« hinreicht, die Fixkosten auch bei II kurzfristig nicht sinken und H positiv ist, wird der Betrieb bei einer Extensivierung H verlangen, wenn er nur die Wahl zwischen I und II hat.
- Ist B im Vergleich zu F so niedrig, daß H, anders als in der Abbildung, negativ wird, so geht der Betrieb freiwillig zur Aktivität II über.
- Wird B, insbesondere in Regionen mit schlechten Produktionsbedingungen, so niedrig, daß nach Abzug aller fixen Kosten keine als Minimum akzeptierte Arbeitsentlohnung mehr übrigbleibt, so wird die Aktivität I, in der Regel der gesamte Betrieb, aufgegeben. Dies wird bei einer fortdauernden EG-Entregulierung in der Tat befürchtet. Die Entscheidung fällt unabhängig davon, ob die Alternative II angeboten wird. Ist das letztere der Fall, so wird das Angebot angenommen, wenn keine besseren Alternativen, wie außerlandwirtschaftliche Arbeit oder eine günstige Ruhestandsregelung, zur Verfügung stehen. Im Falle der Annahme wird der Betrieb, wenn auch modifiziert, weiterbewirtschaftet.
- Reicht B zum »Leben«, erbringt jedoch eine schlechte Arbeitsentlohnung und gibt es alternative Verdienstmöglichkeiten, so wird das Angebot der Alternative II angenommen. Zwar ist die Gesamtentlohnung geringer, da aber der Arbeitszeitaufwand noch geringer ist, steigt der Stundenlohn. Die entfallene Arbeitszeit wird außerbetrieblich verwertet. Dies erscheint als die beste Lösung.

Das Beispiel illustriert die längerfristigen Perspektiven, vom Instrument der Ausgleichszahlungen Abstand zu gewinnen und zu einer kostenorientierten Bezahlung von Naturschutzleistungen zu gelangen. Die Chancen für den Naturschutz, zu einer anerkannten und konkurrenzfähigen Alternative für landwirtschaftliche und halblandwirtschaftliche Betriebe zu werden, steigen in dem Maße, wie auf der einen Seite das Preisprotektionsniveau zurückgeführt wird und die vorgetäuschte Überlegenheit der naturwidrigen Intensiv-Betriebszweige sinkt. Ebenso wichtig ist auf der anderen Seite das Bestehen von Einkommensalternativen, welche allen Beteiligten eine Wahl zwischen herkömmlicher Landwirtschaft, Naturschutz, außerlandwirtschaftlichen Tätigkeiten oder einer Kombination freistellen, anstatt daß sie wie bisher zu einer einzigen Option, in der Regel der

Intensiv-Landwirtschaft, gezwungen werden. Dem ökologisch vielgescholtenen ökonomischen »Effizienzweg« in der Agrarpolitik (vgl. Kapitel 9.1.6) ist darin zuzustimmen, daß eine derart entspannte Situation nur bei fortdauerndem Strukturwandel (einschließlich des Ausscheidens zukunftsloser Betriebe aus der Intensivproduktion) denkbar ist. Ohne sich in allen Punkten auf die Seite des »Effizienzweges« zu schlagen, wird deutlich, daß die hier angerissene Perspektive das Gegenteil der Vorstellungen von Landwirtschaft und Naturschutz beinhaltet, welche in der Alternativszene und Agraropposition dominieren, insbesondere die Forderungen nach Hochpreispolitik für Produkte (was zu Intensivierungen anreizen muß), Ablehnung bezahlter ökologischer Leistungen und Konservierung kleinbetrieblicher Strukturen. Dies führt uns zum letzten betriebswirtschaftlichen Problem, zu dem Klärungen angebracht sind:

9.4.3 Betriebsgröße und Naturschutz

Fast alle im Naturschutz engagierten Personen stimmen darin überein, daß eine naturgerechte Landwirtschaft bäuerlich zu sein habe, die »Agrarfabriken« sind das Feindbild schlechthin. Innerhalb des Spektrums der Bäuerlichkeit gelten die Sympathien überwiegend den kleineren Betrieben. Diese Auffassungen sind verständlich, jedoch nahezu ausschließlich emotionell anstatt rational-analytisch begründet, wie folgende Aspekte zeigen:
- Empirische Beispiele für naturgerechtes und -widriges Wirtschaften finden sich in allen Betriebsgrößen. Nicht wenige biologischdynamische Betriebe sind zumindest großbäuerlich, STEINER hielt seine berühmten Vorträge vor Gutsbesitzern. Einige positive Aspekte für die Natur in den neuen Bundesländern lassen sich nur durch die Existenz großer LPGs erklären (RINGLER 1990).
- Theoretisch ist unter sonst gleichbleibenden Bedingungen die Tendenz zur intensiven Organisation um so größer, je kleiner ein Betrieb ist, weil die knappe Fläche maximal ausgenutzt werden muß. Zumindest gilt dies für Vollerwerbsbetriebe. Die »spezielle Intensität«, d.h. die Dünge- und Spritzintensität eines gegebenen Produktionszweiges, sinkt allerdings, wie zugegeben werden muß, nicht mit wachsender Betriebsgröße.
- Hinsichtlich der Tierbestände sind heutige lebensfähige bäuerliche Betriebe so groß, daß auch in ihnen die Probleme schon bestehen, welche gemeinhin erst an »Agrarfabriken« kritisiert werden, wie etwa nicht-artgerechte Massenhaltungen, zu hohe Güllemengen u.a.
- Richtig ist, daß bestimmte naturwidrige Ideologien (Ertragssteigerung um jeden Preis, Gegnerschaft zum Naturschutz) in größeren

Betrieben verbreiteter sind oder offensiver vertreten werden, weil die Leiter intensiver im Sinne »modernen« Agrarwesens ausgebildet sind.
- In traditionell großbetrieblichen Gegenden ist die Natur früher und intensiver zurückgedrängt worden als in peripheren Regionen, weil die Betriebsleiter durch politischen Einfluß erreichten, daß öffentliche Mittel, etwa für die Flurbereinigung, zuerst bei ihnen eingesetzt wurden.
- Soweit kleine Betriebe weniger naturschädigend wirtschaften, tun sie dies oft ungewollt oder zwangsweise, ohne daß es ihren Intentionen entspräche, etwa wenn ihre Leiter weniger gut im Sinne der Ertragsmaximierung ausgebildet sind, weniger regelmäßigen Zugang zu neuesten Pestiziden und anderen Produkten haben oder wenn ihnen schlicht das Geld für deren Inanspruchnahme fehlt.

Insbesondere die letzten drei Aspekte zeigen, daß Zusammenhänge zwischen Betriebsgröße und Naturwidrigkeit, sofern sie sich überhaupt nachweisen lassen, in erster Linie auf indirekten Effekten beruhen. Hieraus allgemeine Gesetzmäßigkeiten abzuleiten (»groß = schlecht, klein = gut«), ist nicht zu vertreten, ganz abgesehen von Definitionsproblemen (was ist »groß«?). Besonders fragwürdig, fast schon zynisch ist, den rückständigen Kleinbetrieb zum Leitbild der Naturfreundlichkeit zu erheben, obwohl seine Mäßigung in erster Linie das Unvermögen reflektiert, mit der »Modernität« der Großen mitzuhalten, damit wider Willen erfolgt und in der Tat von Überarbeitung und Armut begleitet sein kann. Der Naturschutz ist gut beraten, in der Betriebsgrößenfrage wie überhaupt in Fragen des Strukturwandels neutral zu bleiben. Wer das »Höfesterben« aus menschlichen Gründen verurteilt, hat achtbare Motive, sollte es jedoch unabhängig von Naturschutzaspekten tun. Wenn aus großbetrieblichen Agrarkreisen naturwidrige Ideologien verbreitet werden, so ist diesen wegen ihres Unwertes an sich entgegenzutreten, nicht jedoch wegen ihrer Herkunft.

9.5 Maßnahmen

9.5.1 Bisher durchgeführte Maßnahmen

In der Bundesrepublik Deutschland sind Maßnahmen zur ökologischen Rehabilitierung der Agrarlandschaft bisher auf EG-, Bundes- und Länderebene sowie auf rein privater Basis, insbesondere durch Verbände durchgeführt worden. Die folgende Kurzdarstellung strebt keine Vollständigkeit an, sondern umreißt jeweils typische Charakteristika:

EG-Maßnahmen: Die von der EG initiierten und teilweise finanzierten Extensivierungsprogramme strebten bisher primär die Eindämmung der landwirtschaftlichen Überschußerzeugung an und verfolgten ökologische Zielsetzungen nur in zweiter Linie. Daher ist mit Ausnahme kleinerer Extensivierungsprogramme (KÖNIG 1990) eine volle Kongruenz mit ökologischen Prioritäten nicht zu erwarten. Im Vordergrund stehen Programme zur zeitweiligen oder dauerhaften Stillegung von Fläche, teils verbunden mit Vorruhestandsregelungen (KÖNIG 1990a, 1990b). Da zur Überschußbekämpfung bei Erzeugnissen des Grünlandes andere Maßnahmen vorgesehen sind, insbesondere die Milchmengenkontingentierung, richten sich Flächenstillegungsprogramme an Ackerflächen und streben eine Eindämmung der Erzeugung von Getreide und seiner nächsten betriebswirtschaftlichen Substitute (Raps, Körnerleguminosen) an. Bestärkt durch die Beobachtung, daß die Wirksamkeit der Flächenstillegungsprogramme in der Bundesrepublik Deutschland bei weitem am höchsten unter allen EG-Ländern ist, wird vermutet, daß es sich hier von Anfang an um eine Konzession der EG-Politik an deutsche Interessen (Faktorentzug bei fortbestehender Hochpreispolitik, vgl. Kapitel 9.1.6) handelte. Hervorzuheben ist, daß die Flächenstillegung in den neuen Bundesländern auf besonders starke Resonanz trifft, dies kann jedoch eine vorübergehende Erscheinung sein (KÖNIG 1991).

Ein gewisser ökologischer Entlastungseffekt der Maßnahmen ist nicht zu verkennen, bestimmte Arten, wie etwa das Niederwild der Feldflur, mögen deutlich profitieren. Dennoch steht außer Zweifel, daß die Finanzmittel von mehreren hundert Millionen DM im Hinblick auf ökologische Ziele wesentlich effektiver eingesetzt werden könnten (für weitere Maßnahmen vgl. AGRARBERICHT 1991, p. 99 ff.).

Maßnahmen des Bundes: Da der Bund nur eine beschränkte Zuständigkeit für den Naturschutz besitzt und nur geringe finanzielle Mittel hierfür aufwendet, ist der Umfang der Maßnahmen bescheiden. Qualitativ entsprechen sie jedoch den in diesem Buch vorgeschlagenen Prioritäten und setzen Maßstäbe für effektiven Naturschutz. Unter der Obhut der Bundesforschungsanstalt für Landschaftsökologie und Naturschutz (BFANL) fördert der Bund Großprojekte zur Errichtung und Sicherung schutzwürdiger Teile von Natur und Landschaft mit gesamtstaatlich repräsentativer Bedeutung (BLAB et al. 1991). Unter den 27 abgeschlossenen und laufenden Projekten finden sich so wertvolle Gebiete wie die Haseldorfer Marsch unterhalb Hamburgs, die Meißendorfer Teiche im Kreis Celle, die Borgfelder Wümmewiesen in Bremen, das Wurzacher und Wollmatinger Ried, der Badberg im Kaiserstuhl und andere. Seit 1979 sind etwa 100 Mio. DM aufgewendet worden, gegenwärtig sind es 25 Mio.

DM pro Jahr, von denen allerdings 10 Mio. DM in das neuartige, jedoch hinsichtlich der Zielsetzungen verwandte Gewässerrandstreifenprogramm fließen. Gefördert werden nur Einrichtung und Sicherung; nach einer gewissen Zeit muß das Projekt von einem öffentlichen oder privaten Träger für die laufenden Pflege- und Entwicklungsmaßnahmen voll übernommen werden.

Maßnahmen der Länder: Diese sind in der Bundesrepublik Deutschland am vielgestaltigsten (vgl. u.a. EBEL & HENTSCHEL 1987, HOFFMANN & WOHLGSCHAFT 1990, VOGEL 1988); das Grundkonzept ist jedoch stets ähnlich: Landwirte erhalten Ausgleichszahlungen dafür, daß sie bestimmte, oft genau definierte Extensivierungen durchführen, in erster Linie auf einige Bewirtschaftungsmaßnahmen verzichten. Die wichtigsten Maßnahmen sind das Ackerrandstreifenprogramm zum Schutz der Wildkräuter, Wiesenbrüterprogramme zugunsten zahlreicher Vogelarten, sonstige Grünlandextensivierungsprogramme sowie komplexere, regionsspezifische Programme, wie das Bayerische »Kulturlandschaftsprogramm« und das »Mittelgebirgsprogramm« in Nordrhein-Westfalen. Einer Zusammenstellung schon aus dem Jahre 1986 zufolge (NATURLANDSTIFTUNG HESSEN 1987) betrug die Gesamtfläche in allen Bundesländern etwa 60 000 ha und die Fördersumme 25 bis 30 Mio. DM pro Jahr (ohne Landkäufe und Investitionen). Inzwischen ist beides gestiegen, allein in Bayern wurden 1989 26,3 Mio. DM aufgewandt (PLACHTER 1991 : 350).

Als voller ökologischer Erfolg sind viele, wenn auch nicht alle Ackerrandstreifenprogramme zu werten, durch welche, sofern die Aktionen nicht eingestellt werden, einige gefährdete Wildkräuter streng genommen von den Roten Listen gestrichen werden könnten. Die Folgewirkungen auf blütensuchende Tiere usw. sind ebenfalls sehr positiv. Diesen Pluspunkten stehen Mängel insbesondere bei grünlandspezifischen Programmen gegenüber, die nachfolgend nur stichwortartig genannt werden können (vgl. auch HAMPICKE 1990a):

– Die Ausgleichszahlungen auf Grünland sind mit meist 300 bis 700 DM pro Hektar und Jahr zu gering für eine durchgreifende Extensivierung; auf zuvor intensiv bewirtschafteten Flächen ist die Restintensität immer noch zu hoch.
– Die Auswahl der Flächen ist nur in beschränktem Maße zu steuern. Die ökologische Qualität der angedienten Flächen ist unterschiedlich, auch ist kaum eine räumliche Planung möglich.
– Alle Verträge sind grundsätzlich, spätestens nach mehreren Jahren, kündbar. Theoretisch besteht damit keine Sicherheit für längerfristige ökologische Entwicklungsvorhaben. Sofern Ziele überhaupt nur langfristig zu erreichen sind, waren beim Abbruch einer Kooperation zwischen Landwirt und Naturschutz nach einigen Jahren auch alle bis dahin erfolgten Aufwendungen umsonst.

- Eine Integration mit anderen Fachplanungen, insbesondere dem Wasserbau, ist nur eingeschränkt möglich, wäre aber für landschaftsprägende Entwicklungen (z.b. Fließgewässer und Extensivgrünland) unverzichtbar.
- Die allein flächenbezogenen Ausgleichszahlungen berücksichtigen zuwenig die Organisationsfragen der angesprochenen landwirtschaftlichen Betriebe. Eine dauerhafte Umorientierung zugunsten von Naturschutzzielen muß auch deren Viehhaltungssysteme, Stallkapazitäten usw. berühren. Insbesondere größere Investitionen (Gülle- oder Einstreustall?) können nicht von einem so ephemeren Instrument wie den Ausgleichszahlungen abhängig gemacht werden.

Trotz dieser und anderer Gesichtspunkte sind die Länderprogramme als ein verdienstvoller erster Baustein einer Umorientierung zum Naturschutz zu würdigen – Vorwürfe, auch hier handele es sich um »Alibi«-Aktivitäten, sind infolge der Frustration zahlreicher Naturschützer verständlich, jedoch ungerecht. Das Hauptproblem ist *quantitativer* Art: Die bisherigen Aktivitäten sind ein Tropfen auf den heißen Stein; selbst beim Fortbestand mancher ihrer Mängel wäre ihre quantitative Ausweitung um eine Größenordnung zu wünschen.

Private, insbesondere Verbandsaktivitäten: Hier ist zunächst hervorzuheben, daß privates Engagement auch bei fast allen öffentlich geförderten Naturschutzaktivitäten, insbesondere den genannten Bundes- und Länderprogrammen, ein unverzichtbares Element ist. Ohne ehrenamtliche Mithilfe gäbe es nirgendwo Erfolge. Ergänzend seien hier Projekte genannt, welche überwiegend von Verbänden betreut und finanziert werden. Zu ihnen gehören großräumige Projekte, die in eine Reihe mit den Großvorhaben des Bundes gestellt werden müssen und ebenso positiv zu beurteilen sind, wie das vielleicht traditionsreichste Projekt, das Naturschutzgebiet Federsee in den Händen des Naturschutzbundes Deutschland (vormals Deutscher Bund für Vogelschutz).

9.5.2 Vorgeschlagene Maßnahmen und Kosten

Verschiedene Autoren veröffentlichen Flächenforderungen und Maßnahmenkataloge für Arten- und Biotopschutzsysteme in der Bundesrepublik Deutschland und in anderen Ländern, welche den Gesamtbestand an Arten und Lebensgemeinschaften zumindest in repräsentativen Beispielen zu erhalten versprechen und somit als räumliche Konkretisierungen des in Kapitel 5.3 definierten »Pflichtniveaus« anzusprechen sind (u.a. BROGGI & SCHLEGEL 1989, HABER 1972, HEYDEMANN 1980, KAULE 1986, SCHREINER 1987, Diskussionen in JEDICKE 1990 : 89 ff. und PLACHTER 1991 : 316). Sie bestätigen im allgemeinen die bekannte »10 %-Regel«, differenzieren sie jedoch erheblich. KAULE (1986 : 317 ff.) formuliert unterschiedliche Anforderungen je nach Wertigkeit der Biotope.

In der schon im Kapitel 7.1.7 kurz vorgestellten Studie von HAMPICKE et al. 1991* wurde nicht ohne einen unvermeidlichen Grad von Willkür, jedoch nach umfangreichen Datenrecherchen ein »Mengengerüst« für den Flächenanspruch des Arten- und Biotopschutzes in zwei Szenarien erstellt, von denen das kleinere in der Übersicht 30 dargestellt ist. Die Gesamtsummen des Szenarios II sind am Fuß der Übersicht zum Vergleich eingetragen. Insgesamt werden im Szenario I knapp 2,4 Mio. Hektar an Vorrangflächen verlangt, von denen etwa 0,9 Mio. ha bereits vorhanden sind (wenn auch nicht immer im gewünschten Zustand), so daß etwa 1,5 Mio. ha neu zu entwickeln sind. Neben den Waldbiotopen, die wir im vorliegenden Zusammenhang nur streifen, nehmen extensives Grünland und Offenlandbiotope einen herausragenden Platz ein; dies bestätigt die Verankerung des Programms entsprechend der Zielsetzung »Kulturlandschaft« in Kapitel 9.3.5. Einen hohen Flächenanspruch erheben auch die landseitigen Kontaktbiotope von Gewässern (Teile des Grünlands, Röhrichte, Sukzessionsflächen und Auwald). Das Szenario ist um erhebliche Anteile an Flächenüberschneidungen bereinigt; Ansprüche an Extensivgrünland und an Überschwemmungsflächen erfüllen sich z.B. teilweise auf derselben Fläche. Die Angaben über die Herkunft der zu entwickelnden Flächen aus Grünland, Ackerland, Wald und sonstigem muten zunächst willkürlich an, sie sind jedoch, wie in der Studie detaillierter nachgeprüft werden kann, durchaus aus räumlichen Zusammenhängen zu begründen: In waldarmen Gebieten ist Wald aus Acker zu entwickeln, Äcker in Stromtälern sind in Grünland zurückzuverwandeln usw.

Die Ziele der Studie bestanden darin, die Gesamtsummen der *Ausgleichszahlungen,* der *Einzelwirtschaftlichen Kosten* bei gegebenem (verzerrten) Preisniveau und der *Volkswirtschaftlichen Kosten* (zu näherungsweisen Effizienzpreisen) zu berechnen. An Hand schon laufender Programme der Bundesländer und betriebswirtschaftlicher Analysen (KUHLMANN & MÜLLER 1986, MÄHRLEIN 1990) wurden Ausgleichszahlungen auf Äckern von durchschnittlich 1 800 DM pro Hektar und Jahr und auf Grünland je nach Intensität zwischen 800 und 2 350 DM pro Hektar und Jahr angesetzt. Die Ergebnisse finden sich in der Übersicht 31. Von der Gesamtsumme in Höhe von etwa 1,5 Mrd. DM pro Jahr (im Szenario II von knapp 2,5 Mrd. DM pro Jahr) entfällt etwa die Hälfte auf die Entwicklung von Grünland im

---

* Die ökologisch-planerischen Teile der Studie wurden von T. HORLITZ und H. KIEMSTEDT bearbeitet.

Übersicht 30. Flächenanspruch des speziellen Arten- und Biotopschutzes

Biotop	angestrebte Fläche (ha)	vorhandene Fläche (ha)	fehlende Fläche (ha) zu entwickeln aus:				
			Extensiv-Grünland	Intensiv-Grünland	Ackerland	genutzten Wäldern	sonstigen Flächen
Salzwiesen	32 000	8 000	8 000				16 000
Streuwiesen	50 000	25 000	15 000				10 000
Sumpfdotterblumen- u. Kohldistelwiesen sowie ungedüngtes Feuchtgrünland*1	300 000	52 500	45 000	135 000	67 500		
Fettwiesen*2	350 000	125 000		115 000	85 000		25 000
Extensivweiden*3	75 000	25 000		25 000			25 000
Halbtrockenrasen	60 000	30 000		10 000			20 000
Streuobstwiesen	75 000	50 000					25 000
Zwergstrauchheiden	15 000	15 000					
Hochmoor u. a.*4	135 000	5 000					130 000
Grünland u. ä. Offenlandbiotope insgesamt	1 092 000	335 500	68 000	285 000	152 500		251 000
Brache*5	100 000	100 000					
Ackerrandstreifen	10 000				10 000		
Sukzessionen an Gewässern*6	403 000	25 000		95 000	103 000	180 000	

Waldbiotope*7	787 500	430 000		70 000	70 000	180 000	37 500
Insgesamt, Szenario I	2 392 500	890 500	68 000	450 000	335 500	360 000	288 500
Insgesamt, Szenario II (zum Vergleich)	3 376 00	954 000	102 000	762 000	578 000	575 000	404 000

Quelle: HAMPICKE et al. (1991), Tab. 4.2–4, pp. 304 ff. (vereinfacht)
*1 Letzteres an 30 000 km Fließgewässern und zur Pufferung von Hochmoorresten
*2 Relativ feuchte, extensive Wiesen und Weiden sowie Goldhaferwiesen im Mittelgebirge
*3 Im Mittelgebirge mit Gehölzen und Hecken
*4 Überwiegend degradiert sowie Feuchtgebiete auf ehemaligem Hochmoor (wiederherzustellen)
*5 Alle 3–4 Jahre zu mähen
*6 Sukzession zu Röhricht, Auwald und naturnahem Wald an 30 000 km Fließgewässern, teils auf derzeit land-, teils forstwirtschaftlich genutzter Fläche
*7 Waldsäume, Waldränder, Niederwald, Altholzbestände, Bruchwald und Naturwaldreservate

Übersicht 31. Ausgleichszahlungen und Pflegekosten für den Arten- und Biotopschutz

Biotop	Ausgleichs-zahlungen (Mio DM/Jahr)	Mio. DM pro Jahr an bisherige Grünland-flächen	Acker-flächen	Forst-flächen	Pflegekosten (Mio. DM/Jahr)	Erstinstand-setzung (Mio. DM/Jahr)
Salzwiesen*	6,40	6,40				
Streuwiesen	12,00	12,00				
anderes Feuchtgrünland	371,50	281,50	90,00			
Fettwiesen	293,25	196,25	97,00			
Extensivweiden	43,75	43,75				
Halbtrockenrasen	23,50	23,50				
Streuobstwiesen	–					
Zwergstrauchheiden	–					
Hochmoor u. a.	–					
Grünland u. ä. Offen-landbiotope insgesamt	750,40	563,40	187,00			
Brache	–					
Ackerrandstreifen	10,00		10,00			
Sukzessionen an					140,60	
Gewässern	480,65	223,25	185,40	72,00	11,38	
Waldbiotope	303,50	154,00	115,50	34,00	34,75	
Insgesamt, Szenario I	1544,55	940,65	497,90	106,00	186,73	38,10**

| Insgesamt, Szenario II (zum Vergleich) | 2461,56 | 1407,05 | 890,51 | 164,00 | 260,44 | 52,70** |

Quelle: HAMPICKE et al. (1991), Tab. 5.6–1, p. 386 f., Tab. 5.6–3, p. 390, Tab. 5.6–4, p. 391, vereinfacht
* Alle Biotoptypen wie in Übersicht 30
** Einmalige Aufwendungen in Unendliche Rente nach Kapitel 7.1.3 mit 6 % p. a. Zins

weitesten Sinne, die andere Hälfte verteilt sich auf sonstige Gewässerrandflächen und Wälder. Hiervon zu unterscheiden ist die Aufteilung nach der Struktur der Flächen, welche in das Programm eingebracht werden. Fast eine Mrd. DM ist im Szenario I für die Extensivierung oder Umwidmung von Grünlandflächen und eine halbe Mrd. DM für Äcker aufzuwenden. Wie schon im Kapitel 8.1.2 erwähnt, brauchen nur geringe Ausgleichszahlungen in schon bestehenden Wäldern aufgewandt zu werden, »teuer« im Sinne der fiskalischen Belastung (vgl. Kapitel 7.1.2) ist hingegen die Neuanlage von Wäldern auf Grün- und Ackerland und von Auwäldern entlang Gewässern.

Die Übersicht enthält weiterhin die im Vergleich zu den Ausgleichszahlungen bescheidenen Kosten der Pflege von Biotopen, welche an der Sukzession zu hindern sind, und für »Erstinstandsetzungen«. Die ersteren umfassen Kosten für regelmäßige Mahd (200 bis 400 DM/ha), Schafweide (200 DM/ha) und andere Maßnahmen, die zweiten beziehen sich überwiegend auf das erstmalige Entkusseln (Beseitigung von Gehölzaufwuchs z.B. in Magerrasen), teils auch auf schwierige Erstmahd und Aufforstung (vgl. HUNDSDORFER 1989).

In der Übersicht 32 sind alle Kosten zu herrschenden Preisen zusammengefaßt, die Summen am Schluß enthalten in Klammern die volkswirtschaftlichen (entzerrten) Kosten. In sehr grober Näherung läßt sich zumindest für das Szenario I sagen, daß jeweils ein Drittel der Kosten für den Flächenanspruch (zu herrschenden Pachtsätzen), für die Arbeitserledigung und für sonstiges, überwiegend Investitionen anfallen. Hinsichtlich der Flächennutzungskosten ist auf die Ausführungen von Kapitel 7.1.6 zu verweisen; ob Pachtzahlungen in Höhe des landwirtschaftlichen Niveaus zu zahlen sind, obliegt auch der Definition der Verfügungsrechte und damit Werturteilen. Bei den Pflegekosten für nicht nutzbare Halbkulturbiotope ist darauf hinzuweisen, daß in erheblichen Umfang Tätigkeiten bezahlt werden, welche heute freiwillig und unbezahlt geleistet werden. Sie machen nur einen kleineren Teil der Arbeitskosten aus, ein größerer Posten entfällt auf einen (nicht ganz ohne Willkür) abzugrenzenden Anteil der Arbeitsleistung im Rahmen extensiver Grünlandbewirtschaftung und Viehhaltung, wie sie das Programm auf großen Flächen fordert. Überhaupt ist eine Pflege ohne produktorientierte Nutzung nur dort vorgesehen, wo dies nicht zu vermeiden ist; wann immer eine landwirtschaftliche Verwertung möglich ist, wird sie vorgezogen. Der Wert des im extensiven Grünlandbetrieb erzeugten Futters wird von der Kostensumme abgezogen (unten in der Übersicht).

Unter »sonstigem Aufwand« dominieren bei Gewässern die Kosten technisch optimierter Klärkapazität, teils auch Rückbaumaßnahmen an heute naturfernen Fließgewässern. Wie ebenfalls schon in Kapitel 7.1.6 angesprochen, ist der Ansatz der letzteren nicht unbedingt

Übersicht 32. Kosten des Arten- und Biotopschutzes in der Bundesrepublik Deutschland bei gegebenen Preisen

	Mio. DM pro Jahr	
	Szenario I	Szenario II
Flächennutzungskosten (Pacht)	323	548
Arbeitskosten		
– Biotop-Pflege ohne Produktverwertung	126	173
– Extensivlandwirtschaft, anteilig	180	378
– Erstinstandsetzung*	25	34
– Insgesamt	331	585
Zusätzlicher monetärer Aufwand		
– Sachaufwand, flächenhafte Biotope	74	105
– Gewässer, Gesamtaufwand**	235	321
– Pauschalsumme	100	200
– Insgesamt	409	626
Verzicht auf Torfabbau*	50	50
Wertansatz für Futter auf Extensivgrünland	–137	–284
Insgesamt		
– flächenhafte Biotope****	741 (602)	1204 (1055)
– Gewässer	235 (157)	321 (211)
– Zusammen	976 (759)	1525 (1266)

Quelle: HAMPICKE et al. (1991), Tab. 5.8–1, p. 405 und Tab. 5.9–2, p. 415, vereinfacht
* Unendliche Rente, 6 % p. a. Zins
** Ohne Flächennutzungskosten landseitiger Kontaktbiotope, oben enthalten
*** Geschätzter Gewinnentgang, vermutlich zu hoch
**** In Klammern: volkswirtschaftliche Kosten

gerechtfertigt, da die Erneuerung des technischen Ausbaus meist ebenso teuer wäre. Dies ist nur ein Detail unter mehreren, bei denen die diskutierte Studie zur Überschätzung der Naturschutzkosten neigt und damit auf der »sicheren Seite« liegt. Zur Sicherheit wurde ferner eine Pauschalsumme für Maßnahmen angesetzt, die bei der Erstellung des Mengengerüstes übersehen wurden oder sonst nirgendwo berücksichtigt werden konnten.

Die Summen am Fuß der Übersicht sind bereits in Kapitel 7.1.7 (Übersicht 13) diskutiert worden. Die flächenbezogenen einzelwirtschaftlichen Kosten betragen etwa die Hälfte der Ausgleichszahlungen; ein Mittelwert aus beiden Szenarien und Rundungen auf Grund zahlreicher Ungewißheiten legen eine einprägsame Faustzahl von etwa einer Milliarde DM pro Jahr nahe, welche ein Naturschutzsystem in der Bundesrepublik, das diesen Namen verdiente, kosten würde. Wenn schon mit einfachen Zahlen in der Politik operiert wird, so ist diese bei allen ihren Mängeln besser als jede andere. Folgende Relativierungen und Ergänzungen sind auch hier angebracht:

– Das Programm bezieht sich nur auf etwa 10 % der heutigen Agrarbiotope und erfüllt damit keine flächendeckenden Ansprüche, wie immer diese formuliert werden. Andererseits ist sein Umfang alles andere als trivial; alle bisherigen Naturschutzanstrengungen würden, grob gesprochen, etwa verzehnfacht. Ein Test ergab, daß mit den vorgesehenen Maßnahmen die Biotopansprüche von 67 % aller Gefäßpflanzenarten der Roten Liste vollständig und von 81 % vollständig oder teilweise erfüllt würden. Die vorgesehenen Biotopentwicklungen würden bei gutem Gelingen und sinnvoller räumlicher Anordnung für 71 % von 784 untersuchten Tierarten mit Sicherheit und 90 % zumindest wahrscheinlich oder teilweise Lebensräume schaffen (HAMPICKE et al. 1991, Anhang A 1, pp. 618 ff.). Ob und wie schnell diese Chancen angenommen würden, ist eine andere Frage, das Lebensraumpotential würde jedoch gegenüber dem Status quo gewaltig verbessert.

– Bei der Konzentration der Studie auf die Land- und Forstwirtschaft können andere Naturschutzkosten, z.B. im besiedelten Bereich oder bei Konflikten mit Infrastrukturvorhaben, übersehen worden sein. Die Ausführungen in diesem Buch zu den betreffenden Gebieten (z.B. Artenschutzkosten in Berlin in Kapitel 7.1.7, Infrastrukturprobleme in Kapitel 8.3) geben jedoch wenige Anhaltspunkte dafür, daß das Ergebnis der Berechnungen wegen dieser Auslassungen grob fehlgeht.

– Nichtmonetarisierte Aspekte, wie insbesondere auf dem Gebiet von Freizeit und Erholung, konnten überhaupt nicht berücksichtigt werden, weil dafür noch methodische Grundlagen und Erfahrungen fehlen (vgl. Kapitel 8.2). Die Kosten aus Einschränkungen naturbeanspruchender Aktivitäten sind hier mit Nutzengewinnen, u.a. aus der ästhetischen Aufwertung der Landschaft, zu saldieren.

– Im Sinne der Theorie aus den Kapiteln 4 und 5 sind die in der Übersicht 32 angegebenen Werte für volkswirtschaftliche Kosten (in Klammern) weit übertrieben, weil keine Saldierung mit volkswirtschaftlichen Effizienzgewinnen, vor allem aus der Überschußvermeidung, erfolgen konnte. Eine einfache Berechnung (HAMPICKE et al. 1991, Tab. 5.9-3, pp. 427 f.) ergab jedoch schon, daß sogar die höheren einzelwirtschaftlichen Kosten theoretisch voll aus (durch den Naturschutz) entbehrlich gewordenen Aufwendungen für die Überschußverwaltung finanziert werden könnten. Vieles spricht dafür, daß das gesamte Programm zum »Nulltarif« zu haben wäre.

- Die Schaffung von Dauerarbeitsplätzen durch Naturschutz und Landschaftspflege kann regional ein Faktor sein, in der Summe ist der Effekt jedoch bescheiden – dies ist die Kehrseite der Kostengünstigkeit. Nach Übersicht 13 (Kapitel 7.1.7) werden 8 500 Personen im Szenario I und 15 300 Personen im Szenario II dauerhaft mit der Biotoppflege oder der Bewirtschaftung extensiver Nutzbiotope beschäftigt. Die Gesamtzahlen der in den Gebieten beschäftigten Personen (zur Betreuung der Tiere usw.) sind etwa doppelt so hoch. Das bedeutet, daß die hier angesetzten Naturschutzmaßnahmen nur einen Teil der heutigen landwirtschaftlichen Arbeitskräfte übernehmen könnte, welche in Gefahr stehen, im Zuge weiteren Strukturwandels ausscheiden zu müssen. Der spezielle Arten- und Biotopschutz sollte sich nicht damit anpreisen, einen generellen Ausweg aus dem »Höfesterben« zu bieten. Mit Nachdruck sei jedoch auf die gewichtigen Einwände gegen das Modell des »Wachse oder weiche« aus anderen Gründen als dem Arten- und Biotopschutz am Schluß von Kapitel 9.1.5 zurückverwiesen. Wenn es für richtig gehalten wird, ein größeres Segment relativ intensiver altväterlicher Landwirtschaft aus beliebigen Gründen (auch zum Vorteil der Natur) zu erhalten oder wiederzuentwickeln, so können nach einer Überschlagsrechnung von HAMPICKE (1990b) leicht über 50 000 Personen Beschäftigung finden.
- In einem gleich umfangreichen Naturschutzprogramm nach dem Leitbild »Wildnis« (vgl. Kapitel 9.3.5) wäre der Arbeitsplatzeffekt gleich Null. Die in der Übersicht 32 ausgewiesenen Arbeitskosten plus der zusätzliche Aufwand für flächenhafte Biotope, also im Szenario I etwa 400 Mio. DM pro Jahr, sind der Preis für die Option »Kulturlandschaft« relativ zur »Wildnis«. Sie ist also erwartungsgemäß teurer; dennoch sind 400 Mio. DM in gesamtwirtschaftlichen Maßstäben kein unbezahlbarer Posten.

9.5.3 Ergänzende Betrachtungen zur Flurbereinigung

Seit dem Bestehen der Bundesrepublik Deutschland sind fast drei Viertel der landwirtschaftlich genutzten Fläche einer Flurbereinigung unterzogen worden. Verfahren sind nach wie vor im Gange und werden neu eingeleitet. Im Zeitraum von 1984 bis 1989 wurden jährlich zwischen etwa 117 000 und 167 000 ha bereinigt (AGRARBERICHTE 1990 u. 1991, Materialbände, p. 143 bzw. 133). Die ökologischen Aspekte sind in der einschlägigen Literatur (z.B. KAULE 1986, PLACHTER 1991) ausführlich untersucht worden, das Urteil ist bekanntlich sehr negativ. Auch wenn heutige Verfahren rücksichtsvoller vorgehen als frühere, ist es als praktisch ausgeschlossen anzusehen, daß ein neues Verfahren in einer noch nie betroffenen, reichgegliederten Landschaft zu keinen Strukturverlusten führt. Erstverfahren in solchen Gebieten konfligieren damit eindeutig mit dem in diesem Buch wiederholt postulierten Nichtverschlechterungsgebot (Kapitel 3.2.3 und 9.2.2), welches sich zwingend aus der eingetretenen extremen Knappheit ökologischer Vielfalt und dem (wegen dieser Knappheit) schon fast über alle Grenzen gewachsenen Wert der Reste als Keimzellen möglicher Wiederausbreitung von Arten ableitet. Werden diese letzten Reste auch noch vernichtet, so ist die Zukunft jeder Artenfülle in weiten Gebieten Mitteleuropas schlagartig verbaut. Derartige Verfahren wären kompromißlos selbst dann abzulehnen, wenn dies volks- und einzelwirtschaftliche Verzichte nach sich zöge – wo anders als hier sollte das in Festreden so oft beschworene Bekenntnis zur Artenerhaltungspflicht denn sonst beim Wort genommen werden? Den Verzicht auf durch Erstflurbereinigungen bewirkte Rationalisierungsgewinne (wenn es sie gibt, vgl. unten) zu leisten und gerecht zu verteilen, ist das mindeste konkrete Opfer, welches von einer Gesellschaft in der heutigen Situation zu verlangen ist. Hier besteht kein Kompromißspielraum und sind folglich weitere Ausführungen entbehrlich. Anders ist zu urteilen über Zweitverfahren in bereits beeinträchtigten Landschaften, in welchen, wie u.a. MAUCKSCH (1987) ausführt, bereichernde Beiträge grundsätzlich möglich sind.

Unabhängig von der ökologischen Problematik bestehen jedoch gravierende Zweifel, ob das Flurbereinigungswesen in der heutigen Form überhaupt ökonomisch tragbar ist oder nicht vielmehr den schon in Kapitel 8.3 formulierten Einwänden in besonderem Maße unterliegt. Die Flurbereinigung ist eine Infrastrukturmaßnahme, durch welche die Effektivität der eingesetzten Produktionsfaktoren gesteigert werden soll. Wie in allen vergleichbaren Fällen ist eine solche Maßnahme zu rechtfertigen, wenn drei Bedingungen erfüllt sind:
– die Erträge in Gestalt der Effizienzgewinne übersteigen die Kosten,
– das angestrebte Ziel ließe sich nicht auf andere Weise billiger erreichen,
– die aufgewandten Mittel würden nicht an anderer Stelle der Volkswirtschaft einen noch höheren Nutzen stiften.

Da die Flurbereinigung als ganze einer solchen systematischen Prüfung noch niemals unterworfen worden ist, allenfalls einzelne Verfahren auf ihre Wirtschaftlichkeit hin geprüft wurden, kann an dieser Stelle kein quantitativ zwingendes Ergebnis vorgelegt werden, allerdings erhärten die verfügbaren Daten die These von der Unwirtschaftlichkeit des Systems.

Der unmittelbare Rationalisierungseffekt der Flurbereinigung besteht darin, daß für ein gleiches Produktionsergebnis ein geringerer Faktoraufwand erforderlich ist – Wege-, Wende- und Rüstzeiten werden verkürzt, der Maschinenverschleiß reduziert sich auf besseren Wegen usw. Einzelwirtschaftlich weitaus bedeutsamer ist jedoch der Sekundäreffekt der erzielbaren Produktionssteigerung, teils durch Verbesserung der Bodenbedingungen (Dränage, Ackerstatt Grünlandwirtschaft usw.), teils durch Übergang zu modernen Verfahren mit höherer spezieller Intensität, teils durch Vergrößerung der bewirtschafteten Fläche und teils dadurch, daß die in der Außenwirtschaft eingesparte Arbeitszeit zu einer innerbetrieblichen Aufstockung (mehr Zeit für mehr Vieh) führt, sofern dies die Gebäude erlauben. Volkswirtschaftlich ist die durch Rationalisierung eingesparte Arbeitszeit nach Maßgabe des Nutzens zu bewerten, den sie nun zu stiften imstande ist: Entweder dient sie vermehrter Freizeit, wird zur Erzeugung anderer landwirtschaftlicher Güter, oder, bei Abwanderung eines Teils der Arbeitskraft, zur Erzeugung nichtlandwirtschaftlicher Güter verwendet. Da nun, wie in Kapitel 9.1.5 ausgeführt, die Hauptklage der wissenschaftlichen Agrarökonomie darin besteht, daß zuviel Arbeitskraft in der Landwirtschaft alloziert sei, diese mithin nicht knapp ist, mutet es paradox an, diesen überschüssigen Faktor durch teure Rationalisierungsinvestitionen auch noch zu effektivieren. Vielmehr muß stets dort rationalisiert werden, wo ein Faktor besonders knapp ist. In der Tat ist auf volkswirtschaftlicher Ebene und in Anbetracht potentieller Alternativen (wo überall fehlt es dringend an Kapital!) kein anderer Schluß möglich als der, daß, gelinde ausgedrückt, hier Mittel in eine nicht prioritäre Verwendung fließen.

Die Produktionssteigerungseffekte der Flurbereinigung sind danach zu differenzieren, welche Erzeugnisse sie betreffen. Handelt es sich um Interventionsprodukte, welche in der EG überschüssig erzeugt werden, so ist natürlich keine produktionssteigernde Maßnahme zu rechtfertigen. Anders verhält es sich bei Gütern mit halbwegs funktionierenden Märkten. Zweifellos ist außer in bestimmten Fällen (Rebflurbereinigungen) selten mit Sicherheit zu sagen, welche Güter nach erfolgter Flurbereinigung vermehrt erzeugt werden. Auf der Ebene der gesamten Landwirtschaft bestehen zwischen den Produktionsrichtungen genügend Substitutionsmöglichkeiten, hier zählt in erster Linie die Überkapazität als ganze – unter diesem Aspekt ist also nicht nur die Arbeitsrationalisierung, sondern auch der Produktionssteigerungseffekt als fragwürdig zu beurteilen.

Die auf einzelbetrieblicher Ebene formulierten zahlreichen Einwände gegen die gesamtwirtschaftliche Argumentation sind zwar teilweise intuitiv plausibel, übersehen jedoch mindestens eine, meist mehrere der oben formulierten drei Voraussetzungen für die Rechtfertigung einer teuren Infrastrukturmaßnahme. So sehr dem einzelnen Landwirt Wegezeitverkürzungen, Arbeits- und Lebenserleichterungen und ein höheres Einkommen gegönnt werden, so steht doch in den meisten Fällen fest, daß vieles davon billiger und ohne Naturbeeinträchtigung zu erreichen wäre, im Extremfall durch reine Transferzahlungen. Besonders fragwürdig ist das Argument, die deutsche Landwirtschaft müsse durch Strukturverbesserung und Senkung des durchschnittlichen Arbeits- und Sachaufwands (nicht unbedingt der Opportunitätskosten) mit besser strukturierten Systemen in England, Frankreich, den Niederlanden usw. konkurrenzfähig gemacht werden. Wenn dort kostengünstiger erzeugt wird, so muß die volkswirtschaftliche Reaktion darin bestehen, mehr Produkte von dort zu beziehen, anstatt mit hohen öffentlichen Aufwendungen hier gleichzuziehen zu versuchen. Auch Bananen werden aus den Tropen importiert, anstatt sie mit hohen Kosten in inländischen Gewächshäusern zu erzeugen.

Zu beachten ist, daß sich die ökologische Kritik auf Erst-Flurbereinigungen in reichstrukturierten, ökonomisch jedoch meist benachteiligten, peripheren Gebieten bezieht. Nicht allein ist dort besonders zweifelhaft, ob, zumal bei ökologischer Rücksichtnahme, eine einzelbetriebliche Produktionskostensenkung auf das Niveau privilegierter Gebiete in Westeuropa überhaupt gelingt, vielmehr wird eine erhebliche Benachteiligung fortbestehen. Darüber hinaus ist konkret zu befürchten, daß eine künftige Senkung der EG-Agrarsubventionierung dazu führen wird, die landwirtschaftliche Erzeugung in diesen Gebieten trotz Flurbereinigung in bisheriger Form und Intensität aufzugeben, weil Durchschnittskosten und ein minimaler Lohnanspruch nicht mehr gedeckt werden können. Ist diese Befürchtung berechtigt, so handelt es sich bei dortigen Flurbereinigungen um vollständig »in den Sand gesetzte« Fehlinvestitionen, analog einer Straße, auf der künftig niemand mehr fährt. Nach aller Erfahrung ist sogar zu befürchten, daß in Verdrehung ökonomischer Ursachen und Folgen die getätigten Investitionen als Vorwand dienen werden, sie in unwirtschaftlicher Weise, notfalls zur Erzeugung subventionierter »nachwachsender Rohstoffe« fortzunutzen, weil sie schließlich nicht brachliegen können.

Alle Argumente für die Flurbereinigung leben davon, daß sie die Kostenseite ignorieren. Die Übersicht 27 (Kapitel 9.1.4) enthält nur die öffentlichen Zuschüsse zu den Ausführungsarbeiten, die Gesamtsumme der letzteren liegt zwischen 800 und über 900 Mio. DM pro Jahr (AGRARBERICHT 1991, Materialband, Tab. 138, p. 133). Werden diese jährlichen Aufwendungen den Flächenumfängen jeweils abgeschlossener Verfahren gegenübergestellt, so ergeben sich im Zeitraum 1984 bis 1989 durchschnittliche Ausführungskosten von etwa 6 600 DM pro ha (Ebenda). Die Streuung ist dabei sehr hoch, im Weinbau wurden Ende der 70er Jahre bis zu 180 000 DM pro ha (ohne Folgekosten für Schäden, vgl. SCHÄFER 1988) erreicht. Dies sind jedoch nur die Ausführungskosten. Darüber hinaus beschäftigt das Flurbereinigungswesen in der Bundesrepublik Deutschland (bis 3.10.1990) etwa 8 000 Personen ständig, überwiegend Beamte des mittleren und gehobenen Dienstes (vgl. KNEBEL & KRAUSE 1989 : 66). Werden hier, äußerst zurückhaltend, Personal- und Sachkosten von 400 Mio. DM pro Jahr geschätzt und diese ebenfalls auf die Fläche umgelegt, so steigen die durchschnittlichen Gesamtkosten auf etwa 10 000 DM pro ha.

Ein volkswirtschaftliches Rentabilitätskalkül forderte, daß sich diese Investitionen ebenso zu verzinsen haben wie alle anderen, etwa mit 4 % p.a. Dies wären 400 DM pro Jahr, sofern eine unendliche Rente kalkuliert werden kann, die Kosten also nur einmalig anfallen. Soll die Flurbereinigung nach 25 Jahren abgeschrieben sein, so kalkuliert sich nach der Formel in Kapitel 7.1.3 eine Annuität von 633 DM. Da die Flurbereinigung kein Endprodukt bereitstellt, sondern, systematisch gesehen, ein »Zwischenprodukt« darstellt, ist es theoretisch keineswegs einfach, einen Effizienzgewinn (falls es ihn gibt) von 400 bzw. 633 DM pro ha und Jahr genau zu lokalisieren, hier sei auf die Literatur zur Kosten-Nutzen-Analyse am Schluß von Kapitel 8 verwiesen. Eine mögliche Interpretation wäre, die Flurbereinigung als eine Bodenverbesserung anzusehen, so daß bei Konstanz aller anderen Bedingungen und in Anwesenheit von Effizienzpreisen für alle Güter die Bodenrente, d.h. die Pacht, um 400 bzw. 633 DM pro Jahr steigen müßte.

Ist auch eine solche Rechnung fiktiv, weil die anderen Bedingungen nicht konstant sind und kein Effizienzpreisniveau vorliegt, so erhellt sie jedoch das Prinzip, wie gerechnet werden müßte. Feststeht, daß diese Zahl oder eine pragmatische Näherung, von vielleicht wenigen Ausnahmen abgesehen, vollständig außerhalb des Erreichbaren liegt. Betriebswirtschaftliche Erhebungen (FESTL 1980, WERNER 1985, WEINSCHENCK & WERNER 1989, weitere Literatur in KNEBEL & KRAUSE 1989) berichten meist von Steigerungen der Betriebseinkommen im Bereich von 100 bis über 200 DM pro ha und Jahr, dies jedoch in Anwesenheit verzerrter EG-Preise und unter der Bedingung von Überproduktion. Es müssen unrealistische Fälle konstruiert werden, um sich einen »harten« volkswirtschaftlichen Effizienzgewinn (ohne Rücksicht auf ökologische Belange) vorstellen zu können, etwa wenn die Flurbereinigung in Verbindung mit Grünlandumbruch dazu dient, von sehr unrentabler Milchviehhaltung auf effizienteste Getreideerzeugung überzugehen, die in Teilen der Bundesrepublik Deutschland auch zu Weltmarktpreisen rentabel wäre. Abgesehen von der ökologischen Untragbarkeit dürfte dieser Fall jedoch eine große Ausnahme und in peripheren Gebieten, etwa im Mittelgebirge, unmöglich sein.

Insgesamt ist eine Neuorientierung der Flurbereinigung sowohl aus ökologischen als auch aus ökonomischen Gründen dringend geboten. Es liegt ein Paradebeispiel mangelnder Kontrolle über öffentliche Mittel in Milliardenhöhe vor. Die Bedingungen der 50er Jahre, als vor allem in Realteilungsgebieten eine gewisse Arrondierung notwendig war, sind vorüber. Es können sogar Zweifel an der Verfassungsmäßigkeit dieses Instruments erhoben werden, da es nicht auf Freiwilligkeit der Beteiligten beruht. Es ist schwer zu akzeptieren, daß Wirtschaftssubjekte zur Teilnahme an Vorhaben (einschließlich einer, wenn auch mäßigen Kostenbeteiligung) gezwungen werden, deren Notwendigkeit im Interesse des Gemeinwohls schon ökonomisch, geschweige denn ökologisch, kaum mehr unterstellt werden kann. Daß heutige Flurbereinigungen (insbesondere »Unternehmensflurbereinigungen«) auch andere Zwecke als die landwirtschaftliche Effektivierung verfolgen – etwa im Zuge von Straßenbauten und anderen Projekten – tut dem Argument im Grundsatz wenig Abbruch.

Zusammenfassend ist die schon erhobene Forderung zu wiederholen, Erstflurbereinigungen, bei denen ökologische Werte zerstört werden, unverzüglich einzustellen. Darüber hinaus ist die Zielsetzung der gesamten Institution, am besten unter Einschluß eines Namenswechsels, gesetzlich zu reformieren. Wird es für opportun gehalten, die dort bisher eingesetzten Fördermittel künftig für eine ökologische Wiederherstellung der Agrarlandschaft aufzuwenden, so sollte »nur« der Inhalt der Tätigkeiten ausgetauscht werden, an die Struktur der Finanzströme und die institutionellen Gegebenheiten könnte unmittelbar angeknüpft werden.

9.5.4 Finanzierungsaspekte

Nach den Ausführungen von Kapitel 7.3 kommen in der Reihenfolge ihrer Vorrangigkeit Effizienzgewinne, d.h. die Korrektur von Mittelfehlverwendungen, Umwidmung bestehender Mittel aus weniger wichtigen Gebieten und Neuakquisitionen in Frage. Zwischen den ersten beiden ist in konkreten Fällen oft schwer zu unterscheiden. Bei verschiedenen Gelegenheiten wurde oben deutlich, daß infolge massiver bestehender Fehlallokationen der Spielraum für Effizienzverbesserungen und Umwidmungen so groß ist, daß zusätzliche Mittel möglicherweise nur in geringerem Umfang benötigt und daß die in Kapitel 6.3.2 beschriebene, latent vorhandene Zahlungsbereitschaft der Bevölkerung nicht oder nur teilweise beansprucht zu werden braucht. In allen Finanzierungsfragen sind jedoch pragmatische Überlegungen auf administrativen, politischen und fiskalischen Gebieten von vorrangiger Bedeutung; auf einige sei im folgenden abschließend kurz eingegangen.

EG-Marktordnungsmittel: Diese werden in der Übersicht 25 mit über 11 Mrd. DM für die Bundesrepublik Deutschland 1988 beziffert. Die Reduktion auf etwa 8 Mrd. DM im Jahre 1989 scheint nur vorübergehender Natur zu sein, da der Soll-Betrag für 1990 wieder mit ca. 12 Mrd. DM beziffert wird (STAT. JAHRBUCH ELF 1990, Tab. 210, p. 163). Der größere Teil dieser Ausfuhrerstattungen, Lagerhaltungskosten und Beihilfen ist als pure Verschwendung anzusehen, so daß eine Umlenkung für ökologische Ziele auf Anhieb gerechtfertigt erscheint. Ob dies bei der verwickelten Interessenlage der EG und ihrer Mitgliedsländer administrierbar ist, ist eine andere Frage. Dennoch sollte gefordert werden, zumindest einen Teil der Mittel in die in Kapitel 9.4 näher charakterisierten Ausgleichszahlungen umzulenken. Zur Begründung ist anzuführen, daß Ausgleichszahlungen mit dem Ziel der Produktionsvermeidung ex ante denselben Marktstützungseffekt hervorrufen wie die Überschußbewältigungsmaßnahmen und dabei noch wesentliche Kostenkomponenten, wie Lagerhaltung usw. einsparen helfen. Auch die Intention, die landwirtschaftlichen Einkommen zu stützen, ist in beiden Fällen dieselbe. Soweit die Umwidmung gelänge, würden die Ausgleichszahlungen im Endeffekt aus der Mehrwertsteuer, dem heute wichtigsten Instrument zur Finanzierung des EG-Haushalts, erhoben. Es ist daran zu erinnern, daß den Ausgleichszahlungen keine Leistungen entsprechen, sie sind ein reines »Geschenk«. Die große Mehrheit der Mehrwertsteuerzahlenden würde den betroffenen Landwirten aus einer kurz- bis höchstens mittelfristigen Verlegenheit helfen, was verteilungspolitisch zu rechtfertigen ist, zumindest keine Verschlechterung des Status quo (Überschußfinanzierung) darstellen würde. Auf die Dauer müssen die Ausgleichszahlungen durch Strukturwandlungen entbehrlich gemacht werden, womit auch der EG-Haushalt gesundzuschrumpfen wäre. Der häufige Einwand, Ausgleichszahlungen müßten sofort gezahlt werden, während die dazu korrespondierende Entlastung bei der Überschußverwaltung erst mit einer Zeitverzögerung eintrete, ist wenig triftig, da derartigen Liquiditätsengpässen stets auf dem Kreditwege begegnet werden könnte.

Anders als noch vor wenigen Jahren gewinnt auch in der EG-Administration die Perspektive, Überschüsse ex ante durch produktionsneutrale Transferzahlungen zu vermeiden, anstatt sie erst entstehen zu lassen, um sie dann mit großen Mühen zu verwalten, immer mehr Anhänger. Insofern erscheint der Vorschlag, Ausgleichszahlungen aus eingesparten Interventionsmitteln zu finanzieren, durchaus nicht mehr realitätsfern, wenn sich vielleicht auch keine »reine« Version, sondern eher pragmatische Mischformen mit anderen Maßnahmen durchsetzen werden.

Mittel der nationalen Agrarstrukturpolitik: Zu ihnen (vgl. Übersichten 27 und 28) ist voranstehend im Zusammenhang mit der Flurbereinigung das wesentliche ausgeführt worden. Es ist davon auszugehen, daß bisher investiv verwendete Mittel diesen Charakter behalten und nicht ohne weiteres in Entlohnungen für Pflegeleistungen oder für Pachtzahlungen umgewandelt werden können. Werden heutige investive Ausgaben (vor allem der Flurbereinigung) mit den äußerst bescheidenen Ansprüchen auf diesem Gebiet in der Übersicht 32 verglichen, so wird deutlich, daß das verfügbare Mittelvolumen die Anforderungen der in jener Studie entwickelten Arten- und Biotopschutzszenarien weit übersteigt. Es könnten also in großem Umfang Renaturierungen auch außerhalb der ökologischen Vorranggebiete finanziert werden in Gestalt von Gewässerrückbauten, Anlage von Strukturelementen usw. Als eine mögliche Finanzquelle für die in der Übersicht 32 angegebenen Arbeitskosten zur Biotoppflege und Aufrechterhaltung der Extensivlandwirtschaft bietet sich eine modifizierte Ausgleichszulage an, die gegenwärtig im Umfang von etwa 700 Mio. DM in sogenannten »benachteiligten Gebieten« verhältnismäßig wahllos und ohne ökologische Umorientierungen nennenswert zu fördern, vergeben wird. Ein wichtiger Posten ist nicht zuletzt das »Einzelbetriebliche Investitionsförderungsprogramm« (Übersicht 27), zu dessen Förderrichtlinien auch Umweltschutzinvestitionen gehören. Aus ihm können wichtige Vorhaben finanziert werden, wie die Umwandlung von Gülle- in Einstreuställe in Streuwiesengebieten, Maßnahmen sehr hohen Standards zum Gewässerschutz, wenn Betriebe an Bachoberläufen liegen, und anderes. Allein zur Finanzierung der in Übersicht 32 ausgewiesenen Flächennutzungskosten (Pachten) ist kein bestehendes institutionelles Vorbild zu erkennen. Hier müßte ein Fonds aus Einsparungen bei anderen Verwendungen gebildet werden. Teilweise und unter gewissen Bedingungen müßten wohl auch die in diesem Buch mehrfach erhobenen Einwände gegen den Flächenankauf (vgl. Kapitel 7.1.6) hintangestellt und Biotope gekauft werden, weil die betreffenden Landwirte zu einer entgoltenen extensiven Bewirtschaftung nicht bereit sind.

Neuakquisition: Diese scheint auf Grund der in hohem Umfang vorhandenen Umwidmungsmöglichkeiten bestehender Mittel kurzfristig kaum erforderlich zu sein. Da fragwürdige Verwendungen von

Mitteln, die aus der latenten Zahlungsbereitschaft der Bevölkerung akquiriert oder gar zwangsweise erhoben werden, dem Ansehen des Naturschutzes schweren Schaden zufügen können, muß auf eine sehr sorgfältige Verwendungsplanung Wert gelegt und müssen Bereiche identifiziert werden, in welche diese Mittel nicht fließen sollten. Es sollte darauf geachtet werden, daß zusätzliche freiwillige oder Pflichtbeiträge keinesfalls dafür verwendet werden, öffentlich geförderte, naturabträgliche Maßnahmen wieder zu korrigieren, auch sollten sie nicht für Ausgleichszahlungen verwendet werden, denen keine Leistungen entsprechen. Die rechnerische Finanzierbarkeit der Ausgleichszahlungen selbst im »großen« Szenario II (Übersicht 31) durch die Zahlungsbereitschaft (Kapitel 6.3.2) ist damit von wenig Belang. Auf die Gefahr hin, den nächstliegenden Problemen sehr weit vorauszugreifen, kann vorgeschlagen werden, die ohne Zeitverzug umzusetzenden Maßnahmen mindestens des Szenarios I in Übersicht 32 durch fiskalische Umschichtungen geeigneter Art zu finanzieren und die zusätzliche Zahlungsbereitschaft erst für die Belange »anzuzapfen«, welche über die Realisierung dieses Pflichtniveaus hinausgehen. Wenn die Bevölkerung zahlungsbereit wünscht, daß außerhalb der Vorranggebiete der Szenarien (9,6 % bzw. 13,6 % der Fläche) die Intensität absinkt, Tierhaltungsformen und Bestandsgrößen geändert, Elemente vorindustrieller Landwirtschaft (bis zum Hahn auf dem Misthaufen) reaktiviert werden usw. – was sämtlich der Natur zugutekommt und speziell die noch nicht auf Roten Listen enthaltenen, aber ebenfalls zurückgegangenen Arten der Agrarlandschaft fördert -, so sollte diesem Wunsch entsprochen und sollten die dazu erforderlichen Mittel gewonnen werden. Bei einer flächendeckenden Realisierung, die sich nicht in Oberflächlichkeiten erschöpft, werden hohe Kosten entstehen. Das sachgerechteste Zwangsfinanzierungsinstrument (falls ein solches erwogen wird), scheint dem Autor aus den in Kapitel 9.3.3 dargelegten Gründen eine »Fleischabgabe« (vgl. HAMPICKE 1990) zu sein.

9.6 Naturschutz und Landwirtschaft – Zusammenfassung

Die Landwirtschaft befindet sich seit Jahrzehnten in einem Umstrukturierungsprozeß zuvor nie gekannter Geschwindigkeit und Intensität, der das Anpassungsvermögen aller Beteiligten, vom praktischen Landwirt bis zum Spitzenpolitiker, chronisch überfordert. Das Ergebnis besteht in Ressourcenfehlleitungen, Einkommensproblemen, gravierender Übernutzung der natürlichen Grundlagen und nicht zuletzt in einem permanenten politischen Klima von Unzufriedenheit und Argwohn, welches der Naturschutz als neuer politischer Faktor am meisten zu spüren bekommt. Der Prozeß ist gekennzeichnet durch eine explosive Ausweitung der biologisch-technischen und mechanisch-technischen Möglichkeiten der Agrarerzeugung mit den Folgen enormer (quantitativer) physischer Leistungssteigerung von Boden, Pflanzen und Tieren und ebenso enormer Arbeitseinsparungen, welche es ermöglichten – aber ökonomisch auch dazu zwangen –, die Zahl der beschäftigten Personen und der Betriebe sehr stark zu verringern. Nach mehrheitlicher Auffassung in der wissenschaftlichen Agrarökonomie sind Überproduktion und Einkommensprobleme in erster Linie dadurch hervorgerufen, daß der Abwanderungsprozeß von Produktionsfaktoren, vor allem Arbeitskraft (»Wachse oder weiche«) immer noch zu langsam voranschritt bzw. -schreitet, teilweise auf Grund mangelnder außerlandwirtschaftlicher Beschäftigungsalternativen. Gegen diese Interpretation sind verschiedene Einwände von auch ökologischem Belang zu erheben, vor allem, was quantitative Ausmaße anbelangt. Jedoch kann am Kern der Theorie kaum vorbeigegangen werden. Ein Ergebnis dieser Entwicklung ist die massive Politisierung des Agrarsektors. Infolge des Versagens regelnder Marktkräfte (bzw. der Nichtakzeptierbarkeit ihrer Konsequenzen) wird das Einkommen der Landwirtschaft durch Absatzgarantien und indirekt durch struktur- und sozialpolitische Dauerinterventionen in nahezu vollständiger Weise künstlich gestaltet. Weil hierbei zu ungeeigneten Mitteln gegriffen wird, ergeben sich Ressourcenfehllenkungen, u.a. in Gestalt von Überschußverwaltungskosten in Milliardenhöhe.

Die ökologischen, insbesondere artenverdrängenden Einflüsse der heutigen Landwirtschaft lassen sich nur vor dem Hintergrund der jahrtausendealten Geschichte der mitteleuropäischen Agrarlandschaft verstehen. Ein großer Teil der als wertvoll angesehenen und mit gefährdeten Arten besiedelten Biotope stellt Relikte mittelalterlicher und neuzeitlich-bäuerlicher Landnutzung dar. Die heutigen artenverdrängenden Einflüsse bestehen überwiegend in der Strukturausräumung durch Flurbereinigungen, der Nivellierung des Wasserhaushalts der Agrarbiotope auf einem mittleren (den Kulturpflanzen zuträglichen) Niveau, der Nivellierung des Nährstoff- (insbesondere Stickstoff-) haushalts auf einem hohen, eutrophen Niveau und in der Dauerbelastung durch toxisch wirkende Substanzen, die Pestizide. Arten- und Biotopschutzmaßnahmen bestehen im allgemeinen in Extensivierungen, wobei allerdings häufig der für einen Erfolg notwendige Grad unterschätzt wird.

Ein wirksamer Arten- und Biotopschutz im Bereich der Landwirtschaft erfordert ein strategisches Gesamtkonzept, in welchem sich Maßnahmen aus den auf absehbare Zeit nicht zu ändernden Umständen auf der einen und den konkreten Zielsetzungen auf der anderen Seite logisch ableiten. Wird davon ausgegangen, daß sich die gesamte Agrarerzeugung auf absehbare Zeit nur um einen mäßigen Betrag senken läßt und daß Maßnahmen zum Erhalt besonders gefährdeter und in ihrer überwiegenden Mehrheit nur bei sehr extensiver Wirtschaftsweise existenzfähiger Arten vordringlich sind, so muß unter den beiden Optionen, die Intensität der Wirtschaftsweise flächendeckend und mäßig oder aber räumlich konzentriert und dort radikal zu senken, die zweite gewählt werden. Es sollten vordringlich besonders wertvolle Biotope und Regionen entwickelt werden, nicht ohne selbstverständlich auch den Rest der Landschaft ökologisch soweit möglich aufzuwerten.

Es führt kein Weg daran vorbei, die Landwirtschaft für Arten- und Biotopschutzbeiträge zu honorieren; zumindest in bestimmten Regionen ist das landwirtschaftliche Berufsbild in Richtung auf eine komplexe Dienstleistung hin zu reformieren, bei welcher die Pflege und Entwicklung ökologischer Werte zumindest den gleichen Rang wie die Producterzeugung erhält. Für die nähere Zukunft sind Ausgleichszahlungen zu leisten, welche im Zuge weiteren funktionierenden Strukturwandels in eine kostenorientierte, finanziell bedeutend weniger belastende Vergütung überführt werden können. Der Naturschutz sollte gegenüber der Betriebsgrößenproblematik weitgehend neutral bleiben und Chancen mit großen und kleinen Betrieben nutzen.

Als Bündel von Sofortmaßnahmen wird die Entwicklung von Biotopen im Umfang von 9,6 % bzw. 13,6 % der Fläche der Bundesrepublik Deutschland (bis 3.10.1990, einschließlich außerlandwirtschaftlicher Flächen) vorgeschlagen, womit nach menschlichem Ermessen ein großer Teil gefährdeter Arten gesichert werden könnte. Dies erfordert Ausgleichszahlungen, weit überwiegend an die Landwirtschaft, im Umfang von etwa 1,5 bzw. 2,4 Mrd. DM pro Jahr. Die tatsächlichen Kosten derartiger Programme ohne die in den Ausgleichszahlungen enthaltenen Transfers liegen grob im Bereich von einer Milliarde DM pro Jahr – es erscheint vertretbar, mit dieser einfachen Faustzahl in politischen Diskussionen zu operieren. Ausgleichszahlungen und Kosten könnten vollständig durch Umwidmung bisher fragwürdig eingesetzter Mittel der EG- und nationalen Agrarpolitik finanziert werden, ohne die in der Bevölkerung vorhandene latente Zahlungsbereitschaft antasten zu müssen. Diese könnte vielmehr für weitergehende Programme mobilisiert werden.

Empfohlene Literatur

Standard-Datengrundlagen jeder Diskussion um das Agrarwesen sind der jährliche AGRARBERICHT DER BUNDESREGIERUNG und das STATISTISCHE JAHR-

BUCH ÜBER ERNÄHRUNG, LANDWIRTSCHAFT UND FORSTEN. Aktueller, gegenüber der Politik kritischer und teilweise detaillierter ist der jährlich im Dezember-Heft der Zeitschrift »Agrarwirtschaft« erscheinende Bericht »Die landwirtschaftlichen Märkte an der Jahreswende« des Instituts für landwirtschaftliche Marktforschung der FAL. Einen hervorragenden gedrängten Überblick zur historischen Entwicklung gibt DIERCKS (1986, Kap. 2), die Zeit zwischen 1950 und 1975 ist in TANGERMANN (1976) dokumentiert.

Die Zeit der großen Lehrbücher zur Agrarpolitik und Agrargeschichte scheint leider vorüber zu sein, die jüngsten sind ABEL (1967) und ABEL (1974). Eine noch heute mit großem Gewinn zu lesende Grundlegung der landwirtschaftlichen Betriebslehre ist BRINKMANN (1922). Moderne Lehrbücher der Betriebswirtschaftslehre und angrenzender Gebiete sind KÖHNE (1987a), REISCH & ZEDDIES (1983) und STEINHAUSER et al. (1982), und der Marktlehre (einschließlich Faktormärkte) KOESTER (1981), WÖHLKEN (1984) und HENZE (1987). Die in Kapitel 9.1.5 skizzierte neoklassische Theorie des Agrarsektors ist am besten dokumentiert in einer Reihe von Artikeln aus der Zeit, in der sich die deutsche Agrarökonomie ihr zuwandte, wie HANAU (1958), WEINSCHENCK & HENRICHSMEYER (1970), HENRICHSMEYER (1971), HEIDHUES & TANGERMANN (1972) und SCHMITT (1972). Eine Lektüre lohnt sich noch heute, moderne, teils pointierte Kurzdarstellungen sind PRIEBE (1985), BARTLING (1987) und SCHMITT (1989).

Im Gegensatz zu anderen Umweltproblemen (vgl. Kapitel 7.3.7) hat sich die sektorale Agrarökonomie und -politikwissenschaft mit Fragen des Arten- und Biotopschutzes erst sehr wenig befaßt, mit Ausnahme von WEINSCHENCK (1986). Eine sehr interessante, hier leider kaum zitierte Pionierstudie aus Großbritannien, in der erstmalig ökonomisch zum Naturschutz Stellung genommen und der negative Einfluß der Agrarprotektion hervorgehoben wurde, ist BOWERS & CHESHIRE (1983). Auf die dort durchgeführten, methodisch überzeugenden Kosten-Nutzen-Analysen (z.B. TURNER et al 1983, WILLIS & BENSON 1988) ist schon in den Kapiteln 6 und 7 hingewiesen worden.

Die Geschichte der mitteleuropäischen Agrarlandschaft ist am konzentriertesten im ersten Kapitel von ELLENBERG (1986) dargestellt. Ansonsten ist zur Ökologie auf die Literatur am Schluß von Kapitel 3 hinzuweisen, ergänzend seien DIERCKS (1986) und das Gutachten des RATES VON SACHVERSTÄNDIGEN FÜR UMWELTFRAGEN (RSU 1985) genannt.

10 Nachwort

Wir sind am Ende unserer Reise durch die Problemlandschaft. Jede Leserin und jeder Leser werden Einzelheiten (oder mehr als das) gefunden haben, denen sie widersprechen möchten. Das ist normal und richtig – Bücher, denen man in allem zustimmen muß, sind langweilig. Wir haben bei unserer ökonomischen tour d'horizon durch Theorie und Praxis vielleicht noch keine Beweise, aber erdrükkende Indizien dafür gefunden, daß der heutige Grad der Artenverdrängung und Biotopzerstörung – sowohl weltweit als auch in Mitteleuropa – keinesfalls durch ökonomische Zwänge unausweichlich diktiert ist. Im Gegenteil reflektiert er durchweg unökonomisches Verhalten. Würde die menschliche Praxis so aussehen, wie sie die vielgescholtene ökonomische Theorie höherer Qualität in Verbindung mit elementaren ethischen Regeln nahelegt, so wäre der Zustand der Natur ein anderer.

Ein erheblicher Teil der Naturzerstörung ließe sich durch die Unterlassung von Aktivitäten vermeiden, welche schon unabhängig von ihrem ökologischen Aspekt unwirtschaftlich und insbesondere als Fehlleitungen öffentlicher Mittel wegen zu geringer Kontrolle anzusehen sind; wir haben zahlreiche Beispiele kennengelernt. Ein weiterer Teil käme durch schlichtes, ganz oder fast kostenloses Umdenken zum Stillstand, durch die Änderung von Praktiken (übrigens auch im privaten Bereich), die sich durch nichts anderes rechtfertigen als den Spruch, daß man es »schon immer so« gemacht habe. Darüber hinaus bestehen umfangreiche Möglichkeiten, die Natur zu entlasten und ihre Vielfalt wieder zu erhöhen, welche zwar nicht »umsonst« sind, deren Kosten jedoch im Vergleich zu den Summen, welche auf beliebigen Gebieten täglich in Politik und Medien beschworen werden, vollständig trivial erscheinen. Durch die Ausschöpfung allein dieser drei Chancen sollte es möglich sein, wenigstens den bisher steil nach unten weisenden Trend der Arten- und Biotopzerstörung zu stoppen und eine Stabilisierung zu erreichen.

Dieses optimistische Resumée ist nicht mißzuverstehen. Es ist möglich und ökonomisch, die durch die bisherige Evolution entstandene ökologische Substanz – dazu gehört nicht allein, jedoch auch die Artenausstattung – in ihrem Kern vor der Vernichtung zu bewahren. Das sollten wir auch als erstes anstreben. Darüber hinaus kann es schnell teuer werden. Wer die Verhältnisse von 1850 nicht nur exemplarisch wiederherstellen möchte, muß auch zum damaligen Lebensstil zurück. Sie oder er sollte nicht allein (mit Recht) alternative Agrarmethoden fordern, sondern den Leuten sagen, daß die Wurstportionen gekürzt werden. Zur flächendeckenden Blumenbuntheit gehört, an manchen Sonntagen ein altes Huhn im Topf anstatt jeden Tag Koteletts auf dem Teller zu haben. Wir haben volkswirtschaftliche Kosten dieser Größenordnung in diesem Buch nicht nur deshalb nicht untersucht, weil es näherliegende Probleme gibt, sondern auch, weil die ökonomische Theorie kein geeignetes Instrument zur Analyse großer kultureller Umorientierungen ist. Ökonomisch kann man nur sagen, daß bei Forderungen und Versprechungen auf die Kosten geblickt werden sollte.

Unser Optimismus muß auch aus anderen Gründen bescheiden bleiben. Mehrfach ist darauf hingewiesen worden, daß die These von der Kostengünstigkeit ökologischer Verbesserungen unter der Bedingung gilt, daß nicht alle Anstrengungen durch eine diffuse, kaum greifbare Zugrunderichtung der Biosphäre durch Luftverschmutzung, Klimakollaps oder vielleicht (dies ist zwar nicht die Überzeugung des Autors) allein durch die bloße Anzahl der Menschen unterminiert werden. Man ertappt sich schon bei dem Gedanken, daß der Dampfer auf Grund seiner bloßen Trägheit und unbeeinflußbar auf die Felsen zuhält, an denen er zerschellen wird. Auch hierzu kann man nur sagen: Wenn überhaupt etwas den Dampfer aufhalten kann, so ist es die Vernunft. Vielleicht hat dieses Buch manche Leserinnen und Leser, welche die Ökonomie als rücksichtslose »Bereicherungswissenschaft« (F. ENGELS) kannten, davon überzeugt, daß es auch eine Ökonomie gibt, die von Klarsicht, Rationalität und Vernunft handelt.

Literaturverzeichnis

Wenn es sich bei einem Literaturhinweis um einen Auszug aus einem größeren Werk handelt, so wird hier auf den Autor bzw. Herausgeber des betreffenden Hauptwerkes verwiesen.
  Beispiel: CALLICOTT, J. B. (1986): On the Intrinsic Value of Nonhuman Species. In: B. G. NORTON (Ed.), pp. 138–172.
Der Buchtitel steht also unter NORTON, B. G. (Ed.) (1986): The Preservation of Species. Princeton (University Press), 305 pp.

ABEL, W. (1967): Agrarpolitik. Göttingen (Vandenhoeck & Ruprecht), 477 pp.
ABEL, W. (1974): Massenarmut und Hungerkrisen im vorindustriellen Europa. Hamburg und Berlin (Parey), 423 pp.
ALTSCHUL, S. V. REIS (1973): Drugs and Foods From Little-Known Plants. Cambridge, Mass. London (Harvard University Press), 366 pp.
AMACHER, R.C., R.D. TOLLISON & T.D. WILLETT (1972): The Economics of Fatal Mistakes: Fiscal Mechanisms for Preserving Endangered Predators. Public Policy 20: 411–441.
ARNDT, U., W. NOBEL & B. SCHWEIZER (1987): Bioindikatoren. Möglichkeiten, Grenzen und neue Erkenntnisse. Stuttgart (Ulmer), 388 pp.
ARROW, K.J. & A.C. FISHER (1974): Environmental Preservation, Uncertainty and Irreversibility. Quarterly Journal of Economics 88: 312–319.
ATTFIELD, R. (1983): The Ethics of Environmental Concern. Oxford (Blackwell), 220 pp.
BACHMURA, F.T. (1971): The Economics of Vanishing Species. Natural Resources Journal 11: 674–692.
BALANDRIN, M.F., J.A. KLOCKE, E.S. WURTELE & W.H. BOLLINGER (1985): Natural Plant Chemicals: Sources of Industrial and Medicinal Materials. Science 228: 1154–1160.
BARBIER, E.B. (1989): Economics, Natural Resources Scarcity and Development. Conventional and Alternative Views. London (Earthscan), 223 pp.
BARBIER, E.B., J.C. BURGESS & A. MARKANDYA (1991): The Economics of Tropical Deforestation. Ambio 20: 55–58.
BARBORAK, J.R. & G.C. GREEN (1987): Implementing the World

Conservation Strategy: Success Stories from Central America and Colombia. In: D.D. SOUTHGATE & J.F. DISINGER (Eds.), pp.139–149.

BARINAGA, M. (1990): Where have all the Froggies Gone? Science 247: 1033–1034.

BARRY, B. (1983): Intergenerational Justice in Energy Policy. In: D. MCLEAN & P.G. BROWN (Eds.): Energy and the Future. Totowa, New Jersey (Rowman and Littlefield), pp. 15–30.

BARSTOW, R. (1986): Non-Consumptive Utilization of Whales. Ambio 15: 155–163.

BARTLING, H. (1987): EG-Agrarreform. Wirtschaftswissenschaftliches Studium 16: 105–112.

BATIE, S.S. & C.C. MABBS-ZENO (1985): Opportunity Costs of Preserving Coastal Wetlands: A Case Study of a Recreational Housing Development. Land Economics 61: 1–9.

BAUER, S. & G. THIELCKE (1982): Gefährdete Brutvogelarten in der Bundesrepublik Deutschland und im Land Berlin: Bestandsentwicklung, Gefährdungsursachen und Schutzmaßnahmen. Die Vogelwarte 3: 183–391.

BAUERLE, B., D.L. SPENCER & W. WHEELER (1975): The Use of Snakes as a Pollution Indicator Species. Copeia 2/1975: 376–378.

BECK, G. (1990): Naturschutz – aus ökonomischer Sicht. Diplomarbeit TU Berlin, 90 pp. + Anhang.

BELLMANN, H. (1985): Heuschrecken. Melsungen (Neumann-Neudamm), 216 pp.

BENKERT, W. (1987): Die Bedeutung des Gemeinlastprinzips in der Umweltpolitik. Zeitschrift für Umweltpolitik und Umweltrecht 9: 213–229.

BENNETT, E. (1978): Threats to Crop Plant Genetic Resources. In: J.G. HAWKES (Ed.): Conservation and Agriculture. London (Duckworth), pp. 113–122.

BERGSTROM, J.C., J.R. STOLL, J.P. TITRE & V.L. WRIGHT (1990): Economic Value of Wetlands-Based Recreation. Ecological Economics 2: 129–147.

BIRNBACHER, D. (Hrsg.) (1980): Ökologie und Ethik. Stuttgart (Reclam), 252 pp.

BIRNBACHER, D. (1980 a): Sind wir für die Natur verantwortlich?. In: Derselbe (Hrsg.), pp. 103–139.

BIRNBACHER, D. (1988): Verantwortung für zukünftige Generationen. Stuttgart (Reclam), 297 pp.

BISHOP, R.C. (1978): Endangered Species and Uncertainty: The Economics of a Safe Minimum Standard. American Journal of Agricultural Economics 61: 10–18.

BISHOP, R.C. (1980): Endangered Species: an Economic Perspective. Transactions of the 45th North American Wildlife and Natural

Resources Conference. Washington D.C. (Wildlife Management Institute), pp. 208–218.
BISHOP, R.C. (1982): Option Value. An Exposition and Extension. Land Economics 58: 1–15.
BLAB, J. (1986): Grundlagen des Biotopschutzes für Tiere. Greven Bonn-Bad Godesberg (Kilda), 2. Aufl., 257 pp.
BLAB, J. & E. NOWAK (Hrsg.) (1989): Zehn Jahre Rote Liste gefährdeter Tierarten in der Bundesrepublik Deutschland. Situation, Erhaltungszustand, neuere Entwicklungen. Bonn-Bad Godesberg Greven (Bundesforschungsanstalt für Naturschutz und Landschaftsökologie, Kilda-Verlag), 321 pp. Schriftenreihe für Landschaftspflege und Naturschutz, H. 29.
BLAB, J., E. NOWAK, W. TRAUTMANN & H. SUKOPP (Hrsg.) (1984): Rote Liste der gefährdeten Tiere und Pflanzen in der Bundesrepublik Deutschland. Greven (Kilda), 4. Aufl., 270 pp.
BLAB, J., R. BLESS, E. NOWAK & G. RHEINWALD (1989): Veränderungen und neuere Entwicklungen im Gefährdungs- und Schutzstatus der Wirbeltiere in der Bundesrepublik Deutschland. In: J. BLAB & E. NOWAK (Hrsg.) pp.9–37.
BLAB, J., R. FORST, C. KLÄR, G. NICLAS, H. WEY & G. WOITHE (1991): Förderprogramme zur Errichtung und Sicherung schutzwürdiger Teile von Natur und Landschaft mit gesamtstaatlich repräsentativer Bedeutung. Natur und Landschaft 66: 3–9.
BODENHEIMER, F.S. (1951): Insects as Human Food. The Hague (Junk), 352 pp.
BÖVENTER, E.V. (1988): Einführung in die Mikroökonomie. München Wien (Oldenbourg), 5. Aufl., 339 pp.
BOHN, U., K. BÜRGER & H.-J. MADER (1989): Leitlinien des Naturschutzes und der Landschaftspflege. Natur und Landschaft 64: 379–381.
BONUS, H. (1980): Öffentliche Güter und der Öffentlichkeitsgrad von Gütern. Zeitschrift für die gesamte Staatswissenschaft 136: 50–81.
BONUS, H. (1981): Instrumente einer ökologieverträglichen Wirtschaftspolitik. In: H.C. BINSWANGER, H. BONUS & M. TIMMERMANN: Wirtschaft und Umwelt. Stuttgart u.a. (Kohlhammer), pp. 84–163.
BONUS, H. (1981 a): Emissionsrechte als Mittel der Privatisierung öffentlicher Ressourcen aus der Umwelt. In: L. WEGEHENKEL (Hrsg.), pp. 54–77.
BONUS, H. (1986): Eine Lanze für den »Wasserpfennig«. Wider die Vulgärform des Verursacherprinzips. Wirtschaftsdienst 1986/IX: 451–455.
BOULDING, K.E. (1976): Ökonomie als Wissenschaft. München (Piper), 163 pp. Original: Economics as a Science. New York u.a. 1970.

BOWERS, J. (1988): Farm Incomes and the Benefit of Environmental Protection. In: D. COLLARD et al. (Eds.), pp. 161–171.
BOWERS, J. (1988a): Cost-Benefit-Analysis in Theory and Practice: Agricultural Land Drainage Projects. In: R.K. TURNER (Ed.)(1988a), pp. 265–269.
BOWERS, J.K. & P. CHESHIRE (1983): Agriculture, the Countryside and Land Use. London New York (Methuen), 170 pp.
BOYLE, K.J. & R.C. BISHOP (1985): The Total Value of Wildlife Resources: Conceptual and Empirical Issues. Invited Paper, Association of Environmental and Resource Economists Workshop on Recreational Demand Modeling. Boulder, Colorado, May 17–28, 42.
BRAHAM, H.W. (1984): The Status of Endangered Whales: An Overview. Marine Fisheries Review 46: 2–64.
BRINKMANN, T. (1922): Die Oekonomik des landwirtschaftlichen Betriebs. In: Grundriß der Sozialökonomik, VII. Abteilung, Land- und Forstwirtschaftliche Produktion und Versicherungswesen. Tübingen (Mohr), pp. 27–124.
BROGGI, M.F. & H. SCHLEGEL (1989): Mindestbedarf an naturnahen Flächen in der Kulturlandschaft. Dargestellt am Beispiel des schweizerischen Mittellandes. Zürich (Büro für Siedlungs- und Umweltplanung), 180 pp.
BROOKSHIRE, D.S., L.S. EUBANKS & A. RANDALL (1983): Estimating Option Prices and Existence Values for Wildlife Resources. Land Economics 59: 1–15.
BROWN, G. JR. & J.H. GOLDSTEIN (1984): A Model for Valuing Endangered Species. Journal of Environmental Economics and Management 11: 303–309.
BROWN, G. & W. HENRY (1989): The Economic Value of Elephants. London (London Environmental Economics Centre), LEEC Discussion Paper 89-12, 18 pp. + Anhang.
BUCHANAN, J.M. (1975): The Limits of Liberty. Between Anarchy and Leviathan. Chicago London (University of Chicago Press), 210 pp.
BURSCHEL, P. (1987): Der Wald von Morgen. Allgemeine Forstzeitschrift 42: 1162–1165.
BURSCHEL, P. & J. HUSS (1987): Grundriß des Waldbaus. Hamburg und Berlin (Parey), 352 pp.
BUSCHBACHER, R.J. (1986): Tropical Deforestation and Pasture Development. BioScience 36: 22–28.
CALLICOTT, J.B. (1986): On the Intrinsic Value of Nonhuman Species. In: B.G. NORTON (Ed.), pp. 138–172.
CARELL, B., S. FORBERG, E. GRUNDELIUS, L. HENRIKSON, A. JOHNELS, U. LINDH, H. MUTVEI, M. OLSSON, K. SVÄRDSTRÖM & T. WESTMARK (1987): Can Mussel Shells Reveal Environmental History? Ambio 16: 2–10.

CICCHETTI, C.J. & A.M. FREEMAN (1971): Option Demand and Consumer Surplus: Further Comment. Quarterly Journal of Economics 85: 528–539.

CIRIACY-WANTRUP, S.V. (1952): Resource Conservation Economics and Politics. Berkeley and Los Angeles (University of California Div. of Agricult. Sciences), 395 pp.

CLARK, C.W. (1976): Mathematical Bioeconomics: The Optimal Management of Renewable Resources. New York u.a. (John Wiley), 352

CLAWSON, M. & J.L. KNETSCH (1963): Outdoor Recreation Research: Some Concepts and Suggested Areas of Study. Natural Resources Journal 3: 250–275.

COASE, R. (1960): The Problem of Social Cost. Journal of Law and Economics 3: 1–44.

COLLARD, D., D. PEARCE & D. ULPH (Eds.) (1988): Economics, Growth and Sustainable Environments. Essays in Memory of RICHARD LECOMBER. Basingstoke London (Macmillan), 205 pp.

COLLINS, N. M., J. A. SAYER & T. C. WHITMORE (Eds.) (1991): The Conservation Atlas of Tropical Forests. Asia and the Pacific. London Basingstoke (Macmillan, IUCN), 256 pp.

CORNES, R. & T. SANDLER (1986): The Theory of Externalities, Public Goods and Club Goods. Cambridge, U.K. u.a. (Cambridge University Press), 303 pp.

COSTANZA, R. & H.E. DALY (1987): Toward an Ecological Economics. Ecological Modelling 38: 1–7.

CUMMINGS, R.G., D.S. BROOKSHIRE & W.D. SCHULZE (1986): Valuing Public Goods. An Assessment of the Contingent Valuation Method. Totowa, N.J. (Rowman & Allanheld), 270 pp.

DAPPER, H. (1987): Liste der Arzneipflanzen Mitteleuropas. Berlin (Innova-Verlag), 73 pp.

DASGUPTA, A.K. & D.W. PEARCE (1978): Cost-Benefit Analysis, Theory and Practice. London Basingstoke (Macmillan), 270 pp.

DECKER, D. J. & G. R. GOFF (Eds.) (1987): Valuing Wildlife. Economic and Social Perspectives. Boulder London (Westview Press), 424 pp.

DIAMOND, J.M. (1984): Historic Extinctions: A Rosetta Stone for Understanding Prehistoric Extinctions. In: P.S. MARTIN & R.G. KLEIN (Eds.), pp. 824–862.

DIAMOND, J. (1986): The Design of a Nature Reserve System for Indonesian New Guinea. In: M.E. SOULÉ (Ed.), pp. 485–503.

DIERCKS, R. (1986): Alternativen im Landbau. Stuttgart (Ulmer), 379 pp.

DIERSSEN, K. (1989): Extensivierung und Flächenstillegung – Naturschutzkonzepte in der Agrarlandschaft im Widerstreit zwischen Pflegenutzung und spontaner Entwicklung. Grüne Mappe 1989: 18–24 (Landesnaturschutzverband Schleswig-Holstein).

DIXON, J.A. & P.B. SHERMAN (1991): Economics of Protected Areas. Ambio 20: 68–74.

DUKE, J.A. (1976): Economic Appraisal of Endangered Plant Species. Phytologica 34: 21–27.

EBEL, F. & A. HENTSCHEL (1987): Neue Wege des Naturschutzes in Nordrhein-Westfalen im Vergleich mit Naturschutzprogrammen anderer Bundesländer. Berichte über Landwirtschaft 65: 412–434.

EBENROTH, C.T. & S. BÜHLER (1990): Verschuldungskrise und Umweltschutz – Debt-for-Nature-Swaps, eine Lösung für zwei Probleme? Natur und Recht 6/1990: 260–266.

EHRENFELD, D. (1976): The Conservation of Non-Resources. American Scientist 64: 648–656.

EHRLICH, P. & A. EHRLICH (1981): Extinction. The Causes and Consequences of the Disappearance of Species. New York (Random House), 305 pp. Deutsch: Der lautlose Tod. Frankfurt a.M. (Fischer) 1983, 373 pp.

EISSLER, K.R. (1987): Goethe. Eine psychoanalytische Studie 1775–1786. München (DTV), 2 Bde, zus. 1802 pp. Original: Goethe. A Psychoanalytic Study. Detroit (Wayne Univ. Press) 1963.

ELLENBERG, H. (1952): Wiesen und Weiden und ihre standörtliche Bedeutung. Stuttgart Ludwigsburg (Ulmer), 143 pp.

ELLENBERG, H. (1986): Vegetation Mitteleuropas mit den Alpen. Stuttgart (Ulmer), 4. Aufl., 989 pp.

ELLENBERG, H. JUN. (1989): Eutrophierung – das gravierendste Problem im Naturschutz? NNABer. 2: 4–13. Norddeutsche Naturschutzakademie Schneverdingen.

ELLIOT, R. & A. GARE (Eds.) (1983): Environmental Philosophy. Milton Keynes (The Open University Press), 303 pp.

ELLIOTT, D.K. (Ed.) (1986): Dynamics of Extinction. New York u.a. (John Wiley), 294 pp.

ELTRINGHAM, S.K. (1984): Wildlife Resources and Economic Development. Chichester u.a. (John Wiley), 325 pp.

ENDRES, A. (1985): Umwelt- und Ressourcenökonomie. Darmstadt (Wissenschaftliche Buchgesellschaft), 193 pp. (Erträge der Forschung 229).

FARNSWORTH, N.R. (1988): Screening Plants for New Medicines. In: E.O. WILSON (Ed.), pp. 83–97.

FARNSWORTH, N.R. & D.D. SOEJARTO (1985): Potential Consequence of Plant Extinction in the United States on the Current and Future Availability of Prescription Drugs. Economic Botany 39: 231–240.

FAVRE, D.S. (1989): International Trade in Endangered Species. A Guide to CITES. Dordrecht u.a. (Martinus Nijhoff), 415 pp.

FEARNSIDE, P.M. (1990): The Rate and Extent of Deforestation in Brazilian Amazonia. Environmental Conservation 17: 213–226.

FEINBERG, J. (1980): Die Rechte der Tiere und zukünftiger Generationen. In: D. BIRNBACHER (Hrsg.), pp. 140–179.
FESTL, J. (1980): Kosten-Nutzen-Analyse von Meliorationen und Kultivierung. Dissertation Hohenheim, 200 pp.
FISHER, A.C. & J.V. KRUTILLA (1974): Valuing Long Run Ecological Consequences and Irreversibilities. Journal of Environmental Economics and Management 1: 96–108.
FISHER, A.C. & W.M. HANEMANN (1985): Endangered Species: The Economics of Irreversible Damage. In: D.O. HALL, N. MYERS & N.S. MARGARIS (Eds.): Economics of Ecosystem Management. Dordrecht u.a. (Junk Publ.), pp. 129–138.
FISHER, A.C. & W.M. HANEMANN (1986): Option Value and the Extinction of Species. In: V.K. SMITH (Ed.): Advances in Applied Micro-Economics. Greenwich, Conn. London (JAI Press), Vol. 4: 169–190.
FITZGERALD, S.G. (1986): World Bank Pledges to Protect Wildlands. BioScience 36: 712–715.
FONTANE, T. (1931): Frau Jenny Treibel. Romane, Zweiter Band. Berlin (Karl Voegels Verlag), pp. 257–456.
FRANK, H. (1991): Airborne Chlorocarbons, Photooxidants, and Forest Decline. Ambio 20: 13–18.
FRANKE, W. (1976): Nutzpflanzenkunde. Stuttgart (Thieme), 465 pp.
FRANKEL, O.H. (1970): Variation – the Essence of Life. Proceedings of the Linnean Society of New South Wales 95: 158–169.
FRANKEL, O.H. & M.E. SOULÉ (1981): Conservation and Evolution. Cambridge, U.K. u.a. (Cambridge University Press), 327 pp.
FRASER-DARLING, F. (1980): Die Verantwortung des Menschen für seine Umwelt. In: D. BIRNBACHER (Hrsg.), pp. 9–19.
FREEMAN III, A.M. (1984): The Quasi-Option Value of Irreversible Development. Journal of Environmental Economics and Management 11: 292–295.
FREY, R.L. & H. BLÖCHINGER (1991): Schützen oder Nutzen. Ausgleichszahlungen im Natur- und Landschaftsschutz. Chur Zürich (Rüegger), 168 pp.
GEISER, R. (1989): Spezielle Käfer-Biotope, welche für die meisten übrigen Tiergruppen weniger relevant sind und daher in der Naturschutzpraxis zumeist übergangen werden. Zugleich ein Beitrag zur »Roten Liste gefährdeter Biotope in der BR Deutschland«. In: J. BLAB & E. NOWAK (Hrsg.), pp. 268–276.
GERMANN, D. (1989): Erlauben die defizitären Wirtschaftsergebnisse eine unveränderte Beibehaltung der forstpolitischen Zielsetzung? Ein Diskussionsbeitrag – am Beispiel der Hessischen Landesforstverwaltung. Forstarchiv 60: 219–222.
GÖDDE, H. & D. VÖGELIN (Hrsg.) (1988): Für eine bäuerliche Land-

wirtschaft. Materialien zur Tagung in Bielefeld-Bethel vom 27.-30.1.1988. Kassel, 190 pp. Schriftenreihe des Fachbereichs Stadtplanung/Landschaftsplanung der Gesamthochschule Kassel, Band 14.

GÖDDE, M. (1990): Unternehmen als Sponsoren. Umwelt (VDI) 20: 632–634.

GOLDSTEIN, J.H. (1971): Competition for Wetlands in the Midwest: An Economic Analysis. Baltimore and London (Johns Hopkins University Press for Resources For the Future), 105 pp.

GOODLAND, R.J.A. (1988): A Major New Opportunity to Finance the Preservation of Biodiversity. In: E.O. WILSON (Ed.), pp. 437–445.

GOODMAN, D. (1975): The Theory of Diversity-Stability Relationships in Ecology. Quarterly Review of Biology 50: 237–266.

GREEN, R.M. (1977): Intergenerational Distributive Justice and Environmental Responsibility. BioScience 27: 260–265.

GREFERMANN, K. (1988): Nachwachsende Rohstoffe – Chance für die Agrarwirtschaft? Ifo-Schnelldienst 4/88: 7–14.

HAASE, F. (1991): Entwicklung des ernährungswirtschaftlichen Außenhandels der Bundesrepublik Deutschland. Berichte über Landwirtschaft 69: 199–222.

HABER, W. (1972): Grundsätze einer ökologischen Theorie der Landnutzungsplanung. Innere Kolonisation 21: 294–298.

HAMPICKE, U. (1983): Die voraussichtlichen Kosten einer naturschutzgerechten Landwirtschaft. Landschaft + Stadt 15: 171–183.

HAMPICKE, U. (1985): Die volkswirtschaftlichen Kosten des Naturschutzes in Berlin. Ökonomische Begleitstudie zu den »Grundlagen für das Artenschutzprogramm Berlin«. Berlin (Technische Universität), 545 pp. (Landschaftsentwicklung und Umweltforschung 35).

HAMPICKE, U. (1985a): Die voraussichtlichen Kosten einer naturschutzgerechten Landwirtschaft. Kali-Briefe (Büntehof) 17: 701–714.

HAMPICKE, U. (1987): Naturschutz als ökonomisches Problem. Zeitschrift für Umweltpolitik und Umweltrecht 10: 157–195.

HAMPICKE, U. (1987a): Ökologische Vorgaben für die Agrarökonomie. Umrisse einer Landwirtschaft ohne Ausrottung von Arten. Berlin (Internationales Institut für Umwelt und Gesellschaft), 149 pp. IIUG rep. 87–10.

HAMPICKE, U. (1988): Extensivierung der Landwirtschaft für den Naturschutz – Ziele, Rahmenbedingungen und Maßnahmen. Schriftenreihe Bayerisches Landesamt für Umweltschutz, Heft 84: 9–35.

HAMPICKE, U. (1989): Was darf und was kann monetarisiert werden? In: Möglichkeiten und Grenzen der Monetarisierung von Natur und Umwelt. Schriftenreihe des IÖW 20/88. Berlin (Institut für Ökologische Wirtschaftsforschung), pp. 19–41.

HAMPICKE, U. (1989a): Volks- und betriebswirtschaftliche Kosten des Naturschutzes in der Landwirtschaft und Möglichkeiten der Finanzierung. Laufener Seminarbeiträge 3/87: 60-84 (ANL Laufen/ Salzach).

HAMPICKE, U. (1990): Naturschutzfinanzierung. In: Ganzheitliche Naturschutzpolitik statt Reservatsdenken. Dokumentation einer Anhörung der Grünen im Bundestag. Bonn, pp. 42-62.

HAMPICKE, U. (1990a): Ökologische und ökonomische Probleme der Grünlandextensivierung. Naturschutz in Nordhessen 11/90: 31-46.

HAMPICKE, U. (1990b): Naturschutz als eine regionalwirtschaftliche Option. In: H. DE HAEN & F. ISERMEYER (Hrsg.): Ländlicher Raum im Abseits? Kiel (Vauk) 1990, pp. 178-193.

HAMPICKE, U. (1991): Neoklassik und Zeitpräferenz – der Diskontierungsnebel. In: F. BECKENBACH (Hrsg.): Die ökologische Herausforderung für die ökonomische Theorie. Marburg (Metropolis), pp. 127-149.

HAMPICKE, U., T. HORLITZ, H. KIEMSTEDT, K. TAMPE, D. TIMP & M. WALTERS (1991): Kosten und Wertschätzung des Arten- und Biotopschutzes. Berlin (Erich Schmidt Verlag), 629 pp. + Anhang. Forschungsvorhaben 101 03 110/04 im Auftrag des Umweltbundesamtes. UBA Berichte 3/91.

HANAU, A. (1958): Die Stellung der Landwirtschaft in der sozialen Marktwirtschaft. Agrarwirtschaft 7: 1-15.

HANEMANN, W.M. (1988): Economics and the Preservation of Biodiversity. In: E.O. WILSON (Ed.), pp. 193-199.

HANUSCH, H. (1987): Nutzen-Kosten-Analyse. München (Vahlen), 195 pp.

HARRINGTON, W. & A.C. FISHER (1982): Endangered Species. In: P.R. PORTNEY & R.B. HAAS (Eds.): Current Issues in Natural Resource Policy. Washington D.C. u.a. (Resources For the Future, Johns Hopkins University Press), pp. 117-148.

HARTJE, V.J. (1986): Zur Erhaltung genetischer Ressourcen. Zeitschrift für Wirtschafts- und Sozialwissenschaften 106: 229-252.

HEIDHUES, T. & S. TANGERMANN (1972): Der Einfluß von wirtschaftlichem Wachstum, Inflation und Währungspolitik auf die Landwirtschaft unter EWG-Bedingungen. Agrarwirtschaft 21: 173-181.

HENNING, F.-W. (1978): Landwirtschaft und ländliche Gesellschaft in Deutschland. Band 2: 1750 bis 1976. Paderborn (Schöningh), 315 pp. UTB 774.

HENRICHSMEYER, W. (1971): Der landwirtschaftliche Sektor im wirtschaftlichen Wachstum. Berichte über Landwirtschaft 49: 129-183.

HENRICHSMEYER, W. (1986): Auswirkungen der »neuen EG-Agrarpolitik« auf die deutsche Landwirtschaft. Berichte über Landwirtschaft 64: 361-370.

HENRY, C. (1974): Investment Decisions Under Uncertainty: The »Irreversibility Effect«. American Economic Review 64: 1006–1012.

HENZE, A. (1985): Flächenstillegung mittels finanzieller Anreize als Instrument zur Marktentlastung der EG? Agrarwirtsch. 34: 324–337.

HENZE, A. (1987): Die Produktionsmittel der Landwirtschaft. Theorie der Faktornachfrage, Faktoreinsatz und Faktormärkte. Stuttgart (Ulmer), 200 pp.

HEYDEMANN, B. (1980): Die Bedeutung von Tier- und Pflanzenarten in Ökosystemen, ihre Gefährdung und ihr Schutz. In: ABN (Hrsg.): Jb. Natursch. Landschaftspfl., Band 30, pp. 15–83.

HÖLZINGER, J. (1987): Die Vögel Baden-Württembergs. Bd.1: Gefährdung und Schutz. Teil 1: Artenschutzprogramm Baden-Württemberg, Grundlagen Biotopschutz, pp. 1–722, Teil 2: Artenschutzprogramm Baden-Württemberg, Artenhilfsprogramme, pp. 725–1420, Teil 3: Artenschutzrecht, Historischer Teil, pp. 1421–1800. Karlsruhe Stuttgart (Landesanstalt für Umweltschutz Baden-Württemberg, Ulmer).

HÖTZEL, H.J. (1986): Umweltvorschriften für die Landwirtschaft. Stuttgart (Ulmer), 467 pp.

HOFFMANN, H. & M. WOHLGSCHAFT (1990): Ökonomische Betrachtungen zum Bayerischen Kulturlandschaftsprogramm. Berichte über Landwirtschaft 68: 196–215.

HOLM-MÜLLER, K., H. HANSEN, M. KLOCKMANN & P. LUTHER (1991): Die Nachfrage nach Umweltqualität in der Bundesrepublik Deutschland. Berlin (Erich Schmidt Verlag), 228 pp. + Anhang. UBA-Berichte 4/91.

HUNDSDORFER, M. (1988): Aktive Landschaftspflege. Inhalte, Durchführung, Erhebung von Planungsdaten und Kostenkalkulation. Weihenstephan, 351 pp. TU München, Studien zur Wirtschafts- und Organisationslehre der Landespflege, Heft 2.

HUNDSDORFER, M. (1989): Kostendatei für Maßnahmen des Naturschutzes und der Landschaftspflege. München. Bayerisches Staatsministerium für Landesentwicklung und Umweltfragen, Materialien 55, 30 pp. + Tab.

IMMLER, H. (1989): Vom Wert der Natur. Zur ökologischen Reform von Wirtschaft und Gesellschaft. Natur in der ökonomischen Theorie, Teil 3. Opladen (Westdeutscher Verlag), 346 pp.

JARASS, L., E. NIESSLEIN & G.M. OBERMAIR (1989): Von der Sozialkostentheorie zum umweltpolitischen Steuerungsinstrument. Boden- und Raumbelastung durch Hochspannungsleitungen. Baden-Baden (Nomos), 360 pp.

JEDICKE, E. (1990): Biotopverbund. Stuttgart (Ulmer), 254 pp.

JOHANSSON, P.-O. & K.G. LÖFGREN (1985): The Economics of Forestry and Natural Resources. Oxford (Basil Blackwell), 292 pp.

JONES, G.E. (1987): The Conservation of Ecosystems and Species. London u.a. (Croom Helm), 277 pp.

KANT, I. (1961): Grundlegung der Metaphysik der Sitten. Hrsgg. von T. VALENTINER, Einleitung von H. EBELING. Stuttgart (Reclam), 157 pp. Erstveröffentlichung 1785.

KARL, H. & P. KLEMMER (1988): Ökonomische und ökologische Agrarmarktreform und Ansatzpunkte für die Vergabe von Bewirtschaftungsbeiträgen. Zeitschrift für Umweltpolitik und Umweltrecht 11: 339–359.

KAULE, G. (1986): Arten- und Biotopschutz. Stuttgart (UTB), 461 pp.

KAVKA, G. (1978): The Futurity Problem. In: R.I. SIKORA & B. BARRY (Eds.), pp. 186–203.

KLOCKOW, S. & U. MATTHES (1991): Umweltbedingte Folgekosten im Bereich Freizeit und Erholung. Forschungsvorhaben 101 03 110/06 im Auftrag des Umweltbundesamtes. Projektleitung: Prognos AG. Berlin, Umweltbundesamt Texte 4/91.

KLÖTZLI, F. (1991): Renaturierungen in Mitteleuropa. Garten + Landschaft 2/91: 35–46.

KNEBEL, B. & M. KRAUSE (1989): Gesamtwirtschaftliche Analyse der Flurbereinigung. Diplomarbeit Kassel, 128 pp.

KNETSCH, J.L. & R.K. DAVIS (1966): Comparisons of Methods for Recreation Evaluation. In: A.V. KNEESE & S.C. SMITH (Eds.): Water Research. Baltimore (Johns Hopkins University Press for Resources For the Future), pp. 125–142.

KÖHNE, M. (1987): Auflagen zum Natur- und Wasserschutz: Rechtliche und ökonomische Aspekte der Entschädigung. In: Landwirtschaft und Umwelt. Münster-Hiltrup, pp. 347–360. Schriften der Gesellschaft für Wirtschafts- und Sozialwissenschaften des Landbaues e.V., Bd. 23.

KÖHNE, M. (1987a): Landwirtschaftliche Taxationslehre. Hamburg Berlin (Parey), 248 pp.

KÖNIG, M. (1990): Endgültige Ergebnisse der Flächenstillegung 1988/89 in der Bundesrepublik Deutschland. AID-Informationen 39(27): 1–30.

KÖNIG, M. (1990a): Flächenstillegung – Ergebnisse 1989/90. AID-Informationen 39(28): 1–13.

KÖNIG, M. (1990b): Extensivierung – Förderungsgrundsätze 1990/91. AID-Informationen 39(32): 1–10.

KÖNIG, M. (1991): Flächenstillegungen und Extensivierungen 1990/91 in den fünf neuen Bundesländern. AID-Informationen 40(1): 1–12.

KÖRBER-GROHNE, U. (1988): Nutzpflanzen in Deutschland. Kulturgeschichte und Biologie. Stuttgart (Theiss), 2. Aufl., 490 pp.

KOESTER, U. (1981): Grundzüge der landwirtschaftlichen Marktlehre. München (Vahlen), 292 pp.

KOOPMANS, T.C. (1957): Allocation of Resources and the Price System. In: Derselbe: Three Essays on the State of Economic Science. New York u.a. (McGraw-Hill), pp. 3–126.

KORNECK, D. & H. SUKOPP (1988): Rote Liste der in der Bundesrepublik Deutschland ausgestorbenen, verschollenen und gefährdeten Farn- und Blütenpflanzen und ihre Auswertung für den Arten- und Biotopschutz. Bonn-Bad Godesberg, 210 pp. Bundesforschungsanstalt für Naturschutz und Landschaftsökologie, Schriftenreihe für Vegetationskunde, H. 19.

KRIEGER, M.H. (1973): What's Wrong with Plastic Trees? Science 179: 446–455.

KRUTILLA, J.V. (1967): Conservation Reconsidered. American Economic Review 57: 777–786.

KRUTILLA, J.V. & A.C. FISHER (1975): The Economics of Natural Environments. Studies in the Valuation of Commodity and Amenity Resources. Baltimore London (Johns Hopkins University Press for Resources For the Future), 292 pp.

KÜHLBAUCH, W., U. THOME & A. HENS (1987): Naturschutzauflagen auf Grünland. Wie steht es mit den Folgen? Landwirtschaftszeitung Rheinland 16/1987: 1116–1119.

KUHLMANN, F. & H. MÜLLER (1986): Zur ökonomischen Bewertung von Naturschutzauflagen für den Landwirtschaftsbetrieb. Friedrichsdorf im Taunus (Landwirtschaftsverlag Hessen), 97 pp. + Anhang.

KULIOPULOS, H. (1990): Amazonian Biodiversity. Science 248: 1305.

LEIBUNDGUT, H. (1983): Führen naturnahe Waldbauverfahren zur betriebswirtschaftlichen Erfolgsverbesserung? Forstarchiv 54: 47–51.

LEITZELL, T.L. (1986): Species Protection and Management Decisions in an Uncertain World. In: B.G. NORTON (Ed.), pp. 243–254.

LEOPOLD, A. (1968): The Land Ethic. In: Derselbe: A Sand Country Almanac. Oxford (Oxford University Press), pp. 201–226.

LEWIS, ,W.H. & M.P.F. ELVIN-LEWIS (1977): Medical Botany. Plants Affecting Man's Health. New York u.a. (John Wiley), 515 pp.

LIND, R.C., K.J. ARROW, G.R. COREY, P. DASGUPTA, A.K. SEN, T. STAUFFER, J.E. STIGLITZ, J.A. STOCKFISCH & R. WILSON (1982): Discounting for Time and Risk in Energy Policy. Baltimore London (Johns Hopkins University Press for Resources For the Future), 468 pp.

LOVEJOY, T.E. (1986): Species Leave the Ark One by One. In: B.G. NORTON (Ed.), pp. 13–27.

LYNNE, G.D., P. CONROY & F.J. PROCHASKA (1981): Economic Valuation of Marsh Areas for Marine Production Processes. Journal of Environmental Economics and Management 8: 175–186.

MÄHRLEIN, A. (1990): Einzelwirtschaftliche Auswirkungen von Naturschutzauflagen. Kiel (Vauk), 339 pp. + Anhang.

MANNISON, D.S., A. MCROBBIE & R. ROUTLEY (Eds.) (1980): Environmental Philosophy. Research School of Social Sciences. Canberra (Australian National University), 385 pp.

MARTIN, P.S. (1984): Prehistoric Overkill: The Global Model. In: P.S. MARTIN & R.G. KLEIN (Eds.), pp. 354–403.

MARTIN, P.S. (1986): Refuting Late Pleistocene Extinction Models. In: D.K. ELLIOTT (Ed.), pp. 107–130.

MARTIN, P.S. & R.G. KLEIN (Eds.) (1984): Quarternary Extinctions. A Prehistoric Revolution. Tucson (University of Arizona Press), 892 pp.

MARTINEZ-ALIER, J. (1987): Ecological Economics. Oxford (Basil Blackwell), 286 pp.

MAUCKSCH, W. (1987): Der Naturschutzwert von einigen normalen agrarischen Flurbereinigungsmaßnahmen. Landschaft + Stadt 19: 136–143.

MCNEELY, J. A. (1988): Economics and Biological Diversity: Developing and Using Economic Incentives to Conserve Biological Resources. Gland, Switzerland (IUCN), 236 pp.

MCNEELY, J.A. (1989): How to Pay for Conserving Biological Diversity. Ambio 18: 308–313.

MCNEELY, J.A. & R.J. DOBIAS (1991): Economic Incentives for Conserving Biological Diversity in Thailand. Ambio 20: 86–90.

MELILLO, J.M., C.A. PALM, R.A. HOUGHTON, G.M. WOODWELL & N. MYERS (1985): A Comparison of Recent Estimates of Disturbance in Tropical Forests. Environmental Conservation 12: 37–40.

MILL, J.ST. (1869): Grundsätze der politischen Ökonomie nebst einigen Anwendungen derselben auf die Gesellschaftswissenschaft, übersetzt von A. SOETBEER. Leipzig (Fue's Verlag), 3. deutsche Aufl., Bd. 1: 321 pp., Bd. 2: 295 pp., Bd. 3: 384 pp. Erstveröffentlichung 1848.

MILL, J.ST. (1976): Der Utilitarismus. Übersetzung, Anmerkungen und Nachwort von D. BIRNBACHER. Stuttgart (Reclam), 126 pp. Erstveröffentlichung 1861.

MILLER, J.R. & F.C. MENZ (1979): Some Economic Considerations in Wildlife Preservation. Southern Economic Journal 45: 718–729.

MISHAN, E.J. (1969): Property Rights and Amenity Rights. In: Derselbe: Technology and Growth: The Price We Pay. New York London (Praeger and Staple Press), pp. 36–42.

MISHAN, E.J. (1976): Cost-Benefit Analysis. New and Expanded Edition. New York (Praeger), 454 pp.

MISHAN, E.J. (1981): Introduction to Normative Economics. New York Oxford (Oxford University Press), 548 pp.

MITCHELL, R.C. & R.T. CARSON (1989): Using Surveys to Value Public Goods: The Contingent Valuation Method. Washington D.C. (Resources For the Future), 463 pp.

MÜHLENBERG, M. (1989): Freilandökologie. Heidelberg Wiesbaden (Quelle & Meyer), 2. Aufl., 431 pp. UTB 595.

MÜLLER, A., G. BRIEMLE & H.-G. KUNZ (1987): Grünlandnutzung und Artenvielfalt unter einen Hut gebracht. DLG-Mitteilungen 102: 477–483.

MYERS, N. (1976): An Expanded Approach to the Problem of Disappearing Species. Science 199: 198–202.

MYERS, N. (1977): Discounting and Depletion. The Case of Tropical Forests. Futures 9: 502–509.

MYERS, N. (1979): The Sinking Ark. A New Look at the Problem of Disappearing Species. New York (Pergamon), 308 pp.

MYERS, N. (1980): Conversion of Tropical Moist Forests. Washington, D.C. (National Academy of Sciences), 205 pp.

MYERS, N. (1983): A Wealth of Wild Species. Storehouse for Human Welfare. Boulder (Westview Press), 274 pp.

MYERS, N. (1988): Tropical Forests and their Species. Going, going...? In: E.O. WILSON (Ed.), pp. 28–35.

MYERS, N. (1989): Loss of Biological Diversity and its Potential Impact on Agriculture and Food Production. In: D. PIMENTEL & C.W. HALL (Eds.): Food and Natural Resources. San Diego u.a. (Academic Press), pp. 49–68.

NAESS, A. (1973): The Shallow and the Deep, Long-Range Ecology Movement: a Summary. Inquiry 16: 95–100.

NAGEL, B. (1989): Wirtschaftsrecht II. München Wien (Oldenbourg), 171 pp. Mit einer Einführung in die ökonomische Analyse des Rechts von T. EGER.

NEILL, W.T. (1974): Reptiles and Amphibians in the Service of Man. Indianapolis New York (Pegasus), 248 pp.

NEZADAL, W. (1989): Artenschutzprobleme bei kurzlebigen Pflanzengesellschaften. Schriftenreihe Bayerisches Landesamt für Umweltschutz, Heft 92: 51–59.

NIESSLEIN, E. (1985): Forstpolitik. Hamburg Berlin (Parey), 150 pp.

NORGAARD, R.B. (1987): The Economics of Biological Diversity: Apologetics or Theory? In: D.D. SOUTHGATE & J.F. DISINGER (Eds.), pp. 95–109.

NORTON, B.G. (1982): Environmental Ethics and Nonhuman Rights. Environmental Ethics 4: 17–36.

NORTON, B.G. (1984): Environmental Ethics and Weak Anthropocentrism. Environmental Ethics 6: 131–148.

NORTON, B.G. (Ed.) (1986): The Preservation of Species. Princeton (University Press), 305 pp.

NORTON, B.G. (1986 a): On the Inherent Danger of Undervaluing Species. In: Derselbe (Ed.), pp. 110–137.
NUTZINGER, H.G. & A. ZAHRNT (Hrsg.) (1989): Ökosteuern. Umweltsteuern und -abgaben in der Diskussion. Karlsruhe (C.F. Müller), 359 pp.
OBERMANN, H. (1991): Eingreifen oder laufen lassen – was soll der Naturschutz wollen? NNABer. 3: Norddeutsche Naturschutzakademie Schneverdingen.
OBERNDÖRFER, D. (1989): Schutz der tropischen Regenwälder durch Entschuldung. München (Beck), 78 pp. Schriftenreihe des Bundeskanzleramtes, Bd. 5.
ODUM, E.P. (1971): Fundamentals of Ecology. Philadelphia u.a. (Saunders), 3rd. ed., 574 pp.
O'HARA, S. (1984): Externe Effekte der Stickstoffdüngung. Probleme ihrer Bewertung und Ansätze zu ihrer Verminderung aus ökonomischer Sicht. Kiel (Vauk), 203 pp. + Anhang.
OLDFIELD, M.L. (1984): The Value of Conserving Genetic Resources. Washington, D.C. (U.S. Dept. of the Interior, National Park Service), 359 pp.
PARTRIDGE, E. (Ed.) (1981): Responsibilities to Future Generations. Environmental Ethics. Buffalo (Prometheus Books), 319 pp.
PASSMORE, J. (1980): Man's Responsibility For Nature. Ecological Problems and Western Traditions. London (Duckworth), 2nd ed., 227 pp.
PEARCE, D. (1987): Foundations of an Ecological Economics. Ecological Modelling 38: 9–18.
PEARCE, D.W. & C.A. NASH (1981): The Social Appraisal of Projects. London Basingstoke (Macmillan), 225 pp.
PEARCE, D.W. & R.K. TURNER (1990): Economics of Natural Resources and the Environment. New York u.a. (Harvester Wheatsheaf), 378 pp.
PEARCE, D.W., A. MARKANDYA & E.B. BARBIER (1989): Blueprint For a Green Economy. London (Earthscan), 192 pp.
PEARSALL, S.H. III (1984): In Absentia Benefits of Nature Preserves: A Review. Environmental Conservation 11: 3–10.
PETERS, C.M., A.H. GENTRY & R.O. MENDELSOHN (1989): Valuation of an Amazonian Rainforest. Nature 339: 655–656.
PETERSON, G.L. & A. RANDALL (Eds.) (1984): Valuation of Wildland Resource Benefits. Boulder London (Westview Press), 257 pp.
PISTER, E.P. (1979): Endangered Species: Costs and Benefits. Environmental Ethics 1: 341–352.
PLACHTER, H. (1991): Naturschutz. Stuttgart (Gustav Fischer), 463 pp. UTB 1563.
PLARRE, W. (1985): Die Erhaltung der genetischen Vielfalt von Pflan-

zen und Tieren und ihre Bedeutung für die Zukunft, Teil II. Mensch-Natur-Gesellschaft 2(3): 36–45.

POMMEREHNE, W.W. (1987): Präferenzen für Öffentliche Güter. Tübingen (Mohr), 290 pp.

POMMEREHNE, W.W. & A.U. RÖMER (1988): Ansätze zur Erfassung der Präferenzen für öffentliche Güter. Wirtschaftswissenschaftliches Studium 17: 222–228.

POORE, D., P. BURGESS, J. PALMER, S. RIETBERGEN & I. SYNNOTT (1989): No Timber Without Trees. Sustainability in the Tropical Forest. London (Earthscan) 252 pp.

PORTER, R.C. (1982): The New Approach to Wilderness Preservation Through Benefit-Cost Analysis. Journal of Environmental Economics and Management 9: 59–80.

PRESCOTT-ALLEN, C. & R. PRESCOTT-ALLEN (1986): The First Resource. Wild Species in the North American Economy. New Haven London (Yale University Press), 529 pp.

PRIEBE, H. (1985): Agrarpolitik im Umbruch I und II. WISU 11/85: 555–559 und 12/85: 605–609.

PRINZINGER, R. & R. ORTLIEB (1988): Stillgewässer-Kataster des Landkreises Ravensburg. Ökologie der Vögel 10, Sonderheft 1988, 95 pp. + Abb.

PUTZER, D. (1989): Wirkung und Wichtung menschlicher Anwesenheit und Störung am Beispiel bestandsbedrohter, an Feuchtgebiete gebundener Vogelarten. In: J. BLAB & E. NOWAK (Hrsg.), pp. 169–194.

RANDALL, A. (1986): Human Preferences, Economics and the Preservation of Species. In: B.G. NORTON (Ed.), pp. 79–109.

RANDALL, A. (1987): Resource Economics. New York u.a. (John Wiley), 2nd ed., 434 pp.

RANDALL, A. (1988): What Mainstream Economists Have to Say About the Value of Biodiversity. In: E.O. WILSON (Ed.), pp. 217–223.

RANDALL, A. (1991): The Value of Biodiversity. Ambio 20: 64–68.

RAWLS, J. (1971): A Theory of Justice. Cambridge Mass. (Harvard University Press), 607 pp. Deutsch: Eine Theorie der Gerechtigkeit. Frankfurt a.M. (Suhrkamp), 1975, 674 pp.

REGAN, D.H. (1986): Duties of Preservation. In: B.G. NORTON (Ed.), pp. 195–220.

REICHEL, D. (1989): Bestand und Verluste an Feuchtgebieten in Oberfranken. Schriftenreihe Bayerisches Landesamt für Umweltschutz, Heft 95: 19–24.

REISCH, E. & J. ZEDDIES (1983): Einführung in die landwirtschaftliche Betriebslehre. Band 2.: Spezieller Teil. Stuttgart (Ulmer), 2. Aufl., 445 pp. UTB 617.

Repetto, R. (1990): Die Entwaldung der Tropen: ein ökonomischer Fehlschlag. Spektrum der Wissenschaft, Juni 1990: 122–129.
Repetto, R. & M. Gillis (1988): Public Policies and the Misuse of Forest Resources. Cambridge (U.K.) u.a. (University Press), 432 pp.
Ringler, A. (1987): Gefährdete Landschaft. Lebensräume auf der Roten Liste, eine Dokumentation in Bildvergleichen. München u.a. (BLV), 195 pp.
Ringler, A. (1990): Die Vereinigung als Chance für den deutschen Naturschutz. München (Alpeninstitut), 47 pp.
Röser, B. (1988): Saum- und Kleinbiotope. Landsberg am Lech (ecomed), 258 pp.
Routley, R. & V. Routley (1980): Human Chauvinism and Environmental Ethics. In: D.S. Mannison et al. (Eds.), pp. 96–189.
Ruggieri, G.D. (1976): Drugs from the Sea. Science 194: 491–497.
Ruthsatz, B. (1983): Die Verbreitung unserer heimischen und eingebürgerten Heil- und Giftpflanzen in Mitteleuropa. Göttinger Floristische Rundbriefe 17: 8–23.
Sambraus, H.H. (1989): Atlas der Nutztierrassen. Stuttgart (Ulmer), 3. Aufl., 272 pp.
Samples, K.C., J.A. Dixon & M.M. Gowen (1986): Information Disclosure and Endangered Species Valuation. Land Economics 62: 306–312.
Samuelson, P.A. (1954): The Pure Theory of Public Expenditure. Review of Economics and Statistics 36: 387–389.
Schäfer, A. (1988): Kosten-Nutzen-Analyse. Ex post-Anwendung am Beispiel der Rebflurbereinigung im Kaiserstuhl. Diplomarbeit Kassel, 129 pp.
Scheele, M. & F. Isermeyer (1989): Umweltschutz und Landschaftspflege im Bereich der Landwirtschaft – Kostenwirksame Verpflichtung oder neue Einkommensquelle? Berichte über Landwirtschaft 67: 86–110.
Scheele, M. & G. Schmitt (1986): Der »Wasserpfennig«: Richtungsweisender Ansatz oder Donquichoterie? Wirtschaftsdienst 1986/XI: 570–574.
Schemel, H.-J. (1985): Die Umweltverträglichkeitsprüfung von Großprojekten. Berlin (Erich Schmidt Verlag), 510 pp.
Schemel, H.-J. (1987): Umweltverträgliche Freizeitanlagen. Band 1: Analyse und Bewertung. Berlin (Erich Schmidt Verlag), 257 pp. Umweltbundesamt Berichte 5/87.
Scherzinger, W. (1991): Biotop-Pflege oder Sukzession? Garten + Landschaft 2/91: 24–28.
Schlosser, S. (1982): Heimische Farn- und Blütenpflanzen als Genressource für Forschung und Nutzung. Naturschutzarbeit in den Bezirken Halle und Magdeburg 19: 49–89.

SCHMALENSEE, R. (1972): Option Demand and Consumer's Surplus: Valuing Price Changes Under Uncertainty. American Economic Review 62: 813–824.
SCHMITT, G. (1972): Landwirtschaft in der Marktwirtschaft: Das Dilemma der Agrarpolitik. In: D. CASSEL, G. GUTMANN & H.J. THIEME (Hrsg.): 25 Jahre Marktwirtschaft in der Bundesrepublik Deutschland. Stuttgart (Fischer), pp. 329–350.
SCHMITT, G. (1989): Die volkswirtschaftlichen Kosten der Agrarpolitik. WISU 6/89: 358–362.
SCHONEWALD-COX, C.M., S.M. CHAMBERS, B. MACBRYDE & L. THOMAS (Eds.) (1983): Genetics and Conservation. A Reference For Managing Wild Animal and Plant Populations. Menlo Park, California u.a. (Benjamin/Cummings Publ. Co.), 722 pp.
SCHREIBER, H. (1989): »Debt-for-Nature-Swap« – An Instrument Against Debt and Environmental Destruction? Zeitschrift für Umweltpolitik und Umweltrecht 12: 331–352.
SCHREINER, J. (1987): Der Flächenanspruch im Naturschutz. Berichte der ANL 11: 209–224.
SCHÜLLER, A. (Hrsg.) (1983): Property Rights und ökonomische Theorie. München (Vahlen), 298 pp.
SCHULZ, W. (1985): Der monetäre Wert besserer Luft. Frankfurt a.M. u.a. (Lang), 380 pp.
SCHULZE, W.D., R.C. D'ARGE & D.S. BROOKSHIRE (1981): Valuing Environmental Commodities: Some Recent Experiments. Land Economics 57: 151–172.
SCHUMACHER, W. (1984): Gefährdete Ackerwildkräuter können auf ungespritzen Feldrändern erhalten werden. LÖLF-Mitteilungen 9: 14–20.
SCHWEITZER, A. (1952): Aus meinem Leben und Denken. Hamburg (Meiner), 219 pp.
SCHWEPPE-KRAFT, B., K. HABECK & T. SCHMITZ (1989): Ökonomische Bewertung von Eingriffen in Natur und Landschaft. Am Beispiel Industriegebiet Schichauweg, Berlin (West). Berlin (Technische Universität), 84 pp. (Landschaftsentwicklung und Umweltforschung 60).
SETZER, A.W. & M.C. PEREIRA (1991): Amazonia Biomass Burnings in 1987 and an Estimate of Their Tropospheric Emissions. Ambio 20: 19–22.
SIKORA, R.I. & B. BARRY (Eds.) (1978): Obligations to Future Generations. Philadelphia (Temple University Press), 250 pp.
SIMBERLOFF, D. (1986): Are We on the Verge of a Mass Extinction in Tropical Rain Forests? In: D.K. ELLIOTT (Ed.), pp. 165–178.
SIMBERLOFF, D. (1987): The Spotted Owl Fracas: Mixing Academic, Applied, and Political Ecology. Ecology 68: 766–772.

SMART, J.J.C. (1973): An Outline of a System of Utilitarian Ethics. In: SMART, J. J. C. & B. WILLIAMS: Utilitarianism, For and Against. Cambridge U.K. (University Press), pp. 3–74.

SMITH, A. (1976): An Inquiry into the Nature and Causes of the Wealth of Nations. (Editors: R.H. CAMPBELL, A.S. SKINNER & W.B. TODD). Oxford (Clarendon Press), 2 Bde., zus. 66 + 1080 pp. Erstveröffentlichung 1776.

SMITH, N.J.H. & R.E. SCHULTES (1990): Deforestation and Shrinking Crop Gene-pools in Amazonia. Environment. Conserv. 17: 227–234.

SMITH, V.K. (1983): Option Value: A Conceptual Overview. Southern Economic Journal 49: 654–668.

SOBER, E. (1986): Philosophical Problems for Environmentalism. In: B.G. NORTON (Ed.), pp. 173–194.

SOHMEN, E. (1976): Allokationstheorie und Wirtschaftspolitik. Tübingen (Mohr), 468 pp.

SOULÉ, M.E. (Ed.) (1986): Conservation Biology. The Science of Scarcity and Diversity. Sunderland, Massachusetts (Sinauer), 584 pp.

SOULÉ, M.E. & B.A. WILCOX (Eds.) (1980): Conservation Biology. An Evolutionary-Ecological Perspective. Sunderland, Massachusetts (Sinauer), 395 pp.

SOULÉ, M.E. & B.A. WILCOX (1980a): Conservation Biology: Its Scope and Its Challenge. In: Dieselben (Eds.), pp. 1–8.

SOUTHGATE, D.D. & J.F. DISINGER (Eds.)(1987): Sustainable Resource Development in the Third World. Boulder London (Westview Press), 177 pp.

STEINHAUSER, H., C. LANGBEHN & U. PETERS (1982): Einführung in die landwirtschaftliche Betriebslehre. Band 1: Allgemeiner Teil. Stuttgart (Ulmer), 3. Aufl., 329 pp. UTB 113.

STEINLIN, H. (1987): Kommerzielle Nutzung und Export von Holz aus tropischen Feuchtwäldern. Allgemeine Forst- und Jagd-Zeitung 158: 50–55.

STRÖBELE, W. (1987): Rohstoffökonomik. München (Vahlen), 188 pp.

SWAIN, T. (1972): Plants in the Development of Modern Medicine. Cambridge, Mass. (Harvard University Press), 367 pp.

TAMPE, K. & U. HAMPICKE (1989): Die voraussichtliche Belastung der öffentlichen Haushalte durch Ausgleichszahlungen an die Land- und Forstwirtschaft aufgrund der geplanten Novellierung des § 3b BNatSchG. Gutachten im Auftrag des Bundesministers für Umwelt, Naturschutz und Reaktorsicherheit. Kassel (Gesamthochschule), 39 pp. + Tab.

TANGERMANN, S. (1976): Entwicklung von Produktion, Faktoreinsatz und Wertschöpfung in der deutschen Landwirtschaft seit 1950/51. Agrarwirtschaft 25: 154–164.

TAYLOR, P.W. (1983): In Defense of Biocentrism. Environmental Ethics 5: 237–243.

THIBODEAU, F.R. & B.D. OSTRO (1981): An Economic Analysis of Wetland Protection. J. of Environmental Management 12: 19–30.

THUST, R. & R. REINHARDT (1990): Gefährdungsanalyse (Rote Liste) der Tagfalter Thüringens. Landschaftspflege und Naturschutz in Thüringen 27: 57–74.

TISDELL, C.A. (1982): Wild Pigs: Environmental Pest or Economic Resource? Sydney u.a. (Pergamon Press), 445 pp.

TISDELL, C.A. (1983): An Economist's Critique of the World Conservation Strategy with Examples from the Australian Experience. Environmental Conservation 10: 43–53.

TISDELL, C.A. (1989): Environmental Conservation: Economics, Ecology and Ethics. Environmental Conservation 16: 107–112.

TISDELL, C.A. (1990): Economics and the Debate About Preservation of Species, Crop Varieties and Genetic Diversity. Ecological Economics 2: 77–90.

TOBIAS, D. & R. MENDELSOHN (1991): Valuing Ecotourism in a Tropical Rain-Forest Reserve. Ambio 20: 91–93.

TREPL, L. (1987): Geschichte der Ökologie. Frankfurt a.M. (Athenäum), 280 pp.

TURNER, R.K. (1988): Wetland Conservation: Economics and Ethics. In: D. COLLARD et al. (Eds.), pp. 121–159.

TURNER, R.K. (Ed.) (1988a): Sustainable Environmental Management. London Boulder (Belhaven Press Westview Press), 292 pp.

TURNER, R.K. (1991): Economics and Wetland Management. Ambio 20: 59–63.

TURNER, R.K., D. DENT & R.D. HEY (1983): Valuation of the Environmental Impact of Wetland Flood Protection and Drainage Schemes. Environment and Planning A 15: 871–888.

UNTERBERGER, W. (1983): Liegt in naturgemäßer Waldwirtschaft die Chance zur langfristigen Verbesserung forstlicher Betriebsergebnisse für die Landesforstverwaltung Niedersachsens? Forstarchiv 54: 98–109.

USHER, G. (1974): A Dictionary of Plants Used by Man. New York (Hafner Press), 619 pp.

VOGEL, H. (1988): Naturschutzprogramme mit der Landwirtschaft in der Bundesrepublik Deutschland – Übersicht. In: ABN (Hrsg.): Jb. Natursch. Landschaftspfl., Band 41, pp. 183–195.

WALSH, R.G., J.B. LOOMIS & R.A. GILLMAN (1984): Valuing Option, Existence, and Bequest Demands for Wilderness. Land Economics 60: 14–29.

WARD, N.I. & R.R. BROOKS (1978): Gold in Some New Zealand Plants. New Zealand Journal of Botany 16: 175–177.

WEGEHENKEL, L. (Hrsg.)(1981): Marktwirtschaft und Umwelt. Tübingen (Mohr), 303 pp.
WEGEHENKEL, L. (1981a): Marktsystem und exklusive Verfügungsrechte an Umwelt. In: Derselbe (Hrsg.), pp. 236–270.
WEIDEMANN, H.-J. (1986): Tagfalter, Band 1. Melsungen (Neumann-Neudamm), 288 pp.
WEIDEMANN, H.-J. (1988): Tagfalter, Band 2. Melsungen (Neumann-Neudamm), 372 pp.
WEIGER, H. (1990): Landwirtschaft und Naturschutz. Situation – Defizite – Strategien. Forstwissenschaftliches Centralblatt 109: 358–377.
WEINBERGER, M., G. THOMASSEN & R. WILLEKE (1991): Kosten des Lärms in der Bundesrepublik Deutschland. Berlin (Erich Schmidt Verlag), 246 pp. + Anhang. UBA Berichte 9/91.
WEINSCHENCK, G. (1986): Der ökonomische oder der ökologische Weg? Agrarwirtschaft 35: 321–327.
WEINSCHENCK, G. & W. HENRICHSMEYER (1970): Landwirtschaft bis 1980. Agrarwirtschaft 19: 1–10.
WEINSCHENCK, G. & H.-J. GEBHARD (1985): Möglichkeiten und Grenzen einer ökologisch begründeten Begrenzung der Intensität der Agrarproduktion. Stuttgart Mainz (Kohlhammer), 104 pp. Materialien zur Umweltforschung 11.
WEINSCHENCK, G. & R. WERNER (1989): Einkommenswirkungen ökologischer Forderungen an die Landwirtschaft. Frankfurt a.M. (Landwirtschaftliche Rentenbank), 131 pp.
WEISBROD, B.A. (1964): Collective-Consumption Services of Individualized Consumption Goods. Quarterly J. of Economics 78: 471–477.
WEISE, P. (1985): Neue Mikroökonomie. Würzburg Wien (Physica Verlag), 291 pp.
WERNER, R. (1985): Einzelbetriebliche Auswirkungen landschaftsökologischer Maßnahmen in der Flurbereinigung. Berichte über Landwirtschaft 63: 232–245.
WESTHOFF, V. (1976): Die Verarmung der niederländischen Gefäßpflanzenflora in den letzten 50 Jahren und ihre teilweise Erhaltung in Naturreservaten. In: H. SUKOPP & W. TRAUTMANN (Hrsg.): Veränderungen der Flora und Fauna in der Bundesrepublik Deutschland. Bonn (Bundesanstalt für Vegetationskunde, Naturschutz und Landschaftspflege). Schriftenreihe für Vegetationskunde, H. 10, pp. 63–73.
WESTHOFF, V., P. A. BAKKER, C. G. VAN LEEUWEN & E. VAN DER VOO (1970): Wilde Planten. Flora en vegetatie in onze natuurgebieden. 3 Bände, 320, 304 und 359 pp. Ohne Ort (Vereniging to behoud van natuurmonumenten in Nederland).

WESTMAN, W.E. (1977): How Much Are Nature's Services Worth? Science 197: 960–964.
WICKE, L. (1991): Umweltökonomie. Eine praxisorientierte Einführung. München (Vahlen), 3. Aufl., 674 pp.
WILLIG, R.D. (1976): Consumers Surplus Without Apology. American Economic Review 66: 589–597.
WILLIS, K.G. & J.F. BENSON (1988): Valuation of Wildlife: A Case Study on the Upper Teesdale Site of Special Scientific Interest and Comparison of Methods in Environmental Economics. In: R.K. TURNER (Ed.) (1988a), pp. 243–264.
WILLIS, K.G., J.F. BENSON & C.M. SAUNDERS (1988): The Impact of Agricultural Policy on the Costs of Nature Conservation. Land Economics 64: 147–157.
WILMANNS, O. (1989): Ökologische Pflanzensoziologie. Heidelberg Wiesbaden (Quelle & Meyer), 4. Aufl., 382 pp. UTB 269.
WILSON, E.O. (Ed.) (1988): Biodiversity. Washington D.C. (National Academy Press), 520 pp.
WILSON, E.O. (1988a): The Current State of Biological Diversity. In: Derselbe (Ed.), pp. 3–18.
WITHER, E.D. & R.R. BROOKS (1977): Hyperaccumulation of Nickel by Some Plants of South-East Asia. J. of Geochcm. Explorations 8: 579–583.
WÖHLKEN, E. (1984): Einführung in die landwirtschaftliche Marktlehre. Stuttgart (Ulmer), 2. Aufl., 344 pp. UTB 793.
WOIKE, M. (1989): Bestandsentwicklungen in den Feuchtwiesenschutzgebieten Nordrhein-Westfalens – erste Tendenzen. LÖLF-Mitteilungen 4/89: 18–28.
WOLFFRAM, R. & K. HOFF (1987): Reform der EG-Agrarmarktpolitik durch subventionierten Kapazitätsabbau oder direkte Einkommensübertragungen? Berichte über Landwirtschaft 65: 343–353.
WÜRSIG, B. (1989): Cetaceans. Science 244: 1550–1557.
YOUNG, A.M. (1986): Eco-Enterprises: Eco-Tourism and Farming of Exotics in the Tropics. Ambio 15: 361–363.
ZISWILER, V. (1965): Bedrohte und ausgerottete Tiere. Berlin u.a. (Springer), 134 pp.
ZUNDEL, R. (1990): Einführung in die Forstwissenschaft. Stuttgart (Ulmer), 359 pp. UTB 1557.

Ohne Verfasser

ABN (Arbeitsgemeinschaft beruflicher und ehrenamtlicher Naturschutz e.V.) (Hrsg.) (1989): Freizeit und Umwelt im Konflikt – Jb. Naturschutz Landschaftspflege 42, Bonn, 224 pp.
Advances in Applied Micro-Economics. A Research Annual. Editor: V. K. SMITH. Greenwich (Connecticut) London (JAI Press), jährlich ab Vol. 1 (1981).

Agrarbericht 1990 der Bundesregierung. Textband: BT-Drucksache 11/6387, 145 pp. Materialband (einschließlich Buchführungsergebnisse): BT-Drucksache 11/6388, 297 pp. Bonn 1990.
Agrarbericht 1991 der Bundesregierung. Textband: BT-Drucksache 12/70, 165 pp., Materialband (einschließlich Buchführungsergebnisse): BT-Drucksache 12/71, 309 pp. Bonn 1991.
Alpeninstitut München (1990): Thüringische Naturschutzaufgaben nach der Vereinigung. München, 14 pp.
Arbeitsgruppe Artenschutzprogramm (Leitung H. Sukopp, Redaktion: A. Auhagen, H. Franck & L. Trepl) (1984): Grundlagen für das Artenschutzprogramm Berlin. Band 1: 548 pp., Band 2: pp. 549–993, Band 3: Kartenwerk. Berlin (Technische Universität) (Landschaftsentwicklung und Umweltforschung 23).
ATV (Abwassertechnische Vereinigung) (1987): Gefahr für das Grundwasser durch undichte Abwasserkanäle? Korrespondenz Abwasser 34: 306–317.
BFANL (Bundesforschungsanstalt für Naturschutz und Landschaftsökologie) (1989): Leitlinien des Naturschutzes und der Landschaftspflege in der Bundesrepublik Deutschland. Bonn, 16 pp., Beilage zum Beitrag von Bohn et al. 1989.
BMELF (Bundesministerium für Ernährung, Landwirtschaft und Forsten) (Hrsg.) (1989): Die Futterwirtschaft in der Bundesrepublik Deutschland. Wirtschaftsjahre 1987/88 und 1988/89. Bonn, 34 pp.
Der Spiegel Nr. 23 vom 5.6.1989, p. 79: Wen geniert's.
Deutscher Naturschutzring (Hrsg.) (1987): Memorandum der deutschen Naturschutzverbände für ein neues Bundesnaturschutzgesetz. Bonn, Broschüre, 16 pp.
Enquete-Kommission »Vorsorge zum Schutz der Erdatmosphäre« des Deutschen Bundestages (Hrsg.) (1990): Schutz der Tropenwälder. Eine internationale Schwerpunktaufgabe. Bonn Karlsruhe (Economica Verlag, C.F. Müller), 983 pp.
HNA (Hessisch-Niedersächsische Allgemeine) vom 1.11.1990: Deutscher Heimatbund: Eintrittsgeld für die Natur gefordert.
Institut für landwirtschaftliche Marktforschung der Bundesforschungsanstalt für Landwirtschaft Braunschweig-Völkenrode (FAL) (1990): Die landwirtschaftlichen Märkte an der Jahreswende 1990/91. Agrarwirtschaft 39: 379–466.
KTBL (Kuratorium für Technik und Bauwesen in der Landwirtschaft) (Hrsg.) (1989): Datensammlung Landschaftspflege. Bearbeiter: M. Hundsdorfer & H. Staude. Münster-Hiltrup (Landwirtschaftsverlag), 43 pp.
LÖLF – Mitteilungen Nr. 2/1991: Zielkonflikte: Naturschutz und Sport (ganzes Heft, 55 pp.) Landesanstalt für Ökologie, Landschaftsentwicklung und Forstplanung Nordrhein-Westfalen.

Naturlandstiftung Hessen (Hrsg.) (1987): Naturschutzprogramme mit der Landwirtschaft. Symposiumsbericht und Katalog. Schriftenreihe Angewandter Naturschutz, Bd. 4. Bad Nauheim, 274 pp.

Naturschutzjugend im DBV (Hrsg.) (1988): Freizeit und Umwelt. Tagungsband des 6. Bundeskongresses in Saarbrücken. Stuttgart, 155 pp.

Naturwaldreservate (1989): Kolloquium über Naturwaldreservate in der Bundesrepublik Deutschland und benachbarten Ländern in der Bundesforschungsanstalt für Naturschutz und Landschaftsökologie, April 1989. Natur und Landschaft 64: H. 12 (ganzes Heft).

OECD (1987): The Economic Value of Biological Diversity Among Medicinal Plants. Environment Directorate ENV/ECO/87.8. Prepared by P. PRINCIPE. Paris, 67 pp.

OECD (1989): Environmental Policy Benefits: Monetary Evaluation. Prepared by D. PEARCE & A. MARKANDYA. Paris (OECD), 83 pp.

Rahmenplan der Gemeinschaftsaufgabe »Verbesserung der Agrarstruktur und des Küstenschutzes« für den Zeitraum 1988 bis 1991. Bundestagsdrucksache 11/2153. Bonn 1988, 185 pp.

RSU (Rat von Sachverständigen für Umweltfragen) (1985): Sondergutachten »Umweltprobleme der Landwirtschaft«. Bundestags-Drucksache 10/3613. Bonn, 423 pp.

RSU (Rat von Sachverständigen für Umweltfragen) (1987): Umweltgutachten 1987. Bundestags-Drucksache 11/1568. Bonn, 674 pp.

RSU (Rat von Sachverständigen für Umweltfragen) (1990): Sondergutachten »Abfallwirtschaft«. Bundestags-Drucksache 11/8493. Bonn, 718 pp.

Statistisches Jahrbuch über Ernährung, Landwirtschaft und Forsten der Bundesrepublik Deutschland 1989: Hrsgg. v. Bundesministerium für Ernährung, Landwirtschaft und Forsten. Münster-Hiltrup (Landwirtschaftsverlag), 479 pp.

Statistisches Jahrbuch über Ernährung, Landwirtschaft und Forsten der Bundesrepublik Deutschland 1990: Hrsgg. v. Bundesministerium für Ernährung, Landwirtschaft und Forsten. Münster-Hiltrup (Landwirtschaftsverlag), 512 pp.

Süddeutsche Zeitung vom 24.6.1988: Noch Riesen-Defizit am Kanal.

Süddeutsche Zeitung vom 29./30.5.1991: Versicherungskonzern engagiert sich für die Umwelt.

Wissenschaftlicher Beirat beim Bundesministerium für Ernährung, Landwirtschaft und Forsten (1988): Handlungsalternativen der EG-Agrarmarktpolitik (Gutachten). Agra-Europe 29(4), Dokumentation, 65 pp.

World Resources Institute, The World Bank, United Nations Development Programme (1985): Tropical Forests: A Call For Action. Washington D.C., var. pag.

WWF-News No. 35 (May/Jun. 1985): Trapped Snow Leopard Returned to Wild.
WWF-News No. 36 (July/Aug. 1985): Mountain Gorillas Snared in Zaire.
WWF-News No. 43 (Sept./Oct. 1986): Chinese Tigers Face Extinction.
WWF-News No. 48 (July/Aug. 1987): Rhino Numbers Crashing in Africa.
WWF-News No. 52 (March/Apr. 1988): Costa Rica: Banking on the Environment.
WWF-News No. 55 (Sept./Oct. 1988): New Trade for Whalers – Tourism.
WWF-News No. 57 (Feb. 1989): Five Rare Rhinos Killed in Kenya.
WWF-News No. 58 (March/Apr. 1989): Elephant Numbers Dropping in Africa.
WWF-News No. 60 (Aug. 1989): Thumbs Up for Ivory Ban.
WWF-News No. 60 (Aug. 1989): Blue Whale Recovery Uncertain.
WWF-News No. 61 (Sept./Oct. 1989): Ivory Prices Drop in Africa.
WWF-News No. 67 (Sept./Oct. 1990): Rhinos Electrocuted for Wildlife Trade.
WWF-News No. 69 (Jan./Feb. 1991): African Rhinos – Room for Optimism?

Sachregister

Abgaben 120, 175 ff, 197
Abnahmegarantie 68, 238, 244
Abwanderung aus der Landwirtschaft 243 f, 246, 299, 306
Abwanderungsrate 244
Abwasserkanäle 205
Abwasserklärung 205
Abwassertarife 148
Ackerland 64, 67, 152, 221, 254, 289 f
Ackerrandstreifenprogramme 287
Ackerwildkräuter 253, 287
Agrarfabriken 226, 249, 253, 284 f
Agrarimporte 253, 262, 300
Agrarmarkt 136, 244
Agraropposition 248 f, 284
Agrarpolitische Leitbilder 246 ff
Agrarprotektion 114, 240, 244, 264, 281 ff
AK-Einheiten 223, 231
Allmende 70, 72
Allokation 61 f, 101 ff, 124, 164
Allokationstheorie 50, 55
Altholz 188 f, 190
Altholzinseln 148, 189
Altruismus 125
Amazonasbecken 208
Angeln 175, 194
Anlagevermögen (Landwirtschaft) 231
Annuität 140, 142, 150, 160, 203, 301
Anreiz 69, 176, 217
Anreizkompatibel 71
Anspruchsdenken 205
Arbeitseinsatz
 – Landwirtschaft 222, 247
 – Forstwirtschaft 184

Arbeitskosten 150, 294, 297, 304
Arbeitslosigkeit 137
Arbeitsplätze 201 f, 297
Arbeitsplatzschaffung 201 f, 297
Artenrückgang
 – Mitteleuropa 39, 266
 – weltweit 15
Artenschutzgründe 94 ff
Aufforstung 45, 152, 188 f, 256, 294
Aufstockung 221, 299
Ausfuhrerstattungen 303
Ausgaben, öffentliche 139
Ausgleichszahlungen 68 f, 139, 163, 196 f, 281 ff
Ausgleichszulage 304
Ausschlußprinzip 69
Außenhandelsschutz 151, 184, 238, 264
außerlandwirtschaftliches Einkommen 226, 241
Autobahn 70, 179, 199, 206
Auwald 289, 294

Bannwald 190
Barwert 140
bäuerliche Betriebe 224, 248, 253, 284
Bauernwald 192
Bauleitplanung 138
Beihilfen 303
Beiträge und Spenden 108 ff, 173
Berufsbild Landwirtschaft 249, 278, 307
Bestandsgrößen 140 ff, 180
Betriebsanalytik 232
Betriebseinkommen 236, 301
Betriebsgröße (Landwirtschaft) 248, 284 f, 307
Betriebsgrößenstruktur 225

Sachregister

Betriebsstruktur (Landwirtschaft) 220, 223
Betriebsvereinfachung 225, 232
Betriebszweigkombination 232
Beweislastumkehr 99
Bewertungslücke 82, 246, 260
Biogeographie der Inseln 274
Biotopzerschneidung 200
Biozentriker 97 f
Blauwal 39, 79, 214
Bodenfruchtbarkeit (Tropen) 211
Bodenmarkt 138
Bodenschätze (Tropen) 209
Bodenverbrauchsabgabe 179
Bottle-Neck 39, 43
Brache 247, 250, 252
Budgetgerade 121
Bundes-Naturschutzgesetz 94, 180, 200

Club-Gut 70, 113, 217
Coase-Theorem 164 f, 195
Common Property 70, 72, 83, 112, 195, 211
Community Indifference Curve 57, 61
Compensating Variation 121 ff
Contingent-Valuation 88, 117 ff, 125, 135
Convention on International Trade in Endangered Species 215
Costa Rica 116, 214

Debt-for-Nature-Swap 212
Deckungsbeitrag 233, 281 ff
Deponieflächen 151, 200 f, 205
Direkte Methode 117 ff
Diskontierung 141 f, 150
Diversität 25, 32, 37
Drachenfliegen 116, 169, 175 f, 195
Dränage 256, 299
Dreifelderwirtschaft 250, 252
Durchschnittskosten 137, 300

Ecological Economics 80 f
Edgeworth-Box 53

Effizienz 50 ff, 144 ff, 164, 246
Effizienzkurve 54, 61
Effizienzpreise 64, 66, 136, 139, 151, 163, 282, 289
Egoismus 58, 95, 168
Eigentumsrechte 65 ff, 70, 82, 111, 165
Eigenwert der Natur 82, 96, 101
Einkommenseffekt 123, 240
Einkommensalternativen 283
Einkommenselastizität der Nachfrage 241
Einkommenskombination 226
Einkommenstransfer 66
Einkommensverteilung 58, 62
Eintrittsgelder 173 ff, 181, 197
Einzelbetriebliche Investitionsförderungsprogramme 304
Einzelwirtschaftliche Kosten 289, 296 f
Elefanten 98, 215
Elfenbein 215
Endemismus 266
Entkusseln 294
Entsorgung 137, 204 f
Equivalent Variation 121 ff
Erdrosselungssteuer 177, 179
Erhaltungskosten 88, 93, 105, 153, 156, 212
Erholungsnutzen 156
Erlebniswert 115, 118, 127, 132, 175
Ernährung 21 ff, 178, 247
Erosionsschutz 271
Ersatzkostenwert 233
Erschließungskosten 152
Erstinstandsetzungen 294
Ertragssteigerungen 226, 228, 284
Erweiterter Deckungsbeitrag 233
Eutrophierung 188, 194, 257
Existenzwert 115, 118, 132, 175
Extensivierung 153, 161, 192, 235, 240, 262
Extensivierungsprogramme 139, 281, 286
Externe Effekte 69, 138, 187

Fairness 92, 102, 167
Faktoransprüche 149
Faktoreinkommen 151 f, 187, 231
Faktoreinsatz 153, 179
– Forstwirtschaft 184
– Landwirtschaft 220, 236, 244 f, 268, 280 f
Faktorkombination 61
Faktorpreise 136
Familienarbeitskräfte 236
Fehlallokation - Abbau 168, 171 ff, 181
Fernerkundungen 208
Finanzierung 136, 145, 171 ff, 302 ff
Finanzierungsfunktion 175, 178
Finanzierungsweisen 171
Fixkosten 137, 283
Flächenankauf durch den Staat 151, 304
Flächenanspruch 153, 237, 247, 289
Flächenanspruch (Infrastruktur) 200
Flächeneinsatz (Landwirtschaft) 220
Flächenerträge 226, 247
Flächenfreisetzung 247
Flächennutzungskosten 151 ff, 159, 184, 268
Flächenstillegungen 239, 286
– Programme 286
Fleischabgabe 178, 305
Fluchtdistanz 194
Flurbereinigung 241, 297 ff, 306
Flußregulierungen 200, 251
Forstwirtschaft 45 ff, 184 ff
Free Rider 72 ff, 175
Freizeit 193 ff
Freizeittätigkeiten 46, 116, 138, 160, 193 ff
Futterbaubetriebe 224, 237
Futtererzeugung 233, 253

Gebäude (Landwirtschaft) 220, 223, 282
Gebühren 120, 173 ff, 181

Gefährdungsschwellen 40, 84, 266
Gegenwartswert 140, 210
Gemeinkosten 143
Gemeinlastprinzip 169
Gemischtbetriebe 224
Gerechtigkeit 65, 67, 167 f
– intergenerationelle 90 ff, 101, 170
– intragenerationelle 94
Gesamtaufwandsmethode 115
Gewässer-Entregulierung 200
Gewässerausbau 200
Gewässerschutz 144, 304
Gewässerschutzmaßnahmen 148
Gewerbeflächen 206
Gewinn 103, 172
Gewinn (Landwirtschaft) 236
Gewinn- und Verlustrechnung 236
Gorilla 20, 28, 90 f
Gouvernement-assisted invisible Hand 108
Greifvögel 193
Grenzkosten 71, 76, 197
Grenzrate der Substitution 62
Grenzrate der Transformation 62
Großwildbestände (Afrika) 175, 214 ff
Grünanlagen 159, 161, 172
Grundrente 151
Grundwasser 165
Grundwasserschutz 271
Grünlandextensivierungsprogramme 287

Hähnchenmast 226
Halbkulturlandschaft 174, 250 f, 275
Heiden 250 f
Hochrechnung 120, 132
Hochwald 187
Hochwasserschutzmaßnahmen 155, 203, 206
Höfesterben 168, 244, 285, 297
Holzeinschlag (Tropenwald) 208
Hyperintensivierung 269, 277
Hypothetical Bias 119

Sachregister

Indianer 36, 209 f
Indifferenzkurve 56, 58, 61 f, 76, 100, 103, 121, 125
Indikatorfunktion 30
Indirekte Methoden (Zahlungsbereitschaft) 114 ff
industrialisierte Landwirtschaft 253
Information Bias 120
Infrastruktur 160, 199 ff
Infrastrukturpolitik (Landwirtschaft) 241
Infrastrukturprojekte 156, 160, 199 ff
Innerbetriebliche Werte 233
Integration 30, 269
Intensität 52, 235
Intensivgrünland 69, 271
International Whaling Commission 214
Interview 117, 120
Intrinsischer Wert 82, 96, 99
Irreversibilität 32, 68, 82, 87 f, 92, 258
Isoquante 52 f, 56

Jagd 109, 193

Kapital 141, 147, 220, 223
Kapitalkosten 150, 282
Kläranlagen 65, 142, 148, 150
Kleingewässer 112, 159 f
Knappheitspreise 64, 136
Kollektivgüter 66, 69 ff, 82 f, 108 ff, 119, 121
Kombination 54, 121, 144, 149, 274
Kompensationsforderung 121 f, 196
Konsumentenrente 60, 72, 109, 115 f, 121, 159, 197
Konsumentensouveränität 57 ff, 76, 108
Kontingentierung 138, 238
Kosten-Nutzen-Analyse 50, 80, 117, 138
Kostenanlastung 114, 164, 167, 168 ff, 205
Kostenverteilung 164, 181
Kostenzurechnung 144
Kostenzurechnungsprobleme 143 f
Kulturhistorische Landschaftsbeurteilung 277
Kulturlandschaft 144, 150, 174, 267 f
Kulturlandschaftsprogramme 287
Kunstmarkt 215
Kuppelproduktion 143, 232
Kurtaxe 173
Küstenbereich 200
Küstendeiche 203

Lagerhaltungskosten 303
Landwirtschaft 45 f, 66, 94, 220 ff
Landwirtschaftliche Betriebslehre 143, 232, 248
Lawinenschutz 187, 203
Legehennenhaltung 226
Leguminosenanbau 248, 252
Lenkungsfunktion 175, 178
Lichtungen 148, 188 ff
Lindahl-Gleichgewicht 71
Lineare Programmierung 64, 234
Löhne 150, 282
– als Knappheitsindikatoren 137
Luftverschmutzung 12, 187, 195, 277

Magerrasen 46, 188 f, 251, 254 f
Marktfruchtbetriebe 223
Marktordnung 238
Marktsimulation 117 f, 120
Mastschweinehaltung 226
Maximin-Regel 85
Mäzene 173
Melioration 252
Mikroökonomie 50, 123
Milchleistungen 226
Mindestpreis 238
Mineraldünger 223, 235, 246, 253
Mittelalterliches Agrarsystem 249

Mittelgebirgsprogramme 287
Monetarisierung 104 f, 153, 163
Monitorfunktion 30
Monopolistische Märkte 137
Moorkultivierungen 39, 251
Moto-Cross 116, 169, 175
Müllnotstand 205

Nachfrage 56 ff, 105, 107 ff, 134
Nachfrage nach Naturschutz 59, 69
Nachfragekurve 59, 71, 121, 197
Nachhaltigkeit 210 f
Nachwachsende Rohstoffe 152, 240, 247, 264
Nährstoffhaushalt, Nivellierung 257, 306
Nash-Gleichgewicht 73
Nashörner 37, 215 ff
naturbelastende Faktoren 179
naturbelastende Güter 177
naturgemäße Waldwirtschaft 191
naturgemäße Wirtschaftsweise (Wald) 189
Naturschutzbegründungen 20, 95
– theologische 95
– philosophisch-biozentrische 96
– populär-biozentrische 97
Naturschutzkosten 104, 136 ff
– (Stadt) 157 ff
– Bundesrepublik 161 ff
Naturschutzverbände 94, 108, 110 f
Nebenerwerbsbetriebe 222, 226
Nettowertschöpfung
– Forstwirtschaft 186
– Landwirtschaft 231
Neuakquisition von Mitteln 172 ff, 304
neuzeitlich-bäuerliche Landwirtschaft 251
Nichtverschlechterungsgebot 298
Niederwald 187
Niederwild 194, 286
Nitratbelastung 165
Noah-Prinzip 34

Nulltarif 104, 163, 171, 181
Nullwachstum 78
Nutzen von Arten 20 ff, 84 ff, 89 f, 92
Nutzungskonkurrenz 69
Nutzungskosten 64

Ödland 201, 205
Öffentliche Finanzen 145, 147, 172, 202, 261
Öffentliche Güter (s.a. Kollektivgüter) 69 ff, 76 f, 82 f
Öffentlichkeitsgrad 69, 82 f, 113, 138
Ökonomische Bewertung von Landschaften 80
Ökonomische Theorie natürlicher Ressourcen 79
Ökonomisches Prinzip 144, 261
Ökosteuer 175
Oligotrophie 200
Opportunitätskosten 64 f, 92, 137, 150 ff, 180 f, 192
Optionswert 87 f, 118, 245
Organische Landbaumethoden 247

Pachtzins 140, 151
Papua-Neuguinea 214
Pareto-Optimum 62, 71, 76
Partizipation Bias 121
Passivsanierung 247
Pestizide 47, 223, 235, 246 f, 257, 275
pflanzliche Erzeugung 230, 262
Pflichtniveau 100 ff, 146 ff, 162, 170, 180, 261
Postkonstitutionelle Umverteilungen 206
Präferenzen 56 ff, 74, 85, 100, 103 ff, 107
Präferenzstruktur 59, 105, 109, 123
Preisadministration 136
Preise 63 f, 136 ff, 151, 163, 180, 238
Preiselastizität der Nachfrage 175, 178, 243

Present Value 140, 210
Prisoner's Dilemma 72, 206
Private Güter 69 ff, 82, 112, 115
Produktionsfunktion 51 f
Produktionswert (Forstwirtschaft) 184
Property Rights 67 f, 76, 111, 152
Proportionale Spezialkosten 233
Protektionsrente 282
Pufferzonen 257

Quasi-Optinswert 88

räumliche Planung 198, 277, 287
Rebflurbereinigung 299
Rechnungswesen (betriebswirtschaftlich) 143
Rechnungswesen (Landwirtschaft) 235
Reinertrag 186, 190
Reisekostenmethode 115 f
Reiten 175
relativer Verkaufswert 233
relativer Zukaufswert 233
Repräsentanzproblem 119, 131
Rhein-Main-Donau-Kanal 202
Risiko 84, 88
Rote Liste 20, 40 ff
Rückbaumaßnahmen (Gewässerrückbau) 294, 304
Rückhaltebecken 203

Sachkapital (Landwirtschaft) 223
Safe Minimum Standard 81, 100, 162, 261
Saumbiotope 279
Schadensminderungspflicht 282
Schafweide 251, 294
Schalenwild 188 f, 194
Schattenpreise 64, 136
Schuldenkrise 212
Second-Best-Problem 245
Segregation 269, 273 f
Selbstversorgungsgrad 184
Shifting Cultivation 211
Ski 47, 116 f, 175, 195, 197 ff

Sozialpflichtigkeit des Eigentums 279
Sozialpolitik (Landwirtschaft) 240
Spenden 58, 108 ff, 113 f, 135, 173
Spezialisierung 37, 225
Spitzenlastproblem 204
Sponsoren 173
Sport 175, 193 ff
Sportfischerei 109, 175, 194
Standarddeckungsbeitrag 233
Starting Point Bias 120
Steinbrüche 201, 205
Steuern 76, 116, 120, 178, 180
Stichprobenmortalität 120
Stragtegisches Verhalten 119
Strategie Bias 119
Stromgrößen 140 ff
Strukturausräumung 254, 269, 306
Strukturpolitik (Landwirtschaft) 238
Strukturverluste 200, 298
Strukturwandel 245, 262, 284 f
Stufenproduktion 233
Substituierbarkeit 51, 82, 89
Substitution 56, 62, 223
Substitutionalität 56
Subventionen 76, 151, 170, 231
Südgüterbahnhof Berlin 160, 202
Südostasien 208
Sukzession 159, 174, 268
Sumpftrockenlegungen 39, 251
Surfen 47, 116, 194, 197

Tarife 110, 137, 148
Teilkostenrechnungen 143, 233
tierische Erzeugung 226, 228
tierische Nahrungsmittel 262
Tierschutz 95, 98, 246
Totalreservate (Tropen) 211
Totholz 189
Tourismus 175, 196 f, 217
Transaktionskosten 68, 110, 117, 173, 280
Transferzahlungen 139, 244, 300, 304

Transformationskurve 54 f, 61 f, 100, 103, 121, 136
Tropenwald 37, 116, 207 ff
Tropenwald-Verluste 37, 208 ff

Überschüsse (Landwirtschaft) 238
Überschußvermeidung 240, 264, 297
Überschwemmungsgebiete 200, 275, 289
Umlaufvermögen (Landwirtschaft) 231
Umweltökonomie 12, 79, 112, 115
Umweltverträglichkeitsprüfung 206
Umwidmung von Mitteln 172, 181, 302
Unendliche Rente 141, 150, 160, 301
Ungerechtigkeit 91
– gegenüber Naturliebhabern 111 ff
Ungewißheit 82, 84 ff
Unternehmensflurbereinigungen 302
Unterversorgung mit Infrastruktur 204
Utilitarismus 90, 95, 98

Vehicle Bias 120, 132
Verdünnungseffekt bei Kosten 169, 280
Veredlungsbetriebe 223
Veredlungskosten 233
Veredlungswert 233
Verkaufserlöse (Landwirtschaft) 231
Verkehrsstauungen 70, 199, 204
Vermächtniswert 118
Vermögenssubstanz (Landwirtschaft) 282
Vernetzung 241, 273 f
Verschuldung (Dritte Welt) 212 f
Versicherungsfunktion 203
Verursacherprinzip 12, 79, 114, 164 ff, 181

Viehzucht (Tropen) 210
Volkswirtschaftliche Kosten 136 f, 147, 151, 154, 163, 196, 289
Vollerwerbsbetriebe 226
Vollkostenrechnung 143
Vorleistungen (Landwirtschaft) 223

Wahrnehmungsschwelle 169, 280
Waldränder 45, 189
Waldschäden 187
Wasserbau 150, 201, 203
Wasserhaushalt, Nivellierung 254, 306
Wasserkreislauf 250
Wasserpfennig 165 f
Weltbank 213
Wertermittlung (Landwirtschaft) 223
Werttheorie 65
– relative 65
– absolute 65
Wiederausbreitung von Arten 43, 277, 298
Wiesenbrüterprogramme 287
Wilderer 215, 217 f
Wildnis 267 ff, 297
Willingness-to-Pay 123 f, 196
Willingness-to-Sell 123 f, 169, 196
Wirtschaftlichkeitsuntersuchungen 202
Wohlfahrtsfunktionen 187, 192
Wohlfahrtsökonomie 50
Wohlfahrtstheorie 245

Zahlungsbereitschaft 59 f, 71, 88, 114 ff, 121 ff, 125 ff
Zahlungsbereitschaft für Arten und Biotopschutz 59, 107 ff, 114, 125 ff
Zahlungswilligkeit 77, 105, 170
Zentralafrika 208
Zinssatz 141, 150
Zuerwerbsbetriebe 226
Zumutbarkeit von Einkommensnachteilen 231

UTB FÜR WISSEN SCHAFT

Auswahl Fachbereich
Biologie

Kaule: Arten- und Biotopschutz
UTB-GROSSE REIHE
(Ulmer). 2. Aufl. 1991. DM 88,--

Kinzel: Stoffwechsel der Zelle
UTB-GROSSE REIHE
(Ulmer). 2. Aufl. 1989. DM 98,--

Walter/Breckle: Ökologie der Erde
Band 1/2/3/4
UTB-GROSSE REIHE
(Gustav Fischer).
2. Aufl. 91/2. Aufl. 91/1986/1991.
DM 48,--/48,--/48,--/58,--

31 Schwoerbel: Einführung in die
Limnologie (Gustav Fischer).
6. Aufl. 1987. DM 19,80

417 Rensing/Hardeland/Runge/
Galling: Allgemeine Biologie
(Ulmer). 2. Aufl. 1984. DM 29,80

595 Mühlenberg: Freilandökologie
(Quelle & Meyer). 2. Aufl. 1989.
DM 34,80

979 Schwoerbel: Methoden der
Hydrobiologie (Gustav Fischer).
3. Aufl. 1986. DM 28,80

1075 Mehlhorn/Piekarski:
Grundriß der Parasitenkunde
(Gustav Fischer). 3. Aufl. 1989.
DM 29,80

1197 Libbert (Hrsg.): Allgemeine
Biologie (Gustav Fischer).
7. Aufl. 1991. Ca. DM 28,80

1290 Gassen/Martin/Bertram:
Gentechnik (Gustav Fischer).
2. Aufl. 1987. DM 29,80

1410/1460 Kleber/Schlee:
Biochemie I/II (Gustav Fischer).
1987/1988. Je DM 32,80

1450 Ott: Meereskunde
(Ulmer). 1988. DM 38,80

1472 Rensing/Cornelius:
Grundlagen der Zellbiologie
(Ulmer). 1988. DM 39,80

1473 Bischof: Neuroethologie
(Ulmer). 1989. DM 28,80

1478 Oliver/Ward:
Wörterbuch der Gentechnik
(Gustav Fischer). 1988. DM 29,80

1479 Klötzli: Ökosysteme
(Gustav Fischer). 1989. DM 44,80

1501 Bach: Mathematik für
Biowissenschaftler
(Gustav Fischer). 1989. DM 34,80

1502 Ax: Systematik in der Biologie
(Gustav Fischer). 1988. DM 24,80

1520 Wartenberg:
Einführung in die Biotechnologie
(Gustav Fischer). 1989. DM 32,80

1521 Mehlhorn: Grundriß der
Zoologie (Gustav Fischer).
1989. DM 39,80

1534 Jahn: Grundzüge der
Biologiegeschichte
(Gustav Fischer). 1991. DM 39,80

1535 Tischler: Ökologie der
Lebensräume (Gustav Fischer).
1990. DM 34,80

1561 Fritsche: Mikrobiologie
(Gustav Fischer). 1990. DM 38,80

1563 Plachter: Naturschutz
(Gustav Fischer). 1991. DM 44,80

1597 Chmiel: Bioprozeßtechnik
(Gustav Fischer). 1991. DM 39,80

Preisänderungen vorbehalten.

UTB FÜR WISSENSCHAFT

Auswahl Fachbereich
Volkswirtschaftslehre

Handwörterbuch der Wirtschaftswissenschaft (HdWW) 10 Bände.
Ungekürzte Studienausgabe
(Gustav Fischer/J.C.B.Mohr/
Vandenhoeck & Ruprecht). 1988.
DM 780,–

212 Siebert: Außenwirtschaft
(Gustav Fischer). 5. Aufl. 1991.
DM 36,80

234 Jarchow: Theorie und Politik
des Geldes I. (Vandenhoeck).
8. Aufl. 1990. DM 32,80

449/519/542 Musgrave/Musgrave/
Kullmer: Die öffentlichen
Finanzen in Theorie und Praxis
(J.C.B.Mohr).
Bd.1: 5. Aufl. 1990. DM 24,80 /
Bd.2: 4. Aufl. 1988. DM 29,80 /
Bd.3: 4. Aufl. 1991. Ca. DM 29,80

644 Ritter/Zinn: Grundwortschatz
wirtschaftwissenschaftl. Begriffe
(Engl-Dt./Dt.-Engl.)
(Gustav Fischer). 5. Aufl. 1991.
DM 22,80

680 Henrichsmeyer/Gans/Evers:
Einführ. i. d. Volkswirtschaftslehre
(Ulmer). 8. Aufl. 1988. DM 28,80

1621 Seel: Ökonomik des privaten
Haushalts (Ulmer). 1991.
DM 39,80

737 Hardes/Rahmeyer/Schmid:
Volkswirtschaftslehre
(J.C.B.Mohr). 17. Aufl. 1990.
DM 24,80

1184 Jarchow/Rühmann: Monetäre
Außenwirtschaft I (Vandenhoeck).
3. Aufl. 1991. DM 33,80

1230 Wagner/Kaiser/Beimdiek:
Ökonomie der Entwicklungsländer
(Gustav Fischer). 2. Aufl. 1989.
DM 32,80

1294 Herdzina: Wettbewerbspolitik
(Gustav Fischer). 3. Aufl. 1991.
DM 29,80

1317 Altmann: Wirtschaftspolitik
(Gustav Fischer). 4. Aufl. 1990.
DM 22,80

1353 Pätzold: Stabilisierungspolitik
(Paul Haupt). 4. Aufl. 1991.
DM 29,80

1451 Glismann/Horn/Nehring/
Vaubel: Weltwirtschaftslehre II
(Vandenhoeck). 3. Aufl. 1987.
DM 26,80

1452 Kromphardt: Arbeitslosigkeit
und Inflation (Vandenhoeck). 1987.
DM 26,80

1504 Altmann: Volkswirtschaftslehre (Gustav Fischer). 2. Aufl.
1990. DM 19,80

1510 Stadermann: Weltwirtschaft
(J.C.B.Mohr). 1988. DM 16,80

1517 Wagner: Mikroökonomik
(Gustav Fischer). 2. Aufl. 1989.
DM 22,80

1536 Wagner: Makroökonomik
(Gustav Fischer). 1990. DM 39,80

1538 Hübler: Ökonometrie
(Gustav Fischer). 1989. DM 39,80

1559 Schmidt/v. Dosky:
Ökonomik des Arbeitsmarktes 1
(Paul Haupt). 1990. DM 16,80

1572 Eucken: Grundsätze der
Wirtschaftspolitik
(J.C.B.Mohr). 6. Aufl. 1990.
DM 24,80

Preisänderungen vorbehalten